可以听的指南书

出国读高中完整攻略

刘兴宇 杨焱磊 谭飞马 王钟声 郑怡君 编著

中国人民大学出版社
· 北京 ·

图书在版编目（CIP）数据

可以听的指南书：出国读高中完整攻略 / 刘兴宇等编著 . —北京：中国人民大学出版社，2018.3

ISBN 978-7-300-25044-1

Ⅰ. ①可…　Ⅱ. ①刘…　Ⅲ. ①高中–留学教育–概况–世界　Ⅳ. ①G639.1

中国版本图书馆 CIP 数据核字（2017）第 240309 号

可以听的指南书——出国读高中完整攻略
刘兴宇　杨焱磊　谭飞马　王钟声　郑怡君　编著
Keyi Ting de Zhinanshu—Chuguo Du Gaozhong Wanzheng Gonglüe

出版发行	中国人民大学出版社		
社　　址	北京中关村大街 31 号	**邮政编码**	100080
电　　话	010-62511242（总编室）		010-62511770（质管部）
	010-82501766（邮购部）		010-62514148（门市部）
	010-62515195（发行公司）		010-62515275（盗版举报）
网　　址	http://www.crup.com.cn		
	http://www.1kao.com.cn（中国 1 考网）		
经　　销	新华书店		
印　　刷	北京玺诚印务有限公司		
规　　格	148 mm × 210 mm　32 开本	**版　　次**	2018 年 3 月第 1 版
印　　张	17.875	**印　　次**	2018 年 3 月第 1 次印刷
字　　数	382 000	**定　　价**	45.00 元

自 序

经过近两年的努力，这部书终于和大家见面了。

2011 年，北京人民广播电台外语广播创办《留学时间》节目，成为当时在京的公立媒体中唯一的留学类节目。后来几年，作为这档节目的主持人，在与几百位业界资深顾问、专家对谈的过程中，与准留学生、留学生和海归们的交流中，与各家大大小小的留学机构的沟通中，我深深地感受到，留学越来越成为众多中国家庭对孩子学业规划的选项之一。而其中，选择出国读高中的群体正在变得越来越大。

《留学时间》节目推出“出国读高中”系列专栏节目的创意起始于我与杨焱磊老师一起到美国访问高中的行程中。那一次我们一起走访了美国东西海岸近 20 所不同类型的高中，深深感受到中美两国中学教育的不同。当时就想，作为一档秉持“为准留学生提供科学理性的留学资讯”的节目，应该通过我们的平台为打算出国读高中的学子和家庭提供最全面、最科学、最真实的信息。于是，回国后我们马上开始进行选题策划、联络和筛选专家队伍，最终选定了中国学生最主流的留学目的地国家：美国、加拿大、英国和澳大利亚，并进而选定了这四个国家的权威高中留学专家。为了能够方便移动收听，我们在节目设计时就特别将节目时长设定为 5 ~ 7 分钟。经过一年多的时

间，这个长达 140 多期的专栏节目终于完成了录制、剪辑和播出。现在用这种“可以听的指南书”的方式呈现给大家。

在录制过程中，我们依照广播的特点，也是为了能方便大家的检索，每个国别都设定了 30 到 40 个小问题，很多业内专家说，认真听完一个国别的节目，应该会比市面上大多数中学顾问的指导都更加专业。这样的评价给了我们很大信心。但我们也深知，留学市场的变化很快，希望大家从这本书中获取到应有的基础信息之后，在下定留学决心出国留学之前，一定要再更新相关院校的申请信息，以能够让自己的留学之路更加顺畅。

最后，祝每一个孩子都能有属于自己的快乐成长之路！

刘兴宇

2018 年 1 月于杭州

目　录

美国篇

01 美国高中什么样？

刘兴宇：欢迎您收听专家小讲堂——“焱磊说美高”，节目当中我们为大家邀请到的是北京留学服务行业协会资深专家、火石留学俱乐部的创始人杨焱磊老师。在节目当中，杨老师将和我们一起来分析美国高中申请和就读中会遇到的方方面面的话题。

杨老师，今天我们开始跟大家讲美国高中的申请。这是一个系列话题，我们希望用“系列”的方式，能够使听众朋友对美国高中的了解更全面一些。今天我们先来聊第一个话题。很多学生在“选择到美国去读高中”这个念头刚刚产生的时候，都会面临一个问题，就是美国高中到底是什么样子的呢？

杨焱磊：对，首先我们必须要从中国和美国教育的差别来对比看待这个问题，因为很多家长是在自己对于中国教育的印象或者对美国教育的想象的基础上去思考美国的教育到底是什么。其实这二者之间还是有很大的区别。我给大家举几个例子。比如在美国，学校上课是没有班级的，中国家长会认为孩子在学校是属于几年级几班的，其实并没有，班级的概念只是在入学或者是在寄宿学校分配宿舍的时候有，而平时所有的学生都是“走课制”，老师上课的时候固定坐在自己教室里，学生找到对应的教室上课。这样孩子们有很大的自主选择权。

刘兴宇：这个我想和中国的学校相比，有非常非常大的不同。

杨焱磊：第二个例子，美国学校针对学生的评估，也就是我们所理解的考试，根本就不是一次期中考试和一次期末考试这样简单，而是多次多种方式的复杂考核。最简单的是按照不同比例构成一个总体考核分数。我拿一个学校举例。在这个学校，评估学生是否完成学习任务：出勤率占到所有考核的 10%，随堂作业 10 次，每次又占 5%，合计占到 50%，期中考试和期末考试各占 20%，这样构成了总体 100% 的考核比例。除此之外，也会有其他的加分因素，例如学生上课听讲非常认真，积极回答问题，参与了很多讨论以及课后调研，这样就会得到老师的额外加分；相反学生即使考试都是满分，但课堂参与讨论比较少，或者课后调研不够积极主动，这类表现老师都是要给他减分的。而大学最后录取学生的时候，看的是总体分数，其实就是一个学生综合的表现，而不是某一次考试的分数。这是美国学校在考试方面和国内学校的最大区别。

刘兴宇：我觉得您刚刚讲的这两点，其实涉及的是中美教育的核心差别。我们可以用两个名词分别描述一下，中国学校的这种教育方式，叫作“授受”式的教育，老师讲学生听，老师传授给学生什么，学生就接受什么；美国学校的教育方式，叫作“自制”式教育，就像您刚才说的，学生有很大的自主选课权，老师是不动地方的，学生要决定学什么课程、选哪个老师的课程，这就需要更多的自我主动意识在里面。另外一点我们可以理解为：在整个学习过程当中，要求学生拥有相当高水准的自我管理能力。

杨焱磊：是这样的。我在研究美国教育过程和成果的时候，已经发现了您谈到的这两种教育方式的不同，是源于教育观念的不同。有很多家长问我，怎么才能判断我们自己是自制式还是授受式的教育方式呢？有几个简单的判断标准大家可以参照一下。第一，填鸭式，老师在上面讲，学生听，同时记笔记，这就是明显的授受式。第二，可以判断谁做主角。上课的时候老师在讲，学生在听，不发言或者没有机会发言，更别说讨论，这也明显是授受式。第三，课堂是唯一的战场，几乎所有的教学活动都发生在教室里，一般也是授受式。我曾经在美国走访，经常会看到很多课老师是在森林里、河流边等户外的任何场合进行的，这些明显是自制式教育的体现，它能让学生有很大的自主权利。

刘兴宇：刚才您说了课堂上中美学校和学生的差别。除此之外，在学校教育资源的多寡上，两者也有着巨大差距。很多学生初次到美国去访校，亲身体验美国高中气氛的时候，各种惊叹声此起彼伏。他们从未知道，美术教室可以如此的丰富多样，实验设备和教具模型是如此的品种繁多和先进。

杨焱磊：当然是这样的。很重要的一点是两个国家人均占有的教育资源差别比较大。中国的学校大家都知道，学生太多了，一个班级里四五十人以上很正常，重点中学六七十人也不足为奇；而美国人口少，学校是 16 人以内的小班，正常的师生比例是 1∶10。在这样的情况下，不管是实验室的设备还是美术、音乐的器材，都是轻而易举可以实现充足分配的。

刘兴宇：在我接触到的很多已经在美国读高中的中国学生中，几乎每个人都和我提到，美国学校对于孩子全面发展的重视程度要远远高于国内高中。比如体育，基本上在美国的高中是带有强制性的，学生必须参加体育运动，不仅锻炼身体，还磨炼学生意志，全面提高学生的素质。

杨焱磊：孩子们都在追逐目标，中国的孩子很累，但美国的孩子其实并不轻松，虽然不用面对书山题海，但有更多方面的挑战需要面对。只不过在24小时累的过程中，中国的孩子变成了一个非常会考试的学生，而美国的孩子成长为一个全面发展的公民，这是两个国家在教育成果上非常大的差别。

刘兴宇：今天短短几分钟的时间，听杨老师为我们讲解了中美高中之间的一些差别，当然只是简明扼要地讲了一些核心区别，如美国高中的授课方式，以及对学生全面发展方面的重视。对于每个同学和家长来说，在思考我们自己到底适不适合去美国读高中这个问题上，还是有很多不同的纬度和因素要结合起来考虑。我们在下一期的“焱磊说美高”节目当中，将会请杨老师来详细地给大家讲一讲，我们到底应该如何考量这些因素。谢谢杨老师做客我们的节目！

杨焱磊：谢谢！

02 我适合出国读高中吗？

刘兴宇：欢迎您收听专家小讲堂——“焱磊说美高”，节目当中我们为大家邀请到的是北京留学服务行业协会资深专家、火石留学俱乐部创始人杨焱磊老师。在节目当中，杨老师将和我们一起来分析美国高中申请和就读中会遇到的方方面面的话题。

今天我们要给大家讲的话题是“我是否适合赴美读高中？”这其实是一个很多学生和家长最纠结的问题，怎么判断是不是合适到美国去读高中呢？这要从多个纬度和指标来考虑。我们今天请杨老师一一来给大家讲一讲。

杨焱磊：这是一个考虑出国留学的家庭会遇到的首要问题。是否所有的孩子都适合去美国？当然不是。而我考虑是否适合出国上高中，最主要衡量三方面，第一是资金，第二是孩子的英语水平，第三是孩子的自制力和自理能力。在咨询的时候，火石留学俱乐部会用一套评估表来对孩子进行测量，通过表上十条分项最终汇总的综合评价，告诉父母，您的孩子适不适合去美国读书。当一个孩子符合评估测试中的七到八条，我们就认为完全没有担心的必要了，只需再进行少量准备即可以良好的状态出国学习；而如果评估测试低于五项，我们可能会建议家长再花些时间和精力，让孩子准备得更充分一些。

刘兴宇：您能否给我们讲一讲这十条大概是什么内容？

杨焱磊：好的，我为大家逐条解释一下。第一，我们要了解孩子出国读书的意愿，是孩子自己主动提出的，还是家长强制安排的。如果是孩子自己提出的，那就很好，他是在努力争取自己喜欢的事物，会以更积极的心态去面对各种变化，让自己正常的学习和生活不受太大影响。第二，我们通过他有没有主动表达的愿望和表达的准确性去看他的性格。如果他是一个非常内向的孩子，什么都不愿意说，我们就要在他能否成功留学这件事上打一个问号。

刘兴宇：也就是说，孩子的性格属于外向或者内向，也是很重要的考量指标。

杨焱磊：这是我在近两年发现的结果，我们自己的数据显示内向的孩子去美国，无论是生活还是学习，遇到的困难要比外向的孩子更多。所以我们的做法是要和孩子面对面地接触，以确定他到底是什么性格。第三，刚才谈到的英语水平，必备的上课或者交流的水平是一定要具备的。第四，我们要找到孩子非常明显的特质、特长或者特点，哪怕是这个孩子仅仅具备一个爱笑的标签，也意味着他在美国遇到困难的时候我们有办法帮他找到自信，这是我们认为一个比较好的点。第五就是刚才提到的，要有独立性和自律性，学生未来在美国高中面对的是一个完全自由开放的环境，另一方面也是完全放松的状态，有的孩子可能认识不到位，就有沉溺于网游的风险，这是每个家庭最担心的事情，所以申请美高之前我们要知道，孩子对自己的控制力有多强。

刘兴宇：就是要有比较强的自我管理能力。

杨焱磊：是的，这点对男孩子来说尤为重要。

第六是我们希望这个孩子在就读美高之前，至少有了成型的世界观，并且是正向的。当负面的信息去影响他的时候，他会分清楚，从而控制自己不被负面信息过度干扰，这是我们觉得很重要的一点。第七，孩子的情绪稳定是常态。如果一个孩子在兴奋的时候难以平静，当遇到挫折的时候，又不能表现出正常的处理能力，会摔东西发泄，或者和父母吵架。在这样的情况下我们不建议他离开父母去面对美国高中的学习和生活，而应该进行一些适度的针对性心理辅导。

刘兴宇：心理建设。

杨焱磊：对，没错。第八是家长在这个过程中的参与度。如果爸爸妈妈的态度总是很忙，根本没有时间和精力花在孩子身上，我们觉得这样的孩子也不适合留学。我们希望在孩子赴美高读书的前一年，家长能够陪在孩子身边，让他知道他才是爸爸妈妈最关心的，以此来营造孩子稳定的安全感。第九是前面提到的经济基础，每一个孩子去美国留学的学费和生活费，加起来大概要 25 万到 40 万人民币。

刘兴宇：是每一年吗？

杨焱磊：对，这里是指每一年。如果是因为孩子出国造成了家庭生活条件的剧烈变化，很显然这项也不会符合。最后一点，规划之后，从时间上或者年级的衔接上，相对来说比较顺畅。

刘兴宇：其实我们听到这十项指标的时候，觉得其中有相当大的部分是对孩子心理层面的评估。这个角度实际上已经成为当下判断一个孩子是否适合出国去读高中的重要风向标了。

杨焱磊：是这样的。

刘兴宇：社会对出国读书的学生有一种误解，就是有钱的家庭，孩子在国内学习不太好，但还想上一个更好的大学，所以把孩子送出去。其实现实根本不是这样的。

杨焱磊：绝对不是。

刘兴宇：我在刚才您谈到的问题上追问一下，有些孩子内向，不爱和人交际，很多家长认为这正是国内教育体制造成的，也许孩子在美国读高中，有了更优质的环境就会一切变好了。这个问题您怎么看呢？

杨焱磊：首先我们要真正剥离学校的环境，去观察和思考是否家庭才是造成孩子性格内向的原因。我们在前一期讲到了“授受”式的教育，发现有很多家长真的认为，孩子听话才是好学生。这样的家庭环境逐渐地会把孩子培养成一个内向的、刻板的性格。这样的孩子，离开了现在的环境，经过一段时间在美国的学习，确实会有所改变；但是有的孩子天性内向，性格如此，也没有必要非要求他们改变。事实上很多科学家、企业家也都是这样的性格。我们把孩子送到美国是为了让他接触更优质的环境，身在其中找到自己的特点，激发潜能，发挥优势，而没必要去让孩子违背天性，非得由内向转变成外向。

刘兴宇：杨老师，我们曾经也接触过一个案例，还是您的学生。他是略微有一点自闭倾向的孩子，但最后我们看到，您成功地把他送出去了，在国外读高中的阶段这个孩子是有所改变，但和其他的孩子比起来，仍然表现得有些封闭。您给大家解读一下这个案例吧。

杨焱磊：这个孩子也是我们印象比较深刻的一个学生。在选校的时候我们其实做了特别多的幕后工作，第一，要选择寄宿制的学校，并且同住宿舍的环境不要有太多的老外，担心由于文化隔阂，不利于他的性格养成。第二，我们了解到孩子在美国有一位亲属，便果断建议他选择了相同州的学校就读，为了距离他的亲人不要太远，心里觉得有依靠。第三，我们建议他的妈妈一定要每个学期亲自飞到美国去，跟学校的老师开家长会，去了解孩子的近况。第四，这个学校一定要有足球队，因为他很爱踢足球。后来他在学校里踢上了前锋，真的是找到了自信。这些都是我们在选校的时候做的工作，看似是一个普通的选校，其实背后很多的心血是无法被别人看到的。

刘兴宇：孩子们是否适合到美国去读高中，刚刚杨老师讲到了十条评判的标准，如果大家今天有机会把它全部都记下来，您不妨在家里给自己的孩子打一打分。如果没记下来也没关系，我们欢迎大家关注《留学时间》的微信公众号，大家也能够从我们的微信公众号当中看到“焱磊说美高”的详细文字版，看看自己的孩子到底适不适合现在就出去读高中。这其实是一个非常大的课题，需要全家人都坐下来，认认真真理性地来进行分析。非常感谢杨老师今天来到我们的节目做客，谢谢！

杨焱磊：谢谢！

03 理想的时间规划

刘兴宇：欢迎您收听专家小讲堂——“焱磊说美高”，节目当中我们为大家邀请到的是北京留学服务行业协会资深专家、火石留学俱乐部的创始人杨焱磊老师。在节目当中，杨老师将和我们一起来分析美国高中申请和就读中会遇到的方方面面的话题。

今天，我们介绍的话题是出国读高中的时间规划以及流程，也就是我们什么时候要做出这样的决定，什么时候开始进行一些标准化考试的准备，什么时间递交申请，什么时候安排访校，以及我们到底应该在几年级来做出这样的决定，方便和美国的教育方案进行衔接。今天在节目当中我们请杨老师给出一个比较理想的时间规划流程，方便同学们参考。接下来，我们首先说一说，几年级到美国去读高中是比较合适的，能够很顺畅地和美国的高中进行衔接。

杨焱磊：如果谈最合适的，应该是九年级，也就是学生在中国读完初二之后去美国读书，这个方案不耽误学生的时间。

刘兴宇：也就是说初二结束，到美国去读初三，美国的九年级相当于中国的初三。

杨焱磊：是，这是最佳的时间。如果学生家长资金实力比较雄厚，想再提前一些，其实七年级和八年级都可以。

刘兴宇：最晚呢？

杨焱磊：从我个人角度来看，我觉得应该是十年级。

刘兴宇：十年级，如果十一年级和十二年级才出去，只在

美国读两年，是不是就显得略短一些？

杨焱磊：是的。第一，这样安排显得太仓促；第二，不利于孩子申请美国大学。

刘兴宇：明白了，初二结束赴美读高中是一个比较理想的衔接方案。

杨焱磊：是的。

刘兴宇：我们再来说一说理想的时间规划。一般情况下，什么时间来做出最终的决定比较合适？

杨焱磊：我自己总结了几句话，叫作提前一年申请，提前两年开始考试，提前三年做决定和开始做准备，这是比较理想的。可能大家觉得特别长。

刘兴宇：对，太长了。也就是说如果打算初三出去，那么提前三年，六年级的时候就要做决定。

杨焱磊：对，其实我刚才讲的是最佳效果，很多家长可能在意识到孩子留学问题的时候已经短于三年了。如果错过了这个时间段，我们可以让后边紧凑一些，来弥补这个效果，另外，可能有一些可有可无的环节，在这个时候就只能省略了。

刘兴宇：明白了。

杨焱磊：就像我们治病一样，如果有的时候我们说太晚了，那也得治啊。

刘兴宇：明白，这是比较理想的状态。三年做决定，两年开始考试，一年来递交申请。两年开始考试，是指在离申请两年的时候，开始准备 TOEFL Junior 或者说 SSAT 的考试吗？

杨焱磊：更形象一点的话，我们就拿刚才说的六年级学生来举例。他可能未来要去读九年级，那么从六年级开学到初一

结束这一段时间，其实孩子有两件事情要做准备，第一件事情就是考托福。托福考试一定要进行，甚至申请学校时拿出来的成绩就是初一结束的时候考出来的那个成绩。

刘兴宇：要有成绩了。

杨焱磊：考完托福，第二件事就是要做软性准备。比如孩子想以一名击剑运动员或者爱好者的身份去申请美国的高中，那在这两年里他就要练习击剑了，所以这两个是必备的。学有余力的孩子可以做第三件事，就是大量地做英文的原文阅读。因为我们发现最后 SSAT 高分的孩子，很多都有这样的经历。

刘兴宇：对，没错。

杨焱磊：那么在初一结束的时候，既然已经考完了托福，就要进行 SSAT 的准备了。所以初一这一年，如果之前没有考出理想的托福分数，就要进行托福的弥补考试。

刘兴宇：也就是说大概要在申请之前，也就是初二的暑期之前，你要拿到相对理想的托福成绩或者是 TOEFL Junior 的成绩，以及 SSAT 的成绩。

杨焱磊：确实。

刘兴宇：以上谈的是在标准化考试的方面怎么来做准备。就如刚才杨老师讲的，如果你的时间规划得没有那么早，也没关系，稍稍地往后拖一点也是来得及的。

杨焱磊：是的。

刘兴宇：什么时间要确定最终的选校名单呢？

杨焱磊：最终选校名单的确定有几个步骤。第一个步骤就是刚才我们说的考试完的时候，初一、初二之间的暑假我们可以定一个大致的学校名单，比如说我倾向于学校在什么位置？

是走读还是寄宿？学校的学费预算在什么范围之内？然后制定出冲刺和保底的学校名单，之后我们把这个名单先放下，向着目标开始努力。初二开始的这一个学期，其实更忙。因为学生除了要写自己的文书，还要准备校园的面试，也就是初二的上学期我们要飞到美国一次。

刘兴宇：对。那什么时候进行访校是比较合适的呢？

杨淼磊：我建议把校园面试和访校放在同一个时期。

刘兴宇：放到一起？

杨淼磊：对，如果孩子在初一的时候有一段时间是可以飞到美国的，那么我们把访校、定校和最后的面试分成两次进行效果更佳，因为更有针对性。

刘兴宇：但实际情况是很多家庭时间有限或者不愿意投入过多的预算。

杨淼磊：这种情况下，两次访美可以合并为一次。我们知道现在美国有很多高中也提供远程的视频面试。

刘兴宇：所以实际上面试也可以到美国去当面面试，或者是在国内进行远程的视频面试。

杨淼磊：远程的视频面试可以让学校了解孩子很多，但是孩子了解学校就很少。所以我一直强调，访校就像是一个相亲的过程，双方一定要相互去看。

刘兴宇：明白了，大概什么时候需要递交正式的申请呢？

杨淼磊：初二上学期结束的时候，也就是每年的 11 月或者 12 月就要递交申请，尤其是寄宿中学，到来年的 1 月 15 日，或者 2 月 1 日就截止了。如果晚于这个时间，学生就没有机会递交申请了。在 1 月 15 日和 2 月 1 日递交申请之后，3 月 10 日公

布录取结果，4 月 10 日是一个补录机会，到 5 月份全部的学校会出 offer。

刘兴宇：大概的启程时间呢？按照美国的签证要求，一般是在入学前 1 个月吗？

杨焱磊：签证的时间是 4 个月，就是提前 4 个月可以开始办理签证，但是最早的可以入境的时间是开学日期前的 30 天。

刘兴宇：30 天，1 个月的时间。我们刚刚听到杨老师给我们讲了一个相对理想化的时间规划的方案。不过，我们还是要强调一句话，如果大家已经没有办法有这么理想的时间规划，没有办法有那么充裕的时间来提前做准备，那么，没关系，时间紧凑一点也是可以实现的，关键是要看每一个孩子的个体情况。比如他的英语基础是不是已经相对比较扎实，家庭是否已经做好了心理准备，等等。今天的节目到此结束，非常感谢杨老师到我们节目当中做客。

杨焱磊：谢谢大家！

04 了解学校信息

刘兴宇：欢迎您收听专家小讲堂——“焱磊说美高”，节目当中我们为大家邀请到的是北京留学服务行业协会资深专家、火石留学俱乐部的创始人杨焱磊老师。在节目当中，杨老师将和我们一起来分析美国高中申请和就读中会遇到的方方面面的话题。

今天要和大家讲的是选校的策略——如何列出一个适合自己的学校名单呢？对于学生和家长来说，这其实是在做出赴美国读高中的决定之后面对的第一道门槛。我们到底要从哪些方向来考虑？怎么能够从美国如此多的学校当中选择出十所甚至可能是仅仅五六所适合自己的学校作为申请名单呢？

杨焱磊：第一，我觉得一些惯有的思维是会对家长造成误导的，最明显的就是完全依赖所谓的排名去选校；第二，我们要深入地去考察一所学校，了解之后才能做正确的决定；第三，我们还是要告诉所有的家长，给孩子选校，一定要选最适合他的，而不是所谓排名最高的。

刘兴宇：我们先来讲一讲，想要一份合适的选校名单，我们首先要了解学校信息，应该选择什么样的途径才能全面、真实地了解到这些呢？

杨焱磊：首先我觉得全面是很难做到的。我们做了留学工作这么多年，每年都花费很多时间在信息筛选上，但后来

再看，其实是很难做到全面的。但是如何做到相对客观，我们还是总结出了以下几个途径。第一，这个学校的官方英文版招生手册，请注意是英文版，而不是已经中文翻译过的版本。第二，互联网。但互联网对于中国家长来说也存在一个问题，就是全英文的网站难以阅读。如果通过百度或者其他的网络翻译，又造成了不准确的信息传播，所以我其实也是不建议的。第三，观察报告。在火石留学俱乐部，或者其他在行业摸爬多年的老师会总结出一些自己的分析，包括学校升学状况的信息、在校学生的感受等等。第四，中介机构提供的专业的咨询服务。如果你遇到的咨询老师是一个知识丰富、专业能力非常强的老师，他给你提供的信息当然是相对全面和真实的，所以就更具备优势。

刘兴宇：刚刚杨老师讲到的这几个途径，可以帮助学生或者家长去了解学校的地理位置、招生规模、学生招生标准等方面的内容，甚至我们还可以了解到这个学校的占地面积有多大、校舍资源水平到底如何。

杨焱磊：对，还有国际生的比例。

刘兴宇：我想这些都是相对来说容易获取的信息。但是很多家长想了解的信息是：学校在当地的声誉如何，学生的反馈怎么样，影响力有多大，这些就比较复杂了。您有什么好的办法吗？

杨焱磊：我觉得如果想了解这些信息，有几个途径可以实现。第一就是所谓的酒香不怕巷子深，有很多学校在当地很有名气，如果附近酒店的服务人员知道我们的家长是要去访校时，就会告诉我们那是一所很好的学校，这样的评价是非常客观的。第二，火石留学俱乐部每年都会组织假期回国学生或者毕业学生的晚宴聚会，学生以及家长代表会参与这样的聚会，新生和准备申请的学生和家长都可以参与其中，去了解刚才提到的那些问题，诸如他们在哪里就读，最显著的感受是什么，孩子最大的变化是什么，可以面对面地得到他们的反馈信息。还有就是参观学校的时候，跟在读的中国孩子聊一聊，这都是好的途径。

刘兴宇：刚才您提到，选校我们要选最合适的，而不是最好的。很多家长都会觉得自己的孩子非常优秀，要选最牛的学校。

杨焱磊：这里面的道理，我们用谈恋爱找对象这个事儿来举例子做说明就很容易理解。有的人非得找一个白富美，但是

找到这样的另一半之后，发现生活很不幸福，原来所追求的光鲜外表是给别人看的，两人相处起来的脾性、价值观、生活小事，这种真正留给自己的却是更重要的问题。另外，家长们拍胸脯说自己有骄傲的资本，也存在父母对于自己孩子盲目自信的成分在里面，当孩子真正的学术水平一旦达不到牛校的竞争水平，反而会消磨自信心。在这样的环境下，孩子陷入了越差越累、越累越差的负循环中，更难以突破自己。所以我们不会建议家长如此轻易地这样选择。

刘兴宇：明白了，其实要考虑孩子在就读期间，他的学习融入程度、心态融入程度、情绪融入程度。这正是对孩子本身特点的考虑因素，杨老师是这样吧？

杨焱磊：当然是的，您说得很对。

刘兴宇：杨老师，在您的咨询工作当中，一定会遇到各种各样的学生和家长，在选校的时候，他们会有一些什么样的误区？比如说有没有会让您觉得啼笑皆非的一些想法呢？

杨焱磊：啼笑皆非我觉得有点严重，家长嘛，都是出于对孩子的爱来找我这个专业的咨询师，自然不能要求他们问的问题也很专业，所以问出什么问题我们都觉得是正常的。但是确实有一些片面的误区。第一是攀比。这里的攀比不是指消费，而是一些排名。现在有一个 SAT 均分排名，其实就是行业内的中介老师，根据历次数据自己做出一个排名，家长不知道其中的意义，看到是个排名就趋之若鹜，据此来把学校分级。第二，选择学校要靠近家中亲属，这是一种非常常见的误区，尤其是低龄的孩子，家长会觉得有亲属在孩子附近更放心一些，但这样选择学校，孩子如果在日后发现学校并不适合自己，想要转学的时候，却又想到毕竟其他地方没有亲戚的照顾，会不太放心，而放弃了转入更适合孩子发展的学校这一宝贵机会。第三是不顾孩子的实际特点，硬把孩子通过某一种包装塞进某个学校，最后是孩子不知道自己到底哪里不对，在那里就像四不像一样，找不到自我。所以我们还是建议大家，在选校之前要先了解自己的孩子，自己的孩子是什么样的人，想要的是什么，将来想成为什么人。有了这些答案之后，再去选择学校，看学校培养的人都符合我的价值观吗？学校曾经培养过这样的人吗？学校是怎么去教育我的孩子的？双方知己知彼了之后，才能做更合理的决定。

刘兴宇：选校的时候应该怎么样了解全面而又真实的学校信息，怎么样去了解学校的社会声誉和影响力呢？杨老师给出了很多权威的回答，大家可以从这些信息中来寻找适合自己的方式方法。另外，在选校的时候，一定要避免刚才提到的误区。

杨焱磊：是的。

刘兴宇：怎么能够选到一个最合适自己孩子的学校？这是非常重要的事情。因为孩子只有真正进入最合适的学校，未来几年的学习对于他来说，才是享受优质环境和资源的过程，否则将会是一个非常痛苦的过程。非常感谢杨老师今天来到我们的节目做客，谢谢！

杨焱磊：谢谢！

05 如何看待排名?

刘兴宇：欢迎您收听专家小讲堂——“焱磊说美高”，节目当中我们为大家邀请到的是北京留学服务行业协会资深专家、火石留学俱乐部的创始人杨焱磊老师。在节目当中，杨老师将和我们一起来分析美国高中申请和就读中会遇到的方方面面的话题。

关于美国高中申请，今天杨老师要和我们一起分享的是很多学生家长在选校的时候经常会很纠结的一个词，那就是排名。

杨焱磊：确实如此。

刘兴宇：很多家长会拿着所谓的美国高中的排名来和留学机构的老师探讨，自己家孩子到底适合选一些什么样的学校。但是据我所知，美国高中并没有权威的官方排名。即便是 US NEWS 这样的媒体所做的影响力很大的排名，目前也仅仅只有美国公立高中的排名。

杨焱磊：对，是的，只有公立学校。

刘兴宇：所以，今天我们想请杨老师来和我们聊一聊美国高中排名这件事。刚才我们讲了，US NEWS 有美国公立高中的排名，私立高中有排名吗?

杨焱磊：到现在为止从来没有公布过官方的排名，但是有一个叫 *Business Insider* 的杂志公布了 50 所美国最优秀的学校，

NICHE

它从1到50做了罗列。很多家长以为这就是从第1到第50的排名。其实它只是根据一些指标综合评选出来的50所优秀的学校而已，这50所学校都是私立的。

刘兴宇：所以到目前为止，我们要明确地告诉大家，美国的私立高中没有任何官方权威的排名。

杨焱磊：绝对没有。

刘兴宇：因为没有这个排名，我们也就无从谈起这些排名到底是通过什么指标来排的。但是实际上，我们在和家长沟通的过程当中，经常能够听到家长总是不断地在提排名。我相信您日常工作当中也会遇到这个话题。

杨焱磊：确实。

刘兴宇：如果我们说没有权威的官方排名，您日常工作当中经常见到的是一些什么样的排名呢？

杨焱磊：其实约定俗成的就是一份在若干年以前一个香港地区的中介做了一份叫作美国中学SAT均分的排名。这个排名其实让所有的中介老师和家长又爱又恨。一方面，它能带给一些老师或者机构好的口碑，因为我申请到了靠前的学校。另一方面，家长在追逐这个排名的过程中，把一些本来一般的学校已经炒热了，这些学校的录取分数越来越高，其实和学校的真实水平是不匹配的。这是一个不正常的现象。

刘兴宇：我们知道SAT是学生进入美国大学需要参加的一个考试。所以，我们可以把这个排名理解为美国高中的毕业分数的这样一个排名，是吧？

杨焱磊：对。

刘兴宇：杨老师刚才也讲了，这是若干年前一家中介公司

自己编写的一个排名。我们姑且不论这个排名目前在市面上的使用程度到底怎么样，我们就想请杨老师来说一说，这个 SAT 平均分的排名能够拿来判断美国高中的好坏吗？

杨焱磊：我觉得如果从某种意义上讲，它能证明这个学校的学生是否擅长考 SAT，仅此而已。为什么呢？第一，我们看到官方公布的或者说大家看到的 SAT 平均分，很多学校统计的方法并不一样，有的统计是学校前 10% 的学生的平均分，有的是 50%，有的是全校，有的是国际生，拿出不同比例的均值放在同一个平台比较，并不科学。第二，其实考 SAT 的学生大多数是国际学生，美国本土的学生在大学升学的时候很多考的是 ACT，但是这个考试并不计入该统计中。第三，即使是 SAT 均分高，也不代表这个学校升入名校的学生就多，因为美国大学的升学中，SAT 只能占到大概 20% 的权重，所以它并不代表什么。第四，我打个比方，这就像是我们中国的衡水一中，虽然学生高考分数非常高，但是其实更像一个高考机器。我们既然选择赴美国留学，那么一定看重的是全面发展，而不是 SAT 分数的高低，所以我们要追求美国教育的本质，忘记 SAT 的高分。

刘兴宇：我们知道很多家长拿到这样一个排名的时候会盲目地追逐所谓排名高的学校。那么排名高的学校真的适合所有的孩子吗？

杨焱磊：当然不是。我们的工作中有很多好的例子，有些孩子被人为包装进了一些好的学校，但是他在学校里其实是找不到自信的，所以我们后来总结出来的经验就是一定要为孩子选择他最适合的学校。

刘兴宇：我们今天请杨老师来给大家讲了美国的高中到底有没有排名，我们大家经常见到的排名到底是什么。最后，我们还是要再次明确地告诉大家，美国的私立高中，到目前为止没有任何权威的排名。而且就算是有这样一个流行的排名，我们也认为它不足以左右大家的选校，而只能作为一个非常小权重的参考因素而已。

杨焱磊：是的。

刘兴宇：今天的节目到此结束。非常感谢杨老师来到我们的节目做客，谢谢！

杨焱磊：谢谢大家！

06 选校名单

刘兴宇：欢迎您收听专家小讲堂——“焱磊说美高”，节目当中我们为大家邀请到的是北京留学服务行业协会资深专家、火石留学俱乐部的创始人杨焱磊老师。在节目当中，杨老师将和我们一起来分析美国高中申请和就读中会遇到的方方面面的话题。

关于美国高中申请的话题，今天我们延续前两期的话题。前两期的节目我们和大家分享了如何了解美国高中的信息，如何看待市场上流传的美国高中的排名。今天我们想请杨老师来给我们讲一讲，我们到底应该怎么选择学校。就是一个学生站在您面前的时候，您是如何在如此众多的高中当中，选择出适合这个学生的选校名单的呢？

杨焱磊：首先可能有很多人以为我会把学生的现有水平放

在第一位来给孩子选校。他的托福是什么分数？他的口语好不好？其实恰恰不是，我第一看的是这个孩子的性格，他是内向还是外向？他爱说话还是不爱说话？他出现在校园里的第一反应或者成长的路径应该是什么？这是我第一个观察的方面。第二，就是看他的语言能力。比如口语水平，他能否交流？学校是否有 ESL 的课程来帮助他提高英语成绩，还是他可以直接进入美国人的课堂？第三，就是看孩子是否有曾经在美国或者其他国家独立生活和学习的经历。他在这些经历里的体验或者成长的感受是不是乐观的、积极的？当然我要问这个孩子有什么特长？学了几年？当他告诉我自己的特长的时候，如果是一种自信的状态，那我相信他可以用这个特长在美国的同学中间找到自信，这是我们想让他达到的一种最好的结果。当然还有家庭为孩子准备的留学预算，他得告诉我，他们家能出多少钱。因为毕竟四年高中、四年大学、加上两年研究生总共要 10 年时间，家里的预算至少得 250 万 ~ 400 万元，这是一个不小的数字。如果有的家庭真的只有这 200 万元，甚至是卖了一套房，那么我们就要把人家选校的这个预算范围严格控制到一定的数字之下。

刘兴宇：明白。

杨焱磊：当然了，还有一些地理位置上的考量。比如说有的家庭可能有移民的打算，那他们将来想移民的地方可能是哪些地方？热或者冷？偏僻或者发达？因为如果他们真的移了民，孩子未来能拿着这个州的公民身份再上大学，是完全享受州内的费用的，所以这也是我们要考虑的因素。当然除了地理位置选择，还有专业和学校方面的考量。比如一个孩子未来大学专业想学生物，那么 UC 系统的圣地亚哥分校就很好，我们又觉

得他很适合，那么我们不如就让他到加州去上高中，因为这些大学对于他们本地高中的口碑、教学方式、教材等都非常熟悉，所以他就可以有倾向性地先到加州去学习。

刘兴宇：对。

杨焱磊：还有就是学校对学生的喜好程度。在面试的过程中，如果一个学校对这个孩子很重视，表达出希望学生赶紧来或者希望学生能尽快做出决定的态度，那就是积极的信号。比如我们曾经有一个学生，他会小提琴，学校乐队老师说我把首席位置留给你，这就是一种很重视的表现。但是如果有的学校只把孩子当做众多申请中普通的一个，我建议没有必要去那所学校。

刘兴宇：或者他甚至只是一个候补者。

杨焱磊：没错。我觉得这样的情况下我们没有必要非得去争取进入这样的学校，这是我在过去的工作选校方面的一些经验。

刘兴宇：您刚刚讲到如此之多的指标，有哪些指标是属于硬性指标呢？我们还是拿语言水平来说，如果说托福只有 60 分，或者只考了 70 分，是不是就决定了他连某些学校面试的机会都拿不到？

杨焱磊：其实越老的顾问、越在美高这个领域研究透彻的顾问，越会发现语言并不是唯一的指标。如果这个学校要 79 分，也许有 65 分的学生也能进得去，因为他也许恰恰是学校想要的那个学生。

刘兴宇：明白了，我们可以这样来理解吗？就是您刚才列出的这些选校的指标当中，没有任何一个指标是属于硬性指标，一定要综合来看这个孩子全面的情况，根据这些不同的指标来匹配选择出最适合孩子的学校。

杨焱磊：是的。

刘兴宇：我觉得这给了学生或家长一个全新的选校观念。那就是大家一定不要坚定地认为我的孩子必须要考到多少分才能够进入什么样的学校，这是典型的中国教育体制下的思维。

杨焱磊：没错。

刘兴宇：一定要像刚才杨老师讲到的一样，根据这 8 到 10 个的指标综合性来做判断，从而为自己的孩子选择出非常合适的选校名单。

杨焱磊：这样他一定不会后悔。

刘兴宇：今天的节目到此结束，非常感谢杨老师来到我们的节目中做客，谢谢！

杨焱磊：谢谢！

07 访　　校

刘兴宇：欢迎您收听专家小讲堂——“焱磊说美高”，节目当中我们为大家邀请到的是北京留学服务行业协会资深专家、火石留学俱乐部的创始人杨焱磊老师。在节目当中，杨老师将和我们一起来分析美国高中申请和就读中会遇到的方方面面的话题。

关于美国高中申请的话题，今天我们要请杨老师来和我们分享的是访校。我们知道现在在美国高中申请的过程当中，家长和孩子一同对美国的高中进行走访，应该说比例越来越高了。

杨焱磊：是的。

刘兴宇：对于如此低龄的孩子，出国留学对于每一个家庭来说，我相信都是一个非常重大而且是慎重的决定。所以在做出这个决定之前，到学校去看一看，了解了解自己的孩子未来几年将要学习和生活的地方，对于家长来说，也是让自己变得更放心的一个选择。今天我们就请杨老师来给我们讲一讲访校这个话题。我们先来说一说，什么时候应该访校？访校的必要性在哪里？

杨焱磊：关于访校，如果家庭的经济实力和时间都没有问题，那么可以在三个时间段去选择。第一个时间段是已经决定了或者将要决定去美国留学的时候，可以利用寒假或者暑假，中国尚未开学但是美国已经开学了，利用这两周三周做一次访校，甚至插班入读，提前体验一下到底美国是什么样？中学是什么样？老师是什么样？让他对这件事情最起码产生了兴趣之后，后边他的这种准备会更乐观、更积极一些。

刘兴宇：要有一个直观的感受。

杨焱磊：对，这是第一次。第二次是真正进入选校环节的时候。因为往往专业的中介老师或者顾问会给家长推荐 8 到 10 所甚至 16 所学校，家长要从这些名单里选择自己可能会中意的 6 到 8 所甚至 10 所学校。这些学校将来都将成为重点申请的对象，那么此时我们就要先认识它们长什么样，到底是怎么样的情况，到了该取舍的时候就要赶紧去访校。

最后一次访校机会是在孩子的语言考试都考完了，真正进入申请或者面试的环节的时候。此时，我们可以组织一次专门面试的访校安排。这是三次理想的访校时机。

刘兴宇：明白了，家长应不应该陪着孩子一起去访校呢?

杨焱磊：如果是第一次访校的那个时间段，我们不是特别建议。

刘兴宇：就是如果是插班的话。

杨焱磊：对，这次访校的目的完全就是锻炼孩子，家长跟着会阻碍孩子的自由发展。第二次和第三次我们建议至少得有一次是家长陪同的。

刘兴宇：也就是说家长在对学校了解的过程当中，要有自己的判断，要有自己的感受，要自己去搜集自己感兴趣的那些信息。

杨焱磊：对。第一，这样可以防止他们继续惶恐犹豫下去；第二，他们对孩子的了解非常深入，可以利用自身的一些经验给孩子一些更直观的建议。

刘兴宇：访校的名单是不是就是我们已经确定的，将来打算要申请的这个选校名单呢？

杨焱磊：我建议是的，否则去的意义不大。

刘兴宇：访校主要看什么？

杨焱磊：其实访校绝对不是看一个学校的面积有多大，或者是设施有多新，甚至国际学生有多少比例，因为它可以通过阅读资料的形式来了解。我们访校的时候，主要看的是氛围，就是这个学校老师对你是不是很重视，其他的同学在谈起学校的时候是自豪呢，还是有一些犹豫或者谨慎，这都是通过资料看不出来的，这是访校的意义。

刘兴宇：明白了。我们知道在访校的时候经常会有校方的领导或者招生官出面接待，招生官经常会问道："你们有什么问题吗？"这个时候，孩子应该向招生官或者是学校的接待方问一些什么样的问题呢？

杨焱磊：我建议越有挑战性的越好。比如有的男生说，我想选足球课，但是我希望我的足球课老师不要让我只踢前锋，我能不能后卫也踢一踢，让我找到自己最合适的位置？其实这是一个非常常规的问题，但是体现了这个孩子想全面发展，又敢于挑战权威，甚至已经考虑到了我来了这个学校以后，要参加什么俱乐部。这样的综合性的、内容丰富的问题是最好的。

刘兴宇：也就是说要抓住一切机会，从招生官那寻找你想了解的信息。

杨淼磊：对，不用怕。

刘兴宇：我们知道，一般情况下，一个访校团的行程安排可能会比较丰富，访校名单上大概会有十几所学校，少的情况下可能也有五六所、六七所。

杨淼磊：对。

刘兴宇：看了这么多学校，难免会眼花缭乱，杨老师您可能也会给学生和学生家长准备一个选校记录表，那么应该怎么设计这个记录表或者评分表呢？

杨淼磊：其实我建议学生自己不用设计，因为我们会为孩子们准备这张表。但是孩子一定要有一个从一星到五星的评价标准，这样每看完一所学校，就给学校进行打分，最后的总分高低就是他对各个学校的倾向性排序。

刘兴宇：这个表上一般会有什么样的内容呢？

杨淼磊：这个内容其实很容易理解。比如说学校在为我面试的过程中，老师是不是热情？或者问我的一些问题是有针对性的提问，还是所有的人都会问？再比如我们见到的中国的孩子他们爱运动吗？他们吃得好吗？等等这些最基本的问题，其实就构成了孩子应不应该来这个学校的重要参考指标。

刘兴宇：很多学生和家长在访校归来的时候，当被问到这些学校怎么样，他们会说学校很大、很漂亮。有的家长会说学校的食堂特别好、吃得特别好。刚才您说了选校应该主要看人文方面。除此之外，到底还有哪些是学生和家长一定要看的、一定要去了解的内容呢？

杨淼磊：我觉得还是人文。比如说刚才谈到的面积、设施，包括伙食，不出一个礼拜孩子都腻了，这些根本就不是他真正想要的东西。但是，别的孩子的状态其实是更重要的。比如说我们前一阶段在一所学校看到，当学校女子足球获得了冠军的时候，全校的师生跑上去相互拥抱，甚至有很多孩子在大冬天把衣服脱掉来庆祝，这就是一种激情的释放，或者是一种文化，我觉得这是最深入人心的，应该看的是这些。

刘兴宇：我们知道访校的这个过程不仅仅是了解学校，实际上对于孩子本身来说也是一个成长的过程。您觉得访校对于孩子来说，收获主要是什么呢?

杨焱磊：我觉得有几点，其中最重要的是他有了展现自己的欲望和知道了展现自我的方法。比如有的孩子平时不善于公共演讲，我们在访校的过程中，就有意安排孩子们轮流当一天的 leader。他要给学校的校领导介绍，这是来自中国的谁谁谁，我们这次是一行几人，我们的目的是什么。这样其实是给了每一个孩子做领导的机会。第二个就是有的孩子可能觉得弹钢琴仅仅是自己的一个普通爱好而已，但是在访校的过程中我们发现，只要看到学校有钢琴，孩子们都会乐于主动上前弹一首自己最喜欢的曲子，充分地展现一下自己。这种积极的表现力，我觉得在中国现行的教育体制下是很难出现的。

刘兴宇：一般情况下，家长或者孩子在访校的过程中，容易出现什么误区呢?

杨焱磊：我觉得很大的一个误区就是家长们看到好的学校就都会觉得我的孩子要是能在这个学校读书就好了。因此，他会拼命地让孩子包装自己，比如有的孩子性格内向，他非得让这个孩子展现得非常外向；或者有的孩子的英文水平本来就弱，他非得逼孩子哪怕准备一年的托福都要进这所学校。其实这是

一种拔苗助长，孩子真正适合哪个学校，和哪个学校相匹配，是自然而然的，不是这么包装出来的。第二个误区，就是有的家长觉得，十几所访问的学校都很好，他都要申请，或者孩子要拿 12 个 offer 才满意。其实不是，你就选中最适合你的那一所，就像两个人谈恋爱一样，如果他对你也青睐有加，我们就不需要找那么多的对象，两个人一匹配就好。

刘兴宇：明白了。感谢杨老师给我们带来如此丰富的访校内容。节目最后我们要非常明确地告诉大家，访校对于美国高中的申请者来说是很必要的一个环节。如果家庭有时间，也有一定的经济实力的话，那么一定要安排至少一次的访校，家长最好是陪同孩子一起去。至于访校的时候到底应该看一些什么内容，刚才杨老师已经给我们介绍得非常非常全面了。最后，感谢杨老师来到我们的节目做客，谢谢！

杨焱磊：谢谢您！

08 分类之走读与寄宿

刘兴宇：欢迎您收听专家小讲堂——“焱磊说美高”，节目当中我们为大家邀请到的是北京留学服务行业协会资深专家、火石留学俱乐部的创始人杨焱磊老师。在节目当中，杨老师将和我们一起来分析美国高中申请和就读中会遇到的方方面面的话题。

今天关于美国高中的话题，我们邀请杨焱磊老师来给我们讲讲美国高中的分类。平常我们经常能够听到美国高中的分类是走读学校、寄宿学校、公立学校、私立学校。另外我们也知道美国有一些高中是单性别学校——男校或者女校，有一些学校属于教会学校，有一些学校完全没有任何宗教色彩。那么我们邀请杨焱磊老师分几期节目来给我们讲一讲关于美国高中分类的话题。今天先请杨焱磊老师来给大家讲一讲第一个学校分类——走读中学与寄宿中学。

在介绍走读中学与寄宿中学之前，杨焱磊老师可否给我们介绍一下美国高中学生住宿的基本分类，走读中学与寄宿中学可以涵盖全部美国高中吗？

杨焱磊：从严格意义上来讲，除了学生住在学校里面的学校我们称之为寄宿中学，学生住在当地寄宿家庭里的学校称之为走读中学以外，这些年又新生了一种迎合市场的住宿方式叫作校外集中宿舍。学生，尤其是国际学生会被安排到校外的某一个集体住宿的区域或者建筑物内，有的由学校管理，有的由校外的监护机构管理，这种情况叫集中住宿。

刘兴宇：对于集中住宿方式的学校，目前的数量是不是还相对较少？

杨焱磊：非常少。

刘兴宇：那我们还是主要来跟大家讲一讲走读中学和寄宿中学。

杨焱磊：好。

刘兴宇：一说到走读中学和寄宿中学，恐怕对于学生家长来说，首先想到的是这两种住宿类型到底孰优孰劣，或者这两者本身各有一些什么样的优势和劣势呢？您给我们分析一下。

杨焱磊：好的。对于寄宿中学，我觉得是大家接触得比较早，也是比较容易让人接受的，因为他把孩子整体交到了学校。它的好处就是整个学校像一个小型社会，全部学生的吃、喝、拉、撒都在学校里，学生互相之间都很熟悉。大家都在校园里，哪怕是我今天感冒了，可能明天遇到的100个同学里，有99个都会问你怎么样了？身体好了吗？会让人觉得这是一个很温馨的大家庭。在学习方面也会被照顾得很好，比如说有一些人在某一科目上落下了，老师大多也都住在校园里，他就可以随时随地去找老师为他进行额外辅导，这是寄宿中学得天独厚的优势。但由于寄宿中学在全美国几千所学校里只占三百多所，数量很少，再加上中国学生比较倾向于这种寄宿的方式，所以在过去的几年中已经被炒得很热，学校要不然就很难进，要不然就门槛低，中国学生比较多，所以这是寄宿中学面临的一些问题。

刘兴宇：明白了，寄宿中学容易出现中国学生扎堆的现象，或者可能学生住的宿舍楼里面有80%都是中国学生，那么对学生语言的增进恐怕不是一件好事情。

杨焱磊：没错。

刘兴宇：我们再来说说走读中学。

杨焱磊：走读中学的好处，我们知道学生是住在寄宿家庭里，跟老外住在一起，不会出现几个中国人扎堆讲中文的情况，而且负责任的寄宿家庭往往除了把学生生活方面照顾得好，在学习方面也能起到一定的督促作用。原来我在您的节目上请到了羽超妈妈，她的儿子羽超在近期给我们发了一封邮件，内容是寄宿家庭的妈妈跟他说，你是我寄宿家庭住的孩子，怎么能在班里考第 20 名，一定要是第一名，足见寄宿家庭妈妈对孩子学习的重视，而且寄宿妈妈带他去听了很多非常好的音乐会，安排孩子进行名校访问等等，所以这是寄宿家庭帮助孩子融入美国文化方面的优势。

刘兴宇：这是得天独厚的。

杨焱磊：在费用方面呢，寄宿中学其实是贵于走读中学的。一般来讲寄宿中学一年的生活费加学费总共需要到 5 万到 7 万美元，但是走读中学通常有 3 万到 5 万美元就足够了，所以走读中学更经济一些。

那么从学生接触社会的层面，当然是走读中学的学生更占优势。他们下课和周末会跟自己的寄宿家庭出去活动，接触面会更广一些。还有一个是技术性的优势，同样水平的两个学生，申请寄宿中学的难度要远大于同等水平的走读中学，所以这是寄宿中学和走读中学的区别。

刘兴宇：那么走读中学不好的一方面是什么呢?

杨焱磊：走读中学不好的方面是很容易想象的，就是如果我们遇到的这个家庭不是那么负责任的。可能孩子就真正变成

了放养，就是没人管他了，自觉性差一些的学生，就可能会成绩下降。另外，就是即使是两个好人、两个非常善良的人在一起，也需要有磨合的过程，所以有的时候学生和寄宿家庭之间会出现一些摩擦，或者不适应，需要调整寄宿家庭，这都是我们担心的事情。

刘兴宇：没错，我们也知道这几年国内的一些媒体，把孩子在寄宿家庭当中遇到的一些文化碰撞，甚至把某一些个案放大化，更增加了家长在这方面的担忧。实际上我们觉得，还是要看到主流的趋势，绝大多数美国寄宿家庭和孩子相处是非常融洽的。

杨焱磊：是的。

刘兴宇：而且他们也是非常非常负责任的。我们也请杨老师来给我们讲一讲，走读中学和寄宿中学分别更适合哪一类的学生呢？如果一个学生站到您的面前，您觉得 A 适合走读，B 也许就更适合寄宿。

杨焱磊：其实我归纳了这么几类学生，他们肯定适合走读中学，那么除了他们以外的那类学生，家长就可以把他们放在适合的寄宿中学里。

第一，学生从心理上接受住在寄宿家庭里，能够跟别人生活在一起，学生自己不排斥，这是第一要素；第二，学生以往被观察到独立性和自律能力非常好，甚至他已经有了独立生活的经验，我们认为他是可以选择走读中学的；第三，这个孩子性格开朗外向，他遇到一些事情不会压在自己心里，觉得闷在心里很难受，这样的孩子也可以住在寄宿家庭里，因为他会沟通，会把不悦说出来；第四，我们希望一些成绩好的孩子住在寄宿家庭里，哪怕他在过渡期受到一点波动影响，他的成绩也不会一落千丈，如果孩子本身成绩一般，再把精力放在跟人相处上，他的成绩可能会受影响。所以以上几类孩子比较适合走读。

刘兴宇：实际上刚刚杨老师讲到了适合走读中学的几类学生，反之可能比较适合寄宿。但其中有一点，我们一定要提醒大家，就是寄宿制学校同样需要孩子有非常好的自我管理能力。

杨焱磊：当然。无论是走读还是寄宿，其实这一点对于孩子的要求是一致的。

刘兴宇：我们也请杨老师简单地来提醒学生，就是走读中学的孩子比较需要注意的、比较重要的点是什么；寄宿制的孩子比较需要注意的方面是什么。

杨焱磊：如果在寄宿家庭里，我觉得首先要“会来事儿”，这是一个非常重要的技能。比如说帮人家干点活，或者说自己有了一些好的技能，要去跟人家分享，或者在假期的时候，把自己亲生的父母邀请到美国，或者把寄宿家庭的家人邀请到中国去等等，这都是很好的交流方式。

如果在寄宿中学里，我们要注意的是跟同龄人之间的融合，比如说要善于分享自己的好吃的、好玩的，甚至有一些小的故事去告诉美国的同学，这是我们的文化，是同龄人之间的交流。

刘兴宇：我觉得在寄宿家庭，恐怕对于学生来说，有一个很重要的心理建设，就是你真的要把自己当成是这个家庭的孩子，当然我相信很多寄宿家庭的父母是真真正正地把学

生当成了他们的孩子。

杨焱磊：是。

刘兴宇：而我们有的时候会遇到的状况是，孩子和家长觉得我们付费给了这个寄宿家庭，寄宿家庭就应该怎样怎样。这其实是大错特错，而且会给孩子一些错误的心理暗示。

杨焱磊：对，是的。

刘兴宇：非常感谢杨老师今天为我们介绍走读中学和寄宿中学的不同，谢谢您做客我们的节目！

杨焱磊：谢谢！

09 分类之公立私立

刘兴宇：欢迎您收听专家小讲堂——“焱磊说美高”，节目当中我们为大家邀请到的是北京留学服务行业协会资深专家、火石留学俱乐部的创始人杨焱磊老师。在节目当中，杨老师将和我们一起来分析美国高中申请和就读中会遇到的方方面面的话题。

今天我们请杨老师继续来跟大家讲美国高中的分类。上一期我们讲了走读与寄宿中学，这是一个重要的分类指标。那么这一期，我们想请杨老师给大家讲一讲公立中学和私立中学。

杨焱磊：好。

刘兴宇：很多学生家长认为，我们在选择美国高中的时候，所有高中都是可以申请的，显然这是一个误区。

杨焱磊：对。

刘兴宇：我们先请杨老师给我们讲一讲，美国的公立和私立中学的主要区别。

杨焱磊：顾名思义，公立中学一般是由州政府来办学，而私立中学建校或办学的资金是来自宗教及私人或集团的捐赠。那么在中国可能觉得公立的学校更好一些，但是在美国，其实不一定。

刘兴宇：我们知道，美国公立中学花费的是美国纳税人的钱。

杨焱磊：对。

刘兴宇：所以公立中学基本上是不向国际学生开放的，这样理解准确吗？

杨焱磊：是的，如果从通常意义上讲，公立中学是不招收国际学生的。但是现在有两种形式可以招收国际生，一种形式是公立中学交换生，学生可以通过交换的形式入读公立中学，这时学生持有的是J类签证，最多只能在公立中学读一年；另一种形式是，一些公立中学，现在可以发一年的F类签证，这是一种特殊的形式，但是孩子也只能读一年，所以即便是两种签证叠加使用，学生在公立中学最多也只能读两年。

刘兴宇：明白了，所以我们通常意义上讲的到美国去读中学，基本上指的就是读美国私立中学。

杨焱磊：是。

刘兴宇：我们经常能够听到这样一种声音，就是美国公立中学非常优秀，因为它们的资金来源很雄厚，它们依赖于政府资金，私立中学往往不那么优秀。但也有另外一种声音说美国公立中学学生特别多，所以教学质量堪忧，私立中学才是真正

的精英高中，我想这两种声音您也经常听到，您怎么看呢?

杨焱磊：其实这两种类型的学校没有绝对的优劣之分。我们就拿大学入学率来讲，可能公立中学有的学生毕业之后并没有进入牛校或者常青藤学校，学生有的去参军，有的去上社区大学，这其实是一种传统或者文化。所以单独比较某一项，比如升学率，这并不公平。同时公立中学和私立中学都会培养出美国的要员或者名人，看不出优劣。当然，就目前招生的现实情况来看，我们关注更多的是私立中学。

刘兴宇：杨老师，您也给我们讲一讲，如果我们一定要把公立中学和私立中学放到一起比较，我们应该如何看待这两种不同类型的学校呢?

杨焱磊：首先我觉得大家要了解公立中学是什么样，比如公立中学在学校里一定不学宗教课程，宗教话题属于敏感话题，不允许谈。而私立中学很多学校是由教会捐赠的，这类私立中学必须要学宗教课程。

其次，公立中学通常都是大学校，两千多人到三千人的学校很普遍，而私立中学一般都是几百人的小学校，所以在公立中学里，人种的构成会更丰富一些。我更推崇的是私立中学，

原因有以下几方面：第一，申请方面，学生可以在私立中学里读完整的美国中学；第二，学生去美国读中学，是需要更多关注的，所以私立中学的小班授课更适

合学生，而公立中学的班型相对于私立中学要大很多；第三，在私立中学，孩子们能享受到的资源要比公立中学多很多，比如足球场、体育馆、图书馆等。

刘兴宇：明白了，公立中学和私立中学的区别，杨老师已经给我们详细介绍了。现在有些中国学生会采用先到公立中学进行一年的交换，再转到私立中学这样的方式，在美国完成高中阶段的学习。这种方式既可以节约成本，同时能对两种不同类型的中学全部体验一遍，对于某些同学而言，这算是一种好办法吧。

杨焱磊：是的。

刘兴宇：今天我们听了杨老师的介绍，相信大家对于美国的公立中学和私立中学有了更全面的认识，非常感谢杨老师来到我们的节目做客，谢谢！

杨焱磊：谢谢！

10 分类之男女宗教蓝带

刘兴宇：欢迎您收听专家小讲堂——“焱磊说美高”，节目当中我们为大家邀请到的是北京留学服务行业协会资深专家、火石留学俱乐部的创始人杨焱磊老师。在节目当中，杨老师将和我们一起来分析美国高中申请和就读中会遇到的方方面面的话题。

在这几期节目当中，杨老师为我们讲了美国高中的分类：走读与寄宿，公立与私立。今天我们请杨老师给大家讲一讲美

国高中其他角度上的分类。

杨老师，我想对于美国高中来说，其实有很多不同的分类方法。男校与女校、宗教学校与非宗教学校其实也是一种分类方法。还有就是我们经常能够听到有一些中介机构在推广学校的时候会提到的一个词——蓝带学校。今天请杨老师来给我们说一说。我们先说男校、女校。

杨焱磊：男校、女校其实很容易理解，就是单一性别的孩子在同一所学校读书。从我的观察来看，往往在单一性别学校读书的学生，其学术成绩的提高会比混校的学生更明显。

刘兴宇：在美国如此众多的中学当中，单纯的男校和女校比例大吗？

杨焱磊：其实不大，我自己估算了一下，可能 100 所学校里有 5 到 6 所单一性别学校。

刘兴宇：那么中国学生申请男校和女校的多吗？

杨焱磊：申请女校的学生很多，但是申请男校的学生非常少。

刘兴宇：也就是说，大家其实对于女生在女校会接受更好的教育熏陶是有信心的。

杨焱磊：是，还有就是觉得女孩上女校安全一些。

刘兴宇：我们再说第二种分类方法——宗教和非宗教。宗教类的私立中学似乎在美国的私立中学中占比较大。

杨焱磊：非常大，70% 的比例。这些学校的宗教背景其实是一目了然的，在学校工作的教师员工也大多信奉此教派，会去这所学校读书的本地学生也多数有此宗教信仰。多数宗教学校很大的一个特点是，孩子在正式上课之前会有集会，比如每天早上 8 点钟，大家一起集会，其内容并不一定是宗教，可能是为某一个孩子唱生日歌，或者一个已经毕业的校友来传递一下他工作、学习的感受，但这种形式的起源是宗教。另外，在宗教类学校，宗教课肯定是必修课之一。

刘兴宇：宗教课是必修课?

杨焱磊：对，是必修课，这是中国学生比较头疼的科目，因为学生在对美国历史、文化、宗教背景不理解的情况下学习这门课，需要花更多的时间和精力。不过我们发现在宗教类中学读书的孩子对自己品行的约束，比一般的就读非宗教学校的学生更严格一些。但如果有的家长或者孩子本身对宗教有天然的排斥，那么我建议也没有必要非得选择宗教类背景的中学。

刘兴宇：我们知道很多家长很纠结，虽然他们不排斥任何宗教信仰，但是会很担心，是不是孩子入读了宗教背景的学校，就必须要信教呢?

杨焱磊：绝对不是，在美国宗教信仰是一件非常自由的事，哪怕像我本人在国外宗教气氛很浓的地区读书，我也没有宗教信仰，所以学生只是把它当作一种历史或者文化去了解就好了。而且从某种意义上讲，很多家长在为孩子选择信仰的时候，都是我们家长主观上的意愿，孩子未来也许有自己的信仰或者信念，我觉得没有什么不好。

刘兴宇：好的，我想再来请杨老师跟大家说说我们经常听到的另外一个词——蓝带学校。

杨焱磊：蓝带学校，其实我们可以把它理解成中国

评的三好学校或者优秀学校，每年大概有 3.8% 的学校可以获得这个荣誉。学校获得了蓝带荣誉并不代表它永远是蓝带学校，蓝带学校每五年会更新一次，所以当大家看到这所学校是蓝带学校的时候，可以为这个学校加一点分，但是千万不能认为所有蓝带学校都是精品学校，也许这个学校仅仅是因为在体育方面有突出贡献，就被评为蓝带学校了。

刘兴宇：那么这个蓝带学校的评选方是谁呢？

杨淼磊：蓝带学校是美国激励办学成功的一种积极做法，起源于 1982 年联邦教育部所提出的蓝带学校计划（Blue Ribbon Schools Program），该计划主要有三个目的：（1）确立和认可全国杰出的公私立学校；（2）提供研究为基础的效能标准，作为各校自我评估和改进的参考；（3）激励各校将办学成功经验与他校分享。

刘兴宇：那么我们可以把蓝带学校评选出来的名单当作一种排名的指标来参考吗？

杨淼磊：我觉得蓝带中学的评选指标是可以用来参考的，比如学生的核心支持，学校的组织和文化，挑战性的标准和课程，主动的教学和学习，专业社群，领导和教育活力，学校、家庭与小区伙伴关系，成功指标等，通常蓝带中学都会有自己非常明确的使命，就是告诉家长及学生我们培养的是什么样的人才，并且会鼓励家长一定要参与到教学的过程中，我觉得这是好的一面。

刘兴宇：最后还有一个小分支，也想请杨老师来给大家介绍一下，就是我们知道在美国有极少量的军校，这样的学校也对国际学生开放吗？中国学生可以申请吗？

杨焱磊：当然可以申请，我现在就有几个孩子在军事学校里读书，而且非常优秀。

刘兴宇：这类军校是一个什么样的情况呢？

杨焱磊：美国的军事学校大多数是男校，也有少量学校是男女同校。在军校，学生的平常生活都实行军事化管理。我在军校读书的学生告诉我，他们在第一年和第二年会觉得具有挑战性，但入读高年级后，便跟普通中学的学生没有什么差别了。我给大家举一个例子，有一所军校说我们想培养的是有责任感的男人，所以学校在教育孩子时会有要求，比如跟母亲一起走的时候，他必须给母亲开门；见到比自己职位更高的同学，必须立正问好，这就是无规矩不成方圆的道理。

刘兴宇：那么在这样的学校当中，军事的体能训练会占相当大的比重吗？

杨焱磊：学生在九年级会有训练，就是每天早晨学生要五点半起床训练，但是到十年级、十一年级，这种强度的训练逐渐减少了，学生还是要为大学升学做准备。

刘兴宇：这种军事学校的学术水平如何呢？

杨焱磊：我觉得非常好，而且有很多学校是给孩子的 GPA 有额外加分的，那么在这些孩子与普通学校的孩子进行大学申请 PK 的时候，反而占了优势。

刘兴宇：我们今天听到杨老师为我们介绍美国高中的其他分类——男校与女校，宗教与非宗教，蓝带学校，以及很少量的军校，基本上涵盖了美国高中大体上的所有分类。

杨焱磊：是的。

刘兴宇：加上前两期我们讲的走读与寄宿中学、公立与私

立中学的分类，非常感谢杨老师为我们介绍如此全面的美国高中分类，谢谢您做客我们的节目！

杨焱磊：谢谢！

11 考试之托福

刘兴宇：欢迎您收听专家小讲堂——“焱磊说美高”，节目当中为大家邀请到的是北京留学服务行业协会资深专家、火石留学俱乐部的创始人杨焱磊老师。在节目当中，杨老师将和我们一起来分析美国高中申请和就读中会遇到的方方面面的话题。

今天，我们要和杨老师一起来聊的话题是美国高中的标准化考试。杨老师是不是先简单地给我们介绍一下，美国高中申请过程当中标准化考试大体上有哪些呢？

杨焱磊：好的，基本上大家最常见的考试是托福考试、小托福考试和小 SAT 考试这几种类型。另外还有一些特殊类型的考试，例如 ITEP 考试、ISEE 考试，也是一些地区或者一些种类的学校特殊要求的考试。

刘兴宇：我们知道托福或者是 TOEFL Junior（就是小托福），是很多申请美国高中的学生会选择的考试，或者说是必选的考试之一。我们今天先来讲一讲托福考试，低龄的孩子参加的托福考试和大学生参加的托福考试是同一个考试吗？

杨焱磊：非常遗憾地说，是的，即使是考博士的学生跟现在考高中的学生其实用的都是同一套考题。

刘兴宇：对，所以其实对于孩子们来说要求是很高的。

杨淼磊：是的，说实话既不公平，也不科学。

刘兴宇：那么 TOEFL Junior 是一个相对更简单一些的考试吗？

杨淼磊：是，尤其是现在申请七年级或者八年级，就是对于 11 ~ 13 岁的孩子，我们鼓励他去考 TOEFL Junior，但是有一些学校对它的认可程度并没有那么高。

刘兴宇：所以就是说，如果学生想申请某一些学校，一定要按照学校的要求参加托福考试。托福考试或 TOEFL Junior 考试这个两者有哪些具体的不同之处吗？

杨淼磊：有区别。第一就是两者的分数不一样，托福是 120 分的满分，分为听、说、读、写四部分，各 30 分；TOEFL Junior 是 900 分的满分，到达 800 分以上我们就觉得学生成绩还不错，考到 840 分或 850 分的学生就比较优秀了。但是，TOEFL Junior 不考口语，所以有些口语弱的孩子可以占到一些便宜。第二，TOEFL Junior 的考试，实际上跟校园的生活非常相关。例如会涉及图书馆或者写日记等日常方面的话题，但是托福考得比较生僻，比如说他会研究一些关于考古的内容，或者讨论人的生理结构是怎么形成的等等。对于一些阅读量小的孩子来说，其实这些内容他连中文可能都看不懂。这是两种考试之间的一些区别。

刘兴宇：我相信很多打算参加美国高中申请的孩子，在托福考试的准备方面一定是花费了极大精力的。

杨淼磊：是的。

刘兴宇：如果说他打算在中国的初中三年级出去读书，也就是美国的九年级。您觉得至少要提前拿出多长的时间来准备托福考试？

杨焱磊：我个人觉得平均算下来大概是 6 ~ 12 个月。

刘兴宇：6 ~ 12 个月就可以达到一个比较理想的托福成绩吗？

杨焱磊：我指 80 分。

刘兴宇：那么一个拥有什么样基础的孩子，您觉得 6 ~ 12 个月是可以达到 80 分的呢？

杨焱磊：这是我认为他本身在中国初中的学习中，英语就是他的强项的情况。如果一个英语基础不好的学生，只通过 6 个月的时间来学习，达到这个程度是绝对不可能的。

刘兴宇：明白了，刚刚我们听到杨老师给我们介绍了托福和 TOEFL Junior 这两个考试具体的不同之处。那么对于低龄的孩子来说，托福对于其阅读的要求是非常高的。

杨焱磊：是。

刘兴宇：除了托福之外，刚才杨老师也讲了还有小 SAT，还有另外的一些考试，这些其实都算是语言类考试吗？

杨焱磊：其实 SSAT 不属于语言类，它是一种学术能力考试，因为它要考的有数学。真正涉及语言类的另外一个考试是 SLEP 考试，现在 SLEP 只有一小部分学校仍然在认可它，这个考试形式非常灵活，考生可以在有授权的中介机构来考试。

刘兴宇：我们知道美国的大学很多学校其实也接受雅思的分数，美国的高中认可雅思吗？

杨焱磊：非常非常少，我们曾经用过两三次，学校都在问这是什么样的考试？

刘兴宇：他们甚至都不知道？

杨焱磊：都不认识。

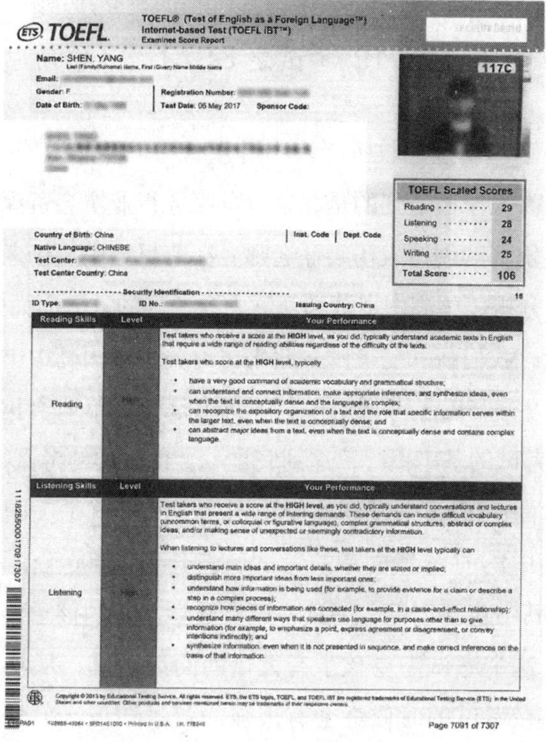

TOEFL® (Test of English as a Foreign Language™)
Internet-based Test (TOEFL iBT™)
Examinee Score Report

117C

Name: SHEN, YANG
Last (Family/Surname) Name, First (Given) Name Middle Name

Email:

Gender: F

Date of Birth:

Registration Number:

Test Date: 06 May 2017

Sponsor Code:

TOEFL Scaled Scores	
Reading	29
Listening	28
Speaking	24
Writing	25
Total Score	106

Country of Birth: China

Native Language: CHINESE

Test Center:

Test Center Country: China

Inst. Code | Dept. Code

Security Identification

ID Type:

ID No.:

Issuing Country: China

18

Reading Skills	Level	Your Performance
Reading	High	Test takers who receive a score at the **HIGH** level, as you did, typically understand academic texts in English that require a wide range of reading abilities regardless of the difficulty of the texts. Test takers who score at the **HIGH** level, typically • have a very good command of academic vocabulary and grammatical structure; • can understand and connect information, make appropriate inferences, and synthesize ideas, even when the text is conceptually dense and the language is complex; • can recognize the expository organization of a text and the role that specific information serves within the larger text, even when the text is conceptually dense; and • can abstract major ideas from a text, even when the text is conceptually dense and contains complex language.

Listening Skills	Level	Your Performance
Listening	High	Test takers who receive a score at the **HIGH level**, as you did, typically understand conversations and lectures in English that present a wide range of listening demands. These demands can include difficult vocabulary (uncommon terms, or colloquial or figurative language), complex grammatical structures, abstract or complex ideas, and/or making sense of unexpected or seemingly contradictory information. When listening to lectures and conversations like these, test takers at the **HIGH** level typically can • understand main ideas and important details, whether they are stated or implied; • distinguish more important ideas from less important ones; • understand how information is being used (for example, to provide evidence for a claim or describe a step in a complex process); • recognize how pieces of information are connected (for example, in a cause-and-effect relationship); • understand many different ways that speakers use language for purposes other than to give information (for example, to emphasize a point, express agreement or disagreement, or convey intentions indirectly); and • synthesize information, even when it is not presented in sequence, and make correct inferences on the basis of that information.

11182550001709 17307

Page 7091 of 7307

刘兴宇：所以看来如果想要申请美国高中，语言类的考试就参加托福，更小的孩子可以考虑参加 TOEFL Junior 的考试。

杨焱磊：是的。

刘兴宇：今天我们听到杨老师为我们讲的是美国高中申请的语言类考试，重点我们跟大家分享的是托福考试。下一次的节目当中，我们将会请杨老师来给大家讲一讲 SSAT 考试，也就是俗称的小 SAT 考试。

杨焱磊：好的。

12 考试之 SSAT

刘兴宇：欢迎您收听专家小讲堂——“焱磊说美高”，节目当中我们为大家邀请到的是北京留学服务行业协会资深专家、火石留学俱乐部的创始人杨焱磊老师。在节目当中，杨老师将和我们一起来分析美国高中申请和就读中会遇到的方方面面的话题。

今天，我们将和杨老师一起来讨论关于美国高中申请的标准化考试当中的 SSAT 考试。杨老师是不是先简单地给我们介绍一下 SSAT 考试的基本概况，这到底是一个什么样的考试呢？

杨焱磊：SSAT 考试相当于美国的中考，就是美国的初中生在升入高中的时候都要考的考试。满分为 2 400 分，每一项是 800 分，其中包括词汇、阅读，还有数学。有的孩子会被加试写作部分，这个考试需要孩子有大量的阅读基础，从小看一些英文原著，在考试的时候就会有很强的背景知识。另外，中国的学生在数学考试上几乎不能丢分，很多高分的学生数学都是满分 800 分。

刘兴宇：我们其实这几年在 SSAT 考试上面见到了很多高分。当然您也知道，2015 年曾经出现过 SSAT 考试成绩被取消的事件，这其实也说明了中国的学生和家长是非常非常重视这个考试的。

杨焱磊：投入了很多心血。

刘兴宇：家长希望自己的孩子能够考出很好的分数。杨老师跟我们讲一讲，美国的高中具体是怎么看 SSAT 成绩的？是只看总分，还是会把词汇、阅读和数学分开来进行比较呢？

杨焱磊：SSAT 成绩其实分为两个方面，第一就是您刚才说的，要分开看，尤其阅读成绩，校方最看重。第二，其实 SSAT 考试并不是看分数，而是看绝对百分比，即考生在同一场考试中战胜了多少同场考试的同样年级的考生，这是一个科学的方式。

刘兴宇：也就是说，学生在今年参加 SSAT 考试的，在全球所有考生当中，你能排第多少名。学生成绩排在前 10% 还是 15%，是这样来比较的。

杨焱磊：最近刚刚出的这次 12 月的考试成绩中，就出现了 1 900 多分的孩子竟然能排到 30%，但之前一次考试 30% 的百分比要考到 2 200 分以上。

刘兴宇：SSAT 分数也是越考越高吗？

杨焱磊：是的，去年我们出现了很多满分或者几乎满分的学员。

刘兴宇：您刚才也讲了，美国的高中非常重视阅读，会把阅读单独拿出来进行比较。所以有没有这样的情况，就是这个孩子的阅读成绩很好，但是他可能词汇和数学考得并不是特别优秀，总分也不是很高，但事实上还是有机会能够申请到不错的学校？

杨焱磊：不太可能，至少我觉得不会。原因是大家都说不看数学的那部分，其实是因为大家分数都高，但是某人一旦出现了这部分分数低，他就会被觉得他在学习能力方面，至少在某一个科目的学习能力上是存在问题的。

刘兴宇：明白了。基本上这几年从您申请的情况来看，您建议比较理想的 SSAT 成绩，应该至少要考到一个什么样的程度才算是中等偏上呢？

杨焱磊：按我的意见是 70% 以上。

刘兴宇：70% 以上？

杨焱磊：对。

刘兴宇：下面请杨老师给大家介绍一下 SSAT 考试的一些时间和地点方面的概况，还需要到中国大陆以外的地方去考吗？

杨焱磊：SSAT 不用，SSAT 目前在北京、上海、南京、深圳这些的城市都有考点。但遗憾的是，考试的次数跟大 SAT 一样，并不是每个月都有，但在年初、年中的五六月份，然后在年底有几场，所以考试机会较少。

刘兴宇：所以跟 SAT 考试一样，学生可以重复地参加 SSAT 的考试，最后学生选择其中自己最为满意的一次分数来选择送分就可以了，是这样吗？

杨焱磊：是的。

刘兴宇：除了小 SAT，类似的考试还有哪些呢？

杨焱磊：美国的独立中学推出了一个叫 ISEE 的考试，这个考试满分是 9 分，中国学生的数学基本上能考到 7 ~ 8 分、语文部分 3 ~ 4 分我们就觉得是可以用于送申请的一份成绩。另外还有一个最新的考试叫作 ITEP 考试，这个考试也是考学术方面能力的，现在大概有 20% 的美国学校在使用这个考试，它的级别一共是零级到六级之间，级别越高孩子英语水平越高。

刘兴宇：ISEE 考试和 ITEP 考试的内容基本上也是阅读和数学？

杨焱磊：并不是这样，其实 ISEE 除了阅读以外，还有一些数理推理题，还有文字的推理、阅读理解、短文写作，全部加起来一共六个方面。

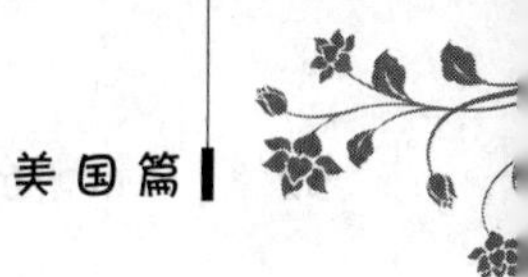

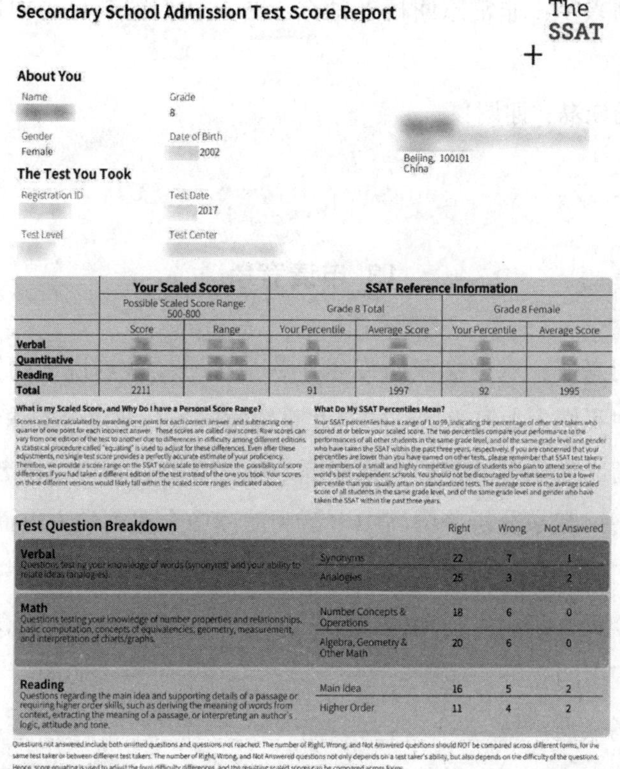

Secondary School Admission Test Score Report

The SSAT

About You

Name: [illegible]

Grade: 8

Gender: Female

Date of Birth: [illegible] 2002

[illegible]
Beijing, 100101
China

The Test You Took

Registration ID: [illegible]

Test Date: [illegible] 2017

Test Level: [illegible]

Test Center: [illegible]

	Your Scaled Scores		SSAT Reference Information			
	Possible Scaled Score Range: 500-800		Grade 8 Total		Grade 8 Female	
	Score	Range	Your Percentile	Average Score	Your Percentile	Average Score
Verbal	[illegible]	[illegible]	[illegible]	[illegible]	[illegible]	[illegible]
Quantitative	[illegible]	[illegible]	[illegible]	[illegible]	[illegible]	[illegible]
Reading	[illegible]	[illegible]	[illegible]	[illegible]	[illegible]	[illegible]
Total	2211		91	1997	92	1995

What is my Scaled Score, and Why Do I have a Personal Score Range?

Scores are first calculated by awarding one point for each correct answer and subtracting one-quarter of one point for each incorrect answer. These scores are called raw scores. Raw scores can vary from one edition of the test to another due to differences in difficulty among different editions. A statistical procedure called "equating" is used to adjust for these differences. Even after these adjustments, no single test score provides a perfectly accurate estimate of your proficiency. Therefore, we provide a score range on the SSAT score scale to emphasize the possibility of score differences if you had taken a different edition of the test instead of the one you took. Your scores on these different versions would likely fall within the scaled score ranges indicated above.

What Do My SSAT Percentiles Mean?

Your SSAT percentiles have a range of 1 to 99, indicating the percentage of other test takers who scored at or below your scaled score. The two percentiles compare your performance to the performances of all other students in the same grade level, and of the same grade level and gender who have taken the SSAT within the past three years, respectively. If you are concerned that your percentiles are lower than you have earned on other tests, please remember that SSAT test takers are members of a small and highly competitive group of students who plan to attend some of the world's best independent schools. You should not be discouraged by what seems to be a lower percentile than you usually attain on standardized tests. The average score is the average scaled score of all students in the same grade level, and of the same grade level and gender who have taken the SSAT within the past three years.

Test Question Breakdown

		Right	Wrong	Not Answered
Verbal Questions testing your knowledge of words (synonyms) and your ability to relate ideas (analogies).	Synonyms	22	7	1
	Analogies	25	3	2
Math Questions testing your knowledge of number properties and relationships, basic computation, concepts of equivalencies, geometry, measurement, and interpretation of charts/graphs.	Number Concepts & Operations	18	6	0
	Algebra, Geometry & Other Math	20	6	0
Reading Questions regarding the main idea and supporting details of a passage or requiring higher order skills, such as deriving the meaning of words from context, extracting the meaning of a passage, or interpreting an author's logic, attitude and tone.	Main Idea	16	5	2
	Higher Order	11	4	2

Questions not answered include both omitted questions and questions not reached. The number of Right, Wrong, and Not Answered questions should NOT be compared across different forms, for the same test taker or between different test takers. The number of Right, Wrong, and Not Answered questions not only depends on a test taker's ability, but also depends on the difficulty of the questions. Hence, score equating is used to adjust the form difficulty differences, and the resulting scaled scores can be compared across forms.

刘兴宇：所以我们从这三类考试——SSAT、ISEE 还有 ITEP 当中，能够看到美国高中对于学生的学术能力或者阅读基础的考查到底集中在哪些方面。

杨焱磊：是的。

刘兴宇：学生的逻辑性是美国高中非常看重的，另外就是学生到底有没有非常好的阅读基础，学生的英语水准能不能达到一个灵活运用的水平。我们中国学生其实在准备的时候，要在真正提高这些能力方面下工夫。

杨焱磊：确实是这样的。

刘兴宇：非常感谢杨老师今天来到我们的节目当中做客，谢谢！

杨焱磊：谢谢！

13 申请竞争

刘兴宇：欢迎您收听专家小讲堂——“焱磊说美高”，节目当中我们为大家邀请到的是北京留学服务行业协会资深专家、火石留学俱乐部的创始人杨焱磊老师。在节目当中，杨老师将和我们一起来分析美国高中申请和就读中会遇到的方方面面的话题。

今天，我们将会和杨老师一起来探讨一下关于美国高中申请过程中的竞争，这其实是很多学生和家长非常关心的。

杨焱磊：是。

刘兴宇：现在低龄留学逐渐成为留学的主流趋势，到美国去读中学的学生数量逐年攀升，而且增长的幅度越来越大，所以很多家长自然而然地会认为赴美读中学的人数多了，那么申请中学的竞争会特别激烈。杨老师是不是有同感？

杨焱磊：绝对赞成，尤其是寄宿中学这几年的申请竞争已经远远超出我们的想象，原来可能托福 75 分能申请到的学校，现在变成托福 105 分的录取要求，竞争激烈程度可想而知。

刘兴宇：请杨老师具体给我们讲一讲，走读中学和寄宿中学哪一种竞争更为激烈？它们竞争的程度基本上都在什么样的层次上呢？

杨焱磊：好的，其实就寄宿中学来讲，它是有床位限制的，尤其是好的寄宿中学在全世界范围内招收的国际学生比例又不能太多，这便造成了在申请上“僧多粥少”，名额十分紧张。我给您举个例子，像康科德中学，学校每年从中国收到的申请能达到200~300份，但是它最后只录取三到四名学生，竞争已经到了这种程度。按照今年的趋势，明年恐怕会更为紧张。

但是走读中学没有宿舍床位的限制，它进入中国的时间又比较晚，家长接触得少一些，这就造成了申请同等档次走读中学的竞争激烈程度远落后于寄宿高中；甚至中等档次的寄宿高中由于竞争激烈，申请难度还要高于高档次的走读高中。其实在美国，顶尖的私立走读高中比寄宿高中还牛，所以在做申请规划的时候，我们不妨考虑一下走读学校。这些走读学校，不管是从师资力量、学校设施，以及学术成绩上，都可以和顶级寄宿高中比肩，或者更优于寄宿高中；而且恰恰因为学校没有宿舍，学生必须选择住在当地人家庭里，这对学生真正了解美国文化和风俗都是一个绝佳的机会。

刘兴宇：我们所谓的这种竞争激烈，大多数还是在学生的标准化考试成绩上面吗?

杨焱磊：非常重要的体现就是标准化考试成绩，因为很多学校会把它当做一个门槛，就是像高考的提档线一样来审核。

刘兴宇：我们知道中国学生和家长有名校情节，不仅仅在大学有，现在在美国高中的申请当中也越来越浓厚了。我们也知道在美国有一个非常著名的十校联盟。

杨焱磊：是，也称为小常青藤学校。这是中国家长认为的最优秀的十所美国的顶尖私立中学。

刘兴宇：那么如果我们单独把这十校联盟拿出来说的话，这十所学校如果想要成功申请，您觉得关键是在哪里呢？

杨焱磊：我觉得有几点。

首先，我想说一下时间的问题。我把申请美国高中的学生分为三类：第一类是小学后半段就确定去美国读高中，要做好长期规划，学生需要什么品质、能力、特长，都按计划来执行；第二类是初中上了一到两年后才决定留学，但是很坚决地把学习重心放到了出国英语考试的准备方面，这类学生一般出国后都会重读半年甚至是一年；第三类是永远举棋不定的类型，如果中考成绩不错，就想留在国内，如果考不好，再决定出国。

从时间准备方面看，能进入小常青藤学校的学生都是有长远规划的学生，绝不是临时起意。对于第一类的学生，一般被小常青藤学校录取的可能会比较大。因为第一类的学生规划时间比较早、准备时间比较长，孩子在准备的过程中，已经成为美国学校真正偏好类型的学生。第二类的学生也是有可能被小常青藤学校录取的，因为他们有一些是学习尖子，课外活动很丰富，而且参加各类国际比赛的奖项也不少。第三类学生，恕我直言，基本上没有可能被小常青藤学校录取，因为时间短，做的准备不可能充分，出国留学的计划总是走一步看一步，所以每个环节也总是显得匆匆忙忙。

其次，这些小常青藤学校，其实不一定需要孩子在某一项上非常突出，但是它很需要全才。从具备的特质来看，被小常青藤录取的学生往往学术水平比较均衡，没有偏科。而且从小注重英语强化训练，能够在面试中博得校方录取官的青睐。除了学习成绩优异之外，学生自己也有很多亮点，比如学生的性

格、兴趣爱好、丰富多彩的个人经历等等。

最后，学生的性格要外向，情商要高，跟老师交流的时候让人感觉非常阳光。

这是几点非常重要的。

刘兴宇：所以看来其实后两点相对来说还是偏重于软的实力。

杨焱磊：确实。

刘兴宇：但是早规划恐怕是想要成功地进入十校联盟的最关键的一点。

杨焱磊：是的，必须。

刘兴宇：那么大家一定要早做准备，才能够向着十校联盟的一些标准和要求去逐步地靠近。

杨焱磊：是的。

刘兴宇：最后一个问题，我想跟杨老师来聊的是一个比较敏感的话题，我相信经常有学生家长在跟您咨询的过程当中提出一些看似不那么合理的要求，比如说你们跟某些学校是不是很熟悉，是不是有签约的关系，是不是有稳定的合作关系，那么我的孩子是不是可以经由你们走特殊申请路线，我们姑且把它叫作特殊申请路线。美国高中的申请，有走这样特殊申请路线的可能吗？

杨焱磊：面对日益激烈的竞争，我们不得不承认，大多数正常申请途径已经人满为患，如果想去一些顶尖的高中，很多时候确实需要通过特殊途径申请。这些年被顶尖学校录取的学生，很多时候也是由于采取了特立独行的申请方式而取得好结果的。请注意，这里所说的“特殊申请路线”指的并不是通过

花钱来买名额，而是由专家为孩子打造一套特殊的升学方案，让孩子在申请中脱颖而出，或者是让孩子通过第三方推荐的形式得到校方的认可。

刘兴宇：明白了，但是从您的角度来说，您会赞成学生通过捐款这种形式吗？是不是会拔苗助长呢？还是说我们只是用不同的方式来向学校介绍这个孩子？

杨焱磊：我觉得捐款可以说是角度和方案的变换吧，绝对不能拔苗助长。

刘兴宇：明白了，非常感谢杨老师在节目当中和大家来一起分析美国高中申请竞争这个话题。我相信收音机前的学生和家长听了之后，会对美国高中的竞争有更加切实的认识，非常感谢杨老师来到我们节目中做客，谢谢！

杨焱磊：谢谢！

14 申请材料

刘兴宇：欢迎您收听专家小讲堂——“焱磊说美高”，节目当中我们为大家邀请的是北京留学服务行业协会资深专家、火石留学俱乐部的创始人杨焱磊老师。在节目当中，杨老师将和我们一起来分享美国高中申请和就读中会遇到的方方面面的话题。

杨老师，今天我们想请您给大家讲一讲，在美国高中申请的时候，具体需要提交哪些申请材料？

杨焱磊：美国高中的申请，不同的学校要求的申请材料是不一样的，但是大体上肯定包括如下几个项目。第一是过去三年的成绩单，比如申请九年级，就需要提供六、七、八年级的成绩单。第二是标准化考试，比如 SSAT 的考试成绩和托福的考试成绩。第三就是口语和听力的能力。为什么把它单独拿出来说呢？因为有的孩子其实不一定考得好，但是确实有实际的英

语应用能力。第四是孩子的一些软性的实力，比如说获奖、特长、表演的作品集等。最后一点可能大家想不到，那就是这个家庭的背景情况。

刘兴宇：我们知道美国优秀的高中对于孩子的学习能力是非常重视的。

杨焱磊：是。

刘兴宇：那么从标准化考试以及过去几年的成绩单当中，学校基本上可以判断学生的学习成绩到底处在一个什么样的水平。除了学习成绩以外，在整个录取过程当中，您觉得美国高中最看重的是孩子的一些什么样的点呢？

杨焱磊：其实很重要的一个点，恰恰是大家总容易忽略的，那就是学校要看这个孩子是不是能在他们所约定的时间内完成他的学业。第二就是孩子是不是有自控能力。第三就是孩子的自理能力或者说独立生活的能力。第四是孩子能够承受压力的能力。还有就是孩子的人际沟通能力以及性格是不是比较外向，情商是不是比较高。除此之外，还要看学生跟学校的匹配度。打个比方，学校今年就想招一个前锋，您打的是后卫，再优秀的后卫学校也用不上，那这个学生就不是学校想要的人。

刘兴宇：您刚刚说到的这么多的能力，学校通过什么来进行判断呢？

杨焱磊：其实有两个判断方法，一个是文书，另外一个就是面试。通过这两个环节，可以把一个孩子完全展现在面试官的面前。

刘兴宇：好的。关于文书和面试，因为这两个内容在整个申请过程当中是非常重要的两个环节，所以在之后的节目当中，我们会请杨老师做专题讲解，为大家做更为详细的一些介绍。

杨焱磊：好的。

刘兴宇：刚刚我们讲了申请美国私立高中需要提交的材料，接下来我们也想请杨老师给大家讲一讲申请美国私立高中的流程。就是进入申请阶段后，总体是一个什么样的流程呢？

杨焱磊：关于申请流程，其实美国的学校大体都是相同的。一般是先选学校，这个话题上期节目已经讲过了，然后完成所有的文书，文书定稿了之后就开始递网申、交申请费和邮寄资料。对于有托福或者 SSAT 分数的孩子，可以通过官方系统把成绩递送到不同的学校，这叫送分。完成以上环节，四周到六周以后，会有一个面试，最后是获得录取结果。

刘兴宇：那听起来，整个流程时间跨度似乎并不算很长？

杨焱磊：大概两到三个月之内全部完成。

刘兴宇：所以实际上大量的工夫要放在真正的申请流程开始之前。

杨焱磊：对，放在前期准备阶段。

刘兴宇：前面您提到了第一个需要学生准备的材料就是学生在过去几年的成绩单。

杨焱磊：对。

刘兴宇：那么中国学生需要在国内的学校开具这个相关的成绩证明，一般情况下什么时候开具比较好呢？

杨焱磊：每个学生一般需要开三次成绩单，第一次是在申请之前，也就是说申请当年的 8 月，要开前三年的成绩单。过了圣诞节之后，有很多学校会要他的期中成绩，就是第一个学期的成绩，这是第二次。被学校录取了、前往学校报到的时候

要把最后一个学期再补上，所以其实是三次。

刘兴宇：明白了，所以实际上学生需要开三次成绩单，把学生在国内就读的前三年的成绩非常完整地提交给美国的学校。

杨焱磊：是的，其实最后体现出来的是四年的成绩。

刘兴宇：没错。我们都知道美国的大学有非常明确的申请截止时间，美国的私立高中也有明确的截止时间吗？

杨焱磊：美国的私立高中今年出现了一个很有意思的事情，就是顶尖私立高中今年出现了 ED（Early Decision）。很多学校学习大学的方式，把原本固定的截止日期 1 月 15 日或者 2 月 1 日提前到 11 月 14 日和 12 月 1 日。除此之外，通常来讲寄宿中学的截止日期就是 1 月 15 日或 2 月 1 日。走读中学其实就是循环录取、先到先得、录满为止的原则。

刘兴宇：这个先到先得大概能早到什么时候呢？

杨焱磊：它原来公布录取的时间可能会是 3 月，而且大多寄宿学校是 3 月公布。现在走读学校最早 12 月公布录取结果，那就有了 3 个月的提前量。

刘兴宇：明白了。我们知道，现在有越来越多的家长在申请美国高中的时候，选择 DIY 的方式。就申请材料而言，DIY 的方式和通过留学咨询机构办理，在材料准备方面有什么不同吗？

杨焱磊：大体上是一样的，只不过有几个地方会有些区别。第一是网申系统，对于一部分学校的申请，留学机构有独立系统的入口，有的不受官方截止日期的限制，晚于截止日期也可以递交申请。第二是存款证明，自己申请的时候要马上提供，但是通过机构有的时候是录取了之后再提供证明即可。第三就是学生自己申请的时候往往需要托福的官方送分，通过留学机构的合作关系，有的时候可以用一个扫描件先申请，最后再补交原始材料。

刘兴宇：明白了。通过留学机构申请在某些材料的递交方面有一些便利性。

杨淼磊：对，会简化一些。

刘兴宇：今天杨老师为我们详细讲解了申请美国高中时，具体需要递交哪些材料。对于其中的一些重要材料，我们今后将会做专题讲解。非常感谢杨老师来到我们节目当中做客，谢谢！

杨淼磊：谢谢！

15 文　书

刘兴宇：欢迎您收听专家小讲堂——“淼磊说美高”，节目当中我们为大家邀请到的是北京留学服务行业协会资深专家、火石留学俱乐部的创始人杨淼磊老师。在节目当中，杨老师将和我们一起来分享美国高中申请和就读中会遇到的方方面面的话题。

今天我们将会和杨老师一起就美国高中申请的过程来做一次深入的探讨。上一期的节目中，杨老师为我们讲到了美国高中的申请材料，并介绍了申请流程中有两个环节最为重要，一个是学生文书的准备，另一个是学生面试的准备。今天咱们就先来说一说文书。

杨淼磊：好的。

刘兴宇：杨老师，请您先给我们介绍一下申请美国高中的文书到底包括哪些东西。

杨焱磊：文书的种类主要有以下几种，最常见的是学生的个人简历、3封推荐信、学生的个人陈述。此外，很多学校要求学生写几个命题作文。这些东西加一起就是一套完整的文书。

刘兴宇：这就有点像美国大学申请当中的文书的准备。

杨焱磊：是的，非常像。

刘兴宇：简历和个人陈述，我想这个比较容易理解。为什么美国高中的申请也一定要有推荐信呢？

杨焱磊：推荐信其实是挺有意思的一份材料，第一，它从侧面来证明孩子在自己的个人陈述里的一些描述是不是事实。第二，有的时候孩子自己夸奖自己会不好意思，那么从第三方的口里，可能就会发现他还有更多的特点。第三，可能在学生成绩单上某一科成绩比较弱，比如数学。数学老师写推荐信的时候可能就会说他分数不高并不是因为他学习成绩差，是因为我给分特别严。所以推荐信对学生的一些所谓的不足之处来说是一个解释的机会，也是对学生个人陈述的一种补充。

刘兴宇：您刚才说了，大概需要有三封推荐信。

杨焱磊：对。

刘兴宇：学校的老师，或者是培训机构的老师，哪怕是自己的一些亲人，或者是自己认识的一些社会名流，其实都可以作为推荐信的撰写者。选择谁来写推荐信有讲究吗？

杨焱磊：其实推荐人的选择还是有讲究的。现在大部分美国中学明确要求推荐人是数学老师、英语老师和班主任。但是，我们在做推荐信的时候往往会采取一些小的变通办法，比如说把数学老师和班主任作为同一个人，这样就腾出来一个名额可以给到您刚才谈的这种社会名流或者学生在某一方面的指导教师，这是其一。第二就是推荐人的头衔一定不要太大，比如说一个初中生，邀请国务院的一些领导作为他的推荐人，这种情况一般是很不可信的。推荐人一定要深入他的生活里，知道他的特点、他生活的细节，这是选择推荐人时需要注意的。

刘兴宇：在推荐信中到底要向美国的高中传递一些什么样的信息呢?

杨焱磊：主要还是表达这个孩子有多优秀。扬长避短是非常重要的。

刘兴宇：也就是说，推荐人要站在他自己对这个孩子认知的角度上来陈述这个孩子的一些品质或者能力。

杨焱磊：对，还得讲一些小故事。比如说他是一个谦虚的孩子，那就需要在他与老师之间发生的一些小故事上来体现他是谦虚的。

刘兴宇：明白了。刚刚我们讲到的是推荐人和推荐信。据我所知，不同的人整理出来的文书水平可以说天差地别。那么，好的文书是什么样的?不好的文书又通常会犯一些什么样的错误呢?

杨焱磊：我觉得好的文书有它的共性，第一就是重点非常突出、思路明确。我给孩子贴的标签是什么，那么所有的材料，比如推荐信、个人陈述、简历就要都能体现出这个特质。第二就是结构简单、衔接紧密，不能洋洋洒洒说不完。我见过最短的一个个人陈述只有 35 个字，反而他最后录取的学校非常好。我们做的最长的一个个人陈述有 1 500 字，这在中学生的个人陈

述里已经算很长的了，但是不拖沓、很精彩。第三就是要符合美国人文书写作的一些标准，符合人家的思维习惯。我们不能用中国人的思维自己觉得自己好。这是我认为的好文书的共性。但是，现在为什么有一些机构的老师或者孩子自己写不出好的文书呢？一方面是思维太僵化，总觉得是在写中国的总结报告。另一方面就是千篇一律。比如想表达自己是勤奋的人，大家可能都说我按时上课，每次都坐在第一排，这就是勤奋，其实不一定。另外，有一些中介会帮学生代笔写文书且痕迹明显，这对美国高中录取是比较忌讳的一件事情。

刘兴宇：其实美国高中的录取官现在越来越清楚中国有大量的留学咨询机构在帮助孩子进行申请，所以其实他们知道或者他们有足够的经验来分辨，哪些文章是孩子动笔自己写的，哪些文章一看就不是孩子自己写的。

杨焱磊：是。

刘兴宇：刚才我们说了什么是好的文书和不好的文书，最后再花一点时间来说一说 ESSAY。对于很多学生和家长来说，ESSAY 的写作是不太摸得到头脑的。您觉得 ESSAY 的写作应该要注意些什么呢？

杨焱磊：我觉得首先要真挚，写出来的故事一定要是自己的故事，传达的信息是发自内心想传达的。第二就是把该说的事情一定要表达完整，不能用了 500 字的篇幅只开了个头。第三就是一定要有特点，凸显与别人的不同。比如写勤奋，就写另外一个关于勤奋的故事，不要千篇一律。

刘兴宇：就是要用不同的故事、从不同的角度来表达自己想展示出来的品质。

杨焱磊：对，比如他想说我喜欢读书，就说我读完的书摞起来比我人都高。这就是一个好的比喻，应该这样来表达。

刘兴宇：明白了。其实关于文书的撰写，尽管我们今天只讲了短短的几分钟，但是实际上撰写和整理文书是需要花相当长时间的。在整个文书写作的过程当中，留学机构的老师、学生和家长，要反复进行多次头脑风暴，才有可能真正寻找到孩子的闪光点。这恐怕不是这样短短的几分钟就能够为大家讲得清楚的。这个确实要下大工夫，要花相当长的时间来进行打磨，一遍又一遍地写作、修改，最后才能够呈现出来一个质量上乘的文书，才能够打动美国高中的招生官。

杨焱磊：确实。

刘兴宇：好的，今天的节目到此结束。非常感谢杨老师今天来到我们的节目当中做客，谢谢！

杨焱磊：谢谢！

16 面　试

刘兴宇：欢迎您收听专家小讲堂——“焱磊说美高”，节目当中我们为大家邀请到的是北京留学服务行业协会资深专家、火石留学俱乐部的创始人杨焱磊老师。在节目当中，杨老师将和我们一起来分享美国高中申请和就读中会遇到的方方面面的话题。

在今天的节目当中，我们将会和杨老师一起来探讨美国高中申请过程当中另外一个非常重要的环节，那就是面试。杨老师，美国所有的私立高中的申请都有面试环节吗？

杨焱磊：是的，90% 以上都有面试环节。

刘兴宇：美国高中的面试，在录取过程当中，重要性到底有多大呢？

杨焱磊：面试所占比重非常大，就是它可以战胜所有的GPA，战胜所有的托福考试，成为最终的决定因素。

刘兴宇：明白了。美国高中的面试一定是招生官和学生面对面的面试吗？

杨焱磊：现在面试比较流行的有几种形式：第一是电话面试，第二是视频面试，第三就是委托第三方视频录制机构，就像咱们采访这样，录好了之后邮寄到美国去，学校再做审核。当然最流行的其实是校园面试，就是学生亲赴美国，到校园里去和招生官一对一面试。

刘兴宇：明白了，就是学生在访问美国学校的过程当中，来进行现场面试。

杨焱磊：对，是的。

刘兴宇：好的，我们想请杨老师来给大家讲一讲，如果是在访校的时候顺便进行面试，有一些学生可能还没有正式递交申请材料的情况。比如说学生打算 2017 年去读高中，2016 年 10 月可能会安排一个访校的行程。这种情况下可以先进行校园面试，访校回来之后再递交相应的标准化考试成绩和其他的文书吗？

杨焱磊：通常意义上是不行的。除非他做两件事情，第一，他随手带着自己的成绩单和推荐信，就是在学校面试你的时候能够看到你的全套材料；第二就是让有经验的、在行业里有较高声誉的顾问带着你访校，这样他可以跟学校去交流沟通，告诉学校这个孩子在哪些方面已经是很优秀的了，他可以做一个背书。

刘兴宇：那么这个面试将来在申请过程当中是否有效？

杨焱磊：是有效的，后边就可以免掉了。

刘兴宇：所以如果他的面试已经通过了，后面的标准化考试的成绩也达到这个学校的要求，学校就会直接为他发放offer了？

杨焱磊：是的。

刘兴宇：刚刚我们说的是面试的一些特殊问题，接下来我们的话题回归到面试本身。您觉得美国高中在面试学生的时候，最关注的是孩子的哪些方面呢？

杨焱磊：毋庸置疑，是学生的沟通能力和英语水平。另外，面试官会关注这个孩子的应变能力、性格特点以及他的一些兴趣爱好。这些东西在面试中都能体现出来。

刘兴宇：怎样才能够有一个好的面试效果，给招生官或者给面试官留下一个非常完美的印象呢？

杨焱磊：我觉得最重要的一点是要提前准备，提早一个月或两个月把可能问到的问题用自己的方式写出来之后，熟读熟记；第二，在面试过程中不要害羞，要充分地展现自己，把自己最好的状态及英文水平展现出来；第三，我建议去美国面试的孩子，必须至少有一个特长，否则干巴巴的什么都说不出来；第四，其实就是注意自己的衣着、礼仪等方面，让人觉得这是

一个既阳光又有教养的孩子。

刘兴宇：一般情况下，美国的高中在面试的过程当中，通常会问一些什么样的问题？

杨焱磊：最常见的还是个性或者性格方面的问题，我举几个例子。比如说你的朋友怎样描述你？遇到什么情况的时候你是怎么想的？第二大类问题通常会问对你影响比较深刻的一类人，比如你最喜欢的人是谁？你最崇拜的人是谁？你家里谁对你最重要？等等这样的问题。第三就是他们要了解你为什么要来美国，你选学校时候是从哪几个纬度在选。这种情况下孩子就要跟面试官说我为什么选择申请这所学校。最后一类问题通常就是学生对未来的计划，你将来想成为一个什么样的毕业生，去哪个大学，你将来想成为一个什么样的人。根据这些问题，面试官会判断你和他们学校的教育理念、文化传统是不是相匹配的。

刘兴宇：会有特别出其不意的问题吗？

杨焱磊：当然会有，而且是故意考验学生的应变能力。比如说一个学生会被问到，某一个战争发生在某个年代，如果你是那个战争的统帅，你还会那样去做那件事吗？所以，孩子必须熟读历史。

刘兴宇：所以如果说他对这件事一无所知，恐怕真的会减一点分。

杨焱磊：对，一般是孩子在开始的时候说我最喜欢的科目是历史，才会被问到这样的问题。

刘兴宇：所以其实是要求孩子非常诚实地告诉招生官你最擅长的是什么，或者你最不擅长的是什么。

杨淼磊：对。

刘兴宇：根据我们中国的面试习惯，通常都是我问你答，招生官来问、学生来回答，但是现在我们越来越知道，其实面试也可以是一个双向的过程。

杨淼磊：当然。

刘兴宇：您会鼓励孩子反问招生官或者学校的负责人一些问题吗？

杨淼磊：都不用鼓励，面试官会问，你还有什么问题问我吗？肯定会问这个问题。所以孩子们一定要在走之前准备一到两个冷场的时候能用得上的备用问题。

刘兴宇：一般情况下，您觉得孩子在面试的过程当中，应该和招生官来交流哪些问题呢？

杨淼磊：其实很多孩子在问的是我想上某门课，学校能不能支持我或者说我想参加这个俱乐部，学校是不是能够支持我。

刘兴宇：对，就是我想发展这个兴趣爱好，学校有没有这方面的资源？

杨淼磊：是的。

刘兴宇：我觉得这其实是一个非常好的问题，而且也表达了孩子对某些兴趣爱好的这样的执著。

杨淼磊：是。

刘兴宇：也有很多家长会关注在面试过程当中的一些细枝末节的问题。比如说我应该穿什么样的衣服啊，我应该用什么样的语气来表达比较合适。如果是视频面试的话，我应该坐在一个什么样的环境里和面试官来做这个视频沟通是比较合适的？杨老师简单跟我们说一说这些问题吧。

杨焱磊：其实对于衣服穿着没有特别的要求，显得阳光、自然、得体即可。除非有些视频面试机构要求必须穿正装。其他方面包括声音的要求就是不要紧张，顺其自然，你是什么样就是什么样，不用做作。但是要做好事先准备，比如说视频面试时，起码你后面的背景是一个整洁的、适合青少年的环境，而不能是乱糟糟的。

刘兴宇：对，比如坐在你自己的书房里，或者是你自己的卧室。

杨焱磊：对，或者背景是一个大海报。比如说我喜欢科比，后边贴一张科比的大海报最好。

刘兴宇：应该还有一些其他细节也是要注意的。比如在视频面试的时候，不宜出现一些对少年儿童不宜的这样一些物品。比如说香烟，是不是不太适合出现在这样的背景里？

杨焱磊：在真正的面试之前，我们都会跟孩子做模拟，所以他的视频出现了什么样的东西，我们会帮他做调整。

刘兴宇：面试之后，学生还需要再做一些什么工作吗？

杨焱磊：一般来讲，第一，会写一封感谢信，感谢对方抽时间来接待我们。第二就是再追加一个问题，比如说我忘了问您这个问题，让学校对他有更多的好感。这些其实是学生应该主动来做的事情。

刘兴宇：一般情况下面试结束以后大概多长时间会有面试反馈？或者面试结束后面试官会当场给学生反馈他对学生的一些感受吗？

杨焱磊：美国人很客气，基本上对所有的学生都会说你表现得很好，我很喜欢你。但是真正让我们做到心里有数，可以

通过两种方式，第一是像我刚才说的，顾问跟着一起去面试，面试结束后一般情况下可以从面试官那里等到一些真实的反馈。第二，就是大概等两到四周能有最终的结果。

刘兴宇：是单独面试的结果，还是两到四周是最终的一个录取的结果？

杨焱磊：单独面试的结果，因为他要比较一个池子里的若干学生，然后会告诉我们大概的情况。

刘兴宇：明白了。今天我们讲到了关于面试的方方面面的情况，非常感谢杨老师和我们分享美国高中申请当中的这个非常重要的环节，谢谢杨老师做客我们的节目！

杨焱磊：谢谢！

17 面对录取结果

刘兴宇：欢迎您收听专家小讲堂——“焱磊说美高”，今天我们为大家邀请到的是北京留学服务行业协会资深专家、火石留学俱乐部的创始人杨焱磊老师。在节目当中，杨老师将和我们一起来分析美国高中申请和就读中会遇到的方方面面的话题。

今天，我们将和杨老师一起聊一聊美国高中申请过程当中的录取环节。我们知道收到美国高中的 offer 是一件值得高兴的

事情。但是对于很多学生和家长来说，也是一件很纠结的事情。如果没有收到 offer，可能就更加焦急了。

杨焱磊：是，焦急！

刘兴宇：我们先来讲收到 offer 的情况。很多家长在收到学校录取通知书的时候，会有一种不恰当的心理反应。比如说他递交申请两周后，就收到了录取通知书，家长就觉得，录取结果这么快出来，是不是意味着学校质量不好？

杨焱磊：这绝对是一个误解。因为学校审理的流程和标准都不一样。有的学校是来了申请我就审理；看到合适的申请人我就发录取；录取通知发了以后如果有人答复接受录取，这个名额就没有了，别人再想申请，即使再优秀也没有办法被录取了。所以对于迅速发放录取通知的学校，说明学校真的对申请人很满意，而不是因为学校不优秀。

刘兴宇：明白了，我们知道，在申请美国高中的过程中，绝大多数孩子会同时申请几所甚至十几所学校。

杨焱磊：是。

刘兴宇：那么有的孩子非常幸运地同时收到了几所学校的录取通知。如果录取通知中有自己理想的学校，当然就不用纠结了。但如果都不是最理想的学校，这时应该怎么办呢？是从次选中挑选一所呢，还是一直等待心仪学校的结果呢？

杨焱磊：如果是寄宿中学，它们公布结果几乎都是同一天，3 月 10 日公布，所以基本上不存在先后出结果的悬念，除非申请人被放在了候补名单上。这种情况需要做一个抉择。即便是次选的学校，也应该从现有的录取学校中尽快选择那所次优的学校。

刘兴宇：如果是走读中学呢？

杨焱磊：对于走读中学，一般学校都要求在 5 月 1 日之前交押金，这种情况我建议可以等一等更多的录取。

刘兴宇：就是可以一直等到 4 月中下旬的时候再来做这个最终的决定。

杨焱磊：对，是的。

刘兴宇：有没有今年我申请了，但是申请到的这几所都不太喜欢，我愿意再等一年的情况？

杨焱磊：我非常不赞成这种决定。因为这样显然升学时年纪又大了一岁。孩子已经在托福、SSAT 考试方面花了很多时间准备，如果又选择次年再重申，对于越来越激烈的竞争，这种等待完全没有意义。而且原则上所有申请的学校都应该是满意的学校，不应该录取了又不喜欢。

刘兴宇：明白了。这是录取成功的情况。我们再来说一说申请失败的例子。经常会看到这样一种情况：这个孩子的成绩明明很好，但是他被有一些自己很想入读的学校拒了。这个恐怕是年年都会有的案例。

杨焱磊：太正常了。

刘兴宇：是什么情况呢？

杨焱磊：第一，依然是竞争很激烈，你觉得好的学校其他人也觉得好。所以身处竞争中的申请人，被淘汰是正常。第二是定位不准，也许他的学术水平够了，但是他不是学校想要的那种类型的孩子，甚至有时候是因为性别的原因。比如人家想要一个女孩，男孩申请人就没有机会被录取。第三，就是申请提交的确实比较晚，学校的录取名额已经被占满了。第四，在

申请环节上，犯了一些低级的失误，就会造成失败。这种情况多数会出现在一些 DIY 的孩子身上。

刘兴宇：还有一种情况，就是申请人的材料很早就递出去了，但可能四周或更长的时间还没收到录取的消息，也没有被通知拒了，也没有告诉你通过了。这种情况意味着什么？

杨焱磊：有可能是这样：第一，为了公平起见，有很多学校不是先来先审，而是把若干个申请集中在某一天统一审，所以很正常。第二，在邮寄的时候，有的文件被邮寄丢了，所以申请状态总是显示材料不全，学校不会审理，家长有的不会查状态，所以他根本发现不了。第三，就是 ETS 的送分服务不能确保时间。比如说托福送分，有的时候要折腾三四周，有的时候还被送丢，这也会延误时间。最后，家长不懂财力证明，就是我们讲的收入证明，有的时候人家要 40 万美元，但是家长提供的哪怕是 39 万美元，这个材料状态也会显示“不完整”。

刘兴宇：如果遇到这样的情况，需要迅速搞清楚原因，然后马上做出补救措施，及时沟通。

杨焱磊：是。

刘兴宇：但是这个时候会不会因为失去了一些非常宝贵的时间而影响孩子的录取结果呢？

杨焱磊：有很多情况下是会的。

刘兴宇：上面我们刚刚讲了两种情况。还有第三种情况就是真的申请失败了，我们可能今年申请了三所，最终都没有被录取，有的时候可能是因为我们之前在制定选校名单时要求过高。

杨焱磊：对，申请档次过高了。

刘兴宇：有一些失误就是申请过高，就觉得自己的孩子一定能申请到那样的学校去。一旦真的申请失败了，该做一些什么举措来进行弥补呢？您之前也说了，如果再等一年，时间成本其实也很大。

杨焱磊：我们遇到过全拒的案例，这时应该看还有哪些学校没有截止，我们会告诉孩子这个时候你能选择的学校还有这些，从这些中间，你还愿不愿意选择一些新的意向学校？

CHOATE
ROSEMARY HALL

You're in!

Your hard work paid off. You have the character, the ability, and the spirit to count yourself among the select candidates who have been admitted to Choate Rosemary Hall as a boarding student in the Class of 2017. Congratulations!

Because of the strength and competitiveness of the applicant pool, you truly have reason to be proud of what you have done to impress our Admission Committee. We spend a lot of time as a committee discussing each candidate. Please know that we recognize what you and people throughout your life have worked so hard to develop: strong character, dedication, passion for your interests and motivation to do well.

Most exciting is that a new journey is just beginning! We invite you as a member of the Choate community to have an experience of a lifetime and continue to realize your potential. Choate graduates will affirm that their education was not just preparation for college but preparation for a life full of experiences that were maximized by what they learned while immersed in our community.

Your acceptance packet will include all the materials necessary to finalize your enrollment along with an acceptance packet checklist. If you wish to come back to campus before making your decision for the fall, please join us for our Spring Visit Program; your invitation is included in the packet. A link to register for a Spring Visit is available on your GoChoate! page.

Please click on the Enrollment Notification Form link to indicate your enrollment decision as soon as possible. By returning your signed Enrollment Contract, included in your acceptance packet [illegible] you officially confirm your place at Choate Rosemary Hall.

Your acceptance is, of course, contingent upon the successful completion of the current school year, as we expect you to maintain the high academic and personal standards that you have set for yourself thus far.

Finally, thank you for all the effort you put into the application process. We realize the enormous commitment you and your family have made in considering Choate and we

deeply appreciate the value you place on a Choate education.

刘兴宇：就只有唯一的方式了？

杨焱磊：如果时间比较靠后，确实是这样。

刘兴宇：明白了，所以看来美国高中的申请，申请过程和申请之前的准备，真是一门学问。真拿到了offer，或还没有拿到offer，其实都是一门学问。这个时候家长应该怎么做，其实是大有讲究的。非常感谢杨老师今天来到我们的节目当中做客，谢谢！

杨焱磊：谢谢！

18 候补名单

刘兴宇：欢迎您收听专家小讲堂——“焱磊说美高”，节目当中我们为大家邀请到的是北京留学服务行业协会资深专家、

火石留学俱乐部的创始人杨焱磊老师。在节目当中，杨老师将和我们一起来分享美国高中申请和就读中会遇到的方方面面的话题。

今天，我们会和杨老师一起来聊一聊美国高中的录取结果。上一次的节目当中我们讲到了已经收到了 offer 或者是被拒绝的孩子应该怎么办？其中，杨老师特别提到了一个词——候补名单（waiting list）。在美国中学录取过程中，有时还会出现学生会进入候补名单（waiting list）的情况，那么美国高中为什么会有 waiting list 呢？

杨焱磊：据统计，已经有超过 80% 的学校的录取流程里或多或少地出现了 waiting list 的概念。尤其是寄宿中学，因为床位很紧张，当大量的中国学生申请少量的名额的时候，必定会把一些人放在候补名单里。

刘兴宇：等待名单是否意味着没有第一时间给你录取通知书，但是你仍然有机会进入该学校？

杨焱磊：对。也许学校看中了他的某一个点，但是他又不完全是学校想要的那个人，这个时候学校会使用候补名单。

刘兴宇：被放到了候补名单上面时，申请者应该怎么办呢？

杨焱磊：这个时候申请者需要做两件事，第一件事，先平和自己的心态，不要着急。往往被放在 waiting list 的家长是最焦虑的，会担心该怎么办。其实没有关系，你就当结果没有出来。第二就是要积极地去补救，主要是去和学校沟通，或者叫作“套磁”，或者把以前没有展现的一些额外的东西现在再递交补充进去，这都是办法。

刘兴宇：所以也就是说，即使被放到了候补名单上面，还

是有补救的可能的？

杨焱磊：当然有机会补救。每年 3 月 10 日到 4 月 10 日，我们叫挽救期，就看这一个月大家能做哪些额外的工作了。

刘兴宇：这样的候补名单往往出现在寄宿中学，走读中学也有吗？

杨焱磊：名额少的、优秀的走读中学也会有这样的模式。

刘兴宇：但是我们应该怎么补救呢？以寄宿中学为例，有可能把他放到候补名单上，是因为学校的床位有限，比如学校今年打算招 15 个学生，但现在已经发放了 15 个 offer 了，所以如果前 15 个 offer 当中有人不来、不选择这所学校，我就能候补进去？

杨焱磊：是的，是这样。

刘兴宇：那么这个时候我们的主观能动性体现在哪些方面呢？

杨焱磊：一方面，中介机构可能手里同时有几个孩子申请同一所学校，当我们知道某一个孩子被录取了，但是最终会选择放弃时，我们马上就会让我们的第二个在 waiting list 上的这个孩子去跟学校沟通，告诉学校这是我的首选，只要你录我我就肯定去。这样，其实是把这个名额内部协调了。

刘兴宇：明白了。

杨焱磊：另一方面，我们发现现在很多家长都在网上或留学论坛或者家长群里沟通孩子录取信息，互通有无，有了这种及时的信息，就增加了被录取的概率。

刘兴宇：但是会不会也有一些家长认为我的孩子被放在了候补名单上，就说明这个学校对我的孩子并不是那么喜欢。即

便孩子将来有机会候补上位，最终被学校录取，恐怕孩子在学校也是处在凤尾的状态，孩子会面临非常大的学业压力呢？

杨焱磊：家长会有这样的顾虑。主要还是看学生有没有已经被录取的学校，如果全部都在 waiting list，他没有选择。但如果这所学校是 waiting list，但是曾经有一个点确实是孩子没有展现出来，或者在面试的时候这个事件还没有发生，我们完全可以补进去。这不代表孩子不优秀。

刘兴宇：所以即便 A 学校给了我候补名单，B 学校已经给了我 offer，站在您的角度上，您还会客观地看一看，到底哪个学校更适合？

杨焱磊：确实要重新评估一下。

刘兴宇：所以我们听到了刚才杨老师为我们解读这个候补名单时，表现出来的态度就是，被放在候补名单上其实并不可怕。

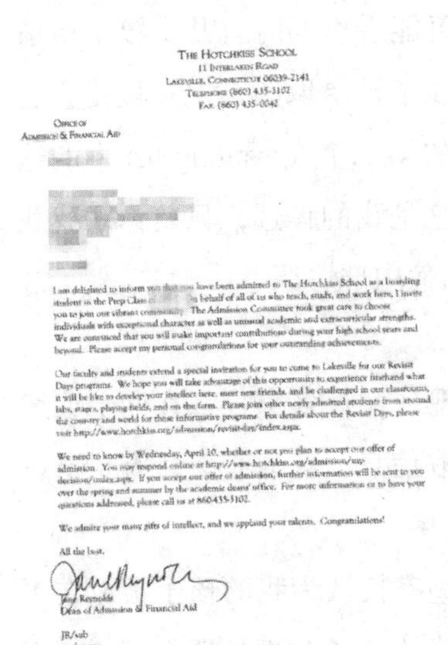

THE HOTCHKISS SCHOOL
11 INTERLAKEN ROAD
LAKEVILLE, CONNECTICUT 06039-2141
TELEPHONE (860) 435-3102
FAX (860) 435-0042

OFFICE OF
ADMISSION & FINANCIAL AID

I am delighted to inform you [illegible] have been admitted to The Hotchkiss School as a boarding student in the Prep Class [illegible]n behalf of all of us who teach, study, and work here, I invite you to join our vibrant community. The Admission Committee took great care to choose individuals with exceptional character as well as unusual academic and extracurricular strengths. We are convinced that you will make important contributions during your high school years and beyond. Please accept my personal congratulations for your outstanding achievements.

Our faculty and students extend a special invitation for you to come to Lakeville for our Revisit Days programs. We hope you will take advantage of this opportunity to experience firsthand what it will be like to develop your intellect here, meet new friends, and be challenged in our classrooms, labs, stages, playing fields, and on the farm. Please join other newly admitted students from around the country and world for these informative programs. For details about the Revisit Days, please visit http://www.hotchkiss.org/admission/revisit-day/index.aspx.

We need to know by Wednesday, April 10, whether or not you plan to accept our offer of admission. You may respond online at http://www.hotchkiss.org/admission/my-decision/index.aspx. If you accept our offer of admission, further information will be sent to you over the spring and summer by the academic deans' office. For more information or to have your questions addressed, please call us at 860-435-3102.

We admire your many gifts of intellect, and we applaud your talents. Congratulations!

All the best,

Jane Reynolds
Dean of Admission & Financial Aid

JR/sab
enclosures

杨焱磊：一点都不可怕。

刘兴宇：大家第一是要保持一个平和的心态。第二要迅速地和学校进行有效的沟通。同时也要寻找一些机会，比如一些家长互助会、一些论坛，或者是为你服务的中介机构，尽量去了解有哪些学生已经拿到了这个学校的 offer，但是他有可能会放弃。同时，即便是有的学校给了你这个候补名单，有的学校给了你 offer，但这个时候还是要对录取你的学校进行冷静的评估。不一定把你放在候补名单上的学校就不那么喜欢你。

杨焱磊：确实是这样。

刘兴宇：好的，非常感谢杨老师今天和我们一起来分享关于候补名单这个话题，谢谢杨老师做客我们的节目！

杨焱磊：谢谢！

19 签　证

刘兴宇：欢迎您收听专家小讲堂——“焱磊说美高”，我们为大家邀请到的是北京留学服务行业协会资深专家、火石留学俱乐部的创始人杨焱磊老师。在节目当中，杨老师将和我们一起来分享美国高中申请和就读中会遇到的方方面面的话题。

今天，我们来请杨老师和大家分享的话题已经离开了申请的环节，进入学生拿到了 offer 后，准备出发前的环节了。

杨焱磊：是。

刘兴宇：我们今天请杨老师来给大家讲一讲签证。

杨焱磊：好。

刘兴宇：美国的高中签证应该是很简单的，就只有一种类型。

杨焱磊：其实不是，赴美国读中学，一共可能出现两种签证类型：J 类和 F 类。

刘兴宇：J1 签证和 F1 签证。

杨焱磊：对。

刘兴宇：这两种签证分别指的是什么？

杨焱磊：J 类签证大多数提供给一年的交换生项目，学生进入的是美国的公立中学。对于绝大多数私立中学的申请，申请的签证类型都是您刚才提到的 F1 签证。

刘兴宇：F1 签证实际上就是学生签证。

杨焱磊：对，是的。

刘兴宇：那么这个签证是不是和到美国去读大学和研究生的学生是一样的，学校也是要发放 I20 表格，拿着 I20 表格的学生就可以到使馆来申请 F1 签证？

杨焱磊：确实。

刘兴宇：实际上美国的签证申请，不分小孩子还是大孩子，有很多共通的地方。接下来我们先来讲一讲，关于这个使领馆的选择。在北京的孩子可能就不需要太担心这个问题了，选择美国驻华大使馆就可以了。如果是外地的孩子，在使领馆的选择上有一些什么门道吗？

杨焱磊：近几年美国的签证，在操作层面对于使领馆的选择已经放宽了很多，但是严格意义上来讲，可选择的范围很小，它有两个原则。第一个是户口所在地的原则，第二是过去半年长期居住地的原则。这两个原则的破例情况，必须通过合理的理由来解释。前几天一个拒签了的孩子找到了我，他是一个浙江的孩子，在北京也没有什么亲戚，但她来北京签证。她告诉我签证官直接告诉她，领馆选择错误，从而导致了拒签。回到上海领馆后，同样的情况，但顺利通过。

刘兴宇：明白了，所以选择使领馆一定要遵循这两个原则。要不然是户口所在地，要不然是过去半年你的长期居住地。

杨焱磊：是。

刘兴宇：现在美国的签证，如果是申请学生签证都需要面签吗？

杨焱磊：第一次学生签证必须面签，后续可以通过中信银行代传递的方式申请签证，叫作递签。

刘兴宇：14 岁到美国去读中学，大概是七八年级。

杨焱磊：对。

刘兴宇：所以如果要去读九年级以上的，基本上都还是需要面签的。

杨焱磊：对。

刘兴宇：对于很多学生和家长来说，面签是最担心的一个环节。但是我们知道现在美国的学生签证通过率是非常高的。

杨焱磊：是的。

刘兴宇：但是还是要认真地来做面签的准备。

杨焱磊：当然。关于面签的准备，其实就遵循几个原则。第一叫作清晰的学习目的，学习是我赴美的唯一目的；第二叫作明确的归国计划，就是未来上完学我肯定不移民；第三是在不打工或借钱的前提下，我的钱是足够我上完中学再上大学的。保证了这三点，就可以获签。

刘兴宇：我们知道要去美国读本科或者是研究生的同学，签证的过程基本上是全英文的，低龄的孩子也是吗？

杨焱磊：通常情况下也一样，除非这个孩子的英文沟通实在没有达到正常交流的水平。

刘兴宇：所以其实这个对孩子的语言水平又是一次考验。

杨焱磊：是。

刘兴宇：年龄较大的孩子面签的过程是要独立面对的，低龄的孩子呢？

杨焱磊：一样的。

刘兴宇：家长是没有办法陪同在旁边的。

杨焱磊：家长陪同在旁边，也是孩子带着家长去签，爸爸妈妈可以说我要送我的孩子去美国留学，因为最后上学的主体还是孩子，所以孩子是主要交流人。

刘兴宇：明白，所以一定要遵循刚才杨老师讲到的三个原则。

杨焱磊：对。

刘兴宇：第一，清晰的学习目的，你要有非常明确的学习规划，我到美国去就是为了去读书的。

杨焱磊：对。

刘兴宇：第二，要有明确的归国计划，你可以明确地说我读完了中学还是要在美国继续读大学，但是大学或者研究生之后，我要选择回国。

杨焱磊：肯定会回国的。

刘兴宇：第三，就是要有非常充分的资金支持。我到美国去不是要借钱度日，或者打工来度日的，起码我的家庭经济实力是能够供我读书的。

杨焱磊：是。

刘兴宇：在美国签证方面，我相信杨老师也遇到过很多问题。像刚才您讲的这个使领馆的选择，这就是一个非常突出的问题，难免有一些孩子会犯这样的低级错误。除此之外，还有一些什么问题是您在日常的工作当中经常会遇到的呢？

杨淼磊：最大的问题就是轻敌。有一些孩子，尤其是被名校录取的孩子，或者是口语好的孩子，他们认为面试就是考口语，其实并不是，人家是看你有没有移民倾向。

刘兴宇：明白。

杨淼磊：所以在这个过程中，除了口语，还要有态度。比如说应变，不卑不亢，保持尊重，都是孩子应该注意的点。

刘兴宇：如果真的被拒签了，我们很快就可以再约下一次的签证吗？

杨淼磊：是的，原则上 24 小时以后就可以再次预约。但是也要看第一次拒签是不是因为硬伤。有的时候如果真是硬伤，比如说学生家里确实没钱，那再约签证可能还是会被拒签。

刘兴宇：对，所以并不意味着学校给你发放了 I20 表格，你的签证就是万无一失的。

杨淼磊：绝对不是，这是两步。

刘兴宇：所以大家还是要对签证有足够的重视。

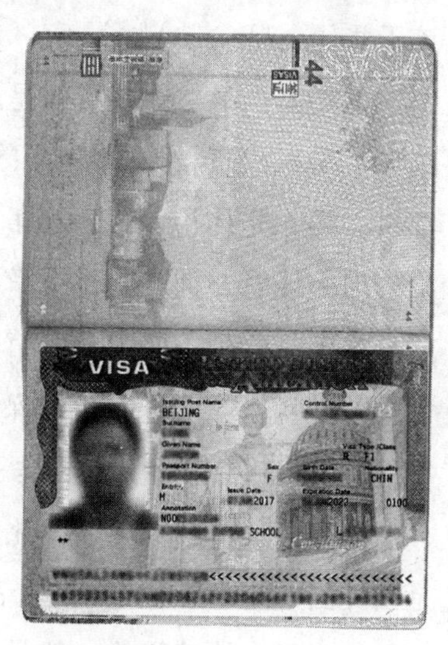

杨淼磊：是。

刘兴宇：刚刚杨老师也讲了，签证实际上并不分小朋友还是大朋友，跟考托福是一样的，并不会因为你是低龄的孩子，你的签证就会变得容易一些，所以这个问题，我觉得大家还是要引起相当的重视。

杨淼磊：是。

刘兴宇：好，今天的节目到此结束。非常感谢杨老师来到我们的节目当中做客，谢谢！

杨焱磊：谢谢！

20 行前准备

刘兴宇：欢迎您收听专家小讲堂——“焱磊说美高”，我们为大家邀请到的是北京留学服务行业协会资深专家、火石留学俱乐部的创始人杨焱磊老师。在节目当中，杨老师将和我们一起来分析美国高中申请和就读中会遇到的方方面面的话题。

今天我们和杨老师一起来聊一聊成功申请到美国高中的孩子，要出发的时候，到底要准备些什么。拿到了美国高中的offer，也确定了我们最终想要选择的学校，这个时候，我们应该干些什么呢?

杨焱磊：第一件事情就是赶紧先把便宜的机票定了，因为到8月份机票贵，票价涨到15 000美元或16 000美元的情况都有。第二是体检，这一环千万不要忘了，美国签证时不看体检，但入境时要抽查，每个学校也有入校报到时候的要求。第三是换汇，购买一些美元。第四是给孩子买保险，尤其是走读学校的学生，学费里不包含保险，要自己购买。第五是重要的文件备份，随身带着。最后是一些必备的行李。

刘兴宇：机票、保险都比较容易理解，出入境要求的体检是由美国大使馆指定的医院或者是体检机构来进行吗?

杨焱磊：体检机构一般是各地的出入境检验检疫中心。一

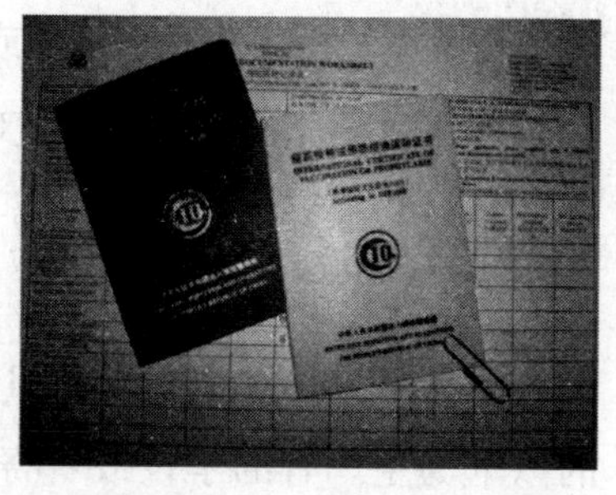

般大一些的城市，尤其是省会城市都会有这样的部门。目前体检后拿到的通常是一个棕色的本和一个黄色的本，其中一个是体检报告，包括有没有一些疾病，包括传染性疾病；另外一个是对孩子非常有用的疫苗注射记录。

刘兴宇：不同国家和学校有一些必要的疫苗注射要求。

杨淼磊：对。如果想去美国学习，一定要进行这样的体检和疫苗注射。在美国高中，每个学校都有一张体检单，明确写明需要注射哪几项疫苗。

刘兴宇：其实就是要按照录取学校的体检要求来做。

杨淼磊：是的。

刘兴宇：这是拿到 offer 之后的几项任务。还有的学生会问，我已经拿到 offer 了，还要不要利用出发前的几个月时间，继续来学英文呢？

杨淼磊：继续学习是有必要的，但是要学的并不是纯的英文，我们鼓励在这三四个月内，孩子学一些美国的社科课程，包括美国历史课、政府与政治类相关课程、宗教课或者经济学，甚至科学课程中的生物课，这也是孩子们过去以后觉得难以适应的一些科目，另外还要读一些美国文学。

刘兴宇：这是行前学术准备，那么还有就是行前在准备出发所要带的东西时，很多家长也有一些纠结。

杨淼磊：是。

刘兴宇：首先关于钱的问题。如果是走读中学，学生的生

活费是由家长一次性付给学校或者寄宿家庭的吗？

杨焱磊：一般是按照年度支付给学校指定的监护机构。

刘兴宇：留学生身上还需要带钱吗？要带多少钱合适？现金还是国际多币种卡更适合？

杨焱磊：我建议带 500 ~ 1 000 美元作为临时备用金，其他的以卡为主。有的学校或者寄宿家庭的机构并不是提前交费，而是孩子过去以后才交全款，这个时候可以采取汇票的形式。

刘兴宇：明白了，就是国际旅行支票，或者是叫国际汇票。行李方面呢？特别是走读的孩子，很多家长可能会觉得，住宿家庭应该什么都有，是不是就带一点随身衣物就可以了？有哪些行李您觉得是必须要带去美国的呢？

杨焱磊：行李方面我觉得最重要的是学习方面，比如说建议带一些录音笔，或者可以协助学术翻译方面的电子设备，孩子过去以后如果听不懂课，可以先录下来，回家多用点时间去学。转换插头或万用插排一定得带。还有衣服，有的时候海外没有咱们这个尺码，尤其是男孩穿西装，买不到合适的尺码，所以尽量从国内带。

刘兴宇：工具书是不是要带一些呢？

杨焱磊：之前我们是让孩子们携带，现在都用电子版了，甚至有的已经实现在线学习了。

刘兴宇：其实更多的是自己学习，或者问一问曾经在美国读书的孩子。

杨焱磊：是，问问学哥学姐。

刘兴宇：如果是通过中介机构来办理，中介机构会告知有哪些东西在美国不容易买到，其实常用衣物在美国购买是非常

方便的。

杨焱磊：是的，日常的衣物都有，而且便宜。

刘兴宇：还有一个问题，就是因为孩子还比较小，很多家长希望能够亲自把孩子送到美国去。

杨焱磊：明白。

刘兴宇：这个您会鼓励吗？

杨焱磊：去美国学习的第一次行程，我其实非常鼓励家长把孩子送到美国去，尤其是我自己作为父亲，能想象得到，如果我的孩子要远行这么久，我也不放心。但我建议家长过去大概一周吧，不要太久。

刘兴宇：帮助孩子安顿住宿。

杨焱磊：是的，安顿一下，家长心里也会踏实。

刘兴宇：现在很多孩子在美国都会申请信用卡，或者是在国内申请国际信用卡，父母持有主卡，孩子有可能会持一张副卡。

杨焱磊：是。

刘兴宇：但有家长说有了信用卡恐怕不太好控制孩子的花销。针对信用卡，您有什么样的建议吗？

杨焱磊：我觉得限制额度就好，比如说一次消费不得超过多少，家长要随时关注刷卡通知单，或者是短信记录，要跟孩子保持联系，以防临时需要钱款，但额度不够的紧急情况发生。

刘兴宇：在美国信用卡的使用是非常广泛和普遍的。任何一个路边小店都可以刷卡，孩子其实需要有一张信用卡，他的生活才会比较方便。另外，他要适应在美国的生活，美国的消费方式也是其中重要的一部分。

杨焱磊：不能逃避。

刘兴宇：信用卡还是要给孩子准备，就像刚才杨老师讲的，要了解孩子的消费，而且最好能够设定一个合理的限额。

杨焱磊：对。

刘兴宇：刚刚我们听到杨老师给我们介绍行前准备的细节，实际上行前准备说大则大、说小则小。

杨焱磊：行前准备很重要。

刘兴宇：这是一个很有意思的话题，非常感谢杨老师来到我们的节目当中做客！

杨焱磊：谢谢！

21 花　销

刘兴宇：欢迎您收听专家小讲堂——“焱磊说美高”，我们为大家邀请到的是北京留学服务行业协会资深专家、火石留学俱乐部的创始人杨焱磊老师。在节目当中，杨老师将和我们一起来分析美国高中申请和就读中会遇到的方方面面的话题。

今天我要和杨老师一起来聊的是有关花销这个话题。关于花销，对于很多家长来说，都是他们很关心也很纠结的话题。

杨焱磊：是，确实。

刘兴宇：我们先来聊第一个问题，很多家长在对美国高中进行了解之后，特别是进行了访校后，会发现一些自己非常感兴趣的学校，可是这些学校的花费标准有着非常大的差别。可能有的学校收费一年只要 3 万美元，但有的学校要七八万美元。

杨淼磊：是。

刘兴宇：先来给我们讲一讲，在面对不同的收费标准时，家长应该怎么来考虑呢？

杨淼磊：我觉得首先有两个原则，第一个是得了解这个费用的构成。有的学校确实好，比如一所宗教类的学校，确实有教会的支持，从学生身上的收费就会降低，而另外一所学校可能还没有这所好，但是它没有教会支持，也许会很贵。第二，我们千万要记住，一分钱一分货，在美国学校的选择方面，我觉得物美价廉这个原则不是特别适用，很多钱是用在孩子做实验的设施、聘请高水平的教师，或者投资在孩子们的生活保障方面。

刘兴宇：但是也有的家长会有特殊的想法。比如说有一些美国的高中，为学生开设的俱乐部或者是兴趣课程非常广泛，甚至有高端的高尔夫课程等等，它的学费相对来说也比较昂贵。有的家长认为，我们家孩子恐怕不会选高尔夫啊，这不是我在替其他学生买单吗？

杨淼磊：这是在选校的时候就应该考虑好的事情，要知道自己的孩子想要的是什么样的学校。如果我想选的是性价比高的、价格亲民的学校，那有高尔夫球场的学校就不应该去参观。

刘兴宇：明白了，所以其实这是家长在选校或者是访校的过程当中需要考虑的，要逐渐地清晰自己的选校方向和策略。

杨淼磊：对。

刘兴宇：是不是越贵的学校就一定越好呢？有个案或者是有例外吗？

杨焱磊：通常来讲，确实收费与质量相关。当然也有例外，我们遇到过很多学校教师的素质好，学校的氛围也好，但是只需三万多美元。

刘兴宇：明白了，被这个市场炒热的一些学校学费高昂，恐怕有一点名过其实了。

杨焱磊：是，有的学校就一栋楼，还很贵。

刘兴宇：接下来讲一讲付费的时段。基本上是学生入学之后，按学年来付费吗？

杨焱磊：大多数学校的付费流程是这样的：在申请的时候交申请费，录取了之后交一笔押金，比如 500 美元或者是 1 000 美元。

刘兴宇：申请费大概多少钱？

杨焱磊：50 ~ 200 美元。

刘兴宇：不等。

杨焱磊：对，录取了之后如果决定要去读，这时候要交大概从 1 000 美元到半额学费不等的金额，作为押金，然后学校给你出 120 美元。拿到签证之后，有很多学校就要求交全款了，这个全款指的就是一年的学费加生活费。当然也有家长比较善于沟通，可能跟学校去讨价还价成按月付费。

刘兴宇：或者是按照不同的学期来付费。

杨焱磊：对，但一次性交费是有一点小折扣的。

刘兴宇：明白了。日常的工作当中，我们听说过一个词，叫学费退费计划。很多家长并不了解，什么是学费退费计划呢？

杨焱磊：学费退费大家可以理解成他为学费买了一份保险，当一个学生出现了一些特殊情况，比如说由于身体原因或客观情况造成了他退学，是由第三方的保险公司来退还这部分学费，而不是学校。

刘兴宇：也就是说，因为一些不可抗的因素导致没有办法继续学习了，学生是有办法把学费要回来的，从家长的角度来说，可以减少一些学费的损失。

我们知道，美国高中设立奖学金的学校少之又少。但是有一些学校愿意给优秀的国际学生提供一些奖学金。这个奖学金大体上是什么样的状况？什么样的孩子能够获得？大概能得到多少呢？

杨焱磊：从比例上来讲，美国上万所学校大概只有 100 所能为学生提供奖学金。第一，有一些学校在开始进入国际市场的初期，为了招收优秀的种子学院，会为综合能力强、善于表达，并且未来可能被当作学校案例的学员提供一定比例的奖学金。我们这些年的学员里，就有一些获得过从 8 000 美元至 20 000 美元不等的优秀奖学金。第二，有很多奖学金的设置其实是以宗教背景为基础的，比如这个孩子原来可能在自己的教堂就是骨干分子，这种情况可能会获得相关联的宗教类学校的奖学金。第三，为什么现在没有设立奖学金？是因为学费无论多么贵，家长都能承受得了，所以学校也没有必要拿出这笔钱来吸引学生了。

刘兴宇：那些愿意为学生提供奖学金的学校，奖学金的形式一般情况下都是学费减免吗？

杨焱磊：大概四分之一至半奖，已经算是中学里比较多的了。

刘兴宇：这奖学金申请起来确实难之又难。

杨焱磊：是的。

刘兴宇：因为美国的高中对于整个美国的教育体制来说，算是教育产业的一部分。

杨焱磊：是的。

刘兴宇：它和大学以及研究生阶段的培养略有不同。

杨焱磊：它是富人做的事情。

刘兴宇：今天我们非常高兴请到杨老师来跟大家聊一聊关于美国高中的花销这个话题。到此为止，关于美国高中，我们到美读书之前阶段的各个话题，基本上可以告一段落了。

杨焱磊：是的。

刘兴宇：我们给大家从美国高中到底是什么样的，怎样选校，怎么访校，如何进行准备，到如何进行申请，做了系列讲座。从下一期节目开始，我们的话题要延伸到学生到了美国后，该怎么选课？怎么能够更好地学习？怎么能够在学校发展自己的兴趣和爱好？我们还会继续请杨老师和我们一起就美国高中的话题延展下去。非常感谢杨老师来到我们的节目当中做客，谢谢！

杨焱磊：谢谢！

22 选课 1

刘兴宇：欢迎您收听专家小讲堂——“焱磊说美高”，节目当中我们为大家邀请到的是北京留学服务行业协会资深专家、火石留学俱乐部的创始人杨焱磊老师。在节目当中，杨老师将和我们一起来分析美国高中申请和就读中会遇到的方方面面的话题。

今天我们将聊一聊学生到了美国并且入读美国高中后的一些话题。学生一旦进入美国高中，面临的第一个问题就是如何选课。所以今天的节目中，我们请杨老师向大家介绍一下，进入美国高中后如何选课。首先，美国的高中学生一般在什么时候开始选课呢？

杨焱磊：美国学校的选课，其实在学期未开始的假期就已经完成了。一般学生进入学校的时候，学校会指派一位学术指导老师，负责孩子四年时间的选课帮助。在每一学期开始的时候，他都会指导孩子选课。

刘兴宇：美国的高中生是怎样来选课的？是用相关的网络系统进行选课吗？每一学期需要选几门课，或者几个学分的课？

杨焱磊：从难度层级上来看，老师会指导学生从 3 个层级上选择，第一个是普通课程，第二个是荣誉课程，第三个是 AP 课程。每一门课的选择都是根据学生目前的情况、未来升学可能会需要的分数、老师对他的能力的判断等综合指标来进行。选课时需要家长、学生和老师三方签字才能确定下来。大部分学生一学期会修 5 到 7 门课。

刘兴宇：这是比较正常的状态。

杨焱磊：对，这样的数目，难度不高。

刘兴宇：您刚才提到的这 7 门课中 3 种课程类型的搭配，是根据每个学生的具体情况来决定的？

杨焱磊：是的。还有根据年级不同决定的。

刘兴宇：这个选课的方式一般是什么样的？是有一个专门的网络系统供学生在里面选择课程吗？它会不会像大学课程一样，存在某课程因报名人数已满，可能选不上的情况？

杨焱磊：是有可能的。其实美国中学的选课系统跟咱们国内理解的大学是非常相似的。还有这门课是哪个老师教的。比如说都是艺术，这个老师是陶艺，那个老师可能是手绘，学生可以完全根据自己的喜好来选择。

刘兴宇：这是不是意味着如果选课系统一旦开放，学生应该在第一时间进入选课系统，或者是在选课系统开放之前，就应该先和学术指导老师进行充分的沟通，列出自己想上的课程名单。等选课系统一开放，赶紧去占位。

杨焱磊：是的，其实老师对学生也有一些建议，比如说有门课要招 8 个学生，学术指导老师已经知道其他 7 个能力都非常强，他可能会建议你选修低一点难度的课程，不然会跟不上。

刘兴宇：明白了，像您刚才讲的荣誉课程和 AP 课程呢？很多人认为它们是大学的预备课程。美国的高中是 4 年，是从九年级的时候就开始选这样的课程还是要到十一、十二年级呢？

杨焱磊：进入九年级的时候，不用选荣誉课程，就是普通课程，到十和十一年级再接触荣誉课程，十一和十二年级接触 AP 课程。大概是这样的分布。

刘兴宇：这是选课的基本概况。如果学生选课后，像您刚才说的，家长、学生和老师三方都已经在选课单上签字了，学生还可以改变主意吗？比如说上过几节课后，觉得难度有点高的情况。

杨焱磊：当然每个学校具体的规定不同。通常来讲，如果后悔了，一般来说两周之内学生可以放弃这门课。但是如果超过两周、不超过两个月学生说不喜欢，这时，会在三方签字后，学校允许学生退出。在他的成绩单上会写一个退出的英文W，表明他退出了，不会有成绩。但是如果已经超过两个月再要求退出，学校会拒绝。因此美国中学有一部分是考验孩子是不是懂得取舍。

刘兴宇：明白了，如何选课对孩子来讲本身就是一种考验。

杨焱磊：是的。

刘兴宇：自主选课系统对孩子综合能力的要求是比较高的。学生需要平衡自己的时间、兴趣，同时还需要平衡哪些是升学必需的，等等。那么美国高中的自主选课对于孩子来说到底有什么样的好处？

杨焱磊：第一个好处是孩子可以真正选择自己想要的东西。这跟中国强制规定的课程体制是不一样的。第二个好处是兴趣相近的同学会彼此促进。比如说选修生物的班级里都是喜爱生物的学生，更能激发他们的学习积极性。第三，通过对某一学科的深入学习，学生对未来可能从事的职业会有更深入的了解。

刘兴宇：今天杨老师讲了关于美国高中选课的基本情况。美国的高中格外重视学生的全面发展。在这些课程中，有哪些是必选的、哪些是选修的、哪些课程对动手能力要求比较高？另外，四年的高中，课程的安排和时间上我们应该如何规划？我们将在下一期节目中请杨老师继续为大家讲解。

杨焱磊：好的。

刘兴宇：感谢杨老师做客我们今天的节目！

杨焱磊：谢谢！

23 选课 2

刘兴宇：欢迎您收听专家小讲堂——“焱磊说美高”，节目当中我们为大家邀请到的是北京留学服务行业协会资深专家、火石留学俱乐部的创始人杨焱磊老师。在节目当中，杨老师将和我们一起来分析美国高中申请和就读中会遇到的方方面面的话题。

在上一期节目当中，杨老师为我们介绍了美国高中选课的基本情况，今天我们将继续选课的话题。美国的高中很重视学生的全面发展。比如说要求学生一定要参与一些体育类课程和一些艺术类课程。究竟哪一类课程是必修课，哪一类是选修课呢？

杨焱磊：从严格意义上讲，美国的中学课程都可以称为选修课。或者说必修是指某个特定门类的必修。比如社会研究是必修课，包括历史、宗教、政府政治等科目；科学课，包括物理、化学、生物等；数学课，包括代数、几何、微积分等等；第二外语（我们叫第三外语），含英文以外的语种；还有商业、音乐、体育、健康等等。所以，在这些必需的门类内选修所有的科目，这是它的规律。

刘兴宇：噢，明白了，也就是说在每一个门类里面，你可以选择具体的课程，但这些门类你必须每一个门类都得涉及。

杨淼磊：都得接触。

刘兴宇：四年的时间，有非常多的课程要学。尤其是一些美国顶尖的学校开设的课程多达上百门。这时学生怎样来平衡必修课和选修课的比重呢？

杨淼磊：还是以七门课程举例，一般来说，低年级的学生必修课可能会多一些。比如说六七年级的学生，必修课可能有五门，选修课可能有两门；但是越往高年级读，可能就变成了三门必修、四门选修，学生的自主性越来越强。

刘兴宇：所谓的必修，其实就是指那些对未来升学有直接影响的课程。比如刚才讲到的英文、阅读、历史等课程。

杨淼磊：对。

刘兴宇：在美国有很多课程，可以把它叫作实践类课程。需要走出教室，或者由老师带领，或者由老师布置作业，由孩子发挥主观能动性去做的课程。这些一般指的是什么样的科目？

杨淼磊：举个简单的例子，比如烹饪与营养课是要孩子学习怎样制作糕点。比如领导力的课程，需要学生们组成课题小组出去研究一些话题：像艾滋病的研究、失业率的调查等等。还有一些是在暑期的时候亲近大自然，或者是旅行，回来以后要交一些调查报告，这也是一些实践性课程。

刘兴宇：从您了解的情况来看，这种课程对于美国的高中生来说，是不是大多数学生一个学期估计都会选择一门？

杨淼磊：是的，因为这些能锻炼孩子的动手能力和与社会接触的能力。

刘兴宇：还有一个问题，九到十二年级有四年的时间，如何安排修读这些相应的课程？您有什么建议？

杨焱磊：我建议九年级不要选太难的课程，选一些预备课程，以便为十年级修荣誉课程做准备。十年级可以把能修的荣誉课程修了，然后再为 AP 课程做准备。到十一年级，建议修一些 PACT 或者 PSAT，即 ACT 和 SAT 的预备课程。到最后一年，是大量的 AP 课程和 SAT 或 ACT 的准备。

刘兴宇：中国学生，特别是传统意义上的好学生特别爱学习，在国内可能已经习惯了那种从早学到晚的状态。如果学生有这个能力，可以一个学期多修几门课吗？

杨焱磊：会有这样的学生。但是有时老师会阻止他们这样选择。因为如果修 7 门课程每门都能得 A+ 的学生，可能因为修了 10 门课，每门课程的成绩就成了 B，那么这个成绩对他未来的升学反而不利。如果学生想学更多知识，可以建议他去旁听，但不要成绩。

刘兴宇：在走访了一些美国的高中之后，我们发现大多数学校下午放学的时间是很早的。

杨焱磊：对。

刘兴宇：接下来的时间我们可以把它叫作课外活动的时间。

杨焱磊：是。

刘兴宇：那么在每天在校时间不长的情况下，修读 7 门课程，学生的压力会很大吗？

杨焱磊：其实不会，每学期的 7 门课程，也有难易的组合。有的课程是孩子本身就很擅长的，所以他们并不会觉得难，反而会把这门课当做一种调剂。

刘兴宇：在选课上面，有一些什么样的误区必须要给学生们提醒的吗？

杨焱磊：第一就是刚才您提到的“多而全”。第二就是完全是根据自己意愿选也不对。比如说有的孩子数学就是不好，可他非要选微积分，这就是任性。

刘兴宇：在美国的高中，基本上都配有学术指导顾问。在第一年的选课中，面对眼花缭乱的课程，缺乏经验的学生一定要多和学术顾问进行交流。

杨焱磊：多问，也让人家多了解学生。老师对你了解更多，就更容易给出科学、合理的选课建议。

刘兴宇：关于高中的选课这个话题我们先聊到这里。杨老师刚才在选课的过程当中多次提到了荣誉课程和AP课程。究竟什么是荣誉课程？什么是AP课程？我们怎么来学习这样的课程？欢迎大家在下一次节目当中继续收听“焱磊说美高”。下次再见。

杨焱磊：谢谢！

24 荣誉课程与AP课程

刘兴宇：欢迎您收听专家小讲堂——“焱磊说美高”，节目当中我们为大家邀请到的是北京留学服务行业协会资深专家、火石留学俱乐部的创始人杨焱磊老师。在节目当中，杨老师将和我们一起来分析美国高中申请和就读中会遇到的方方面面的话题。

今天，我们请杨老师来和大家来说一说，美国高中课程当中的荣誉课程和 AP 课程。

杨焱磊：好的。

刘兴宇：杨老师先给我们讲一讲什么是荣誉课程吧。

杨焱磊：荣誉课程相当于中学课程中中等难度的课程。它跟大学的学分课程没有关系，还是中学的课程。有些学生普通课程修得差不多了，就可以修荣誉课程了。

刘兴宇：荣誉课程是每个学生在美国高中四年中都要选择的吗？

杨焱磊：肯定会选择。

刘兴宇：虽然荣誉课程听上去带有荣誉两个字，但是它实际是必经阶段。

杨焱磊：是的。

刘兴宇：它跟大学升学其实关系并不是特别大。

杨焱磊：对，在有的州，它可以提升一点 GPA。比如有一些科目的 GPA 满分是 4.0，但这门课程的 AP 课程满分是 4.3 或 4.5。有一些学校的荣誉课程 GPA 满分介于这两者之间。

刘兴宇：什么是 AP 课程呢？

杨焱磊：AP 课程其实是一个英文的缩写，叫 Advanced Placement，就是大学学分的置换课程。现在在全美国流行的 AP 课程有三四十门，并不多。它涵盖了科学、语言、艺术等等很多门课。学生修了 AP 课程并取得 3 分以上的成绩后，可以在入读普通大学大一的时候免修这类课程。

刘兴宇：可能很多人会问，我读的是高中，为什么高中会设置大学的学分课程呢？

杨焱磊：学校设置 AP 的重要原因，就是想拉开学生的档次。就像我们国内高考数学题的最后一道是难度题。AP 课程其实就是拉开学生程度的手段。其实最早并不是所有的学校都有 AP 课程，当有一些学校开设了之后，它把自己的课程体系变得丰富了。渐渐地更多的学校开始跟风。学校在招生的时候，如果说没有 AP 课程，可能就不占优势了，因此学校大量地开设 AP 课程，到现在已经成为家长们选择学校的一个标准了。

刘兴宇：很多学生喜欢在高中的时候花精力多修一点 AP 课程，这样上了大学既能少花钱，又能省时间。

杨焱磊：是。因为大学的学分是要花钱的。

刘兴宇：多修 AP 课程真的对上大学有好处吗？

杨焱磊：确实有好处。第一，顶尖的学校确实要求了。常青藤的学校要求五到八门以上 AP 课程，并且是 4 分以上才被承认。第二，AP 课程展现出一个人在相同的学习时间内，能够修更难的课程，是学习能力的体现。第三，AP 可以把 GPA 拉上来。刚才提到了有些科目的 GPA 满分是 4.0。第四，省大学学分钱。

刘兴宇：明白了。在高中阶段，多修 AP 课程，会不会占用学生很多时间，也包括一些经济上的预算呢？

杨焱磊：其实会的，我们建议学有余力的学生，一定要去选 AP，但是中等生千万不要跟风，不能盲目选。

刘兴宇：所以您在上一次节目当中给出建议，十一和十二年级学生可以考虑 AP 课程。

杨焱磊：是的。

刘兴宇：在美国，不同的学校开设 AP 课程的数量是不同的。

有的学校可能只能开设七八门，但有的学校甚至开到二三十门AP课程。一般情况下您会建议学生选择几门AP课程为宜呢？

杨焱磊：我觉得普通的孩子选修一到三门足矣。如果有目标更高的学生，可以考虑修五门。但是如果目标是顶级名校，可能需要修七到八门AP课程了。

刘兴宇：中国学生的数学一直以来很强。所以很多学生在选择AP课程的时候，会选择跟数学相关的课程。在AP课程的门类选择上，您有什么建议吗？

杨焱磊：如果想拿分，还是以理科为主，这样是比较科学、务实的一个做法。

刘兴宇：您觉得未来AP课程会在美国的高中当中变得越来越普遍，或者是越开门类越多吗？有一些什么样的发展趋势？您能给我们做一些预判吗？

杨焱磊：相反，我觉得AP课程未来可能会消失。因为它本身就不属于一个中学的教学体系。现在有很多顶级学校已经取消了AP课程，变成了大学学分课。

刘兴宇：直接的大学学分课？

杨焱磊：对，真正在线学或者大学的老师来上中学校园，或者学生在邻近的大学校园里去修。而不是让这些中学的老师去教大学的课程。

刘兴宇：在国际上还存在另外一种大学学分的预备课程，叫作IB课程。

杨焱磊：是的。

刘兴宇：您是不是也可以简单地给我们介绍一下呢？

杨焱磊：IB课程是一种全球统一考试、统一教学、统一教材的教学体系。但是 IB 课程现在在全球的中学体系里是属于最难的，孩子必须是有自制能力、主动且全面发展、有情怀的学生。因为他要参加很多社会工作（义工）才能毕业。美国现在有少数学校，我们把它称作 IB 学校，它根本就不开其他的课程了。

刘兴宇：噢，所以是一种纯 IB 课程的学校。

杨焱磊：对。

刘兴宇：这一类学校在您日常的工作当中，会很受中国学生的欢迎吗？

杨焱磊：大概有 5% 的学生选择。

刘兴宇：明白了。今天杨老师在节目中为我们介绍了美国高中的荣誉课程和 AP 课程。荣誉课程听上去这个名字非常地高大上，但实际上它和你的大学升学并没有直接的关系。

杨焱磊：对。

刘兴宇：但是它的好处在于可以拉升你的 GPA。

杨焱磊：对。

刘兴宇：那么荣誉课程是学生们没有办法绕开的，是大家一定要选修的。AP 课程大家可以绕开，但是基本上也会建议你修读一到五门不等的课程，要根据自己的实力。多修 AP 课程，对于上大学真的有帮助。它既能够节省你在大学的时间，又能够节省预算。

关于荣誉课程和 AP 课程，我们先聊到这里，感谢杨老师做客我们的节目。

杨焱磊：谢谢！

25 作息与假期

刘兴宇：欢迎收听专家小讲堂——“焱磊说美高”，节目当中我们为大家邀请到的是北京留学服务行业协会资深专家、火石留学俱乐部的创始人杨焱磊老师。在节目当中，杨老师将和我们一起来分析美国高中申请和就读中会遇到的方方面面的话题。

在前几期节目当中，我们讨论了学生的选课。这也算是学习的一部分。今天我们想和杨老师来聊一点轻松的话题，就是关于美国高中的作息。一般情况下，美国高中一天的时间是怎样安排的呢？

杨焱磊：美国高中的一天因学校不同会有差异。我们举例来讲，学校的正式活动一般是从大约早晨 8 点开始的。每天 8 点会有全体师生会议，主要是宣布当天的一些活动，或有些客座嘉宾来分享些有意思的话题。20 分钟的会议之后，开始第一堂课。每堂课为 40 分钟，一天的课程到 14:40 结束。上午四节课、下午三节课，但是这七节课中会有一节课是空闲的，多数孩子在这个时间吃午餐，有的孩子也会在这个时间自习。14:40 之后，通常学校就都放学了，不过这时候，学生必须参加两个小时以上的课外活动，例如体育活动或俱乐部活动。5 点钟以后的时间，大部分还是属于学生们自己的。除了洗澡和晚饭的时间，寄宿学校每天晚上的 20:00 到 22:00，通常是学生学习的时间。如果是走读的孩子，基本上 5 点钟以后，寄宿家庭就把他们接回家去了。

刘兴宇：14:40 到 5 点钟，这两个多小时的时间当中，据您的了解，是所有的孩子都会去选择参加一些文体类活动吗？

杨焱磊：这是必需的、是学校要求的。

刘兴宇：聊完学生在美国高中一天的作息安排，我们再来说一说一周的作息。美国的高中实行双休日制度，还是两天半的休息制度呢？

杨焱磊：基本上是双休，但是有一些寄宿中学周五会提早放学，因为住校的美国学生，周五下午也要回家的，所以学校会早一点放学。

刘兴宇：一般情况下，国际学生怎么安排周末呢？

杨焱磊：这要取决于就读的学校。在寄宿中学，周末学校会安排很多文体活动，有一些甚至是邻近的姊妹学校的体育比赛或者艺术会演；还有的时候会组织孩子们去附近的大城市观光或者购物。走读学校的学生周末的安排就非常灵活，跟着寄宿家庭的爸爸妈妈一起活动——访友、购物，跟随着寄宿家庭的安排来进行。

刘兴宇：这些居住在寄宿家庭中走读学校的学生，可以自己安排自己的周末吗？

杨焱磊：一般来说，如果活动是在寄宿家庭里，没关系，愿意休息、听音乐、收拾屋子都可以。但是如果学生要外出，就会有比较严格的限制，因为他们还是未成年人。

刘兴宇：我们再来说一说更大的范围：美国的中学，学期是怎么来安排的呢？是像中国一样，每年是两个学期吗？

杨焱磊：美国是三个学期。在美国 9—12 月是一个学期，学期结束之后会放寒假，也就是圣诞假。1—3 月或者 4 月是第二个学期，不同的学校会有不同的春假时间安排。那么春假的

两到三周之后，又开始第三个学期，一般到五六月份放暑假，暑假通常是两三个月的长度。

刘兴宇：所以实际上美国的中学是有三个假期的，长短不一。暑假是最长的。我们先来说寒假。对于在美国就读的国际学生来说，寒假因为很短，中间有圣诞节，还有新年，其实这个假期对于学生们来说，是不是不太好利用起来？

杨焱磊：的确是。对美国的学生来说，寒假就是他们的“年”，圣诞和元旦是他们过年。但是住在寄宿学校的学生必须提前安排好这个假期。因为学校要放假，不开门。

刘兴宇：再来说说最长的暑假。在美国读高中，暑假一般情况下要怎么安排呢？是不是国际学生大多数就会选择回国了呢？

杨焱磊：基本上总数的 70%～80% 的学生会回国，另外一些学生会参加一些暑期活动。比如说夏校，或者是国际义工组织这类有意思的活动。

刘兴宇：其实每一个假期，如果能够把它非常合理地好好利用起来，其实对于孩子未来的升学是有很大帮助的。您对于孩子们如何利用这三个假期，有些什么样的建议呢？

杨焱磊：其实我觉得暑假是需要作为升学冲刺的一部分。所以，不管是做文学方面的集中阅读，或者进行 SAT 的补习，又或者去参加刚才说的有价值的义工活动，都非常重要。而春假，因为只有 10 天左右，我的建议就是旅行。寒假可以跟爸爸妈妈、家里的亲友聚一下，因为离中国的年也很近，也有这个氛围。

刘兴宇：您刚才说暑假可以用来做义工，或者参加社会活动，或者是阅读。说到这个阅读，我就想到在英文当中，对于

暑期阅读，还专门有一个词组，叫作 summer reading。可见这个暑期阅读是一件很重要的事情，您给我们也详细讲一讲吧。

杨焱磊：好的。美国中学生在假期会收到学校布置的一份材料。一般地，材料的开头会阐述阅读的重要性，然后是对学生阅读的要求，最后附上一份书单。书单一般分两部分：必读书目和选读书目。一般低年级学生的书目会少一些，高年级多一些，比如九年级一般是两本书，十年级三本，也有的学校会给六七本书。有的学校会规定学生在阅读的时候做出标记、勾画、旁批等，并写出读后感。

刘兴宇：在美国大学升学的过程当中，需要有大量的文书写作，面试的要求也越来越高了，如果学生阅读的基础打得很牢，那么在文书的写作和面试的过程当中，招生官是很容易能够看到你在英语方面的功底的。这个当然会提升他对学生未来

在美国高中学习能力的判断准确性，所以也建议大家要好好利用自己的假期，多多地读书。

杨焱磊：确实。对于中国学生来说，暑假阅读更是提高语言水平和文学素养的最佳时机。因为英语词汇量、句法和语法结构、包括整体文化上的差异，这些对于刚刚进入美国中学学习的国际学生来讲，无疑是一种挑战。

刘兴宇：阅读习惯如果一直保持，未来会受益匪浅的。今天非常感谢杨老师在节目当中和我们聊的美国高中的作息时间和假期，谢谢杨老师做客我们的节目！

杨焱磊：谢谢！

26 学生社团

刘兴宇：欢迎收听专家小讲堂——“焱磊说美高”，节目当中我们邀请到的是资深留学专家、火石留学俱乐部的创始人杨焱磊老师。在节目当中，杨老师将和我们一起来分析美国高中申请和就读中会遇到的方方面面的话题。

在今天的节目当中，我们要和杨老师一起来聊的是关于美国高中的课外活动和学生社团。在美国的高中当中，一般有哪些常见的课外活动呢？

杨焱磊：美国的学生社团一般有以下几类：第一是学术类的，比如十项全能的比赛，或者奥数的竞赛；第二是演讲、辩论类的；第三是一些义工、社会活动；第四是艺术或者体育的活动；第五还有一些短期的户外活动，可能老师把孩子们带到森林里、带到河边，去做一些其他的研究。

刘兴宇：您刚才讲的这些课外活动基本上都是学生社团来组织的，还是由老师开设的兴趣课，或者叫作选修课？

杨淼磊：其实每一个社团都会有一个老师去做指导教师，所以两者是分不开的。

刘兴宇：既然说到了学生社团，美国高中的学生社团是像大学一样丰富多彩，而且可以自创的吗？

杨淼磊：当然，美国教育就是要鼓励学生具备创新和领导能力。我们有很多孩子确实自创了社团，有一些是文化娱乐方面的，有一些是校园管理方面的，还有一些是根据自己兴趣组织的兄弟姐妹会，这些都有可能。

刘兴宇：我们其实在节目当中不断地告诉大家，一定要多参加学生社团，这对学生来说是有非常多的好处。杨老师也来给大家讲一讲，参加学生社团对于个人发展到底有一些什么样的益处。

杨淼磊：第一就是公关能力，有一些孩子创立了社团之后，他会去申请学校政策上的支持，还有可能需要获得一些社会的捐赠，这些都需要公关能力。第二就是协调内部关系的能力，比如说会长、副会长、普通的团员，甚至有组织委员，这都需要关系的协调。第三是推销能力，比如这个社团是专门做iPhone手机壳的，那么我们怎样让全校的学生去买我们的手机壳，也是一种本领。最后就是主人翁意识，比如我怎样为我自己社团的所有团员争取最大的权益。这些也都是领导力的体现。

刘兴宇：我们知道，有的时候学生一进入美国高中，特别是校园开放日，社团琳琅满目，都不知道该怎么选了。该如何

选择一个自己适合的社团呢？

杨焱磊：还是我们在前面的节目中谈过的，学生要找自己的指导老师寻求建议，他会给孩子们很多建议。比如学生要选一个曲棍球活动，那就要去跟曲棍球的教练聊，看看他的体型、速度、技术适不适合，他们会给出专业的建议。

刘兴宇：大家都知道，美国的大学在录取的过程当中，对于学生软性实力的要求包含一项很重要的指标，就是申请者的持久性，所以是不是参加学生社团，如果学生一旦认定了，并且也有兴趣来做这件事，最好不要中途换来换去？

杨焱磊：肯定是的，而且我们现在看到真正喜欢某项活动的学生，宁愿多花时间，同时也不愿意让学术占用所有的时间，所以还是能够做到坚持的。

刘兴宇：有的时候听到家长有一些纠结，说孩子参加了那么多学生社团，是不是会影响学生的学习时间？下午这两个多小时最好留在图书馆里读书、做作业。

杨焱磊：其实这是为什么我们送孩子去美国读书的意义。家长不要忘了孩子去美国的初衷是什么。我们要培养的是一个全面的孩子，学会管理时间是孩子们学习的重要技能。坚持下去，不但耽误不了时间，反而会促进学习效率。

刘兴宇：我们再来说两个小细节，先来说电影和电视剧，咱们国际学生有的时候会觉得这当中的一些笑点我们抓不到，或者觉得每天坐在电脑前看电影、看电视剧有点浪费时间，您会建议国际学生多看美国的影视剧吗？

杨焱磊：我建议看两种题材，一类是以喜剧为题材的影视剧，是对孩子们进入状态和语言提升最快的。第二是看体育比

赛，这对孩子融入文化是很有帮助的，并且出门以后跟其他的孩子是有共同话题聊的。

刘兴宇：我们今天和大家聊了学生社团和课外活动。我们还是那句话，建议大家多多参加课外活动和学生社团，而且一定要有坚持和持久性。你会发现在这个过程当中，你的收获是很多的，也真的能够帮助你结交到真正的朋友。非常感谢杨老师来到我们节目当中做客，谢谢!

杨焱磊：谢谢!

27 体　　育

刘兴宇：欢迎收听专家小讲堂——“焱磊说美高”，节目当中我们为大家邀请到的是北京留学服务行业协会资深专家、火石留学俱乐部的创始人杨焱磊老师。在节目当中，杨老师将和我们一起来分析美国高中申请和就读中会遇到的方方面面的话题。

今天我们要来和大家讲的这个话题，是美国的高中都非常重视的一部分——体育。美国的高中会要求所有的学生都参加体育运动，而且是每一个学期都要求学生参加一项或者是几项运动。

杨焱磊：美国的高中会要求所有的学生至少要参加一项体育运动。比如说户外运动，学生可以三个学期连续都参加，那就是参加了一项体育运动。但是比如游泳，有的学校冬季没有室内游泳馆，学生的运动项目就变成了篮球，那学生参加的项目就不止一项了。

刘兴宇：一般情况下，美国高中开展的体育活动有哪些呢？

杨焱磊：太丰富了，除了我们最常见的例如篮球、排球、足球、网球、橄榄球以外，一些学校还开设了例如巴西柔术、击剑、山地自行车、高尔夫等课程，当然这些课程都是根据学校的实际条件来设置的。

刘兴宇：橄榄球真的是一项风靡全美的运动。在美国，我们发现很多学校都有极大的橄榄球球场。一般情况下，学生是在什么时间来参加这些运动？谁来管理呢？

杨焱磊：学生参加体育运动有两个时间段。第一个是每天下午的 14:30—17:00；第二个是周末，有时候甚至是和一些姊妹学校的运动竞技比赛。那么谁来管理，就是一件很有意思的事情了。在操场上我们会发现：一个棒球队的教练居然是语文老师、一个足球队的教练居然是数学老师。在美国高中，每个体育队的教练并不只是体育老师，而是所有老师。老师们在校的任务并不只是限于课堂的教学，还要根据自己体育的爱好和特长带领一支体育队伍。

刘兴宇：在我们自己走访美国学校的过程中，包括平时看一些美国的影视剧，会发现美国的学校对体育的荣誉感看得极重。基本上是：我们走到学校的体育馆里，发现摆放的都是学校各个运动队得到的锦旗，或者是这一赛季获得的本州或者是

本市某项体育比赛的奖杯之类的。所以会给大家造成一种感觉，在美国的高中，这些学生的运动水平都是很高的，很多中国学生会担心去了学校以后因为自己的运动水平不够高，没办法融入其中怎么办？

杨焱磊：其实美国高中的运动水平也分几个类别。第一种是学校的校队。这些学生会代表学校出去打比赛。第二种就是初级水平，是要让大家积极参与到这个体育运动中。第三种，有些学校会开设某些运动的入门级课程。例如，学生没学过高尔夫，也可以选择高尔夫的入门课，在练习的时候，老师就会更耐心一些。所以你可以从三个级别中选择适合自己的报名参加。

刘兴宇：所以大家也不必过于自卑。我们采访过很多学生，他在国内的时候，觉得自己运动水平很一般，到了美国高中以后，发现他很快就成为校队的主力。其实只有在积极参与的过程当中，你才能够发现自己的价值到底在什么地方。

杨焱磊：对，通过参与体育活动，孩子会收获更多的自信。

刘兴宇：男生和女生参加的项目，或者是强度会有一些区别吗？

杨焱磊：美国是一个注重个性化教育的国家，不用说男校和女校在体育活动安排上有所差异，男女混校的高中也会根据男生、女生的特长及思维特点，设置不同的课外活动。比如男生有攀岩、徒步旅行、野营、独木舟、钓鱼、野外生存等；女生有游泳、排球、网球、水球等。

刘兴宇：如果那种真的不喜欢运动、在国内每天就是闷头读书的孩子，到了美国以后，学校强制要求必须要参加体育运

动的时候，他们可以选择不参加吗？或者是学生可以选择那些运动强度低一点的项目吗？

杨淼磊：学生可以选择运动强度相对低的项目。比如，有的孩子就会选择瑜伽、舞蹈，或者健美操等等都可以，因为这也在强身健体，都是体育运动的一种。

刘兴宇：还有一部分孩子，在国内就特别喜欢运动。比如非常喜欢健身，他们会因为到了美国去留学，发现没有这样的条件而中断自己的这个运动习惯吗？

杨淼磊：这样的担心完全没有必要。美国是一个体育大国，在街上，或者是公园里，我们会随处看到跑步健身的人。在体育锻炼这方面，美国比中国要发达很多。

刘兴宇：从选择体育运动的这个角度，您会给学生一些什么样的建议？

杨淼磊：我建议如果你是想把它写进你未来升学的申请文书里，你就去大胆地参加，并且争取取得一定的名次，甚至一些团体的名次都会很有帮助。但如果不是为了升学申请，我建

议进行适当的体育锻炼就好，因为有的时候会造成运动伤害，比如说负重的训练，就一定要在专业人士的指导下完成。

刘兴宇：明白了，就是大家在参加体育运动的时候，既要玩得高兴，又要玩得安全。另外，以我自己的观感来说，就像刚才杨老师讲到的，美国是一个体育大国，在美国的民众文化当中，他们是崇尚运动的。你经常会看到，特别是年轻人，他们的身形都练得特别好。所以如果你很年轻，但看上去不是手无缚鸡之力，就是已经胖到大腹便便，其实会让大家觉得你就是不重视体育运动的人。

杨焱磊：是的。所以我们还是建议大家适当地参加体育运动。

刘兴宇:好的，今天非常感谢杨老师来到我们节目当中做客，谢谢!

杨焱磊：谢谢!

28 文　艺

刘兴宇：欢迎收听专家小讲堂——“焱磊说美高”，节目当中我们为大家邀请到的是北京留学服务行业协会资深专家、火石留学俱乐部的创始人杨焱磊老师。在节目当中，杨老师将和我们一起来分析美国高中申请和就读中会遇到的方方面面的话题。

上一期的节目当中，我们请杨老师为大家讲解了美国高中的体育运动，这一期我们请杨老师来讲一讲美国高中的艺术课堂。

杨焱磊：好的。

刘兴宇：我们在走访很多美国高中的过程中发现，它们很重视艺术的发展。基本上我们去过的高中都有自己的剧院、自己的艺术教室，而且艺术教学所涉及的门类非常丰富。那么杨老师先给我们讲一讲，在美国高中里，跟艺术相关的课程，大体上都有哪些呢？

杨焱磊：艺术类的课程非常丰富，比如摄影、泥塑、陶艺、木制品的加工，还有表演、器乐、声乐、绘画、彩绘，包括剪纸都有。

刘兴宇：像体育运动一样，美国的高中也会强制学生一定要参加一项艺术类的课程吗？

杨焱磊：必需的，艺术是我们之前讲过的必修课程的小池子之一。

刘兴宇：和参加体育运动一样，很多家长有相似的纠结，就是关于时间。举例说，假如我参加了学校的乐团，因为有那么多的人聚在一起，就需要有大量的排练时间，花很多的时间在这些活动上，是不是会影响到学习的时间？您怎么看这个问题呢？

杨焱磊：首先，每个学生都是在下午 14:40 放学以后参加艺术类的课程，在这个时候，学术课程都已经结束了，晚上他们有写作业的时间，所以艺术课和学术课并不相互占用时间。其次，艺术是一个人修养的必备组成，有很多孩子是因为学习艺术之后才明白了一些道理。可以说，艺术课程在某种程度上对学习是有促进作用的，所以家长完全不用担心。

刘兴宇：在讲到这个艺术课程的时候，我们也想请杨老师

来给大家讲一讲，学习艺术对于未来的升学有帮助吗？

杨焱磊：会有两方面的帮助。第一，如果能获得一些奖项，或者展现给录取委员会一些实际的艺术能力，孩子有可能会被破格录取，因为大学是想要聚集才能丰富的学生的。第二，在艺术的学习中，孩子能够发现自己的独特能力，增强他们的自信心。比如我原来的一个学生，他之前没有学习过任何乐器，但是后来他学习了葫芦丝演奏，在他升学的时候，他选择这个与众不同的乐器，非常自信地向招生官展示自己的演奏技能，这就是自信心被培养起来的体现。

刘兴宇：请杨老师来给大家说一说，关于如何利用学校资源这个话题，因为我们在看了美国高中以后，发现学校在艺术这方面的资源是非常丰富的。比如说有的学校光是和美术相关的教室可能就多达三四个，而且每一个都有不同的侧重点。孩子如果想要发挥自己的兴趣，学校是完全可以提供非常充分的资源支持的。只是我们有的时候完全忽略、浪费了这些资源。

杨焱磊：充分利用学校资源这个话题，我觉得有三方面。第一，刚才您提到的学校硬件，一定要经常去参加自己最擅长的、最有兴趣的课程。老师是不会烦你的，你可以充分利用学校的硬件设施，提高自己的水平。第二，要关注老师。因为在美国的高中，有的学校的乐队指挥老师就是一个音乐家；或者是他们的木制品加工的老师曾经就是一个企业的负责人，他不但教授学生如何制作产品，还能教他们如何去销售。这些都是老师的资源。第三，要看学校是不是某个艺术联盟的成员。因为联盟经常会组织这样那样的比赛或者演出，如果你有小提琴或者钢琴的基础，就一定去参与，说不定哪天你就在这个州的一个

比赛或者演出中成为首席演奏者。

刘兴宇：如果说这个学校的艺术教育非常有优势，或者说我们叫作“艺术见长”，学生是不是在申请美国高中的时候，就要充分地来展现自己在这方面的能力呢?

杨焱磊：确实如此，在选择这个学校的时候，如果是因为它的艺术很强，而学生也有这方面的兴趣爱好，从而选择这个学校，这样就对了。

刘兴宇：我们再来说一个小小的话题，就是前面我们讲到学生社团的时候，您也讲过很多学生其实到了这个学校以后，发现没有感兴趣的社团，就自创一个社团。我们也知道，艺术社团在美国学生社团当中占有非常大的比重，如果说我在国内学的是您刚才讲的葫芦丝，或者古筝、二胡这样的中国民族乐器，但我到了那以后，发现没有共同爱好者，我可以自创一个这样的社团，或者还想继续学习，向学校求助，学校能帮我解决这样的问题吗?

杨焱磊：首先学民族乐器的学生，完全可以去自创社团。社团就如一个小型的社会，学生可以学习如何确立公共关系，协调社团内部关系，推销自己的社团以及如何为成员争取最大利益。这些本领是在课堂上学不到的，对今后的个人发展有着重大意义。我有两个学习古筝的学生，他们组织的社团甚至代表他们的学校参加了在日本举办的国际音乐大赛，为学校夺得了荣誉。第二就是很多学校会有一对一的音乐教师，也可以在校外帮助学生去寻找相应的、专业技能非常强的艺术指导老师。但是这个指导费用不包含在学费里，需要孩子额外地缴付。

刘兴宇：现在我们明白了，艺术和体育是美国高中非常看重的两个方面，也是学生学习的有机组成部分。不像在国内，学艺术和体育都是属于课外活动，是学习以外的，所以同学们一定要充分利用学校的资源，积极地参加体育运动和艺术活动。今天我们和杨老师就先聊到这里。非常感谢杨老师来到我们节目当中做客，期待下期的全新话题。谢谢杨老师！

杨焱磊：谢谢主持人！

29 升　　学

刘兴宇：欢迎收听专家小讲堂——“焱磊说美高”，节目当中我们为大家邀请到的是北京留学服务行业协会资深专家、火石留学俱乐部的创始人杨焱磊老师。在节目当中，杨老师将和我们一起来分析美国高中申请和就读中会遇到的方方面面的话题。

今天，我们要和杨老师来聊的话题是学生们在美国读高中重中之重的一件事——升学。在美国读完高中以后怎么申请大学？是在美国直接进行申请吗？

杨焱磊：因为美国的大学申请都是在网上完成的，所以不

论在国内还是国外都可以申请。

刘兴宇：您觉得在美国读高中和在国内读高中，在申请美国的大学方面有哪些优势或者是有哪些不同呢？

杨焱磊：第一来看 GPA 方面。美国的 GPA 是从平时积累得来的，每一次出勤、每一次小的测验，甚至每一次老师给的评语都会记在 GPA 里，这个在美国大学审核的时候就可以提升公信度，比中国高中出具的一页纸可信度要高。第二，推荐人，美国高中的老师有一些在当地很有名气，他写的推荐信也会对学生的申请更有利。第三，因为在中国，应试教育体制下很多时候学生并没有软性背景提升的机会。但是在美国，所有的背景提升已经融入高中学习之中，在申请大学的时候是特别有优势的。第四，当然是托福的问题，在美国读完中学的学生是可以免托福考试的，但是在中国必须考。第五，关于 SAT，在美国读高中已经融入平时的训练之中，在中国读高中，必须花钱、花时间去额外补习 SAT 课程。上述这些就是在美国读高中和在国内读高中的区别。

刘兴宇：您前面讲到的 GPA，保持一个好的水准，对于升学是非常重要的，在美国读书的过程中，怎样能够使自己的 GPA 保持在一个非常棒的水平上呢？

杨焱磊：其实并不难。第一，出勤。学校会认为学术成绩仅能体现出学习的结果，而出勤是一种学习的态度。如果学生出勤天数不够，不仅影响到成绩，也同时影响到学分。所以出勤基本上能占到一个学生 GPA 的 10% ~ 20%，你每堂课都去，这就保证你有 20 分了。第二，重视日常的测试。不要觉得明天就是一个听写，或者仅仅是一个小的谜语测验，就去忽略，要认真重视每一次小测验。第三是作业。去美国读中学的学生一定记得按时、保质、保量地完成作业。作业在美国老师看来，就是学生对老师的承诺。第四，考试。期中和期末的考试，学生需要给予相当的重视。

刘兴宇：从如何保持一个好的 GPA 的话题，我们可以看出来，美国的高中是把学习的压力均匀地分布在学期的全过程当中。并不像我们在国内一样，你只要重视期中或者期末考试就可以了。在美国读高中，需要重视学习全过程中的每一个节点上你的表现怎样。而保持一个好的 GPA，对于美国的升学来说是极其重要的一件事情。

保持一个好的 GPA 实际上需要学生将足够的精力投入其中，所以做好四年的学习计划就显得格外重要了。在美国读高中，怎么能够把这四年学习计划做得科学、合理，并且适合自己？

杨焱磊：在九年级的时候，学生要过渡好语言适应期，打好英语基础，积极了解并适应美国的教育方式；尽量广泛地参加各种课外活动，发现自己的兴趣爱好；中国学生往往理科强一些，可以尝试选修一些难的理科课程，但是不要为了挑战自我而忽略了 GPA 的现实需求，等到了十年级，再提高各科学业成绩，并尽可能修荣誉课程，为将来修 AP 课程打下基础；把课外活动保持在两三项，尝试在活动中能担当重任，锻炼自己的领导才能；而且可以开始和升学顾问老师探讨自己的大学申请了，到了十一年级以后，继续保持各科优异的成绩，并保证 GPA 成绩在 3.8 以上；参加 PSAT 考试；在课外活动中担当领袖，自己去组织活动；参加大学展览会、说明会、招生会，了解意向大学的申请要求，高中最后一年十二年级，修 AP 课程，

尽量把 GPA 提高到 4.0 以上，考 SAT；联系老师写推荐信，完成大学申请；千万不要忽略，十二年级下学期的各科成绩不能因为大学录取拿到了而考得很差。

刘兴宇：在美国的高中，一般情况下都设有升学指导或者是有升学指导办公室。一些很优秀的中学甚至从九年级开始，升学指导就已经进入学生的学习规划当中了，所以是不是也一定要充分利用升学指导老师或者是升学指导办公室？

杨焱磊：我们的学生一定要充分借助学校升学老师的帮助。而且我们现在在对美高的总体评估上面，一所高中他们升学指导办公室的老师，平均每个人负责对多少学生进行指导，也成了一条非常重要的优劣评判标准。

刘兴宇：在美国读高中的优势，就是你和自己心仪的美国大学的距离要远比在国内近许多。所以大家在升学准备的过程当中，去美国大学的实地访校，或者是利用假期的时间去参加美国大学的夏季课程就会变得非常方便。所以建议大家在升学的时候不仅要把自己平时的功课做好，同时还要注意结合自己的特点特长，以及美国高中为大家提供的这些资源支持。非常感谢杨老师在今天的节目当中来和大家聊关于升学的话题，谢谢杨老师！

杨焱磊：谢谢主持人！

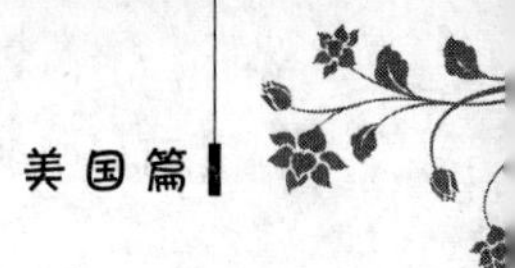

30 转　学

刘兴宇：欢迎收听专家小讲堂——“焱磊说美高”，我们为大家邀请到的是北京留学服务行业协会资深专家、火石留学俱乐部的创始人杨焱磊老师。在节目当中，杨老师将和我们一起来分析美国高中申请和就读中会遇到的方方面面的话题。

今天要和大家聊的话题是在美国读中学的过程中，并不常遇到的一个状况，那就是转学。杨老师先来给我们说一说，在美国读中学的学生所说的转学具体讲的是什么意思呢？

杨焱磊：转学其实就是学生对目前学校，或者目前学校的某些方面有不满意之处或者不适合继续就读，学生想转到另外一所学校继续完成中学的学业，这就是转学。

刘兴宇：一般情况下，转学应该要特别考虑哪些因素或者哪些问题呢？

杨焱磊：转学一般分为三种情况，第一种是学校没有达到学生原有的期待，比如中国学生多，或者校园特别小，离市区较远等等；第二种是通过 1 ~ 2 年的学习，学生自身能力超出了当前学校可提供的资源能力，比如将来想冲击更好的大学，希望平台更高一些的学生；第三种则是因为学生不能达到学校的学习要求，比如考试多门不及格后，被学校要求的被动转学。学生转学的动机不同，我们需要考虑的内容其实是不同的。

刘兴宇：在美国的高中转学容易吗？

杨焱磊：美国高中的转学相对来说比中国容易很多。如果你是去了半年就转学，会非常难，因为下一个学校都没有可考

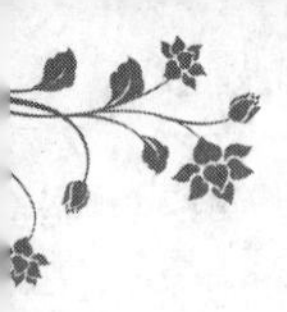

量的标准；如果你已经读了一年以上，会相对容易一些。

刘兴宇：我们可以这样来理解吗？就是你在美就读，比如九年级开始读，到十年级、十一年级转学，这个时间是比较适合的。

杨焱磊：是的。

刘兴宇：如果到十二年级准备升学的时候再想转学恐怕就极其仓促了。

杨焱磊：对，一般十二年级很少接受转学生。

刘兴宇：转学的时候，考量的是什么样的标准？

杨焱磊：首先是GPA，就是学生在目前学校的学术表现如何；其次就是推荐人怎样描述学生，因为转学是一个非常规的事情。学生读着读着就不读了，那么目标学校肯定想了解学生在过去是不是有一些不愉快或者是不顺利的情况；最后还是学生目前的状况，比如他在面试时候的精神状态和学生解释为什么我要转学的理由是否充分，这是转学考量的标准。

刘兴宇：在学生转学的过程当中，您觉得会遇到什么样的障碍，或者学生比较容易出的问题是什么？

杨焱磊：比如学生现在要转学，理由是原来这个学校中国学生多，其实中国学生多并不影响他，那么去了一个新学校会不会遇到新的问题；还有转学的时候可能没有处理好跟老师之间的关系，老师不愿意给他写推荐信，这就导致新的学校没有收到推荐信，又不能接收他，这就比较尴尬。

刘兴宇：学生在经济上面会受什么损失？

杨焱磊：如果学期中间转学，比如读了一学期要转，肯定经济上会有损失，因为下一学期的钱是不退的，但如果学生已

读完一整年，那就没关系了。

刘兴宇：如果这个孩子的学习能力变强了，他希望能够进入更强的学校，多半可能还相对容易一些。但如果这个孩子在原学校 GPA 非常低，他想转入另一个学校，恐怕是比较难的。这样的状况应该怎么处理呢？

杨焱磊：除非学校不希望学生继续读下去了，通常我们还是劝学生留在原校，毕竟学生已经适应这个环境了，就在原学校把 GPA 尽量提高，否则这样的学生转学到了新环境，可能会更差，那么将来对升学都有影响。

刘兴宇：我们来给大家总结一下，在美国中学转学是允许的，也是可操作的。但是首先要搞清楚你转学的原因到底是什么。如果转学的原因在目前就读的学校能够解决，那么就不建议学生转学。如果说学生转学的原因无法在原学校解决，那么也一定要注意转学的时间点，同时也要注意学生是不是和原学校做好了充分沟通。原学校愿意给学生写推荐信，同时在原学

校的 GPA 能够足以支持学生进入新的学校。好，我们今天非常感谢杨老师来聊关于转学的话题，谢谢！

杨焱磊：谢谢！

31 医　疗

刘兴宇：欢迎收听专家小讲堂——“焱磊说美高”，我们为大家邀请到的是北京留学服务行业协会资深专家、火石留学俱乐部的创始人杨焱磊老师。在节目当中，杨老师将和我们一起来分析美国高中申请和就读中会遇到的方方面面的话题。

今天我们要请杨老师来和大家聊的是我们最不希望看到的状况。但是学生和家长在出国之前又必须要做好相应了解和准备的一个话题，那就是美国高中的医疗。在美国读高中的小留学生，医疗方面是怎么获得保障的呢？

杨焱磊：医疗保障有两个方面，一个是在学校里有自己的校医室，会处理一些简单的体检、疾病检查和治疗。另一个，更多的是去医院，但去医院费用压力比较大，所以孩子要购买健康医疗保险。

刘兴宇：我们先来说学校里面的校医院或者叫作校医室。这个校医院一般能够处理什么问题呢？

杨焱磊：最常见的就是一些疫苗的注射，比如说流感，或者是一些病毒泛滥，校医院就会为学生进行注射和体检。有的时候一些小病小灾，比如说崴了脚了，校医院会为学生进行简单的处理，比如上药、包扎。但是一旦需要真正地进入医疗，

比如说手术或者是输液等，都会把你推到医院去。

刘兴宇：这样的话，在美国购买保险就变得非常必要了。

杨焱磊：是的。

刘兴宇：保险基本上能够覆盖学生在美国医疗的所有费用吗？

杨焱磊：也不一定，要看买的是什么样的保险。有的人买的保险便宜，他的保额也少。我们建议孩子不要图便宜，最好选一个额度相对比较高的险种。

刘兴宇：购买了医疗保险，我们可以认为是基本上在美国就可以享受免费医疗了吗？

杨焱磊：可以，有一些项目不能免费，比如说治疗近视眼、看牙，但看病是可以的。

刘兴宇：这个保险是在国内买还是到了美国以后再买呢？学校会有推荐吗？

杨焱磊：一般学校会买一种保险，因为它要承担责任，所以会买一些便宜的，但不一定保额太高。但是我听说有的寄宿家庭给孩子购买的医疗保险最后达到的保额已经到20万美元了。

刘兴宇：既然说到医疗保险，我们想请杨老师给大家详细讲一讲。因为咱们出去读高中的学生都是小留学生，处理这些手续上的问题不是他们的长项。买了保险，学生还需要做哪些事情，还是说只要买了保险，告诉学校和寄宿家庭就不用管了，生病就由学校和寄宿家庭来负责处理跟保险公司协调的事宜？

杨焱磊：不是。第一，要确定自己买的保险对不对，报到时，要跟学校确认自己的保单与学校为学生购买的保险互补后是不是完整。第二，我建议孩子们购买带中文导医的保险公司

提供的保险，这样病了以后，打电话帮他去预约医院的是中文的接线人员，否则虽然有保险，但预约不到医生也不行。第三，我们刚才说的保险金额的起始线，或者百分比是多少钱，有的人可能以为自己保险额度够用，但是一住院发现没到一天就全花光了，剩下的都要自费，所以要了解保险条款。

刘兴宇：一般情况下，孩子生病了以后，校医室说你应该到医院去就医，像美国的公民一样。比如说我到了美国以后，是否要先去确认清楚哪些是我保险覆盖的社区诊所和大医院？

杨焱磊：需要的。这就是为什么有的时候一些家庭报到时要带一名教育顾问去学校跟不同部门的负责人见一面，讨论未来如果遇到什么情况应该怎样去处理。

刘兴宇：万一遇到自己搞不清楚的状况，我们知道在美国看病是非常昂贵的，如果你的保险不能覆盖，可能很快就产生高额支出了。一旦出现这样的情况，学生应该向谁求助呢？

杨焱磊：自己找国际学生办公室的老师或者学校的指导老师。

刘兴宇：如果是寄宿家庭，寄宿家庭的家长能够承担这样的工作吗？

杨焱磊：目前这个工作通常由寄宿家庭的管理公司或者协调员来承担。

刘兴宇：所以家长在入学的时候要和自己学校的指导老师或者是寄宿家庭的管理公司把这些相应

的问题做好充分的沟通，以此来保证自己的孩子在美国就读期间，一旦出现生病的状况，能够获得及时的诊治，避免产生额外的、不必要的高额支出。这方面大家一定要认真搞清楚。关于医疗的话题，我们希望所有的孩子在美国读书期间都是非常健康的，一旦遇到这样的问题，大家不要慌。学校、寄宿家庭或者是寄宿家庭的管理公司基本上都能够提供一些必要协助。非常感谢杨老师今天来到我们的节目当中做客，谢谢！

杨焱磊：谢谢！

32 困　难

刘兴宇：欢迎收听专家小讲堂——“焱磊说美高”，我们为大家邀请到的是北京留学服务行业协会资深专家、火石留学俱乐部的创始人杨焱磊老师。在节目当中，杨老师将和我们一起来分析美国高中申请和就读中会遇到的方方面面的话题。

今天我们要和杨老师来聊的话题是关于学生在美国会遇到的一些困难或者问题。低龄留学，我们经常能够看到媒体上的很多耸人听闻的困难，孩子在读期间，从您办理的学生的案例中，一般会遇到一些什么困难呢？

杨焱磊：第一，最常见的困难是心态上的压力，孩子可能出发之前就被吓唬到了，你听不懂课，你融入不了社会，等等诸如此类的暗示，会给人很大的压力。第二是沟通，尤其英语不好的孩子，他可能怕被笑话，或者是其他的一些场合闹过一些小笑话，自尊心受到过伤害。第三是独立生活，有的孩子甚

至连洗衣服时应该倒多少洗衣粉都不知道，炉子怎么点火也不知道，便可能产生不自信，觉得我怎么什么都不会，这都是低龄孩子可能会遇到的问题。

刘兴宇：我们说的这些困难，在孩子出国读高中以前可以做一些相应的准备吗？我们分门别类地说，先来说学业方面有可能会遇到的困难。比如说像刚才讲到的，可能担心自己的语言水平不够，去了上课听不懂，没办法跟老师进行充分的沟通。这个应该怎么解决呢？

杨焱磊：这个很好解决，第一，在去美国之前，自己需要上一些先修的课程。比如说美国的历史、美国的生物、宗教课等，最好能有一些预习，尤其是一些专业的词汇。第二，有一些顾问老师有经验，会告诉学生什么是你未来可能会用的教材，先购买一些原始教材阅读，这样去了国外以后就会很适应。

刘兴宇：明白了，学业方面的准备其实不难克服，大家对自己的语言要有充分的信心，你托福能考得那么好，SSAT 能考得那么好，说明语言已经不差了。只是到了美国以后，毕竟是面对面的交流，要有一个沟通的过程，大家对这个过程要有客观和清醒的认识。一两个月以后就会发现你和老师、同学的沟通会变得非常顺畅。再就是前面我们讲的体育运动。可能很多中国学生也听说了，美国的学校对体育运动是非常重视的，很多学生会担心自己身体素质不够好，体育运动没办法参与那么多。这个方面您觉得我们的学生应该怎么做呢？

杨焱磊：我觉得首先要了解自己，比如说我们中国人的体质可能不太适合橄榄球，但我们完全可以参加羽毛球。其次要充分相信学校是有能力和资源提供适合你的活动的，不用一味担心我该怎么办，学校会帮助你，哪怕没有这个运动，也会尽可能帮助你。比如可能你说我喜欢乒乓球，有很多学校甚至就为了亚洲的学生买一个乒乓球的案子。最后，要大胆去学习，一些新的项目我们没有接触过，但我们也许会很擅长，比如说学巴西柔术，试了之后家长会觉得孩子适应得非常快，而且得到的锻炼很大。

刘兴宇：中国学生可能会给自己压力，赴美以后会发现在这个方面可能适应起来是最困难的，比如文化冲突。

杨焱磊：其实解决这个问题也很简单，第一，让别人多了解你，给他们讲你的故事，在中国发生着什么，你父母是怎么跟你交流的，让别人的意识里知道中国人是这样的一个生活方式和思维方式。他们了解了你，可能对待你的方式就是你适应的。第二，你要去敞开心扉了解人家，比如说出发之前多看一些原汁原味的电影或者是文学等，不要凭自己的想象。到今天还有家长问我，杨老师如果孩子选择了一个宗教类的学校，天主教的怎么办？万一都是嬷嬷怎么办？去了包头巾怎么办？其实都是错误的认识。我们要敞开胸怀了解人家，去了以后才能适应。

刘兴宇：其实说到文化冲突，怎样来做好准备或者是做好磨合？答案其实很简单，就像刚才杨老师讲的要敞开心扉，同时要勇于表达。我记得我们曾经说过一个非常小的例子，学生到了寄宿家庭以后，饿了一天发现没有人给他做饭，很不高兴。但这个家长以为，我给你提供了食材和炉子，你其实自己就可以做的。其实你多问一句，这个问题就解决了。他发现你饿了以后，你也表达了，这个寄宿家庭就会告诉你，在我们家，大家都是自己做饭。我现在可以先给你做，但是同时教给你怎么

用炉子等等，其实你只要勇于表达自己就可以了。

杨焱磊：对，沟通。

刘兴宇：我们归结到一点，你觉得在美国读高中轻松吗？

杨焱磊：我觉得太不轻松了，之所以我们希望孩子在美国读高中成长，就是因为他所面临的困难会很多，不但是学习上有很多课业，并且要协调好运动、艺术方面的发展，还有跟人沟通、提高生活方面的能力，这是一个综合的考验。

刘兴宇：我们也必须要提醒大家，一定要把美国学校的规矩和美国的法律知道得清清楚楚。大家知道 2015 年发生了震惊中外的中国学生凌辱其他学生的案件。这其实就是因为这些学生不懂美国的法律，最后酿成大祸，他们面临的是长时间的监禁。所以提醒大家，一定不要把我们在国内的坏习惯带到美国，有可能你在国内认为这只是一件小事，但是到了那里就是触犯法律的大事了。面对困难大家要有自信，要充分认知到事情都能够得到解决，感谢杨老师来到我们的节目当中做客，谢谢！

杨焱磊：谢谢！

33 管理体制

刘兴宇：欢迎收听专家小讲堂——“焱磊说美高”，我们为大家邀请到的是北京留学服务行业协会资深专家、火石留学俱乐部的创始人杨焱磊老师。在节目当中，杨老师将和我们一起来分析美国高中申请和就读中会遇到的方方面面的话题。

今天我们想请杨老师给大家介绍美国高中的整体架构和管理体系。美国中学应用的是一些什么样的管理体系？比如私立学校有校董或者是校长负责制吗？

杨焱磊：确实会有。美国高中的校董主要负责投资和政策方面的决策。董事会聘用的校长负责教学团队和管理团队，实现教学以及日常事务管理。

刘兴宇：您觉得美国中学管理的体系是属于非常严格的，或者是很严苛的体系吗？

杨焱磊：我觉得用“严苛”不太合适，应该是有奖有罚。一方面，孩子们表现好的时候，学校的管理尺度会相应自由，奖励额外的学分、奖学金，甚至是某一节课都可以放假。另一方面，如果有逃课，或者作业没有完成，就会减分。除了减分，还会罚你拔草，罚你打扫卫生，让你闭门思过。这些都是有奖有罚的体现。

刘兴宇：这就是所谓的校规吧。您所了解到的美国各种各样的私立学校，它们的校规都是怎样的？

杨焱磊：首先要看学生触犯的是什么，一些特别严重的，像涉及毒品、吸烟，就属于非常严重的层面了，无论任何学校都是会直接开除的。有些学生在业余的时间领着其他的孩子回家过夜，这里要注意了：即使是同性，也是不允许的。因为这是寄宿家庭跟孩子之间的协议不允许。如果这样的情况发生，就会面临警告。还有一些很小概率的事情，例如学生有偷盗行为，是比较严重的，他们会受到严重处分。

刘兴宇：我们知道，在美国的学校当中，对作弊几乎是零容忍。

杨焱磊：确实。

刘兴宇：大家在完成作业的时候，这一点也一定要重视。可能课后作业的抄袭都会对学生产生很长时间的、非常严重的影响。我们还想了解一下，在美国学校的管理体系当中，哪些部门会是国际学生经常打交道的部门？国际学生办公室算是吗？

杨焱磊：对，算是。还会有学术指导办公室，对应我们国内学校的“教导处”这个称呼。还有心理方面，有一些心理咨询师或者这方面相关的老师。还有一个关键人物，叫作家房老师，就是寄宿学校的负责老师，他们将跟孩子朝夕相处。只要学生下了课，就会纳入他们的监管中，是非常重要的人物。

刘兴宇：杨老师，您能把刚才提到的“国际学生办公室”这个部门给我们详细介绍一下吗？它的主要职责是什么？能够为学生提供哪些帮助和支持呢？

杨焱磊：从学生被录取的时候开始，国际学生办公室就扮演了重要角色。孩子选择学校进行申请后，谁来为他面试，录取通知书由谁来发，到了学校找谁去报到；上学的过程中，校方要和学生父母联系，由谁来沟通，家长访问学校的时候，该由谁来接待；等等，以上所说的事务都是由这个办公室来负责的。

刘兴宇：是不是这就意味着，中国学生在学校里面学习生活的方方面面都可以找国际学生办公室，即使它不是直接负责部门，也可以由这个部门来转接到其他部门？

杨焱磊：对，一旦孩子们遇到不知道该找谁的事情，找国际学生办公室就没错。

刘兴宇：国际学生办公室果然是非常重要。您觉得在美国读书，还应该要认识哪些人？这样学生在学校遇到问题的时候，就知道应该找谁去解决问题。

杨焱磊：就是我们前几期节目多次提到的指导老师，不管是升学、选课，还是安排自己的假期，他们都会给出有帮助的指导意见。

刘兴宇：明白了，所以指导老师也是在美国学校当中，对学生来说非常重要的人物。

杨焱磊：对。

刘兴宇：国际学生办公室和您刚才讲到的指导老师，其实都属于美国官方部门的老师。

杨焱磊：对。

刘兴宇：在美国高中，遇到的生活问题，应该找谁来解决呢？

杨焱磊：学生们遇到生活的问题，需要找刚才提到的两个人，其一是刚才我们提到的家房老师，他负责解决学生的衣、食、住、行这类琐碎小事；另一个就是心理指导老师，青春期的孩子可能会愿意去谈话的人。

刘兴宇：我们国内的有些学校已经有专门负责心理咨询的老师，或者是以心理咨询办公室的形式出现，或者是以咨询小组的形式。从您的实际经验来看，当青春期的孩子遇到困扰的时候，这样的老师真的能提供有效帮助吗？学生真的愿意去对他敞开心扉吗？

杨焱磊：在美国是可以的。中国的学校中，这个所谓的心理指导教室的老师其实并不长期接触孩子、了解孩子。一个学

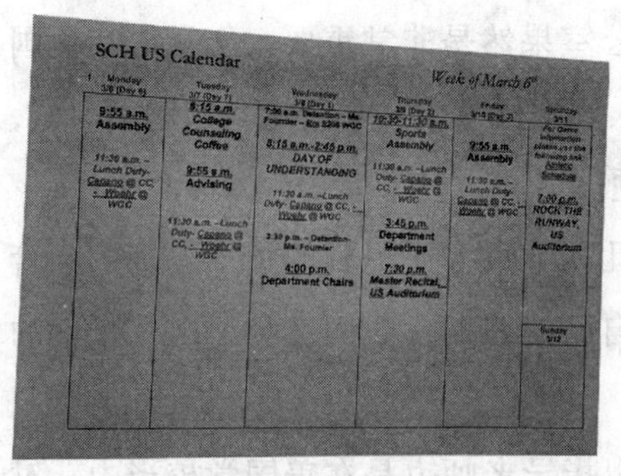

校几千个孩子，面对所有孩子是他的全职工作，很难做到有效处理。但是在美国情况就大不一样，这个老师往往又是另外一个角色，可能是九年级的物理老师，也可能是十年级的历史老师。他对学生了解的程度和对学校了解的程度会更深，结合平时对学生学习、生活方面的观察、接触，更能掌握孩子的心理动向，所以更容易解决孩子的问题。

刘兴宇：今天我们给大家介绍了美国学校的一些官方部门，以及学校中一些老师的基本情况，这个话题我们还没有完结。但是由于时间的关系，我们下一期节目当中会继续这个话题，欢迎大家继续收听节目，谢谢杨老师！

杨焱磊：谢谢！

34 重要人物

刘兴宇：欢迎收听专家小讲堂——“焱磊说美高”，节目当中我们为大家邀请到的是北京留学服务行业协会资深专家、火石留学俱乐部的创始人杨焱磊老师。在节目当中，杨老师将和我们一起来分析美国高中申请和就读中会遇到的方方面面的话题。

今天，我们继续关于美国学校体系的话题。上一期节目，我们为大家讲了在美国高中当中，和我们国际学生关系很密切的，有国际学生办公室，有指导老师和另外几位老师。请问杨老师还有什么人与学生朝夕相处？学生们遇到任何问题都能够直接找到他们吗？

杨焱磊：还有一个职位叫作 dean，就是学校的教导主任，这个人其实主要是负责纪律。比如说学生的出勤情况，或者犯了小错误都要找他，所以他也是非常重要的人物。

刘兴宇：在美国的任课老师，比如说一个老师只教物理，另一个老师只教化学，这样的老师是只对学术负责吗？

杨焱磊：美国的中学里很少有只对学术负责的老师。在美国，老师之所以值钱，是因为学校在选拔老师的时候，除了对学术的贡献以外，还要看这个老师能否在校园文化中做另外一方面的贡献。例如，我们之前讲的体育教练，有的老师可能是家房老师，有的老师可能是出勤记录老师。各自都有各种各样的职能。

刘兴宇：其实我们自己也曾经从那个年代走过，经常会遇到我很喜欢上语文课，对语文老师很有好感。甚至自己遇到一些心理问题，也愿意跟这位老师去聊一聊、讲一讲。在美国也可以这么做吗？

杨焱磊：当然可以，每一个老师在美国校园里其实都很热情，遇到困难他们都会帮你，哪怕他解决不了你的问题，他也会告诉你，你应该去找谁解决问题。而且好的一点是，大家很注重保护隐私，不会向任何人提起。

刘兴宇：说了学校的官方机构，再来说一个部门，就是美国高中的学生会。基本上每一个学校都有学生会。学生会主要

是负责什么？

杨焱磊：学生会的职能有很多方面，比如说俱乐部的组织、活动的组织、一些社会捐款的筹集，这是一个。第二，代表学生去发声，比如说觉得本学校的哪门课程开设得太难了，或者哪门课的老师不太适合教他们这个年龄段，都会由学生会代表民意去发声。

刘兴宇：在走访美国学校的过程中，曾经看到过有的学校有大的板报，或者是贴出学生的照片。这个职务叫作学生内阁。

杨焱磊：对。

刘兴宇：这个是每个学校都有吗，还是说个别学校才有？

杨焱磊：不是每个学校都有，一般大一些的学校，或者是学生架构方面更丰富一些的学校会有。

刘兴宇：学生内阁是什么？

杨焱磊：学生内阁完全是学生选出的一个代表，这个代表要跟教务老师或校董一起开会，以一个独立、平等的身份参加校园会议。

刘兴宇：所以他们是在这样的平台上替学生发声的代表。

杨焱磊：是。

刘兴宇：我们说了学校，说了学生会，还要来讲一个话题，就是当地的中国使领馆。大多数学生可能在就读期间，不太会和当地的中国使领馆产生关系。

杨焱磊：很少。

刘兴宇：但是我们也必须了解，在美国当地的中国使领馆对咱们这些小留学生能够提供什么样的帮助。如果你遇到问题，知道应该要找中国使领馆。

杨淼磊：最直接的问题就是当护照丢失，或者是护照到期，这样的事情只能找使领馆，而且这是他们的义务。另外，在人身受到威胁，不管是疾病也好，或者是危险也好，甚至有的时候最极端的比如说在寄宿家庭里，可能有其他一些危险的时候，我们一定要想到，除了警察局，还有使领馆。

刘兴宇：大家一定要明白，中国使领馆就是你在海外的靠山。

杨淼磊：一定是的。

刘兴宇：如果遇到像刚才杨老师讲到的护照方面的问题，一定要第一时间跟中国使领馆进行沟通。另外在海外遇到人身安全方面的问题，或者哪怕是财产安全方面的问题，都可以向中国使领馆求助，他们会第一时间为你解决相关的一些问题。

杨淼磊：一定会的。

刘兴宇：另外当你遇到一些权利方面的问题，中国使领馆也会为你做出相应的主张和保护。

杨淼磊：是的。

刘兴宇：非常感谢杨老师在这一次的节目当中，与我们讨论在美国校园当中，学生遇到问题和困难的时候，应该找谁，学生会具体是承担什么样的职责。感谢杨老师的做客，谢谢！

杨淼磊：谢谢！

35 教　师

刘兴宇：欢迎收听专家小讲堂——“焱磊说美高”，节目当中我们为大家邀请到的是北京留学服务行业协会资深专家、火石留学俱乐部的创始人杨焱磊老师。在节目当中，杨老师将和我们一起来分析美国高中申请和就读中会遇到的方方面面的话题。

今天，我们要和大家聊的是美国高中教师这个话题。美国中学师生比例这个因素是很多家长最关心的选校指标。一般情况下，师生比例大概是多少？

杨焱磊：美国中学的师生比例分为以下几种情况：公立学校一般是1∶20～1∶30；私立学校大多数是1∶6～1∶16；还有一种特殊的形式是一对一教学，在这些学校里老师的数量要远远多于学生。

刘兴宇：这是非常难得的一种状况。

杨焱磊：是培养精英的一种教育。

刘兴宇：包括我国的中学，现在对老师的学历要求已经非常高了。美国中学的老师，基本上是什么学历才能够承担呢？

杨焱磊：美国中学的老师大多数至少是需要学士学位，有很多学校，据我们了解，60%～80%都是硕士或者博士以上的学位。通常意义上讲，在美国承担教师角色的人的学历都很高。

刘兴宇：是不是可以这样认为，就是教这门课的老师，一般情况下在学术水平上面不太会受到质疑？

杨焱磊：举例来说，我们有一个孩子去美国选择了一所就读的中学，就是因为他听说这个学校的数学课老师是斯坦福大学原来的教授，他喜欢数学课，就选择了这所中学。后来他就读了以后，发现学校竟然有十个类似于这样水平的老师，而且其实那是一所中等水平的学校。

刘兴宇：在之前的节目当中，我们曾经给大家讲过，这些老师除了课堂教学任务以外，还都承担一些别的工作。这个是常见现象吗？

杨焱磊：十分常见，美国教育的相关部门对老师提出的几种能力，除了教学能力以外，他还要拥有科研的能力、考勤记录的能力、学生行为管理的能力，还有评估学生学习进步的能力，还有最重要的是，他必须有如何提高这个学生的方法。

刘兴宇：老师不仅仅是在课堂上教好自己这门就可以了。他其实是一个全方面引导你提升的引路人。

杨焱磊：对。

刘兴宇：说到教学，美国的中学是采用走班制，老师不动，学生来动。

杨焱磊：对。

刘兴宇：美国中学的老师，每天面对不同班级的学生，会影响到老师跟学生之间的互动吗？

杨焱磊：其实不会，虽然说学生在不断地走动，但是相对老师来说还是固定的。这一学期选这门课的学生，老师是非常容易能记得住的，而且他知道学生的水平都是什么。

刘兴宇：您跟我们讲一讲，美国中学的老师常见的一些教学方式。

杨焱磊：最常见的方式有一种叫作圆桌课堂。整体形式就

是学生围坐在圆桌旁，老师提出一个话题，讨论当天讲的是什么。比如说蜘蛛，就会引出一个视频短片，告诉学生蜘蛛的生活习性等等。然后当天的作业是关于蜘蛛的某一个话题，第二天孩子们收上来的作业非常五花八门，比如说有的人谈的是蜘蛛的益处或者是害处，有的人可能谈的是我要表演一只蜘蛛，我会用什么样的一种声音去模仿表演。课堂完全是按照孩子们意愿的方式进行，然后老师再做一个总结。老师讲的东西很少，他们都是在引导学生。

刘兴宇：讨论式是美国中学课堂中最常见的一种状态。

杨焱磊：对，老师还有一个很重要的功能，就是他要引导学生去延伸知识面，不是局限于课本。

刘兴宇：可以这样理解吗，就是美国的中学老师，用这样的方式使得课堂充满了活力？

杨焱磊：老师在教学过程中有的时候会故意犯一些错误。比如说他假设，是不是这样，是不是那样，其实孩子们就会呼应。他用一种纠错的方式，让这个课堂更有意思。

刘兴宇：在美国中学，老师承担的分量是很重的，学生们在这个过程当中，要充分和老师进行沟通。美国中学的师生比可以满足老师有足够的精力来关照到每一位学生。

杨焱磊：确实是这样。

刘兴宇：同学们完全不必害羞，你有任何关于这个课堂的问题，都可以去跟老师沟通。不仅仅局限于课堂，例如学生对老师教的这个课程的门类、这个学科有兴趣，之前有一些什么样的问题，其实都可以跟老师做沟通。

杨焱磊：老师是会非常欢迎的。

刘兴宇：另外一方面，像刚才杨老师讲到的，可能老师是斯坦福大学的教授，大家也不必被他过往的经历和权威吓倒，完全没有这样的必要。学生要充分利用美国的中学为他们提供的教师资源。

杨焱磊：确实如此。

刘兴宇：我们今天关于美国中学老师基本面的情况，就给大家介绍到这里。谢谢杨老师来做客！

杨焱磊：谢谢！

36 监　护

刘兴宇：欢迎收听专家小讲堂——“焱磊说美高”，节目当中我们为大家邀请到的是北京留学服务行业协会资深专家、火石留学俱乐部的创始人杨焱磊老师。在节目当中，杨老师将和我们一起来分析美国高中申请和就读中会遇到的方方面面的话题。

今天我们要和大家来聊一聊，关于学生在美国的监护人，以及寄宿家庭的话题。我们首先来明确一下：在法律层面，谁是国际学生在美国当地合法的监护人呢？

杨焱磊：在美国，有多个人可以承担国际学生监护人的责

任。第一是学校。就读寄宿学校的学生，学校就是监护人。第二是学生在当地有合法监护人身份的亲友。前提是双方都愿意，并且这个亲友有家长的授权书。第三是寄宿家庭的父母，他们也可以作为监护人。前提是已经得到寄宿家庭的父母同意，同时，学生的自然父母也要给寄宿家庭的父母出具授权书。第四是当地的监护机构，它们来管理和协调各个寄宿家庭，但是，作为监护的主体是这个监护机构本身。

刘兴宇：谈到寄宿家庭，话题就会格外多一些。家长其实会有很多纠结。首先，在美国宗教信仰是非常普遍的，很多家庭都是有宗教信仰的。很多家长会担心，如果我的孩子是一个无信仰者、无神论者，在一个有宗教信仰的家庭生活，会不会对孩子有一定的影响，或者说孩子想要融入这个家庭会不会有困难？

杨焱磊：其实并不会。美国家庭不会强迫学生信教，他们也尊重我们不信教的自由。而且美国是个包容的社会，不信教不会对学生产生任何坏的影响。有的寄宿家庭他们自己的孩子有时候都是无宗教信仰的。

刘兴宇：我们用一个小的细节举例。比如说一个有宗教信仰家庭每个周末都要去教堂做祷告，寄宿在这个家庭的中国学生一定要跟着去吗？

杨焱磊：这个情况经常发生。我个人是建议去的。这并不是为了信仰，而是一种文化的体验和融入当地社会的一种行为。但是，如果一个孩子因为学习忙，或者就是不喜欢参加这类活动，完全可以直接说，甚至明确说以后也不太想参加，只要非常有礼貌地向寄宿家庭表达就好。

刘兴宇：关于有宗教信仰的家庭的问题，我们基本上了解了。下面我们来谈谈寄宿家庭。请问一般情况下，寄宿家庭可以为孩子提供哪些日常的服务？又有哪些事情是孩子必须亲自动手去做的呢？

杨焱磊：美国家庭提倡孩子自立，很少会给孩子洗衣服。学生要学着自己洗衣服、收拾房间。早餐和晚餐，基本上是由寄宿家庭的父母做的。接送孩子上下学是由寄宿家庭的父母完成的。上课期间，学生的午饭都是在学校吃，不过也可以要求寄宿家庭为孩子带午餐，这些都能协商。在周末的时候，如果时间允许，学生能够主动参与一些除草、铲雪甚至是洗车这类的家庭工作，这些都是难得的美国家庭生活的体验。

刘兴宇：上课期间每天的接送、早餐和晚餐，就是寄宿家庭为孩子提供的日常服务。如果学生需要自带午餐去学校，基本上学生就得自己准备，不过食材会由寄宿家庭来提供，当然如果学生在学校吃，就不用准备了。那么关于周末的娱乐，或者是旅行的安排，这个其实就不算是必需内容了。

杨焱磊：这就要看寄宿家庭家父母的性格了。如果是一个比较宅的家庭，我们其实也没有理由非得要求人家带孩子去体育场，或者参观艺术馆。事实上，多数情况下都是学生和寄宿家庭双方互相匹配认可了之后，学生才会住在那个家庭里。所以基本上大家在周末活动的类型都很相似，就是带学生一起出去，多数家庭也不会计较车费，因为家庭已经把孩子看作家庭成员了。

刘兴宇：住在寄宿家庭，您觉得什么样的问题是必须要提醒我们的孩子注意的？

杨焱磊：第一是包容，我们跟自己的父母都有可能出现一些摩擦。到了一个新的环境，人家愿意接受咱们的孩子，肯定不是为了虐待我们，人家的初衷都是为了帮助我们。所以在生活习惯方面，需要孩子们包容和理解，当然这个包容一定是双方的。第二是沟通，一定要主动说话。比如有一次，学生发现寄宿家庭的冰箱不工作了，他就以为是冰箱坏了，买的吃的东西也不敢放，也不问寄宿家庭的父母。结果绕了一大圈，家里的冰箱不工作就是因为没有插电而已。只要很直接地问一句话，问题就解决了。所以，孩子们得主动去沟通。

刘兴宇：还有我们经常听到，有一些孩子在国内的时候父母就对他们很娇惯，等到了寄宿家庭，有一些孩子就非常过分，觉得我给你付费了，所以你就是提供服务的，对寄宿家庭的父母完全没有一点尊重。这其实是一个非常恶劣的事情，大家千万不要觉得钱可以买到一切，这个一定要再次提醒孩子们。另外，女孩子的家长恐怕更担心一些。女生如果住在寄宿家庭，您觉得有哪些问题是格外需要注意的呢？

杨焱磊：其实，未成年女孩儿在任何一个社会都是弱势群体，在选择寄宿家庭的时候，第一，不要选择单身的男性作为寄宿家庭的监护人。单身的女性是可以选择的。第二，她们思想尚未成熟，更应该主动地提高警惕，尽量不要在没有陪伴的情况下出门。第三，跟寄宿家庭男性成员可以交朋友，但是不要超越正常的范围，如果遇到行为不轨的男性家长，一定要尽快联系学校指导员或者国内的家长。第四，女孩子们在装饰自己住的房间的时候，要征求人家的同意。因为你住在别人的家里，如果想要在墙上钉上镜子、各种的装饰衣柜，就需要征得人家的同意，毕竟这是人家的房子。第五，有一些爱讲卫生的女孩儿，洗澡可能需要一个小时甚至更长的时间，但是很多美国人洗澡时间很短，15 分钟以内可能就洗完了。我们的孩子一个多小时都在卫生间里面待着，会让寄宿家庭的人觉得有一点奇怪，要入乡随俗。

刘兴宇：说到卫生，因为女生多数头发比较长，洗澡的时候掉很多，大家一定记得要清理。我们经常会遇到这样的事情：寄宿家庭的家长要去帮助清理卫生间女孩子们洗漱之后掉下的毛发，这个对于他们来说是不愉快的体验。另外也要养成一个好的习惯，大家共用卫生间，你用完了之后，要保证下一个人不需要做更多的收拾就可以直接使用。

孩子们有遇到一些比较极端的状况，比如说寄宿家庭必须要更换一个，诸如此类的事情吗？

杨淼磊：这的确是有可能的情况。比如说寄宿家庭和学校之间太远。我们原来有一个孩子和寄宿家庭相处得非常愉快，但是那个家庭到学校开车需要一个小时的车程，尤其是冬天，孩子五点多起床，这一点很不适应，那就必须换一个寄宿家庭了。再比如，寄宿家庭的家长觉得自己太过操劳，可能会出现一些健康方面的问题，没有能力再去支撑对学生的日常照顾，这种情况也可能需要更换。

刘兴宇：这是寄宿家庭的原因。

杨淼磊：对。还有一种情况就是孩子跟寄宿家庭的性格磨合方面。比如，我就是特别喜欢音乐，就想弹琴，但是那一家人就不喜欢音乐，就喜欢安静，那就完全不适合了。

刘兴宇：这种情况下，学生向寄宿家庭管理公司提出要求

就可以了？

杨焱磊：是的，协调的机构会去做现场调研，看看是不是有一些问题，如果确定了，肯定会更换。说实话，这个过程并不容易，可能需要一到两个月的时间，如果在此期间孩子确实没有办法在这个家庭继续住下去了，那么在下一个地方没有找到的情况下，寄宿家庭管理公司会把这个孩子安排住在协调员的家里临时过渡。

刘兴宇：其实，出现这样的状况，往往是学生和家长最焦虑的，今天杨老师也为我们做出了解答。遇到这样的问题首先别着急，一定要搞明白为什么我不能在这个家庭住下去了，或者是这个家庭为什么没有办法再继续接纳我住下去了。如果是相处愉快的状况下，问题就比较容易解决。如果是确实不太愉快，一定要向你在美国的寄宿家庭的管理机构寻求帮助，或者是你在国内的留学服务机构，他们也可以帮助你从中协调，尽快解决问题。

最后还有一个问题就是关于陪读。现在有很多家长把年龄小的孩子送出去其实是为了自己将来也出去，很多家庭也有这个经济能力，那么从美国的法律层面来说，家长也出去陪读，这个事情容易操作吗？

杨焱磊：其实从美国的签证类型上看就没有陪读这件事情。所谓陪读的家长拿的基本都是旅行签证，旅行签证就要求家长最长半年的时间就要离境。我们曾遇到有一些家长因为无视这个事情，第二次入境的时候都会遇到很大的挑战。所以第一，我们不建议这么去做。第二，其实对孩子来讲，长期跟爸爸妈妈住在一起，对他也不一定是最好的锻炼。

刘兴宇：比如说有一些家庭确实已经做好了这方面的安排，这种情况下您会有一些什么样的建议？比如说学生还是住在寄宿家庭，家长也住在周边，可以一周见一次面，您觉得怎么样？

杨焱磊：我认为一周见面一次太频繁了，一个月更合理。再有就是要看孩子，如果是特别依恋父母的，可以一周见一次。如果孩子本身就是很独立的，其实我们没必要去打扰他正常的寄宿生活。

刘兴宇：到今天为止，我们专家小讲堂——“焱磊说美高”这个36期的系列节目基本上要告一段落了。其实我们每一期节目的时间都很短，在节目当中杨老师更多的是给了大家一些“干货”，是对我们问题的精炼解答。实际上，每一个话题都可以再延展开来，继续做非常充分和深入的沟通。不过我相信，我们收音机前的听众朋友，如果您对送孩子去美国高中读书感兴趣，听了我们这36期节目，对美国高中如何申请、美国高中教育是什么样的、学生去了之后会遇到什么问题等等，都已经有了一个比较全面的了解。我们也希望通过这个系列节目，为那些正在进入低龄留学潮的学生和家长提供一些基本的帮助。我们非常感谢杨老师来到我们的节目当中，贡献了这么多的时间，同时又贡献了如此专业的宝贵经验，和我们一起讨论这么全面的关于美国高中的话题，谢谢杨老师！

杨焱磊：谢谢主持人！

加拿大篇

01 概　　况

刘兴宇：听众朋友您好，欢迎收听专家小讲堂。在节目当中我们为大家邀请到了加拿大中学资深专家谭飞马老师前来做客。我们将和谭老师一起为您揭开加拿大中学的神秘面纱。之前我们在美国高中系列就美国高中讲解得非常清晰和透彻，接下来我们希望通过揭开加拿大中学的神秘面纱这个系列，通过谭老师资深的经验分享，也能够让大家对神秘的加拿大中学有一个非常全面、清晰的了解。

谭老师，今天的第一期节目我们想请您给大家讲一讲加拿大中学的概况。因为我们知道国人对于加拿大中学还是比较陌生的。但从我自己参加国际教育展的感受来说，加拿大中学近几年还是很重视在中国市场的推广。您先来跟我们说一说加拿大中学的基本情况。

谭飞马：好的，首先，非常感谢刘老师邀请我来录制加拿大中学系列节目，非常荣幸、非常开心能有机会与全国的家长分享关于加拿大中学的一些情况。其实加拿大中学有一句很短的话可以概括：加拿大中学是低龄留学性价比之王。为什么这么说呢？因为首先从经济角度上来说，它是英美等发达国家中留学费用最低的，而教育质量受到全世界高度认可。根据最新

的2017美国U.S. NEWS排名，加拿大荣获“全球最好教育国家”。再来看生活环境，加拿大的食品安全全球第一，空气指数也是纯净到被装罐出口到中国。另外还有包容性，因为加拿大是个移民国家，所以对于多元文化非常包容。加拿大是全世界说“sorry”最多的国家。国民大部分都比较包容、谦和。当然对于低龄留学来说，家长最关心的是安全问题，加拿大连续多年被列为全世界最安全的国家之一。还有枪支管制方面，加拿大管控得非常严格，很少有暴力事件发生，尤其是校园里。

刘兴宇：我们知道加拿大因为紧挨美国，所以以往一谈及留学领域的话题的时候，很多人会把加拿大和美国放到一起来进行比较。我们也知道实际上加拿大大学和中学的教育领域和美国一样，可以说是齐头并进，但不同的是，加拿大作为一个英联邦国家，它的整个教育体系中秉承了英国的百年优良传统教育理念。所以，我觉得加拿大教育可以说是一个英美教育的完美结合体。

谭飞马：是的，这里有一项统计数据，在所有发达的工业国家中，加拿大的教育支出占全国GDP是最高的。一般发达国家是占它们GDP的5.9%左右，这已经是比较高的数字了，而加拿大是超过7%，这意味着什么呢？就是学校齐全、完善的硬件设施背后有强大的政府资金支撑，教师的福利待遇相对来说比较好，所以老师们也会安心、踏实地工作。一个学校老师的稳定性对于学生的信心是非常重要的，这个我们家长应该深有感触。加拿大的学校设施齐全，公立中小学一般都配有非常标准的室内篮球场、室内健身房和标准游泳池、图书馆，还有一些高科技教室和专业化学实验室与手工车间。打个比方，比如

学生们想学汽车修理，学校就有一个起码超过50平方米的车间，里面会有各种型号的汽车，甚至有非常贵的老爷车。学校会不计成本地拿来让学生拆，拆完你自己想办法修好并组建好。甚至是有时候老师今天来上学对学生说，我的这个车哪个地方坏了，我的车引擎不好了，你帮我修一下。高年级的学生就会接这个活，然后老师会付他钱，他还能学到生活技能和技术。还有些中学配有先进的3D打印室以及专业的冰球场地。

刘兴宇：对，您刚才讲到的是加拿大的教育支出因为占比非常高，所以学校的硬件设施特别好。下面也请您来给大家讲一讲，加拿大的中学基本学制也是12年吗?

谭飞马：对，和中国一样，加拿大也是实行12年的基础教育，但可能跟国内有点不同的是，加拿大的高中是采用学分制，有点像我们大学修学分。加拿大的高中严格来说是指从九到十二年级，是一个完整的阶段，共4年。只有在规定的高中

年限里拿到规定的学分，还要满足一些其他要求，你才能拿到这个省的高中毕业证。以安大略省为例，安大略省的省会是大家熟知的多伦多市。安大略省规定：九到十二年级学生需要修满 30 个学分，一门课一个学分。除了这 30 个学分以外，还要求最少要有 40 个小时的义工，且通过安大略省中学十年级的听说读写测试。满足这些要求，你才能拿到安大略省的高中毕业证。

刘兴宇：刚才我们听谭老师为大家介绍了加拿大中学的一些基本情况。加拿大的中学到底和中国的中学有一些什么样基本的不同，和它紧邻的邻国——美国的高中又有一些什么样的不同。因为我们也知道很多家长在选择高中的时候会在加拿大和美国之间有一些纠结，那么关于这些详细的内容，我们欢迎大家留意来收听我们的揭开加拿大的神秘面纱的系列节目，谢谢谭老师的做客！

谭飞马：谢谢刘老师！谢谢家长！

02 加中对比

刘兴宇：听众朋友您好，欢迎收听专家小讲堂。在节目当中我们为大家邀请到了加拿大中学资深专家谭飞马老师前来做客。我们将和谭老师一起为您揭开加拿大中学的神秘面纱。今天我们想请谭老师来和大家聊一聊加拿大中学和中国的中学到底有什么不同。我们知道一说到国外的中学和中国的中学的不同，很多老师会归结成一句话，就是教育体制的不同，那么究竟有哪些详细的不同，谭老师今天来给我们讲一讲。

谭飞马：关于加拿大中学，我们首先从课堂上怎么上课来说。正常来说，在中国，大家有一个词是填鸭式教育。其实还有一个很大的特点是，中国有统一标准答案。在加拿大教育中，很多问题，考试是没有标准答案的。加拿大教育更注重学生思维的发展以及个性能力的塑造，鼓励学生有自己的看法，比方说只要你的意思是对的、逻辑清晰、观点正确，你就可以拿分。历史课、政治课、文学课这些课程的一个问题可能有五个不同答案。中国课堂是要求你五个点都要记住，甚至标点写错都要扣分。在加拿大教授知识点的时候老师希望学生了解、理解并能运用到实际生活中。记住关键的两三点即可，大部分学科并不要求你必须跟标准答案一模一样。另外，加拿大的课堂上非常鼓励学生大胆跟老师讨论，甚至是辩论。你可以质疑老师并说明理由和论点。老师会鼓励你探索更多，激发学生勇于表达自己，追寻真理。而这种教育模式非常锻炼中国学生缺失的批判性思维和口才能力。加拿大教育还很鼓励学生积极参与课堂

活动以及课外兴趣小组和各种俱乐部。学生越积极活跃，老师给你的评语和分数越高。因为加拿大中学的期末成绩并不是由考试分数说了算，还由平时课堂表现、出勤率、作业完成情况以及老师对学生的评价等综合组成。这种评分体系能以比较科学的维度评价一个学生各方面的表现，而不是像中国传统教育，主要看分数。

刘兴宇：我们还有一种听闻，说加拿大的孩子放学以后基本上不太需要回家做作业。

谭飞马：对，但其实我觉得有一点小小的误会。

刘兴宇：误会？

谭飞马：对，其实加拿大这边可能看起来作业不多，但是做起来比较花费精力。比如说文学课，其实我可以拿我们上的加拿大那边的英文课——相当于我们的语文课来举例。今天学了莎士比亚的一首七律诗，可能今天就要求学生回去要仿写这种格律的诗。写出来后，你还要根据这首诗的内容画出相应的插图、排版，并做其他一些相应的美工的工作。还有很多作业是以论文的形式提交的，这种形式既锻炼了孩子的思维、绘画、美学等能力，也激发了孩子的创造力。同时很大程度上也避免了抄袭，因为在所有英美国家，抄袭都是很严重的事情。另外加拿大也是非常注重阅读的一个国家，老师经常会给学生一个长长的书单，学生需要回家去图书馆找来仔细阅读，并写出自己的读后感。还有一些科学作业也是需要学生课后花时间去寻

找资料来完成的。

刘兴宇：所以听上去加拿大跟美国的高中很像，鼓励学生在课堂上积极参与讨论，学生的作业也多半是需要学生自主完成。所以在成绩上加拿大也跟美国的高中差不多，是由平时的成绩和考试的成绩组成的。

谭飞马：对，差不多，平时成绩可能占到一大半，期末考试可能就占到30%~40%。所以，学生如果想拿高分也需要在平时用功，记得之前有一位陪读的家长问过加拿大的老师，说为什么你们国家不能是以期末考试分数作为孩子的总成绩，而总是拿平时的评分来卡学生？老师回答说，你仔细想一想，如果这个孩子的出勤率是没问题的，他按时按质去完成作业，平时积极参与各种小组活动及讨论。根据我们的理论，这样的孩子没有可能不在期末考试上拿高分。因为这样的孩子学习习惯和态度都十分良好、端正，并且能够持续稳定地坚持一件事。对于教育来说，良好的学习习惯、态度、能力是最重要的。反之，一个学生平时出勤率凭自己高兴，作业不按时完成，但凭小聪明在期末考试上拿了高分，这样的“高分”不是我们想要的教育结果。

刘兴宇：是的，上一次节目当中您也提到了加拿大有一些高中对学生担任义工，或者我们叫作志愿者的这个时间也有非常严格的要求。这其实也是一个很大的特点。

谭飞马：对，这就是一个素质上的教育。素质这个东西不是天生的，它是从小被教育、熏陶出来的。欧美国家的素质也不是一天两天就有今天的程度，是长期从小教育形成的习惯。加拿大教育提倡学生要有爱心，要为他人服务、提供帮助，所

以学校要求学生每周至少完成一定时间的义工。最好是超过规定的四十个小时义工，你完成得越多，那么你在申请世界名校、在申请世界顶级中学时会非常有优势。而且义工经历也会给学生提供很多社会实践经验。

刘兴宇：明白了，刚刚我们请到了谭老师来跟大家讲的是加拿大中学和中国中学的一些不同，这个当中既涉及教育体制的不同，也涉及对学生培养思路上面的一些不同。今天我们先请谭老师讲到这儿，下一次节目当中我们要请谭老师来给大家讲一讲加拿大中学和美国中学之间的对比。非常感谢谭老师来到节目当中做客！

谭飞马：谢谢大家！

03 加美对比

刘兴宇：听众朋友您好，欢迎收听专家小讲堂。在节目当中我们为大家邀请到了加拿大中学资深专家谭飞马老师前来做客。我们将和谭老师一起为您揭开加拿大中学的神秘面纱。今天的节目当中我们要请谭老师来跟大家来聊一聊加拿大中学和美国中学的对比。很多学生在把目光瞄向北美留学之后在究竟选择加拿大还是选择美国去读高中上面，其实他们有很多的纠结。今天我们就请谭老师来跟大家分析加拿大的中学和美国的中学到底有一些什么不一样的地方，从而帮助大家做出理性选择。我们还是先从教育体制说起。

谭飞马：好的，其实我首先想申明一点的是，经常有家长

来问我，到底是加拿大中学好还是美国中学好，其实我很想告诉大家，这两个国家的教育都很好。我个人认为，美国的精英教育其实也是非常成功的，加拿大中学只是跟美国有一些不同的特点。所以家长在选择的时候一定不要纠结哪个最好，我就选哪个，一定要看自己的孩子适合哪个国家的教育体制和文化以及社会大环境。首先我们就看一下两个国家的教育体制有什么不同。加拿大是10个省、3个领地，基本上3个领地很少有人去。美国是50个州、1个特区，是联邦政府、州政府和地方政府来办学，兼管公立教育和私立教育。加拿大没有联邦教育部或类似的教育机构，教育是由各省政府负责，这样的话就没有统一的教育制度和教材。政府公立中小学的招生都由加拿大各省市的教育局负责。打个比方，比如说北京市，你想去北京四中、北京一中、人大附中，你必须向北京市教育局申请。教育局提供的申请表上，你可以填三所你想去的志愿中学，教育局会根据哪所中学有位置发放学生通知书。如果学生选择的3所中学都没有位置，教育局会就近提供其他有位置的中学来供学生选择。

刘兴宇：这是办学体制上面的不同。

谭飞马：对，美国的公立中学单独向学校申请即可，这是一个很大的不同。还有一个很大的区别是，美国的公立中学，学生只能以国际交换生的身份过去读一年，第二年是需要转学去私立中学的。而加拿大留学，是可以以留学生身份一直从公立幼儿园读到高中毕业的，不需要转学去私立学校继续学业。所以一般去美国读中学的学生，大部分会选择私立中学。而去加拿大留学，70% 的学生会选择政府公立小学和中学。

刘兴宇：申请大学的时候我们知道，美国的学生基本上大多数还是要参加 SAT 考试。另外，有一些美国的中学已经开设了荣誉课程和 AP 课程。加拿大也是这样吗?

谭飞马：加拿大会有部分学校开设 AP 和 IB 课程，只是提供给感兴趣和适合的学生来选择。美国开设 AP 课程是有历史背景的，关于美国的 SAT 考试（也有人称“美国高考”），大背景就是因为美国 50 个州的教育程度、教育标准和质量是不一样的，没有一个统一的标准来供大学参考、评估。很长一段时间，很多美国的大学发现，这个州的 80 分跟那个州的 70 分可能是一样的。但是你不能去统一评判，这个时候 SAT 就应运而生了，因为它有一个统一的标准来衡量美国所有州的教育质量，所以这是 SAT 产生的大背景。

刘兴宇：加拿大申请大学是不需要 SAT 的，对吗？

谭飞马：是的，加拿大是不需要 SAT 来申请大学的，关于 AP，因为美国的常春藤和很多顶尖大学是要求学生提供 SAT、平时成绩，还有 AP 成绩，甚至包括 AP 修了几门，AP GPA，然后根据很多综合条件来评估的。但加拿大没有这样的硬性要

求，大学一般看学生的高中平时成绩、期末考试成绩、义工完成情况，有个别省份还会看省考成绩。对于国际生，如果在加拿大学习不满三到四年，还需要再提供雅思成绩。所以在加拿大，高中毕业后申请大学相对来说会比较简单。而且加拿大99%的大学都是政府公立的，也比较能让家长放心选择。

刘兴宇：明白了，所以这个是教育体制上面的不同。那么留学费用上面呢？

谭飞马：就留学费用来说，是加拿大比较大的一个优势。如果与美国、英国对比，在加拿大读公立中学，一年生活费加学费差不多人民币15万元，即使是在温哥华、多伦多这样的热门一线城市也够了。这个费用大概是美国费用的一半。

刘兴宇：那么私立中学呢？

谭飞马：私立中学有几个等级，大概是从二十万元到三十万元不等，这个费用也只是占到美国和英国一年费用的二分之一或三分之一。

刘兴宇：明白了，所以就留学费用上来说，加拿大相比美国还是有相当大的优势的。

谭飞马：对。

刘兴宇：公立中学当然就更低一些了。我们也知道，美国是以私立高中为主，公立高中一般情况下只接受一年的交换生。这个我觉得也算是一个很大的不同，因为加拿大其实很多学生是奔着它的公立高中去的，公立高中是可以接收国际学生的。

谭飞马：关于公立中学，我还想补充一点。加拿大95%的公立中学都向国际生开放。美国公立中学可能只能读一年，学生可选择的公立中学地理位置和数量都比较有限，而加拿大10

个省和城市的公立教育局基本都对中国学生开放。就私立中学来说，可能美国又更有优势。因为美国的私立教育是主体，所以私立中学数量会比加拿大多，学生选择的范围会比较广。当然，私立中学费用会比较高。

刘兴宇：没错，所以这也算是一个很大的不同。

谭飞马：对，各有优势。

刘兴宇：具体的申请方式其实刚才您已经提及一点了，美国是直接向学校提出申请，加拿大如果要是说公立的，你必须向各省教育局提出申请，私立的呢，也是直接向学校提出申请吗？

谭飞马：对，私立中学的申请跟美国是一样的，单独向学校申请即可。

刘兴宇：这是申请方式和择校上面的不同，另外还有一个我想请谭老师也跟我们来说一说，加拿大跟美国公私立中学的选校比例其实也有相当大的差别。

谭飞马：在留学这块，中国家长 70% 会选择加拿大的公立中学，大约 30% 选择私立中学。在美国中学，可能 90% 左右的中国家长会选择美国的私立中学，只有不到 10% 的中国家长选择美国的公立中学读一年。

刘兴宇：今天我们听到谭老师比较精炼地给大家讲了加拿大中学和美国中学的一些对比，那么究竟刚刚我们提到的公立中学和私立中学在加拿大有一些什么样的不同，公立中学怎么申请，私立中学怎么申请，每个学校的门槛到底是怎么样的，在接下来的系

列节目当中，我们将会请谭老师来为大家做详细解读。感谢谭老师的做客！

谭飞马：好的，谢谢！

04 分　　类

刘兴宇：听众朋友您好，欢迎收听专家小讲堂。在节目当中我们为大家邀请到了加拿大中学资深专家谭飞马老师前来做客，我们将和谭老师一起为您揭开加拿大中学的神秘面纱。在上一期节目当中，我们多次提到了加拿大中学有公立和私立之分，今天我们就请谭老师来给大家讲一讲加拿大中学的分类。谭老师，除了公立和私立，加拿大中学还有别的类型吗？基本上加拿大中学有一些什么样的类型是可以用来作为划分的指标的呢？

谭飞马：其实加拿大中学的类型非常丰富多样，我首先说加拿大国内有一个特别有趣的分类。首先公立中学是分天主教教育局和普通公立教育局的。

刘兴宇：天主教教育局和普通公立教育局？

谭飞马：对，天主教教育局也属于公立的范畴之内，大家可能就知道这是有天主教背景的。

刘兴宇：宗教学校。

谭飞马：还有一个很有意思的类型是你可以选择自主在家学习的类型，这也属于公立范畴之内。

刘兴宇：这个也算公立。

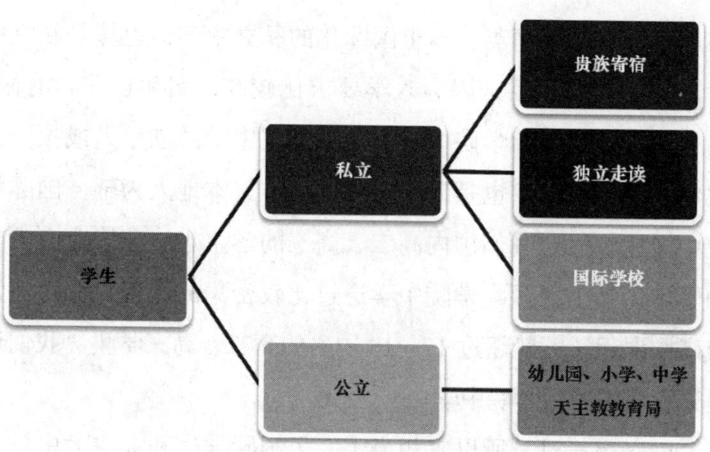

谭飞马：对，加拿大有些家庭会选择让孩子在家学习。为什么？因为部分加拿大家长会认为自己的教育理念是优于其他所有教育类型的。这样的教育形式教育部也是允许承认的。当然教育部门的人也会定期去自主学习的家庭来检查孩子的学习情况、体育情况以及其他艺术综合能力的测评。如果每次都通过测评，这个教育就是成功的，也是合格的，结束以后学生也可以拿到一样的毕业证。

刘兴宇：所以这个算是一个非常有趣的类型。

谭飞马：这个其实是给了家长很大的选择权，给孩子的也是一个充分适合他们的教育体制。接下来就是私立中学的类型，私立中学大致分为 3 类：第一个是私立贵族寄宿中学，这个是住校的；还有一类是独立走读中学，这个是住寄宿家庭；第三类是国际学院中学。

刘兴宇：那么这几种有什么不同呢？

谭飞马：私立贵族寄宿中学和独立走读中学的教育理念和经营理念是相似的，只是住宿形式不一样。这两类私立中学确

切地说，是比较精英、本土国际化的私立中学，也算是私立中学比较高端的项目，因为入学要求比较高，名额也非常有限。还有一类就是国际学院中学，国际学院中学的创始人或投资人以华人为主。学生也是以中国学生为主、本地人为辅。国际学院中学比较适合我们国内高二、高三的学生想快速毕业上大学的学生，学生在国际学院中学通过比较密集的课程安排快速完成高中课程。一般超过 17 ~ 18 周岁的高二、高三学生，我们还是建议考虑国际学院中学。

刘兴宇：对，所以它相当于一个国际学生和加拿大中学之间的一个衔接课程或者叫作衔接学院。

谭飞马：对。

刘兴宇：所以这是公立和私立的分类。除了公立和私立这样的一些分类标准之外，加拿大有比如男校与女校这样的分类吗？

谭飞马：有，加拿大的私立贵族寄宿中学分男校、女校、男女混校 3 个类别。加拿大的普通公立中学是一般只有男女混校。但是加拿大的天主教教育局有部分教育局会有男校、女校和男女混校的区别。

刘兴宇：明白了。

谭飞马：因为加拿大是英联邦国家，这些单性别学校有很多是沿袭了以前英国的一些贵族寄宿学校的模式。有些家长可能会介意单性别学校，其实大可不必担心。经过多年的发展和改革，现在单性别学校是基于学生生理发展特点和学习兴趣点来科学研究开设适合他们的各种课程。尤其是女校，会更注重适应现代社会的独立自主女性所需要的特质和能力。

刘兴宇：所以其实大家不用担心这当中可能会发生的一些

其他方面的问题。

谭飞马：对，而且男校与女校会定期联谊，做一些互动活动。

刘兴宇：刚才您说到的是加拿大中学的一些基本的类型，有公立，有私立，公立当中又分为宗教学校和普通的公立学校以及在家学习的。私立的又分为私立贵族寄宿中学、独立走读中学和为国际学生提供衔接的一些国际学院中学。

谭飞马：是的。

刘兴宇：那么我们也想请谭老师来给我们说一说，加拿大的本土家长在面对如此多类别学习的时候，他们一般情况下是怎么来给孩子择校的呢？

谭飞马：首先，90% 的家长会选择加拿大公立中学，因为对于本地人来说，公立教育局质量好，而且是免费义务教育。还有一部分天主教徒会选择天主教教育局。但很有意思的一个现象是，华人移民家庭很多会选择天主教公立中学，这部分家长比较认同天主教教育局的校服制度，因为避免了攀比，再加上天主教教育局纪律比较严明。公立教育局允许学生穿自己的衣服上学，没有校服规定。

刘兴宇：天主教教育局管理比较严格。

谭飞马：对，鞋子只能允许黑鞋，甚至上面有白的小花纹都不行，有的天主教教育局有黑色的涂色笔，你的鞋如果今天有一点白的，你必须把鞋涂黑才能进校。还有一些天主教教育局在设施上相对公校来说更豪华。因为天主教教育局每个月会收到很多天主教徒无私的捐助，所以说他有大量的资金来兴办教育。还有一小部分家长会选择私立中学。这类家长比较信奉精英教育和私立中学的教育理念，对自己的孩子有不同的期望。

当然家长也会因为某个私立中学有特别好的冰球俱乐部而选择该中学。

刘兴宇：明白了，所以更多的家长选择私立中学是为了发展孩子在某一个方向上的特长和教育理念。

谭飞马：是的。本地家长选择学校很大程度上还是看自己孩子的性格、爱好、升大学计划适合去哪种类别的学校。并不单是看排名这一项。

刘兴宇：刚才您讲到了公立中学既有天主教教育局，也有普通的公立教育局。就您的了解，在加拿大公立高中的数量当中，宗教学校大概能够占到多少比例呢？

谭飞马：宗教学校占到的比例不太多，可能我觉得占到30%左右。

刘兴宇：所以其实相比普通的公立中学来说，宗教学校还算是少数。

谭飞马：对。

刘兴宇：今天谭老师给大家讲的是加拿大中学的一些基本的分类。听到了这些分类，我想对于我们中国的家长来说，会对加拿大整体的中学概况有一个全面的了解。您在选择学校的时候，也能够多一些选择的指标。谭老师，您介绍的这些学校类别全部对国际学生开放吗？

谭飞马：这些类别基本都对中国学生开放。可能就是有一点家长要稍微注意一下，比如说加拿大的公立教育局下属中小学的开放数量，例如加拿大最大的公立教育局——多伦多公立教育局下属有126所中学、400多所小学。目前对国际生开放的中学数量大概是26所。家长最好是上教育局官网查询国际生中

学名单，而不是去跟当地、本地的亲戚朋友问哪所中学是可以开放的。因为那些学校可能就对本地生开放。对本地生开放的很多公立中学是不提供 ESL 课程(英语为第二语言支持课程)的，不适合国际生就读。

刘兴宇：明白了，所以公立学校是有数量或者有比例对国际生开放的。

谭飞马：是的。准确地说，对国际生开放的公立中学都是配备 ESL 英文支持课程的。

刘兴宇：从您的情况来了解，私立中学呢？

谭飞马：私立中学有一部分走读中学会只对本地人开放。因为学校比较小，本地已经招满，没有名额来招收国际生。有一类私立学校是推荐制入学，比如你想去，可能需要作为学校校友的家里亲戚、老师或者工作人员推荐才可以。

刘兴宇：有点类似于校友推荐制度。

谭飞马：是的，比如爸爸可以推荐儿子上，也可以推荐亲戚如侄子或者是侄女上，这种属于校友推荐制。还有一类私立

学校，华人的孩子可能就要靠你在当地的熟人或者是亲戚、朋友作为推荐人。这里不存在歧视的问题，只是一种不同的文化理念。由校友推荐的申请人，学校会认为被推荐的学生会更认同和喜欢学校的教育理念和文化氛围。

刘兴宇：明白了，所以我们是不是可以这样来理解，公立中小学需要到相关省市的教育局官方网站来查询哪些学校可以接收中国学生和年级，而大多数的私立中学是对国际学生开放的？

谭飞马：对，90% 的私立中学都开放。但是有一部分私立中学是有托福、雅思成绩要求的。

刘兴宇：非常感谢谭老师今天来给我们讲加拿大中学分类的一些基本情况，谢谢您的做客！

谭飞马：好的，谢谢！

05 分省学制

刘兴宇：听众朋友您好，欢迎收听专家小讲堂。在节目当中我们为大家邀请到了加拿大中学资深专家谭飞马老师前来做客。我们将和谭老师一起为您揭开加拿大中学的神秘面纱。在上一期节目当中谭老师为我们介绍了加拿大中学的分类，那么关于加拿大中学的公立中学和私立中学究竟是如何申请的？这些学校的学制有一些什么具体的不同之处？在之后的节目当中，我们会分成独立的专题来请谭老师为大家逐一做详细的讲解。今天我们要和谭老师来聊的是另外一个维度的话题。在第一期的加拿大中学节目当中，谭老师讲了加拿大的公立中小学是由各个省市的教育局负责管理和招生的。那么，谭老师，各个省市所管辖的这些学校在学制上面有不同吗？

谭飞马：每个省的中学教育体制是有区别的，以留学生比较热门的不列颠哥伦比亚省（BC 省）和安大略省以及移民比较多的魁北克省来做个比较。BC 省的省会城市温哥华大家可能都听说过。在 BC 省公立教育局里设有幼儿园大班，也就是幼儿园的最后一年，对应学生的年龄应该是 5 周岁。然后是衔接小学，小学是从 6 周岁开始，跟中国一样。

刘兴宇：所以公立幼儿园只读一年。

谭飞马：可以这么说，但是之前的小班、中班你是可以选择公立另外的一个体制来上的。

刘兴宇：明白了。

谭飞马：然后小学划分了，BC 省是一年级到七年级算小学

阶段，八年级到十二年级算中学阶段。

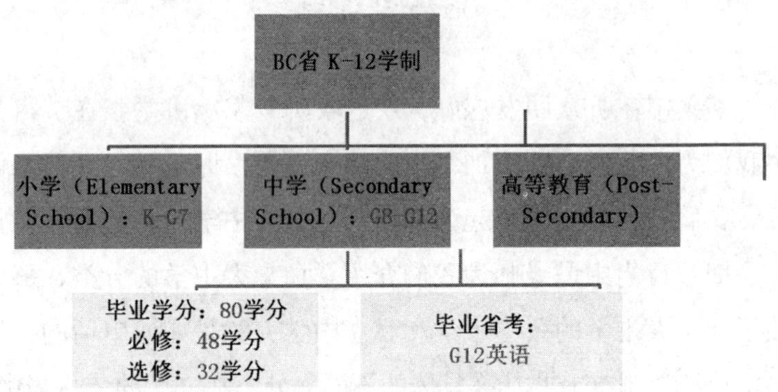

刘兴宇：明白了，就只分小学和中学。

谭飞马:是的，安大略省有一点点区别，幼儿园阶段是两年，相当于中国的中班和大班。一年级到八年级是小学，九年级到十二年级是中学阶段。可能有一个区别就是涉及一个小学生过去读书，家长陪读的问题，正常来说，这两个省都要求小学生最好是有父母一方陪读。

刘兴宇：九年级到十二年级就不需要了。

谭飞马：对，但是还得看年龄，如果他是13岁以下还是需要陪读。魁北克省是法语区，学制也有很大的不同：幼儿园也是两年，小学是一年级到六年级，中学是七年级到十一年级。你可能会说，十二年级去哪儿了？是的，魁北克省的高中教育没有设置高中十二年级。

刘兴宇：那您的意思是魁北克省读完十一年级就高中毕业了？

谭飞马：对，读完十一年级就算是魁北克省高中毕业了，但只能说是魁北克省高中毕业，因为你接下来申请大学还需要

安大略省教育制度

- 基础教育

4-5岁的学生分别就读于幼稚园低班及高班；

6岁至14岁的学生依年龄而就读1至8年级。

- 中等教育

中学从9年级到12年级。其课程采取学分制。如果学生想获得安省中学毕业文凭(Ontario Secondary School Diploma)，就必须修满30个学分（18个必修学分，12个选修学分）。

30个学分中，原则上1个学分即代表一门科目，学生需要110个小时修完一科并考试及格[50分]获得一个学分。

在魁北克省就读两年的大学预科课程。在公立的大学学院去读两年，读完这两年，学生可以直接去申请大学的二年级，所以时间上是一样的，只是分制不同。

刘兴宇：所以，单单加拿大，不同的省份学制的划分就有这么大的区别。这些不同的学制实际上对于咱们中国学生选择到加拿大去读高中来说，其实影响不太大。

谭飞马：可能就是BC省有一个需要注意的地方，BC省的公立教育局原则上来说不接受中国学生直接申请十二年级，一般最高只接受十一年级。可能有一个特殊的类型，比如说中加国际学校，而且学生读的本身是BC省的课程，分数还要达到一定的要求。比如说你最少要平均分65分以上才有可能接受你直接申请十二年级。在安大略省，你可以直接申请十二年级，但是其实你最少要花一到两年读完十二年级。因为可能你来了还要补你十年级、十一年级的英文以及你的数学课。

刘兴宇：明白了，所以这样的情况可能就是您上次节目当中说到的，衔接性质的国际学院中学就比较适合这类同学了。

谭飞马：是的，比较短平快一些，但是也需要学生自己很努力。毕竟只花一年的时间读十二年级，还需要过语言关和适应新文化。

刘兴宇：所以这个是各省学制上面的划分。那么大龄一些孩子的家长在选择加拿大高中的时候恐怕要多花一点工夫，但是如果是九、十年级的孩子，其实差别不大。

谭飞马：对，尤其是十二年级的家长要理性看待公立和私立中学。不要纠结于一定要去读公立中学，要根据你是要花一年还是两年时间完成十二年级。还要充分考虑孩子的年龄，如果你已经18周岁了，还是去国际中学比较适合。当然，国际中学数量比较多，家长在选择的时候也要多考察。

刘兴宇：明白了，这是各个省学制上的不同。各个省的高中毕业的要求是统一的吗？

谭飞马：也不是统一的，比如说BC省关于毕业年龄的要求就不一样。BC省要求毕业年龄必须是在19周岁之前完成你的高中学业。如果你19周岁还没有修完高中学分，我建议你转去成人高中或者是私立中学完成你的学分。但有些教育局会更严格，会要求年满18周岁未完成高中学业的学生转去成人高中。这个规定不但是要求国际生，对于本地生也是一视同仁。从这点就可以看出来，每个教育局都可以有自己不同的年龄要求和招生要求。在安大略省原则上是允许你21周岁之前毕业的，但是有的教育局也可以有自己的年龄要求。要求必须在20周岁或19周岁之前毕业。所以在申请加拿大公立中学的时候，一定要问清楚这个教育局的毕业年龄要求。

刘兴宇：所以这个看起来也是我们之前没有想到的，每

个省甚至是每个城市的教育局对学生的毕业年龄都有不同的要求。

谭飞马：是的，所以从这一点来说，家长在找留学公司咨询的时候，一定要注意这些细节的问题。否则孩子年龄如果不符合那个教育局的规定，您可能整个准备工作就白做了，而且会耽误学生的申请。

刘兴宇：明白了，今天的节目当中我们听到了谭老师来给大家讲的加拿大各个省中学学制和毕业要求的不同。那么究竟对于不同省份毕业的学生，他们在申请大学的时候是不是也会有一些不同的要求呢？我们留在稍后的节目当中请谭老师再来为大家做更详细的讲解，谢谢谭老师来到节目当中做客！

谭飞马：谢谢！

06 分省毕业要求

刘兴宇：听众朋友您好，欢迎收听专家小讲堂。在节目当中我们为大家邀请到了加拿大中学资深专家谭飞马老师前来做客。我们将和谭老师一起为您揭开加拿大中学的神秘面纱。在上一期节目当中，谭老师为我们讲解了加拿大不同省份中学学制的不同，以及毕业要求在年龄上的不同。今天我们会继续这个话题。请谭老师继续跟我们大家讲一讲，加拿大不同省份对于中学毕业的一些要求，以及升学方面的不同。谭老师，我们知道，加拿大有一些省在中学毕业的时候有省考，您来给我们讲一讲，是每个省都有省考吗？这个省考是各个省都不同吗？

谭飞马：目前来说有明确省考要求的是BC省，在BC省要求考五门课。分别是十年级的英语、数学、科学，以及十一年级的社会学和十二年级的英语。十二年级英语这门课相当于我们的语文课。这五门是一定要去参加省考的，再加上你的毕业考，你才能拿到BC省的高中毕业证。不过好消息是，2018年开始BC省将取消四门省考，只保留十二年级英语一门的省考。

刘兴宇：这真是一个很大的改革。

谭飞马：是的。改革之后，将会有更多的家长选择BC省。

刘兴宇：这个省考有一点相当于我们全省统考的意思。

谭飞马：有一点相当于会考。

刘兴宇：其他省份目前都没有？

谭飞马：其他省份目前没有明确的要求，但是安大略省有一个十年级的听说读写测试，你必须通过测试才能拿到高中毕业证。

刘兴宇：明白了，所以安大略省相当于是在领取高中毕业证之前添加了一道小小的门槛，但是又跟省考有一些不同。

谭飞马：可以这么理解。

刘兴宇：我想可能有的省没有省考，很多学生和家长就会纠结了，是不是没有省考的省份更容易毕业呢？

谭飞马：很多家长会这么认为，但是我们之前有一位老教授说得非常形象。他说你躲得了初一，躲不了十五。他说设立省考或者是十年级的英文读写测试要求，就是为了保证我们的学生能有上大学的基础储备。在上了大学之后你能顺利毕业。因为你的基本功扎实了，申请大学和大学顺利毕业都不是问题。但是如果你连省考或者十年级的听说读写都达不到基本要求，学生的英文功底和各科知识储备离大学毕业要求也还是有难度的。学生上了大学以后会非常吃力。所以家长和学生一定要冷静、理性地看待省考。认真、扎实地准备省考，这样也是为了日后成功完成大学学业打好夯实的基础。

刘兴宇：明白了，所以千万不要认为没有省考的省份更容易毕业。

谭飞马：是，我可以打个比方，如果我们的学生完成了十年级的英文、十一年级的英文，学生的雅思正常来说是能达到最少 6.5 的程度。甚至是我们的学生学得比较好的能达到 8.0 的水平。所以这个时候你根本不用去想，读满三到四年可以免托福、雅思这个问题，其实你的英文水平通过三到四年的打磨已经达到了该有的水平。

刘兴宇：明白了，我们了解了关于省考的问题。但我想恐怕还会有一个问题就是家长们会去想，我选择比如说魁北克省

的中学，我将来是不是申请麦吉尔大学更容易一些，我选择安大略省是不是将来申请多伦多大学更容易一些，有没有这种地域上的优势呢？

谭飞马：在加拿大是没有这个区别的，大学基本还是主要看学生的成绩，还有综合表现。不过，这个适合BC省有省考的学生，这些学生会稍微有点优势，因为有省考，学生们平时也不敢懈怠，所以学生们在申请大学的时候相对也比较轻松。

刘兴宇：也就是说，基本上跨省申请大学与在本省申请大学是没有任何区别的。

谭飞马：基本上没有太大的区别。比如说温哥华教育局有一所中学就在不列颠哥伦比亚大学里，但是申请大学的时候，大学还是主要看成绩和综合表现，而不是看哪个学校毕业的。

刘兴宇：明白了。

谭飞马：是的，可能家长会有一条觉得方便，他觉得孩子在多伦多上完中学再去上多伦多大学，孩子可能习惯上、生活上会适应得好一些。

刘兴宇：明白了，所以在具体申请的标准上没有太大区别。

谭飞马：是的。

刘兴宇：今天我们听到了谭老师给我们讲几个热门省份的高中毕业和升学要求。我们再来附加一个小小的问题，加拿大的中学是修学分制的，比如说我在国内已经读了九年级，我现在想到加拿大接着去读十年级。我在国内读的这些课程，比如说我的英语课程，或者是地理课程、历史课程，可以转换成所谓的学分带到加拿大去吗？

谭飞马：正常来说，我们只要是去读高中课程，我们的学

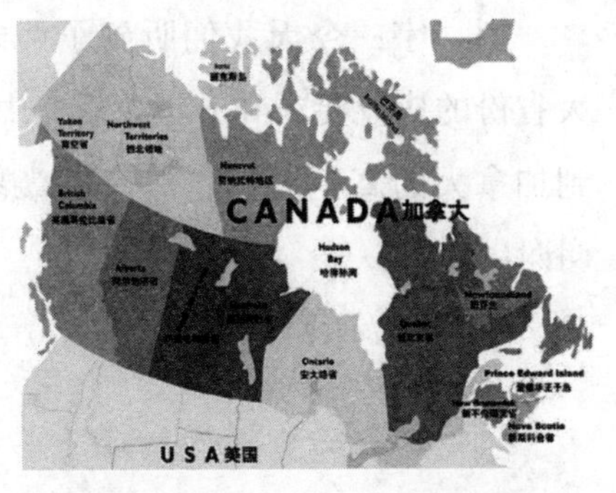

分有部分是可以转换。主要可以转换的其实是我们的主课语文、数学还有英语，至于咱们的体育、历史可能不能转过去。因为我们的历史本来就不一样，还有这个学分转换涉及两部分。不是像我们单看成绩单互相转换这么简单，第一部分要看学生在国内学校学主修课，你的评分是多少，当然越高越好。还有一点是我们每个学生到加拿大入学第一周有一个入学测试，主要是用英文测试你的英文和数学。这个测试结果也会对你的转学分有一个评估，正常来说转学分涉及你在国内修的课程分数以及你到校测试以后的分数的综合测评。

刘兴宇：明白了，所以如果你想把国内的成绩带过去，首先我们说是可行的。但是关键是要看如何操作，各个省在这个上面有具体的要求吗？

谭飞马：正常来说差不多，我可以打个比方让家长有一个概念。我们可以打个满打满算的结果，你即使在中国读完高三，我们最多也只能给你转 22 ~ 24 个学分。以安大略省为例，安大略省有 30 个学分的毕业要求。这样意味着学生要想修完高中 30 个学分，你最少还要修 6 ~ 8 个学分。

刘兴宇：明白了，6 ~ 8 个学分大概在加拿大比如说安大略省的高中需要读多久？

谭飞马：大概一年，公立中学一学期正常来说是 4 门课，一年两学期就是 8 门课。

刘兴宇：今天我们听到了谭老师给大家讲解了一些加拿大省份的毕业要求和升学要求。中国的学分到底能不能够转换到加拿大的高中去？非常感谢谭老师今天来到节目当中做客，谢谢！

谭飞马：谢谢！

07 公立中学概况

刘兴宇：听众朋友您好，欢迎收听专家小讲堂。在节目当中我们为大家邀请到了加拿大中学资深专家谭飞马老师前来做客。我们将和谭老师一起为您揭开加拿大中学的神秘面纱。今天的节目当中我们要请谭老师来给大家聊的话题是关于加拿大的公立中学。在之前的节目当中谭老师为大家介绍了加拿大的公立中学分为天主教教育局管理的公立中学、普通公立教育局管理的公立中学，当然还有一部分是在家学习，也算是公立中学的体系。今天我们想请谭老师具体给大家讲一讲，加拿大的公立中学到底是什么样的？我们还是先从课程设置上面说起。

谭飞马：好的，加拿大的公立中学一般早上是 8:30 上课，然后到中午大概 11:30 或者是 12:30 算是放学休息的时候，但中午吃饭的时间会比较短，大概 45 分钟或一个小时。因为加拿大人吃中饭比较简单，可能就是一个三明治或者是汉堡包就算是中饭了。然后下午开始上课。加拿大中学放学比较早，一般是 15:00 或者是 15:30 就放学了。所以从这个时间设置上来说，我们要求学生有比较好的时间管理能力和自控能力。

刘兴宇：加拿大的公立中学的师生比怎么样呢？

谭飞马：加拿大的师生比跟中国比，是一个比较大的优势。因为正常来说，加拿大的公立中学一个班是24个学生，最多30个学生。还有一个问题可能就是安全隐患问题，因为学生少的话，如果发生紧急事件有利于老师在最短时间内疏散学生。这里有一个小趣闻，之前有家长去加拿大考察公立中学的时候，会看到加拿大的学校只是两层楼，说加拿大的学校太简陋了，只有两层楼。家长有所不知，这个两层楼的设计是有心机的。加拿大的教育部规定中小学必须是低楼层，这样在发生火灾等紧急状况的时候利于学生疏散。学生的人身安全始终是放在第一位考虑的。

刘兴宇：明白了，这个是加拿大公立高中的师生比。加拿大的公立高中的费用您上次在节目当中已经给我们讲到了，相对来说是比较低廉的，学费大概一年7万~8万元人民币。

谭飞马：学费一年差不多是1.2万~1.4万加元。现在汇率是1∶5，其实我说8万元都算是高的了，6万~8万元差不多。以北京为例，大部分北京的国际高中的学费一年都在15万~20万元人民币。所以加拿大作为一个发达国家，留学费用是非常低廉、经济实惠的。大部分家庭都是可以承受得起的。

刘兴宇：是的，加拿大的公立高中比如说国际学生的住宿一般情况下是要住在什么地方呢？

谭飞马：正常来说，国际生是要住在寄宿家庭的，为什么？因为加拿大的公立中学的主体学生是加拿大本地学生，本地生一般就近入读，每天回家。所以公立中学一般是不配备宿舍的。因此，我们会建议国际生住在加拿大寄宿家庭。教育局或者是第三方后期公司会根据学生入读学校的地址就近安排寄宿家庭。

刘兴宇：所以加拿大的公立高中绝大多数选择的都是寄宿家庭这样的住宿形式。

谭飞马：是的。

刘兴宇：我们也来讲一讲加拿大公立中学毕业证的认可度。有的家长会有这样一种概念，认为我的孩子上的是私立的精英学校，那个毕业证拿出来金光闪闪，而公立中学是没有这么高的含金量的。您怎么看？

谭飞马：这个其实也是一个小小的误解。加拿大的公立中学的高中毕业证认可度是全球范围的，而且认可度是非常高的。私立精英贵族中学确实口碑很好，但是在大学申请上，它们不会有太大的区别。有区别的只是你成绩以外的个人能力那部分。

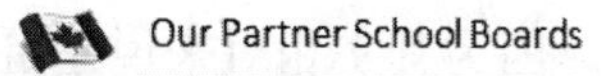

刘兴宇：明白了，所以大家完全不用担心毕业证的含金量。

谭飞马：是的。

刘兴宇：请您给我们说一说，到底什么样的孩子您觉得适合去读公立中学，什么样的孩子又适合去读私立中学呢？

谭飞马：我觉得可能第一个是比较俗气的因素，可能我们先考虑钱的问题。我们先看费用能否承担之后，再来考虑其他因素。

刘兴宇：家庭的经济能力。

谭飞马：对，费用能否承受，这个费用是否会影响你家庭的整个生活质量。还有一个，我觉得公立中学适合自我管理能力比较强的一些孩子。孩子要有想融入当地社会与文化的愿望，因为加拿大公立中学 90% 都是当地学生，孩子要有一个很开放的心态去融合到这种文化里面去。另外就是看学校的教育理念和一些特色课程。当然，还要考虑是否符合招生要求，因为有部分私立中学的入学要求是非常高的。

刘兴宇：明白了，所以大方向有两点。第一，要先看一下家庭的经济能力和承受水平，第二，要看这个孩子的自我管理能力到底强不强。如果这个孩子有很好的自我管理能力，那么

到公立中学去没有问题。因为其实相对来说还是私立学校对学生的关注可能会更多一些，管理也会更到位一些。

谭飞马：对，但是反过来说公立中学又更加能锻炼我们的孩子，因为公立中学的种类和选择范围比私立中学要大得多，所以你有很多学校可以选择。

刘兴宇：今天我们听到了谭老师给大家讲了公立中学一些基本的概况，下一次的节目当中，我们想请谭老师给大家讲一讲公立中学的申请要求，以及我们怎么来选择适合自己的公立中学，非常感谢谭老师今天来到节目当中做客！

谭飞马：好，谢谢！

08 公立中学选择

刘兴宇：听众朋友您好，欢迎收听专家小讲堂。在节目当中我们为大家邀请到了加拿大中学资深专家谭飞马老师前来做客。我们将和谭老师一起为您揭开加拿大中学的神秘面纱。今天我们请谭老师继续围绕加拿大公立中学的话题展开。上一次的节目当中谭老师为大家讲了加拿大公立中学的概况。今天我们来讲一讲加拿大公立中学的选择和申请。我们先来讲一讲选择。因为我们知道加拿大每个省都有大量的公立中学，如果家长有移民需求，但他对移民需求还没有那么明确的时候，他到底应该选择哪一个省，或者应该在这个省里面选择哪一些学校呢？

谭飞马：我觉得这个有很多因素您可以考虑，比如气候。因为我们南方的家长就比较喜欢选择 BC 那边。

刘兴宇：对，温哥华。

谭飞马：因为觉得会比较温暖一些，北方的可能就会选择多伦多。但是还有一个因素你要考虑，就是孩子的大学。比如说大学你想让孩子升不列颠哥伦比亚大学（位于温哥华）或者多伦多大学，这个时候家长就会考虑我最好是选择中学的城市离大学近一些，因为到时候就不用再换住的地方，或者是重新适应另外一个城市的生活，这些都是你要考虑的点。还有一个就是 BC 我刚才说了有毕业年龄要求，安大略省也有毕业年龄要求。你可以根据孩子现在的在读年级来选择。

刘兴宇：明白了，所以这个是不同省份的选择，要考虑他的地理位置和气候。其实不同省份的花销上面也有一些微小的差别。

谭飞马：可能最贵的就算是温哥华那边，因为就整个加拿大来说，温哥华的消费和房价是最高的。有一点像北京，其次是多伦多，其他二线城市花费都会比这两个城市小很多。但温哥华贵也有贵的道理，它多年来一直被认为是世界上最宜居的城市之一。空气、美食、安全还有教育都很好。

刘兴宇：明白了，如果说我们选定了一个省，比如说我们选定了 BC 省或者是安大略省，在这个省里面我们再怎么接下来

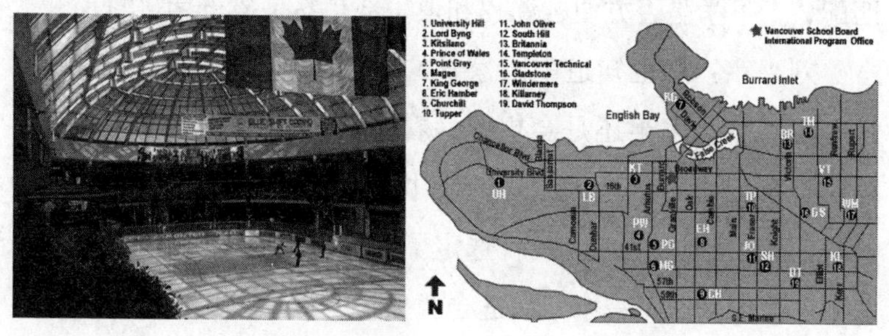

选择哪些学校是适合自己孩子的呢？

谭飞马：然后你给自己的孩子列一个单子，首先你是想让孩子去特别热闹的大城市，还是华人少、英语环境好的小城市？或者是你是否对某一类运动、某一类课程特别感兴趣？比如说我特别喜欢网球，接下来就要筛查哪些学校网球特别好。或者是我特别喜欢艺术，我就看哪些学校艺术特别好。甚至是你可以根据你的二外来选，比如说有一些人想学德语，有一些人想学西班牙语。因为在加拿大的中学里面你是必须要学二外的，所以根据这些需求来选择，而不仅是根本排名来选择。

刘兴宇：可是我怎么能够查询到这些信息，比如说哪个学校的网球特别好，哪个学校的艺术特别好？

谭飞马：在每个教育局的官网上都有每个中学的介绍，包括设置课程和特色俱乐部。

刘兴宇：加拿大的公立中学有排名吗？

谭飞马：有一个非官方的排名，我们叫作菲莎研究所（音），该网站上有一些省份的中学排名。关于排名，我们也采访过很多加拿大公立、私立中学的局长或者是主任们，甚至是家长。加拿大本地人是不太认可这些非官方排名的，因为他们觉得比排名更重要的是这个学校的教育理念跟家庭的教育理念是不是匹配，上下学是否方便，课程和俱乐部是不是孩子喜欢的。

刘兴宇：您也知道中国家长的名校情节非常重，比如说我选了温哥华我多半还是会想看一看排名，然后来选择一个我认为的加拿大温哥华地区最好的高中。我们还想请谭老师再具体给我们讲一讲，如果说我就选定了温哥华，我怎么在温哥华这些中学里面来选择一个真的适合我孩子的学校呢？

谭飞马：比如温哥华公立教育局，这个教育局就在温哥华市。教育局有一所中学叫大学山中学（University Hill Secondary School），这所中学在 BC 省公立中学排名第一。很多家长喜欢这所学校是因为：第一，学校地理位置好，就在不列颠哥伦比亚大学校园里面；第二，学术确实也很棒。但学校非常小，只有 800 人，所以能开放的名额也很少。同时这个学校的毕业率可能稍微比其他学校要难一些，因为里面的学生都是学霸型的。所以说如果您的孩子性格比较内向、比较敏感，我是不建议选择这类学霸型学校的，因为我们之前有学生家长因为有名校情节，费了九牛二虎之力进了这类学校，但孩子学得很吃力，非常不适应学校的学习进度。学生读了一年了还是跟不上，这一年里，学生的失落感和自卑感一直伴随着他。因为他发现自己怎么努力都跟不上，同学们都是比较雄心勃勃壮志型的，但他属于比较内向温和派的。后来在慎重考虑之后，这名学生转入了温哥华教育局一所看起来排名不好的中学，但是学生非常适应，成绩上升也很快，而且整个人也开朗阳光多了。像温哥华教育局有一所中学Tupper位于温哥华市中心，排名只是中等。但是这所学校的老师非常有耐心和爱心，ESL课程也非常有名，特别适合初来乍到的国际生。因为第一年并不是只要关注学习，心理、生活适应能力还有最重要的英文补习都是需要去解决的问题。

刘兴宇：究竟怎么来选择学校？我觉得是一门大学问。对于很多学生和家长来说，恐怕在确定了到加拿大去读高中之后，这是面临的第一道关卡。您觉得需要亲自去看学校吗？

谭飞马：如果家长有这个经济能力和时间，欢迎到学校里去看一看，看看这个学校里面的学生是什么样的，学校周边社区你喜不喜欢，你甚至能跟当地的留学生去聊一聊在学校学习的感受。这个时候你可能就会有一个清晰的概念。而且您的孩子这个时候也能马上就有一个概念：我是不是喜欢这个学校？因为可能我们在国内会看到这个学校排名很靠前，但是您的孩子去了可能他会觉得这个学校不适合他的性格，他是比较温和的性格，他还是比较适合去一些老师的关注度比较高的学校。有的孩子比较喜欢挑战，性格比较坚强，可以考虑学霸型的学校。当然，有一点我想提醒一下家长，大多数家长都喜欢暑假带孩子去看学校，但是，加拿大的中学一般暑假也放假，所以这个时候去学校看，可能学校没什么学生，也不太容易找到老师接待参观。考虑到学生上学、家长上班，可以考虑在国内小

一事至精，教育为本——2015年升学率，满意度最高的教育局
（Upper Grand District School Board 圭尔夫地区教育局）

长假的时候过去，比如十一假期之类的。

刘兴宇：是，我们也知道，很多家长受到国内教育体制习惯性认知的影响。比如说我们国内有重点中学，有一般中学，也有一些可能口碑不那么好的中学。所以很多家长也会担心我会不会选到那些在加拿大其实是属于末流的中学。加拿大整个教育质量的分布是比较平均的吗？

谭飞马：因为中国基本上高考定大学，但是加拿大要看很多因素，如成绩、义工时间、个人综合素质、老师评价、出勤率等。加拿大的教育质量、教育设施和师资分配是非常公平的，加拿大中学的校长和老师，基本上每三到四年就轮流一次。可能我们北京四中的老师你这四年在这，过了四年你可能就去北京八中了，加拿大的校长和老师是一定要轮流的。

刘兴宇：对，所以大家不必拘泥于所谓的排名，尤其它还是一个非官方的排名。

谭飞马：是的。

刘兴宇：今天谭老师给大家介绍了公立中学的选择。非常感谢谭老师来到节目当中做客，下期节目当中我们来和大家说一说公立中学究竟怎么申请。

谭飞马：好，谢谢！

09 公立中学申请

刘兴宇：听众朋友您好，欢迎收听专家小讲堂。在节目当中我们为大家邀请到了加拿大中学资深专家谭飞马老师前来做客。我们将和谭老师一起为您揭开加拿大中学的神秘面纱。上一期节目当中我们讲了如何选择加拿大的公立中学，今天我们就要进入具体操作阶段了——怎么申请公立中学？

谭飞马：好的，加拿大的公立中学从申请上来说其实是非常简单的，第一个是申请费。这个申请费公立中学一般来说是200～300加元，80%的都是200加元，申请费是不可退的，支

付形式有信用卡、电汇以及汇票。第二个就是你要填写教育局的申请表，还有你的护照是一定需要的。第三个就是你的成绩单，成绩单是需要你提供最近两年四个学期以上的成绩。

刘兴宇：所以也就是说，如果我的孩子是去读十年级，只要提供孩子八九年级的成绩单就可以了。

谭飞马：是的，但是孩子入学的时候一定要带上孩子最新的成绩单，因为这个是可以帮助孩子转换学分的。

刘兴宇：明白了，所以第一个是申请费，第二个是到教育局去填写申请表格。

谭飞马：对，可以从网上下载。

刘兴宇：申请费也是要交给你选定的那个省的教育局的。对于您来说，如果孩子比如说要申请北京四中、八中、一中，您只要去北京市教育局网站填申请表，然后交申请费就可以了。

VSB **Vancouver School Board**
International Education Program

INTERNATIONAL STUDENT APPLICATION FORM

Please submit a completed application to:
Vancouver School Board
International Education Program
1580 West Broadway Avenue
Vancouver, B.C. Canada V6J 5K8
Tel: (604) 713-4534
Fax: (604) 713-4536
E-mail: intered@vsb.bc.ca

For Office Use Only:
I.E. file number ________
School assigned ________
Grade ________ Date ________
Copy sent to school ☐ Date ________

PLEASE PRINT CLEARLY IN ENGLISH *on the English forms. Translated brochures and application forms are provided for the easy reference of applicants. The Vancouver School Board always follows the policies and definitions as stated in the English version of brochures and application forms.*

Date: ________

Apply for school beginning: Applicants aged 17 or under: ☐ September ☐ January ☐ February
Applicants aged 18 or above: ☐ September ☐ November ☐ February ☐ April

STUDENT INFORMATION

Surname (Family Name) ________ Given Name ________ English Name (if applicable) ________

Date of Birth (Day / Month / Year) ________ Age ________ Gender: ☐ Female ☐ Male

Citizenship ________ First Language ________ Student's E-mail address ________

Vancouver School Board
School District No. 39 (Vancouver)
INTERNATIONAL EDUCATION PROGRAM
1580 West Broadway
Vancouver, B.C. V6J 5K8
Tel: 604-713-4534
Fax: 604-713-4536
E-mail: intered@vsb.bc.ca

Credit Card Payment Form

Student Name		
File No.		
Remark		
Type of Credit Card	Visa Card ( )	Master Card ( )
Credit Card No.		
Expiry Date		
Cardholder's Name		

刘兴宇：这个是申请的流程。具体申请的要求呢？

谭飞马：具体的申请要求，一是平均分最少75分以上，有个别教育局可能会要求更高。比如最热门的西温教育局，该教育局要求平均分90分以上而且还有年龄要求，必须是16岁及以下，除非你的孩子是重点中学的学生，你必须提供学校简介，以及你的孩子在年级的排名，西温教育局可能在分数上可以放宽到88分，或者年龄是16岁半或者是17岁。

刘兴宇：对语言有要求吗？

谭飞马：暂时对语言没有要求，我只能说是暂时。因为我们这边接到通知，西温教育局对于明年9月的招生可能会加一个语言测试，还有部门教育局在对十二年级的申请上，会直接要求接受教育局的面试，或者是接受教育局的在线英文测试。

刘兴宇：也就是说，到加拿大去读公立中学不需要在国内先考托福或者是雅思这样的语言测试。

谭飞马：是的，而且从公立教育局的角度来看，你即使雅思有 6.5 分，我并不认为你能听懂我的正课，你甚至听不懂我十年级的正课。

刘兴宇：对语言的适应怎么来做呢？

谭飞马：对于语言，所有加拿大的公立教育局都会给新生提供 ESL 课程，就是英文补充课程。这个英文补充课程涉及生活英语，尤其是我们的学术英语。很简单的一个例子，在加拿大中学数学有一个关于斜率的勾股定律，这些在中国是基本上接触不到的。

刘兴宇：对，在中国接触不到英文的专有名词。

谭飞马：很多人会说我们中国学生的数学很强，但是其实到了加拿大你可能连小学的数学题都不会做，因为你看不懂应用题。

刘兴宇：对，明白了，所以加拿大的所有公立中学基本上都给学生提供了 ESL 语言的辅助课程。

谭飞马：可以这么说，所以这就涉及我一开始说的为什么不是所有中学都开放，就是这个原因。多伦多教育局下有一百所中学目前还没有配备 ESL 课程。

刘兴宇：所以它们就不能接收这些学生。

谭飞马：对，所以在这一点上不是歧视国际生，是我们目前还没有足够的老师来配备重组的 ESL 课程给国际生。但是每年教育局都在配备好老师以后逐渐地开放这些学校。

刘兴宇：从您的角度来说，一般情况下，比如这个孩子的

语言基本上达到什么样的水平，到了加拿大以后再通过 ESL 才能够很顺畅地进入主课？我觉得不太可能我现在雅思只有 4 分，去读半年的 ESL 后就能够跟上。

谭飞马：我们以十年级为例，我觉得雅思最好达到 5.5 分的水平。

刘兴宇：十年级也就是中国的高一。

谭飞马：是的，你可能会比较顺利能过渡到那边的一学期的 ESL 课程，然后进入正课。当然我们之前也有很优秀的北京四中的孩子，他没有考过雅思，但他直接进入加拿大的教育局，加拿大的教育局把他 ESL 免了，因为他的英语很好。

刘兴宇：明白了，所以其实还是要看这个孩子本身的语言使用水平怎么样。

谭飞马：是的。

刘兴宇：从具体的考试来说听上去比较简单，但是实际上并不简单。听上去不要求你提供雅思成绩，但是实际上你是要真真正正有一定的英语语言水平。

谭飞马：是的，否则你就没有办法进行我刚才说的，小组讨论作业你没有办法写论文，没有办法跟老师辩论。

刘兴宇：前面您也说到了加拿大的很多省是没有初中和高中之分的，就是分小学和中学。在加拿大如果要去读十年级，就是中国的高一，我需要提交中国的初中毕业证吗？

谭飞马：完全不需要，我们只要求孩子的成绩单和孩子的在读证明。当然你可以把在读证明和成绩单开在一张纸上。

刘兴宇：一般情况下，加拿大的中学如何来对国际学生进行筛选呢？

谭飞马：加拿大的中学一般来说不对中国学生进行筛选，它们只对成绩有一个要求。可能筛选的会是私立中学，它会要求看你的个人综合能力。

刘兴宇：但是比如说像您之前提到的非常有名的大学或中学，因为它开放的名额有限，比如我的成绩也达到了你的要求，我可能平均分也有 90 分，并且我的年龄也达到了你的要求。那么，我申请就一定能进得去吗？

谭飞马：有名额你就可以，所以这一点非常公平。

刘兴宇：这相当于是先到先得原则吗？

谭飞马：是的，先到先得，所以我们预计 2017 年 9 月大学生应该可以有大概 10 ~ 20 个位置给中国学生。

刘兴宇：明白了，那么这个申请大概要从什么时候开始呢？

谭飞马：如果是明年 9 月的话，我建议从 7 月就开始准备，也就是 2016 年的 7 月。

刘兴宇：2016 年的 7 月。

谭飞马：就是今年的 7 月。

刘兴宇：申请系统什么时候开放呢？

谭飞马：申请系统应该正常来说是 11 月开放。

刘兴宇：2016 年的 11 月就已经开放第二年的了，也就是 2017 年 9 月的入学申请了。

谭飞马：是，比如现在是七八月，加拿大会开放预报名通道。这个时候中国的留学机构可以去预定名额，如果预定完了就没有了。

刘兴宇：明白了，今天我们听到了谭老师给大家讲加拿大公立中学的申请，听上去所需要的材料很简单，但是实际上这

里面的门道还是很多的，非常感谢谭老师今天来到节目当中做客，谢谢！

谭飞马：谢谢！

10 私立寄宿情况

刘兴宇：听众朋友您好，欢迎收听专家小讲堂。在节目当中我们为大家邀请到了加拿大中学资深专家谭飞马老师前来做客。我们将和谭老师一起为您揭开加拿大中学的神秘面纱。今天我们的话题将会进入加拿大私立寄宿中学，在之前的节目当中谭老师给我们介绍了加拿大公立中学的情况。所以今天我们进行到私立中学，先来请您给我们介绍一下私立中学的基本情况。

谭飞马：首先，加拿大私立寄宿中学数量不是很多，传统加拿大人承认的私立寄宿中学应该现在登记在册的大概有27所。传统的加拿大寄宿中学大部分都超过一百年历史，有的甚至超过两百年，所以历史是非常地悠久，而且有非常高的升学率和声誉。另外也是因为招生门槛非常高，除了常规的成绩单和年龄要求，还要求雅思、托福和SSAT分数。另外，名额也非常少。因为有一些学校可能一年在中国只招一两个学生或者是两三个学生。

刘兴宇：刚才您讲到了这一类学校数量少、历史悠久、招生的门槛也很高，所以可以认为它们是传统的私立贵族中学或者是私立的精英中学吗？

谭飞马：对，可以这样认为，我举个例子大家可能更容易理解。英国的伊顿公学就是传统的贵族寄宿中学，加拿大这27所私立寄宿中学跟英国寄宿中学非常类似，但费用会低很多。

刘兴宇：刚才您说到了入学的门槛很高，究竟能高到一个什么样的程度呢？它的申请要求有哪些呢？

谭飞马：我举一个大家比较熟悉的寄宿中学叫作Appleby College，中文叫爱普比中学。这个中学不单单是在加拿大排名很高，虽然并没有一个具体的排名。同时它还是G20的成员，这个G20是指全球二十强中学联盟。Appleby是加拿大唯一一所入围的寄宿中学，像我刚才说的伊顿公学也在G20。美国有7所最顶尖的寄宿中学是G20成员。所以Appleby的入学要求很高，我们拿十年级来举例，十年级之前被录取的学生雅思最高分是7.5分。有一个学生雅思6.5分也被拒了，原因不是他不够优秀，而是因为刚好学校没有男生宿舍的床位了。之前有一个孩子来面试七年级，这个孩子已经写了6本英文小说。基本都是综合性很强的学霸孩子来申请这类学校。

刘兴宇：我们可以这样来理解吗？不仅要学生条件好，还要看学校能否有位置。所以真的是万里挑一。

谭飞马：好的学术、英文能力再加上好运气，因为可能没有床位。可以说，申请某些贵族寄宿中学可能比申请哈佛大学还要难。

刘兴宇：但可以这样说，实际上它是没有硬性门槛的。

谭飞马：没有，其实它有一点像高端研究生直录，就是没有最好只有更好，择优录取。只有一个类似于入门的门槛，比如十年级雅思要求不能低于 5.5 分，比如今年学校收到 100 份申请，招收 5 名中国学生。如果学校看前十个申请者雅思都在 7 分，这个门槛可能就要从 7 分开始。

刘兴宇：除了雅思的成绩以外呢？比如说学生在十年级之前的学校的平均成绩，这个方面有硬性的门槛吗？

谭飞马：正常来说应该是要求 88 分或者是 90 分以上，除了平均成绩、雅思成绩或者是 SSAT 成绩，还要求学生兴趣广泛，有一定的独立思考能力。当然，还会有英文面试。

加拿大寄宿中学分布图

不列颠哥伦比亚省
British Columbia
萨斯喀彻温省
Saskatchewan
曼尼托巴省
Manitoba
安大略省Ontario
魁北克省Quebec
新斯科舍省
Nova Scotia
新不伦瑞克省
New Brunswick

圣玛格丽特女子学院
St.Margaret's School
玛格丽特皇后女子中学
Queen Margaret's School
圣乔治男子中学
St.George's School
圣迈克中学
St.Michaels University School
桑洛根湖中学
Shawnigan Lake School
布鲁克斯桑洛根湖寄宿中学
Brookes Shawnigan Lake

阿索尔穆雷圣母学院
Athol Murray College of Notre Dame

巴尔摩洛女子中学
Blamoral Hall School
圣约翰中学
St.John's-Ravenscourt School

匹克林学院
Pickering College
阿希伯瑞学院
Ashbury College
阿尔伯塔学院
Albert College
爱普比学院
Appleby College

斯特罗恩女子中学
Bishop Strachan School
布朗克霍尔女子中学
Branksome Hall
海福格尔女子中学
Havergal College
雷克湖中学
Lakefield College School

罗斯湖学院
Rosseau Lake College
圣安德鲁学院
St.Andrew's College
特拉法城堡中学
Trafalgar Castle School
三一中学
Trinity College School
上加拿大学院
Upper Canada College

斯坦斯德学院
Stanstead College
主教学院
Bishop's College School

罗德斯尼特伍德中学
Rothesay Netherwood School

国王艾吉尔中学
King's Edgehill School

Study in Canada

Boarding School

Contents

目 录

策 划：林海光

编 辑：谭飞马

刘兴宇：所以我们可以这样来理解，但凡有胆量来申请这一类学校的学生本身就已经足够优秀了，所以其实对于他们来说，恐怕比拼更多的就是他们的软性实力或者是叫作软性背景。

谭飞马：对，顺应大众的说法，可能这些孩子都是优秀的富二代，因为这类寄宿中学的学费比较贵。比如 Appleby 寄宿中学，现在的学费加生活费一年是 7 万多加元，相当于差不多 35 万人民币。

刘兴宇：既然说到了申请费用，您也给我们讲一讲，除了这所中学以外，加拿大的私立中学所需要的学费和生活费，基

本上是在一个什么样的区间？它们的生活设施怎么样呢？

谭飞马：首先，学费跟公立比起来算是非常贵的，因为我们之前说过，公立中学一年的学费可能是 1.2 万 ~ 1.4 万加元，可能不到 8 万元人民币一年。住宿费一年是 1.5 万加元也就是六七万元人民币，所以，15 万元一年，学费和生活费是足够的。但寄宿中学费加住宿费可能就要 6 万 ~ 7 万加元。但可能其他还有一些校服费，比如说 700 ~ 1 500加元一年、书本费 700 ~ 1 500加元一年，第一年新生注册费 1 300 ~ 3 000加元等。

刘兴宇：7 万加元一年，按现在的汇率，大概是 35 万 ~ 40 万元人民币。

谭飞马：对，还有一个费用可能是隐性费用，因为我们的寄宿中学是独立运营的，基本上没有政府资助，有一类受到政府资助也只是一部分，所以加拿大会鼓励优秀毕业生或者是在读学生的父母自愿捐款来帮助学校更好地发展、对学校设施进行更新换代等。

刘兴宇：明白了。

谭飞马：这可能对中国家长是比较新的概念，如果打算就读贵族寄宿中学，家长要学着适应这个观念。其实我们经常看新闻，很多顶级大学的校友是非常乐于回馈母校的教育的。

刘兴宇：刚才我们讲到了寄宿中学基本费用的区间，您再给我们讲一讲学校设施。您刚才讲了这是贵族中学，它的设施究竟能够好到什么程度呢？

谭飞马：在BC省有一个女子贵族寄宿中学，这个学校最有名的特色是马术，这个学校的马术水平在全世界来说都是顶尖的。学生可以直接带着自己的马一起去上学，学校有专门的马厩和专业的马术高级训练师。有的学校有自己的高尔夫训练场和冰球训练场、奥林匹克标准的游泳馆、藏书超过万册的大学型图书馆。

刘兴宇：一般情况下，比如说家长们比较关心的，学生住宿大概是几个人一个房间？基本上的配置是什么样的？

谭飞马：基本上学生宿舍就是一个独立的house，就是中国人说的大别墅。可能这个大别墅有三四层楼，有公共的会客室、客厅、洗衣房、厨房。正常来说，九到十一年级的学生一般是两人一间，卫生间和客厅公用。也有的是两人一个套间，但卫生间是每人一个。有的学校会帮助十二年级高年级的学生安排独立的单间。

刘兴宇：今天我们听了谭老师来给大家讲加拿大私立寄宿中学的基本状况，前面您也说到因为可能要考虑到性别的宿舍占位。加拿大的这27所私立的寄宿中学是否也分男校、女校或者是混校呢？这27所学校，我们应该怎样去挑选？它们当中是不是也会有一些认证和排名呢？在下一期节目当中我们将会请谭老师继续来为大家做讲解，谢谢您做客我们的节目。

谭飞马：好的，谢谢！

11 私立寄宿选择

刘兴宇：听众朋友您好，欢迎收听专家小讲堂。在节目当中我们为大家邀请到了加拿大中学资深专家谭飞马老师前来做客。我们将和谭老师一起为您揭开加拿大中学的神秘面纱。今天的节目当中我们将继续延续加拿大私立寄宿中学的话题，谭老师在上一期节目当中讲了加拿大有 27 所私立寄宿中学，我们也可以叫作私立贵族中学。上一期节目当中您给我们讲了这些学校的一些基本情况。您也特别说到了某一些学校需要按照性别去占位，因为有宿舍床位的限制。那么这 27 所学校分男校、女校或者是绝大多数都是混校吗？

谭飞马：绝大多数都是混校，男校、女校可能占到大概 30%。我们以最受欢迎的 BC 省和安大略省为例，BC 省现在是有两所女子寄宿中学，安大略省是有四所女校和两所男校，BC 省还有一所男校。

刘兴宇：上一次我们在谈到公立中学的时候您说公立中学基本上都是男女混校。所以，很多家长在面对这样的单性别学校的时候会有一点纠结，您有一些什么样的建议呢？

谭飞马：其实从我们过去统计的数据来看，单性别的学校比混校的学生更容易成功毕业，或者是更容易达到个体人生想要追求的目标。因为加拿大的寄宿中学一般来说是从英国沿袭过来的，英国的寄宿中学也应该是历史最为悠久的，并且英国最有名的寄宿中学也是单性别的。为什么单性别学校会更有利于成功呢？因为单性别学校会根据这个性别特有的心理特点和生理特点来科学地设置所有学科，所以这类学校的学生更容易成功。

刘兴宇：明白了，也请您来给我们讲一讲，这 27 所私立寄宿中学家长应该如何进行选择呢？它们之间有一些隐性的排名或者认证吗？

谭飞马：家长可以登录一个网站去查这些寄宿中学的基本信息，比如包含什么课程、学校在校人数多少、费用、学校特色、学校文化。这个机构全称是 Canadian Accredited Independent School 简称 CAIS。还有一个网站是 www.ourkids.net。在这两个网站上你都可以去查这类精英的寄宿中学或者是独立走读中学的信息。

刘兴宇：基本情况。

谭飞马：对。

刘兴宇：那么怎么来选呢？

谭飞马：就像我刚才说的，像皇后玛格丽特女子中学最显赫的是马术课程。那么另一所女子中学——圣玛格丽特女校也有特色文化，该校特别设立了一个姐妹计划。通过老生跟新生结对子，新生入学时，学校会鼓励高年级的学姐跟新入学的学

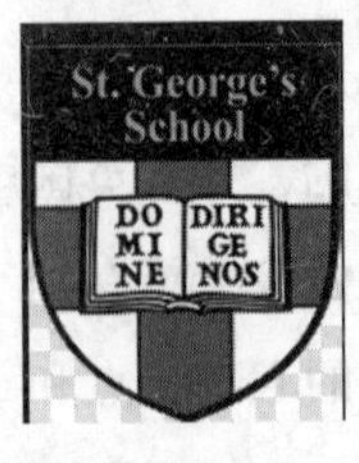

妹结成帮扶对子，在接下来的校园生活中给予帮助和指导。另外，圣玛格丽特女校的宿舍也是北美最豪华的寄宿学校之一。以上这些小例子都可供参考。家长和学生可以根据自己的喜好和学习目标来选校，还有魁北克省的 Bishop 中学，就有很多学生获得过奥林匹克赛事的冠军。如果你喜欢体育这块，你可以选择 Brentwood。还有一个 SJR 寄宿中学，位于曼尼托巴省，这所学校几乎每年都会有世界辩论辩手。再比如新斯科舍省的国王艾吉尔中学（King's-Edgehill School），这是加拿大第一所寄宿中学，也是加拿大第六所开设 IB 课程的学校。还有比较有外交文化的 Ashbury 中学，坐落于加拿大的首都渥太华，其特色就是在首都，学术氛围良好，因为周边各国使领馆林立，所以很多学生都是外交官子女。所以虽然说加拿大的贵族寄宿中学不是很多，但是每所都非常有自己的特色和文化，可以说每所都是精品。家长们可以根据这些学校特色的文化以及教学理念来选择。像加拿大有三所女校，都在多伦多，是加拿大顶级的女校，其理念就是倡导女性要成为一个独立自主的世界女性，这类学校就很适合一些性格比较独立的女孩子去选择。

刘兴宇：所以我们可以这样来理解吗？就是这 27 所加拿大

私立寄宿中学，它们本身并没有排名，也没有办法找到一些所谓的认证。只能根据这个学校本身的、像您刚才讲到的学术以及学校的文化特点来进行选择。

谭飞马：对。

刘兴宇：我们今天听到了谭老师继续来为我们讲解加拿大的私立寄宿中学的情况，那么关于寄宿中学我们就到这一期为止。在下一期节目当中我们将会请谭老师来给大家讲一讲加拿大的私立走读中学的情况，看看加拿大的私立走读中学是不是也像寄宿中学一样优秀。非常感谢您来到我们的节目当中做客！

谭飞马：好的，谢谢！

12 私立走读中学概况

刘兴宇：听众朋友您好，欢迎收听专家小讲堂。在节目当中我们为大家邀请到了加拿大中学资深专家谭飞马老师前来做客。我们将和谭老师一起为您揭开加拿大中学的神秘面纱。在今天的节目当中我们将会请谭老师来和大家说一说加拿大的私立走读中学。谭老师请先给我们讲一讲，加拿大的私立走读中学和寄宿中学除了寄宿方式的不同，还有一些什么不一样的地方。

谭飞马：好的，刘老师说了，首先是住宿方式不一样，这是一个很大的不同。还有是在建校史上会有不同，贵族寄宿中学大概都有百年以上甚至近两百年的建校史。私立走读中学大部分只有几十年的历史，是后起之秀。就是因为我刚才说过的，寄宿中学名额如此之少，但需求又很旺盛，所以私立走读中学

就应运而生了。私立走读中学的办学品质和理念跟寄宿中学应该是不相上下的，甚至有的优异的私立走读中学超越了顶级贵族寄宿中学。比如有一所私立中学 Glenlyon Norfolk School（格林杨诺克 IB 中学），它虽然是走读中学，但建校已经超过一百年，而且是全 IB 学校，从幼儿园到十二年级，配备的全部是 IB 体系课程。

刘兴宇：加拿大的私立走读中学国际生的比例怎么样呢？

谭飞马：国际生比例非常低，在这一点上其实跟寄宿中学有点区别，因为寄宿中学可能更强调全球概念。比如一所寄宿中学共有 800 个学生，可能来自全世界 40 个国家，每个国家大概 20 名学生，所以本地生的比例不会太明显。但私立走读中学可能会 80% 甚至 90% 都是加拿大本地学生，只有 10%～20% 来自全世界不同的国家。所以在这一点上有点区别。

刘兴宇：升学率呢？

谭飞马：升学率都在 90%，甚至是 100%。

刘兴宇：这个指的是升入四年制的综合大学吗？

谭飞马：对，一般来说应该是升到学生的第一志愿。基本都是世界顶尖大学。

刘兴宇：所以也就是说其实从教育质量来说，加拿大的私立走读中学和私立寄宿中学其实并没有特别大的区别。

谭飞马：对，可能就是有些家长比较倾向于学生住宿舍，觉得方便、便于管理而选择寄宿中学，当然也可能学生喜欢融入全世界各国文化，那么寄宿中学比较合适。再有一个就是想有一个高端的全球人际圈。

刘兴宇：没错，那么私立走读中学您觉得适合什么样的学生呢？

谭飞马：第一，私立走读中学的费用会比寄宿中学要少大概一半，有的甚至只有寄宿中学的三分之一或者四分之一。比如在 BC 省省会城市——维多利亚市有一所圣安德鲁天主私立走读中学，在当地口碑非常好、很有声望，但学费很平民化，才不到 1.5 万加元一年，跟公立差不多，但教学质量非常好，学生的体验感也很棒。即使是最贵的加拿大私立走读中学目前大概学费加生活费合在一起应该是 4 万多加元一年，折合人民币 20 多万元，相当于一线城市国际中学的一年学费。

刘兴宇：已经算是非常昂贵的了。

谭飞马：对。

刘兴宇：所以第一就是经济条件的考虑。

谭飞马：还有一类就是有亲戚住在学校旁边，学生想住在亲戚家，这个时候你去读寄宿中学就不太合适，因为你等于是

浪费了寄宿校内的住宿资源。

刘兴宇：对。

谭飞马：再有就是有些家长准备移民，在等待身份中，但已经有房产，就在学校附近，这类也是可以的。还有一类是学生的性格比较独立，住在寄宿家庭能够妥善安排自己的学习和生活，这类学生我是鼓励去申请走读中学的。最后一类就是如果你暂时还没有语言成绩或者是语言成绩没有那么高，比如说你雅思只有 5 分或 5.5 分，目前你达不到 6.0 分，你也可以考虑走读中学。

刘兴宇：明白了，所以走读中学适合上述几类学生。

谭飞马：对。

刘兴宇：那么家长在选择走读中学的时候，寄宿家庭的这个状况是不是会成为他们考虑的一个重点呢？

谭飞马：其实私立走读中学的寄宿家庭也是一个很大的亮点，因为像我刚才说的，加拿大私立走读中学其实名额也不是太多，虽然比寄宿中学要多一些，但即使是比较大的私立走读中学，比如 1 200 个学生的学校可能一年也就招大概 100 个国际生，10% 不到。因为国际学生少，所以寄宿家庭比较好解决。

有些学校会首先鼓励自己学校的老师、校工，比如宿舍管理员、图书馆职工来接纳国际生入住他们家里。如果这类资源也没有了，这时候学校就会鼓励加拿大本地生的家庭接收国际学生。这类寄宿家庭应该是家长比较喜欢的，离家近，而且学习氛围也会比较好。再者，学生本身跟寄宿家庭主人算是熟人，对学校的文化都有共识。

刘兴宇：加拿大的私立走读中学也分男校、女校或者全国都是混校吗?

谭飞马：现在据我们统计，单性别的很少，尤其是对国际生开放的基本上都是男女混校。

刘兴宇：所以在性别方面家长们其实可以不需要再考虑很多了。

谭飞马：是的。

刘兴宇：刚才我们讲到了加拿大私立走读中学的一些基本情况，最后我们也想请谭老师来给大家说一说走读中学的申请要求。

谭飞马：走路中学的申请要求，第一也还是要看学生的平均成绩，最好是 85 分以上，有一半的学校可能需要英文面试，英文面试可能是 15 ~ 20 分钟。部分学校会要求你提供小托福、托福、雅思或者 SSAT 成绩。

刘兴宇：所以基本上是这样几个硬性的门槛。

谭飞马：还有一类学校是不需要提供语言成绩的，但需要做学校的内部笔试。但据我们做过的学生表示，那个笔试其实比托福、雅思还要难，因为笔试题可能就是学校里面的 IB 老师出的题。

刘兴宇：那么如果我们把托福、小托福或者雅思来做一个量化，基本上您觉得如果想要申请到加拿大的私立走读中学，要达到一个什么样的水平呢？

谭飞马：我们还是以申请十年级为例，正常来说你的雅思达到 5 分或 5.5 分，应该是大部分独立走读中学都可以录取了。

刘兴宇：您前面也说到了，如果还没有成绩的同学也适合选择这类学校，是说大多数私立走读中学都配备 ESL 课程吗？

谭飞马：一般配备 ESL 所有级别的中学不需要语言成绩。不过大部分寄宿中学和独立走读中学没有配备初级或者中级的 ESL 课程，所以要求学生有较强的英文功底。

刘兴宇：明白，那么如果能够达到这些硬性的门槛，这些私立走读中学容易申请吗？

谭飞马：在有名额的情况下是可以申请到的。

刘兴宇：好，非常感谢谭老师今天给我们讲私立走读中学的情况，谢谢您来到我们的节目当中做客！

谭飞马：谢谢！

13 公立好还是私立好？

刘兴宇：听众朋友您好，欢迎收听专家小讲堂。在节目中我们为大家邀请到了加拿大中学资深专家谭飞马老师前来做客。我们将和谭老师一起为您揭开加拿大中学的神秘面纱。到上一期节目为止，谭老师用了十几期的节目时间为大家介绍了加拿大中学的基本情况。其实也分门别类为大家介绍了公立中学、私立寄宿中学和私立走读中学的一些基本情况。今天开始我们将进入下一个小的单元，就是家长在面对如此分类丰富的学校的时候，到底应该怎么来选择。谭老师，请您今天先给大家说一说，我相信很多家长在面对您的时候会问到一个问题，公立中学好还是私立中学好？

谭飞马：对，这个是我经常被问到的一个问题，其实也会觉得这个问题很难回答，但是如果家长问我这个问题，我首先会问，你对孩子的期望值是什么，你们家庭对于这个留学规划是一个什么样的想法？其实这个规划非常重要。因为这涉及费用问题、学校的特色、教育理念、您孩子自己的性格，所有这些都是我们先要自己去列出来，然后再去选择的。比如公立学校，我之前说过，加拿大是公立教育非常发达的国家，而且也是对公立教育投入 GDP 最大的国家，所以说公立

硬件设施会非常好，老师待遇高，师资也比较稳定，老师入职门槛非常高；学校分布广泛、费用低，这些都是公立学校的优点。再有，公立学校的各具特色的俱乐部活动非常多，有很多跟当地社区、当地政府合作的活动，有利于我们的孩子在学习之余融入社会的锻炼。私立中学分科会更精细一些，因为它强调的是要培养学生某一方面的特别突出的能力。比如说，这类学校可能就是艺术特长突出，或者是体育。还有一类私立中学，刚才说了，也是寄宿制的，我们的家长如果担心自己的孩子自制力不够的话，就可以考虑选择寄宿中学。

刘兴宇：是的，前面您说到了费用、学校选择的范围、学生的性格、学校的规模、学校的特色，所以实际上家长在面对究竟是选择公立中学还是私立中学的时候，这些其实是可以作为他们选择的重要维度。

嘉宾：是的，尤其是在公立中学里面，我们还分为宗教类和普通类，如果我们的家长比较倾向于管理严格的学校，比较注重礼仪这方面培养的话，喜欢穿校服的，那你其实可以考虑天主教之类的公立中学。普通的公立中学会更灵活一些，更多面化一些，所以性格活泼、自制力又比较好的孩子，可以选择这类公立中学。

刘兴宇：是不是我们可以这样来理解——我们没有办法拿出其中某一个标准来告诉你公立中学适合你还是私立中学适合你，这一定是一个综合评判的过程。

谭飞马：其实我这里有一个很好的案例：加拿大有一位华人老师的孩子是在加拿大出生的。他的小学是在公立学校读的，成绩很好，接近满分。家长听说私立中学是精英教育，所以想尽办法让他的孩子进入了当地非常有名的一所私立中学。但是他的孩子在读了一年之后，就不愿意读了，虽然他的成绩也还是很好，九十九分，老师也很喜欢他，但他觉得这类学校没有他在公校的那种轻松感和接地气的感觉，总觉得有一种紧迫感

和压力感。他觉得自己的性格还是适合平易近人的公立中学。后来这个孩子又转回了公立中学而且读书很开心。所以，这个时候就很难去说公立好还是私立好，就看您孩子喜欢与适合哪一类，最适合孩子的那个学校就是最好的！

刘兴宇：前面我们讲到这几个重要的维度，我们再来跟大家总结一下。首先，要看一下家庭在孩子出去读书的费用方面家长有什么样的规划，如果说您能够每年拿出40万元左右的人民币而又对您的家庭没有任何负担的话，那么这个私立中学可以进入考虑的范围当中。但如果说我们就打算拿出10万元到15万元，那么最好还是选择公立中学。其次，也还是要看这个学生的性格，就像刚才的这个案例一样，如果他是一个非常有独

立能力的孩子，当然私立走读中学也许很适合他；但如果他的自制力不够，寄宿中学会很适合他；如果他有很开放的心态，这个孩子本身也很乐观，公立中学其实对于他来说也能有如鱼得水的感觉。另外，还要看学校的规模以及学校所在地理位置。其实关于公立中学类型，在之前的节目中谭老师已经为我们讲过了，关于私立中学，我们着重讲了私立寄宿中学和私立走读中学。我们知道，在私立中学里面有一些很小的特殊科类，比如说宗教类，比如说蒙特梭利，比如说 IB 类的学校，那么由于时间的关系，我们在下一期的节目中再请谭老师来给我们做一个简单的讲解，让学生和家长能够对加拿大的中学有更加全面、清晰的认知。

谭飞马：好的，谢谢！

14 私立小分支

刘兴宇：听众朋友您好，欢迎收听专家小讲堂。在节目当中我们为大家邀请到了加拿大中学资深专家谭飞马老师前来做客。我们将和谭老师一起为您揭开加拿大中学的神秘面纱。在上一期节目当中我们讲了如何选择公立中学和私立中学。我们

知道在加拿大私立中学当中有一些非常小的类别，今天我们也想请谭老师来给大家做一个普及。我们先来说一说除了私立寄宿、私立走读，私立中学当中也有宗教类的学校。

谭飞马：是的，私立走读中学里面有一类是天主教学校，还有一类是一些天主教或基督教的一些小分支类的宗教，这类是它们学校的特色。其实我们会看到，私立走读只要是宗教类的学校，学费一般都不会太贵，大概是在 1.5 万 ~ 2 万加元一年。所以，如果家长在看到有些私立走读中学的收费超过 3 万加元，您可能就要去官网上看一下学校实际的学费是什么样的，以免被一些项目误解，这可能是需要提醒家长的一点。

刘兴宇：私立的宗教类学校和教育局主办的公立的宗教类学校差别大吗？

谭飞马：差别其实还是有的，公立中学主要还是义务教育，但是私立天主教还是有一个要培养精英的理念在里面。所以私立天主教的学校也对学生的英文有要求，但是公立天主教的学校就没有任何英文要求。

刘兴宇：明白了，所以这个是私立当中的宗教类学校。我们再来讲第二个小的分类，就是我们知道，加拿大有很多我们叫作蒙特梭利的学校。

谭飞马：其实蒙特梭利现在在中国也比较流行。

刘兴宇：对，主要是幼儿园。

谭飞马：对，其实在加拿大也有蒙特梭利的幼儿园。我觉得蒙特梭利这块也还是根据您孩子的性格以及您这个家庭的教育理念来选择，因为我们也调查采访过一些去过蒙特梭利学校的家长。有些家长很喜欢，但是有些家长又不太喜欢，因为这

种模式是一个观察学习、观察引导，是把不同年龄段的孩子放在一起学习，然后老师在旁边拿个本子记录他们这一天的行为。有时候会发现大孩子与小孩子之间互动很好，小孩子能从大孩子那里学到一些东西，但是可能有些孩子因为性格原因，他在这个过程中没有互动，或者是你在记录一个群体的行为时有时候可能会忽略很细微的一个好个体，所以这个因人而异。不能说这个特别好，或者特别不好，还是看是不是对你家的路子。

刘兴宇：这类中学在加拿大的数量有多少？

谭飞马：非常少，这类中学可能本地人选择会比较多一些，因为它有点像特色教育，就像在中国一样也是很小一部分群体会认同，其实主要是根据家长的教育理念来选择。

刘兴宇：明白了，所以这算是加拿大私立中学当中的一个特别小的分支。

谭飞马：这个算一个小科普，因为国际留学生很少会申请这类学校，但是家长可能了解一点会比较好。

刘兴宇：还有一类学校我们其实以往听到的也比较少，我们叫作华福德教育，这是一类什么样的学校呢？

谭飞马：这个跟蒙特梭利其实有点类似，但没有蒙特梭利这么有名，他是澳大利亚的一个教育学家创造的。我觉得有点类似于我们中国的道教的理念，因为它是从学生的身心结合他的学习来设计的课程。它会更注重你的身体和心灵要有机结合，我觉得更接近于我们古代对于一个才子的要求。就是你不但学术要好，你能写文章、做诗，然后你还要会琴棋书画，这是培养一个全才，而且琴棋书画是来自你内心的一种渴求的求知欲来学习的，而不是外界要求你去学习。所以它也是会先看看这

个学生的特点，然后来给他设计课程，更强调个体化。每一个人都有一个全新的教育方法适合他。

刘兴宇：我们知道的华福德教育经过大概一百年的发展，现在可以说已经是全球规模最大的一种独立的教育模式。这类学校是不是在加拿大的中学里面也是非常小的一部分？

谭飞马：非常小，但是以往的数据表明，这类学校毕业的学生非常优秀，基本上都是进入世界前一百的学校，而且是拿到高额奖学金的。

刘兴宇：中国现在已经开始有学生申请这类学校吗？

谭飞马：从中国实际过去的很少，但是移民的孩子会考虑这类学校。

刘兴宇：明白了，所以这也是一类学校。还有一类学校其实大家比较容易理解，就是 IB 类的学校。是不是说这类学校是以 IB 类课程为主？

谭飞马：IB 这个课程其实对于所有国家的学生来说都是非常难的。在加拿大有一个说法就是 IB 会杀掉你，因为真的是

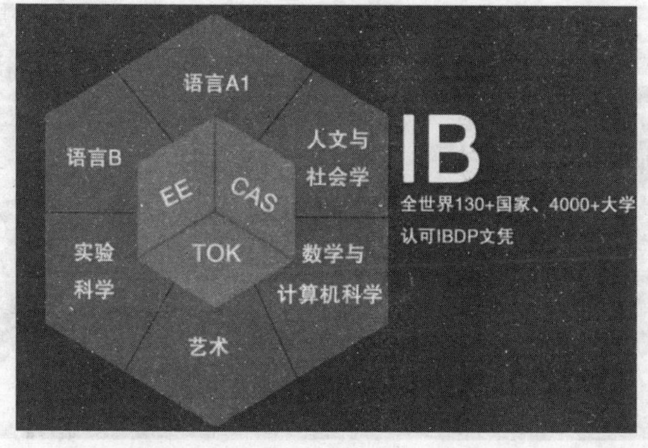

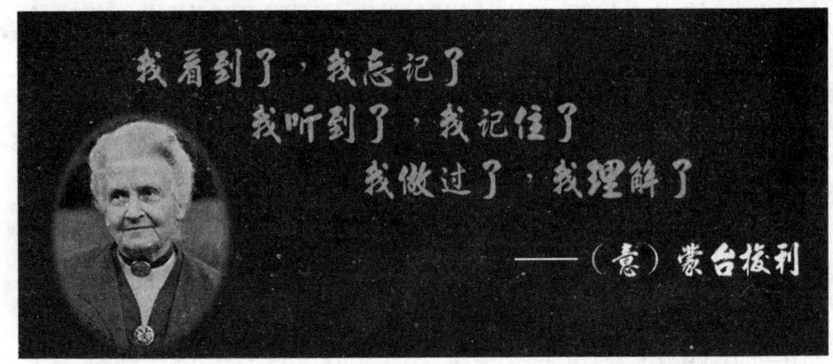

很难。但是同时我个人认为这是全世界最受认可的高中文凭课程了。

刘兴宇：没错，我们也知道如果是一个全 IB 学院，且你的 IB 成绩非常好，恐怕你在申请大学的时候是会让这个招生官高看一眼的。

谭飞马：对，尤其像牛津、剑桥这类牛校，它会预留一定比例的名额给 IB 高分学生。

刘兴宇：所以，这是加拿大私立中学当中的一些非常小的分支。就像刚才谭老师讲到的一样，可能中国学生现在考虑这

类学校的学生数量还是非常小的，但是我们也还是希望让大家能够知道，在加拿大有这样一些学校存在。

谭飞马：是的。

刘兴宇：如果你的教育理念或者是你的孩子喜欢这样的一种教育理念，这个也不妨进入你的考虑范围当中。我们非常感谢谭老师来到我们的节目当中做客，谢谢！

谭飞马：好的，谢谢！

15 大小城市选择

刘兴宇：听众朋友您好，欢迎收听专家小讲堂。在节目当中我们为大家邀请到了加拿大中学资深专家谭飞马老师前来做客。我们将和谭老师一起为您揭开加拿大中学的神秘面纱。上一期节目当中我们讲了加拿大高中选择的时候，究竟家长是要选择公立学校还是私立学校，我们知道，对于家长来说，地理位置是选择时的一个非常重要的考量指标。所以今天我们想请谭老师从您的角度给家长们一些建议，到底我们是要选大城市如温哥华、多伦多、蒙特利尔，还是要选那些小城市？

谭飞马：好的，其实这个问题有点类似于公立中学好还是私立中学好。可能我还是要跟家长再说一遍，这个问题也没有一个标准答案。因为还是要根据大家的综合期望来选择，比如大城市生活很便利，这是肯定的，就像北上广一样，然后学校也比较多，你的选择也比较多，娱乐设施同时也很多，这就意味着你的诱惑也很多。各类特色的饭店也很多，这就比较适合小吃货了。还有一个就是我们课后的补习机构比较多，比如你毕业后要去美国上大学，你需要补习 SAT，准备 SAT 考试，那么在多伦多、温哥华这样的大城市你能找到的课后补习机构会比较多、选择多。但是生活节奏肯定会是比较快一些。还有一个生活成本会比较高，比如说寄宿家庭比同样的周边小城市可能一个月就要贵两三百加元，吃饭也会贵，还要加上交通成本这块。还有一个可能就是家长担心的语言环境，像大城市，因为华人比较多，这个英语语言环境就不是太理想，如果你语言不是太好，又想去提高自己的语言技能，建议还是选择一些语言环境比较纯正的小城市。

刘兴宇：明白了，所以像温哥华和多伦多，我们都知道华人的比例已经超过世界上绝大多数华人移民的城市了，所以也有人说到温哥华和多伦多去生活，即使不会英文也没问题。

谭飞马：确实是。

刘兴宇：所以刚刚谭老师讲到的语言环境，这个确实也是很多家长非常关心的一个话题。我们再来说说小城市。

谭飞马：OK。小城市其实生活也非常便利，不是像家长想象的这没有、那没有，很不方便。加拿大很小的城市都会有电影院，有商场，有大超市，甚至有些城市还会有歌剧院、博物馆，这些是非常方便的。有一个非常好的地方就在于华人比较少，语言环境比较纯正。还有一个我觉得特别好的地方是，小城市特别适合新生或者是比较内向的孩子。因为小城市居民不太多，大多数居民基本互相之间都认识，所以比较纯朴、热情一些。但凡看到一个中国学生走在街上，他就会跟你 Say Hi，问你今天过得怎么样。

刘兴宇：是的。

谭飞马：生活节奏比较慢，也比较安静，我个人觉得比较适合学习，诱惑也少一些。

刘兴宇：是，当然您前面也讲到了这样的小城市生活成本比较低，这也是大多数家长要考虑进去的。

谭飞马：是。

刘兴宇：那么小城市有一些什么样的缺点呢？

谭飞马：可能比较劣势的地方就是生活圈子小一些，因为人口少。还有一个就是我刚才说的，课后补习或者兴趣班的选择会比较少一些。吃饭可能没有大城市饭店和口味那么多，不是各个国家的餐馆都有。

刘兴宇：我们知道谭老师在加拿大中学这个领域工作多年，您能给家长们一些建议吗?

谭飞马：从过去近十年的数据来看，其实我们现在可能要改变一下老观念。我们还是不建议学生去中国留学生特别扎堆的城市，除非你真的是在那边有亲戚、朋友，或者是你在那里买了房子，这是没办法的事。因为这个语言环境确实是不太好，确实环境稍微有点嘈杂，我觉得咱们的青少年有时候很难静下心来好好学习。这个跟我们中国有点类似，如果你这个学校在市中心，小孩受到的干扰会比较多一些。所以我觉得可能从小城市开始比较好，因为加拿大的教育资源分布会非常平均，不会存在小城市就没有好老师。而且我之前说过，加拿大的很多老师会四年一轮流，所以说这个学校的好老师会到另外一个城市去。另外，加拿大的名牌大学也不是只在多伦多和温哥华，像非常有名的西安大略大学，这个大学的商科是非常有名的。像魁北克省的麦吉尔大学，在有些时候可能要超过著名的多伦多大学。还有非常有名的滑铁卢大学就业率几乎是全国第一，这所大学是在滑铁卢而不是在多伦多。

刘兴宇：所以从教育资源的分布上面来考虑，大家其实也不需要考虑那么多。当然如果从生活成本上面考虑，小城市恐怕要比大城市低不少。

谭飞马：对。

刘兴宇：当然最重要的是，刚才谭老师讲到了，学习上面，语言环境比较好，也比较安静，特别适合学生学习。因为大家都知道，出去读高中的学生总体来说还算是低龄留学生，往往这个年龄段的孩子，其实自控力没有那么强，还是需要家长给他创造一个适合学习的环境的。我们非常感谢谭老师今天来给大家分析到底是大城市还是小城市更适合我们的学生，谢谢您的做客！

谭飞马：好，谢谢！

16 排　名

刘兴宇：听众朋友您好，欢迎收听专家小讲堂。在节目当中我们为大家邀请到了加拿大中学资深专家谭飞马老师前来做客。我们将和谭老师一起为您揭开加拿大中学的神秘面纱。上

一期节目当中我们说了家长在选择加拿大中学的时候，究竟应该选择大城市还是小城市。今天我们来讲一讲家长在择校的时候，会经常问到一个问题，就是关于加拿大中学的排名。谭老师，您能不能先说说，加拿大中学有排名吗？

谭飞马：准确地说加拿大中学没有一个官方的排名，尤其是中学这块，有一些民间研究所机构会有一些排名。但是我问过大部分公立教育局，他们都不承认这个排名，而且他们也不太喜欢这个排名。

刘兴宇：我们知道中国家长特别喜欢看排名，也愿意通过排名来为自己的孩子选择学校。所以我们还是请谭老师来给我们说一说，先来说一说这些民间的排名。我们有一些什么样的途径可以看到这些排名呢？

谭飞马：好的，其实家长问得最多的是关于公立中学的排名，因为在加拿大公立中学是最大的一个群体。我们有一个民间的研究所机构叫作 Fraser Institute，我们叫作菲沙研究所排名。家长可以上英文网站上去搜索。它是把加拿大比较热门的省份的中学作了一个简单的排名，目前你在上面可以查到的大概是四个省份的排名。BC 省、安大略省、艾伯塔省还有魁北克省。

刘兴宇：魁北克省是法语为官方语言的省份。

谭飞马：对，还有一个是艾伯塔省，它紧邻 BC 省。目前来说这 4 个省份你是可以看到排名的，但是我看了很多年这个排名，感觉这个排名可能有的时候会有一点点混淆的概念。比如看 BC 省中学排名的时候，它是把公立中学和私立中学放在一起来排名的。其实这不太客观，但是从安大略省的排名看，它基

本上又只是把公立中学进行排名，私立中学没有包括进来。

刘兴宇：明白了，它这个排名基本上依靠的是一些什么样的指标呢？

谭飞马：满分是十分。每一项大概有七到十项打分指标。首先它肯定是看学生的省考成绩或者是毕业考成绩，或者是毕业率，这些都是要看的。还有学生、家长的满意度以及老师的满意度。还有一个指标是学校周边社区家长的平均收入。

刘兴宇：明白了，所以它基本上相当于有一点像是抽样调查的感觉，对吧？

谭飞马：对。

刘兴宇：所以这算是一个我们平时能够接触到的加拿大中学的排名。

谭飞马：对。

刘兴宇：您前面也说了，这个排名其实有不够准确的地方，也有相对偏颇的地方，所以到底我们怎么来看待这样的排名，我觉得这恐怕才是一个核心的问题。

谭飞马：对，可能你完全忽略排名也不太现实。我觉得可以把排名列为考察的一个重要因素，但是同时你要结合孩子的特点和规划去看。因为我们之前名校的老师反映，比如BC省排名第一的U-hill，它在BC省公立中学是排第一，而且很多年都是第一，所以很多人非常想去。但实际上有一部分学生去到这

个学校之后，表示学业很难跟上，因为这里面的学生都是学霸型的。一般的学生进去后会觉得压力很大，甚至是自卑。

刘兴宇：对。

谭飞马：学校也反馈有一些孩子性格比较内向，在里面完全是水土不服，有的要求第二年就要转学，还有一些学生甚至因为学业跟不上被迫辍学或者是劝退的，所以还真不是说名校就一定适合您的孩子。前两天也有一个家长打电话跟我说，他想让孩子去最好的学校，我问了一下他孩子的成绩和性格，帮他分析了一下，他的孩子适合去中等偏上排名的一些学校。他自己也认真分析了一下，觉得确实如此，因为他的孩子比较内向，成绩中等，他觉得再怎么努力，孩子可能也拔不了尖。所以这个时候你如果硬要让他去拔尖，他会很失落，然后会很自卑。这个对于他的打击简直是毁灭性的。

刘兴宇：明白了，其实我们在面对任何一个排名的时候，一直给大家强调的是，它只能作为你的参考指标之一。大家一定不要把排名当做选择的唯一维度。加拿大的私立中学排名吗？

谭飞马：私立中学这么多年来也没有一个官方的排名，只是加拿大本地人心里有一个默认的排名。他们会把私立中学分为几个等级，我可以教给家长一个最简单的办法来区分这些中学。首先就是私立中学的门槛高不高，门槛高就是因为这个学校申请人特别多，而名额又特别少，你可以把它默认为是很优秀的那一类。因为这个属于竞争的准则。其次就是语言成绩可能比如说略微低一些，但是要求面试的，这可以归为一类。最后是不要求任何语言成绩，只要求面试，这又是另外一类。你可以根据这些自己来排名。

刘兴宇：我们可以说这3类是由好到差逐一的3个分类吗？

谭飞马：或者说它是针对不同目标的学生群体，比如我就是要SSAT的学生而且我要求SSAT不低于2 000分、雅思不低于5.5分。还有第二类，不需要SSAT，或者只需要小托福就行。最后一类是只要求面试就行。

刘兴宇：明白了，所以其实今天我们听到了谭老师来给我们讲加拿大中学的排名，首先告诉大家只有民间排名，而且这个民间排名是非常不全面的。

谭飞马：是的。

刘兴宇：另外，一定要理性、客观地来看待排名，家长可以根据自己孩子的性格特点和学业规划，做出一个大体上分类的排名，其实这在选择学校的时候也是可行的。我们今天的节目就先聊到这，从下一期节目开始，我们会请谭老师来给大家讲一讲，我们选好学校后怎么申请，不同学校申请的标准和申请的程序又有一些什么样的不同。非常感谢谭老师来到我们节目当中做客！

谭飞马：好，谢谢！

17 申请时间

刘兴宇：听众朋友您好，欢迎收听专家小讲堂。在节目当中，我们为大家邀请到了加拿大中学资深专家谭飞马老师前来做客。我们将和谭老师一起为您揭开加拿大中学的神秘面纱。到上一期节目为止关于加拿大中学的概况以及择校，我们基本上给大家讲得比较透彻，从这一期节目开始我们将会和谭老师

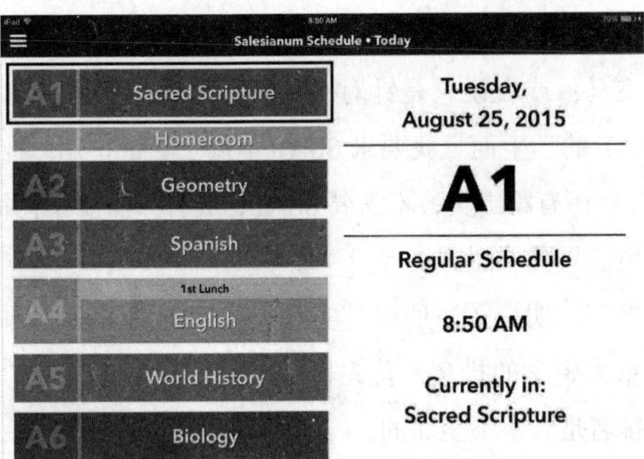

一起进入申请的话题。今天我们想请谭老师先来给大家讲一讲申请时间的准备。加拿大中学的申请一般情况下要提前多少时间就要开始做准备了呢？

谭飞马：其实我是建议应该最少要提前一年做准备，如果你实在是时间紧张，最少也得要提前半年，这个是针对公立中学来说的，私立中学一般需要提前一年，因为你还要准备语言考试。

刘兴宇：这个仅仅是因为语言考试的问题，所以申请的时间要相应延长吗？

谭飞马：不，还有一个原因就是90%的私立中学只有9月一次开学，属于学年制。公立中学大部分是有一年两次开学，属于学期制，分别是1月和9月。但是私立中学可能只有一次机会，而且私立中学像我之前说的，名额非常少，所以你必须早申请、早得到位置。如果私立录不了，还有时间再加申公立中学。

刘兴宇：对，也请您给我们讲一讲具体时间的准备。比如说如果是我打算申请2018年9月入读加拿大的私立中学，我要什么时候最好把语言成绩考出来，准备好？

谭飞马：其实从现在这个月份就可以开始，赶紧报名。

刘兴宇：2017 年 6 月份。

谭飞马：对，你就抓紧报名语言考试，不管是雅思、托福还是 SSAT，尤其是像 SSAT 考试，咱们中国考点不多，而且不是每个月都有考试，隔一个半月才有一次考试，可能还需要去刷分。如果你这次考得不好，你还要准备下一次，所以你要有足够的时间。还有一个就是你要预留一定的辅导时间来准备孩子的英文面试。还有一个比较难的环节是，有的寄宿中学可能现场要求你写一篇论文，这个即兴写作非常考验学生的英文写作功底。20 分钟可能要写两三百字的英文，题目还挺难。可能会问你怎么看待社会上的很多问题。20 分钟时间，可能就只能有 3 分钟的思考时间，然后利用剩下的十几分钟来完成这篇小论文。观点一定要清晰、有逻辑，英文流畅，无明显的语法错误，且用词精准。

刘兴宇：如果是私立中学，至少要提前一年多开始准备语言考试，而且要预留出相对充裕的时间来准备报考多次语言考试，另外还要留出相应的时间做好面试的准备。

谭飞马：是的。

刘兴宇：公立中学呢？

谭飞马：大部分公立中学你提前六个月或者是七八个月应该是足够的，因为公立中学相对来说位置会比较充裕一些。但是如果你心中锁定某个特定的学校，最好要提前一年去准备。比如西温教育局应该是加拿大比较热门的教育局，因为只有三所学校对国际学生开放，而且每年给中国学生留的位置不多，可能一年才几十个名额，基本上现在也只有 9 月一次开学，春

季几乎没有名额。如果打算2018年9月入学，我是建议学生从2017年8月份开始准备。

刘兴宇：2017年的8月。

谭飞马：对。

刘兴宇：所以也要提前整整一年的时间。

谭飞马：我觉得名额应该差不多10月份就已经排完了，这个时候你不能递交申请，但是你可以跟学校去预定这个名额，或者是跟中介留学公司去预定这个名额，然后准备你的申请材料。实际开放审理申请的话可能需要到10月份，所以可以先准备好材料排队。

刘兴宇：在之前的节目当中谭老师曾经为我们介绍过加拿大的中学基本上是遵循先到先得的原则。所以大家一定要明白，随着竞争越来越激烈，在名额有限的情况下，大家提前准备的时间一定要越来越长。

谭飞马：对，还要提醒家长的一点是，有时候你会发现，有的学生很晚才递交申请材料，5月份才提交，申请当年秋季入学，最后竟然拿到了热门紧缺学校的位置。另一个学生3月份提交申请材料，甚至1月份提交申请材料都没有拿到位置，原因是不是说学校位置的情况有变化，而是有可能前面的学生他申请了这个学校，但在付费环节放弃了。

刘兴宇：所以半途就空了一个名额出来。

谭飞马：对，你等于捡漏了，所以不要把这种特殊情况作为一个常规情况去考虑。

刘兴宇：所以大家一定要铭记的是，特别是如果你已经有了心仪的教育局和具体的学校，还是越早申请越好。提前半年，

提前八个月、十个月都不算早。

谭飞马：对的。

刘兴宇：关于申请时间，我们就请谭老师为大家介绍到这，下一期节目当中我们将会请谭老师来给大家讲讲，申请材料究竟应该如何来进行准备。

谭飞马：好的。谢谢！

18 申请材料

刘兴宇：听众朋友您好，欢迎收听专家小讲堂。在节目当中，我们为大家邀请到了加拿大中学资深专家谭飞马老师前来做客。我们将和谭老师一起为您揭开加拿大中学的神秘面纱。在今天的节目当中我们想请谭老师来给大家讲一讲加拿大中学的申请材料如何来准备。谭老师，请您先来给我们说一说，加拿大的中学不管是公立和私立，有哪些基础材料是我们必须要准备的呢？

谭飞马：好的，第一肯定是成绩单。正常来说公立中学是要求最近两年四个学期的成绩单。私立中学正常大部分是两年四个学期的成绩单。但是我们有部分中学会要求你提供以往三年的成绩单，所以这是一个小小的区别。一定要按照学校的要求来准备申请材料。

刘兴宇：成绩单这是第一项，必须要有。

谭飞马：对，还有你的护照。

刘兴宇：这是第二项。

谭飞马：是的，再就是我们的申请表、学校的专用申请表、申请费。还有个别学校会要求提供推荐信，推荐信一般是由你的数学老师、语文老师、班主任老师甚至是校长来提供，这个一般大概是两百字的英文描述。主要是陈述学生的性格是什么样的，在学校的表现是什么样的。

刘兴宇：还有呢？

谭飞马：还有大部分学校会要求提供中加方监护文件，这可能是对家长来说是比较陌生的一个东西。

刘兴宇：对，什么是监护文件呢？

谭飞马：首先我们说监护人，因为您的孩子是未成年人，他在加拿大学习，加拿大规定你必须要有一个加籍的成年人作为监护人，其实有一点代理父母的意思。

刘兴宇：如果比如说选择的是加拿大的公立中学，谁来做监护人呢？

谭飞马：有三种方式，第一种是加拿大的教育局会委派一个国际办公室的老师来担任你的监护人。这个监护人就会去加拿大当地的律师事务所给你出一个监护文件，加方监护人做完这个文件以后寄回中国，中国的家长需要拿着加方的监护文件去中国的公证处做一个中方父母委托监护声明公证。大致意思就是作为孩子的父母，授权同意某某作为孩子在加拿大学习、生活期间的法定监护人。这个中方的监护授权文件可能有一点需要注意，就是原则上要求父母双方都要当着公证员的面签字生效。但是现在有一些特殊情况比如说有一些离异家庭、单亲

家庭。这个必须要双方都来签字吗？在这个时候你要看一下孩子的监护权属于谁。如果是属于双方的，必须都要签字；如果属于单方的，另一方可以不用出现。当然具体还得看当地的公证处规定。

刘兴宇：明白了，所以这是监护材料、监护文件。这基本上属于一些基础文件了。

谭飞马：是的。

刘兴宇：申请公立中学是不是我们准备好这些基础文件就足够了呢？

谭飞马：申请公立中学来说应该是差不多了，可能有一些学校还会要求你提供免疫证明，就是我们小时候打防疫针的那个小本子。现在比以前好多了，大部分都是中英文对照的，提供复印件就可以了。像我们以前有一些地区或者有一些孩子的免疫证是中文的，这个时候你就要去做一个英文公证件。

刘兴宇：私立学校呢？

谭飞马：私立学校要求就会比较多，除了我刚才说的这些文件，推荐信基本上90%都是需要的，还有一些是要求提供语言成绩。甚至有的学校是，即使你所有材料都很齐全，但没有语言成绩，学校也是不会去审理申请的。什么时候语言成绩到才会去审理。还有最好是提供一些你的获奖证明，或者一些做志愿者的文件。公立中学对这块就没有要求。如果您申请天主教的小学，可能需要是洗礼过的教徒。还有一些需要牧师的推荐信。

刘兴宇：申请天主教的中学是不需要洗礼或者是教徒的。

谭飞马：对的。

刘兴宇：这些材料有一些什么具体的标准吗？除了刚才您说的有一些是必须要在国内做翻译件或者叫作翻译的公证件之外。

谭飞马：是的，首先成绩单就是看您的平均成绩，过去两年内，正常来说公立中学一般 75 分就可以，但是有个别教育局会要求 80 ~ 90 分。成绩单上我们建议您最好是包含语、数、外这几门主课。因为我们现在有时候会碰到一类成绩单是中专学校或者是职高的，课程设置是没有语文或者英语这些课的，这个时候在申请上会有一点难度，所以最好是建议具备语、数、外三门主课学科。私立中学的要求就会比较高，成绩最好都是 85 分以上，甚至是 90 分以上。最好是提供完整三年的成绩单。还有一个就是，如果正好是上高一，你需要提供初三的成绩单，这个时候我们不需要您提供初中毕业证，如果刚上完初一准备升初二，我们也不需要您提供小学毕业证。您只要提供上两年的成绩单即可。

刘兴宇：明白了，所以刚才我们听到谭老师为大家讲加拿大中学申请的时候所需要的材料，听上去其实是非常复杂的，需要家长在办理的过程当中和专业的顾问老师一起，详细地拿着一个列表一项一项地去把它办理好。

谭飞马：关于监护文件，我觉得非常有必要提醒一下家长还有我们的顾问老师，这个监护文件如果您没有准备，会耽误学生的录取。尤其是像有一些教育局，是在没有下通知书之前必须要收到监护文件的，而且是中加双方的监护文件。如果一直没有提供，像有一些教育局也不会问你去要这个补件，你就一直在等通知书，那你等了一个月可能都没有通知书，这样就

有可能耽误学生的申请进度和签证。还有一类学校是在申请的时候不需要监护文件，但是在申请学生签证的时候，加拿大使馆都是要提供监护文件的，在准备签证的时候，如果没有监护文件，会非常耽误学生签证的进度。

刘兴宇：我们可以这样来理解吗？就是有的学校在发放录取通知书之前，我有兴趣申请你的学校，我就可以要求这个学校指定学校国际办公室的负责人来做我的监护人。

谭飞马：现在来看，大部分教育局是不负责学生的监护的。有部分教育局会负责。在不负责的情况下，会有加拿大本地的后期公司来提供这一块的收费服务。如果您在加拿大有亲戚、朋友且就在您申请学校的那个城市，距离不远，车程大概在一个小时之内，且对方是有身份的加拿大人，可以来充当孩子的监护人。但是在找亲戚、朋友的时候一定也要想好，因为这可能就成为你们友谊小船翻船的一个理由。因为比如学校会要求如果学生有任何状况，监护人要做到随叫随到。如果你的亲戚、朋友达不到这个条件，这个时候你会觉得叫你去一下，你怎么就不能去了。但是亲戚、朋友会觉得我也有自己的事和生活，所以这一块家长和亲戚、朋友可能都要考虑清楚。另外就是亲戚、朋友的英文能力必须要达到能跟学校用流利的英文沟通的水平。当然，最好还要对加拿大中学教育体系有所了解。这样在学生入学时，才能提供选课的专业意见。

刘兴宇：明白了，我们非常感谢谭老师来为我们介绍关于加拿大中学的申请材料，下一期节目当中我们将会请谭老师来为大家介绍一下，加拿大中学申请的时候所需的考试成绩，非常感谢您来到节目当中做客！

谭飞马：好的，谢谢！

19 语言准备

刘兴宇：听众朋友您好，欢迎收听专家小讲堂。在节目当中，我们为大家邀请到了加拿大中学资深专家谭飞马老师前来做客。我们将和谭老师一起为您揭开加拿大中学的神秘面纱。在今天的节目当中我们请谭老师来给大家讲一讲，加拿大中学关于在申请的时候，语音类考试的一些基本要求。我们先请谭老师来说一说，加拿大中学认可哪些语言考试呢？是托福、雅思全部都可以吗？

谭飞马：其实之前来说 SLEP 考试也是可以的，但是两年前因为美国那边渐渐取消了这个考试，加拿大这边的学校可能会觉得这个考试过于简单，不能真实测出学生的语言水平，所以现在比较公认的考试是雅思、托福、小托福以及 SSAT 考试。

刘兴宇：有这样四个考试的成绩，这是加拿大中学基本上都会需要的。基本上会需要其中的一项或两项。

谭飞马：对，可能小托福我要补充一点，因为小托福从难易度上来说比托福稍微简单一点，所以一般要求提供小托福成绩的学校，都是针对九年级及以下的孩子。

刘兴宇：明白了，所以如果你是想申请十年级，恐怕小托福就不太适用于你了。

谭飞马：对，然后 SSAT 我可能再需要提醒一下，它跟我们说的 SAT 不是一回事，而且是两个机构运营的不同的考试。

刘兴宇：对，因为SSAT在申请美国高中的时候是比较常见的，所以在之前的节目当中我们也曾经为大家进行过相应的介绍。语言成绩对应的年级您刚才讲到了，托福和小托福是有区别的。SSAT是说基本上申请高中九年级以上都需要提供吗？

谭飞马：我们有部分寄宿中学是比较倾向于SSAT成绩的，大部分学校像我刚才说的Appleby这类顶级贵族寄宿学校，会要求你的SSAT最好是在2 100分以上，因为满分是2 400分。还有一类寄宿中学是最少要2 000分以上，才有资格提交申请。

刘兴宇：在用托福和雅思申请每一个学校的时候，是可以由学生自己来选择，提供其中一种就可以吗？

谭飞马：因为加拿大是英联邦国家，会比较认可雅思成绩，所以你在提供托福成绩的时候会有一点点吃亏。其实我是建议如果你不申请美国，你可以准备雅思成绩，但是如果你也准备以后升美国大学，你可以准备托福。

刘兴宇：明白了，一般情况下，您比较建议提前多久要来开始准备语言考试呢？

谭飞马：最少提前一年到两年。

刘兴宇：语言的高分在申请的过程当中非常有竞争力吗？

谭飞马：它只是会被考虑的一个因素。有一类学校比如说我之前采访的加拿大顶级女校 Branksome Hall（这是一所女子顶级贵族寄宿学校）一年可能也就招几个中国女生。学校考核学生重要的指标是面试。学校表示，即使是 SSAT 满分的学生，如果在面试中，口才、思维与英文达不到学校的要求，这个 SSAT 满分对于学校来说也是为零。

刘兴宇：明白了，就是我们还是不会录取高分低能的学生。

谭飞马：对的。

刘兴宇：另外还有一个就是我们知道有一些学校会配备语言的预习课程——ESL 课程。如果语言成绩高，我在入学之前就已经考到了高分，到了加拿大中学后我可以直接入读正课吗？

谭飞马：不一定，你即使雅思考了 7 分，甚至是 7.5 分，在入学测试以后，如果没有达到学校对于学术英语的要求，学生还是可能需要再读一学期或者是一年的 ESL。但我们之前也讲过，有一个学生，他是十年级的孩子，之前没有考过任何雅思，但是他在做过入学测试以后，学校直接免掉了他的所有 ESL 课程，直接上正课。

刘兴宇：这说明他的语言应用能力和他的学术英语的掌握程度已经足够直接进入学习的水平了。

谭飞马：是的。

刘兴宇：还有一个小的问题，就是说在学习语言的过程当中，家长会说，我们是不是需要拿出一个时间段来专心致志地

学语言，甚至有时退学去学雅思、托福？对于这个问题，您怎么看呢？

谭飞马：我是不建议辍学去学语言，因为这样做第一会影响学生到时候入学时的转学分。因为你入学的时候需要拿着最新一学期的成绩单去转相应的学分。还有一个我觉得学习兴趣也很重要。因为可能很多孩子是被逼学语言，而且我们也发现这种效果并不太好。我是建议把正当的学业和你的雅思考试培训相结合，排出一个合理的时间表。比如说你每周可能有两三天晚上固定学两个小时，或者是你周末可以拿出两个半天来学习英文这块。

刘兴宇：所以关于语言类考试，其实刚刚谭老师给了我们很多非常专业的建议，最后我们也想请谭老师再来给大家说一下语言类考试的基本标准。雅思大概的门槛，最低门槛应该要不低于多少分？

谭飞马：5 分。

刘兴宇：5 分，这是最低的门槛了。如果你想要申请更好的学校，恐怕要考到 7 分，7.5 分都是有可能的。如果选择托福呢，基本要不低于多少分？

谭飞马：托福大概我们正常应该是要 80 ~ 100 分左右。

刘兴宇：70 ~ 80 分，这算是比较低的门槛了。

谭飞马：对，我们上次一个被 Appleby 录取的十年级的学生，托福是 112 分。

刘兴宇：这个已经非常高了。

谭飞马：是的。

刘兴宇：如果是小托福呢？

谭飞马：小托福我建议最好是考到800分以上（满分900分）。

刘兴宇：这个其实算是一个不低的分数了。

谭飞马：对，但是因为小托福的难易度比托福略微低一点点，所以对于我们大部分有志于申请寄宿中学的学生，还是容易达到的。

刘兴宇：SSAT呢？

谭飞马：SSAT满分2 400分，我建议如果你想升寄宿中学，你最好考到2 000分以上，如果你想申请像Appleby这类顶级私校，你最好考到2 100以上。

刘兴宇：好，我们今天听到了谭老师来给大家讲加拿大中学所需要的语言类考试的一些基本情况，非常感谢谭老师来到节目当中做客！

谭飞马：好，谢谢！

20 面　　试

刘兴宇：听众朋友您好，欢迎收听专家小讲堂。在节目当中，我们为大家邀请到了加拿大中学资深专家谭飞马老师前

来做客，我们将和谭老师一起为您揭开加拿大中学的神秘面纱。在今天的节目当中我们将会和谭老师来聊的话题是加拿大中学申请过程当中的面试，先请谭老师来给我们说一说，哪些学校或者是哪些情况之下需要对学生进行面试呢？

谭飞马：现在的情况是 90% 的寄宿贵族中学都需要面试，70% 以上的独立走读中学也需要面试。还有一类部分公立中学可能也要求面试，部分公立中学面试这一点是最近几年的政策变化。比如直接申请十二年级的学生，或者申请公立教育局下面没有 ESL 英语支持的学校。还有一类是你要通过别的教育局或者是别的省份转过来的学生。这一类学生可能会要求面试。

刘兴宇：面试一般情况下是通过什么样的方式来进行的呢，多半都是网络远程面试吗？

谭飞马：是的，一般是 Skype 面试，有一点像我们的 QQ 语音视频，或者是 QQ 视频。还有一类是直接打电话，打越洋电话，当然也有面对面的现场面试。比如寄宿中学，每年可能会在某个月份来到中国进行第二年 9 月份的招生，如果你有这样的信息和机会，你一定要抓住，因为面对面的面试其实要比远程的效果好很多。

刘兴宇：面试是整个加拿大中学录取过程当中非常重要的一环吗？

谭飞马：非常重要，因为我们之前发现有的学生可能语言成绩真的不是太理想。比如说我刚才说的雅思，学校明明要求是雅思 5.5 分，但他只考了 5 分，但是口语和逻辑思维能力都很强。这个时候校方在经过跟他讨论之后，同意学生参加面试，如果面试表现好，就有可能被破格录取。

刘兴宇：明白了，面试前一般情况下学生要做一些什么样的准备呢？

谭飞马：首先你一定要上这个学校的官网去了解一下这个学校的一些基本点、学校的教育理念与文化特色，以及一些基本的信息。你起码要知道它是男女混校，而不是一个男校/女校，因为其实很多学校非常在乎一点，就是我会问你，你为什么要申请我们学校，我们学校哪一点吸引你。请记住学校问您这个问题的时候是非常严肃认真的，不是客套话。

刘兴宇：随便问的。

谭飞马：对，还有一点就是会问你的家庭情况，很重要的一点是考察你的家庭成员之间互动是不是很多，每个人是否关心对方，比如说父母的年龄你都不知道，父母的生日你也都不知道，甚至父母是做什么职业的你也不知道，它会认为这个家庭缺少一种爱的氛围。下面这个也是要考虑的，就是你的个人爱好，你在学校跟别人相处得怎么样，你对自己的评价，这些都会涉及。

刘兴宇：所以这些问题听上去很简单，但是实际上回答的时候一定是要有所准备，而且是要严肃对待的。

谭飞马：是的。

刘兴宇：一般情况下加拿大中学的面试持续时间有多长呢？

谭飞马：正常来说大概是10分钟到半个小时，但是也有特别能聊的学生，他能聊到一个小时。

刘兴宇：这个恐怕就很受学校欢迎了。

谭飞马：对，是的。

刘兴宇：面试结束以后，面试官会马上告诉学生面试的结果吗？

谭飞马：一般来说不会，这可能就涉及寄宿中学录取的流程。正常来说来中国面试的老师，他今天面了5个学生。他会对每个学生做记录，做完记录他会带回他的国家，跟录取办公室的3到5个老师汇总面试情况。大家综合讨论，讨论之后每个人会再做决定。所以这个过程可能会持续两到3周的时间，甚至是3个月。

刘兴宇：最终会告诉学生的是单独面试的结果，还是说最终只会告诉你录取的结果？

谭飞马：面试过了一般也就意味着你的录取差不多了，接下来你就可以去交学费了。

刘兴宇：面试的这个环节听上去一点都不难，但是实际上这里面其实是有很多讲究的。就像刚刚谭老师讲到的一样，面试的过程当中可能会提出一些让大家觉得很简单的问题，但是实际上这些问题的背后是需要你要做大量的准备的。现在随着中国学生申请越来越多，竞争越来越激烈，我相信恐怕未来需要面试学校的数量也会越来越多，所以大家一定要很认真、严肃地对待这个环节，我们非常感谢谭老师来到我们节目当中做客！

谭飞马：好，谢谢！

21 入学测试

刘兴宇：听众朋友您好，欢迎收听专家小讲堂。在节目当中，我们为大家邀请到了加拿大中学资深专家谭飞马老师前来做客，我们将和谭老师一起为您揭开加拿大中学的神秘面纱。在今天的节目当中，我们将请谭老师来给大家讲一讲加拿大中学的入学测试。在前面几期节目当中，谭老师多次讲到了入学测试对于认定这个孩子的学习能力的重要性，请您先来给我们讲一讲，加拿大所有中学都有入学测试吗？

谭飞马：对，是的，加拿大所有中学在开学第一天就会举行入学测试，这是非常重要的一个测试。主要考察两方面的学科内容，一科是数学，另外一科是英语。

刘兴宇：这个入学测试是以什么形式来进行的呢？笔试还是别的形式？

谭飞马：是现场笔试。

刘兴宇：笔试成绩一般情况下是会很快就告诉学生吗？

谭飞马：应该是差不多当场就能知道，也有一些可能是会在接下来的一周内接到通知，因为学校那边也需要时间评分。

刘兴宇：入学测试的目的和意义是什么？

谭飞马：其实主要目的之一就是把学生的英文水平进行分级，这样的话你就会有一个比较科学的学科指导，比如说

我们其实主要是用 ESL 进行分级，以安大略省为例大概是分为五级——ABCDE，其中 A 是初级，E 是最高级。

刘兴宇：所以这其实相当于中国学校的分班考试。

谭飞马：是的。

刘兴宇：根据你的语言水平，能够跟你的语言水平相匹配的同学能够分到一个班级。

谭飞马：差不多。

刘兴宇：除了入学测试以外，我们知道加拿大有一些中学还有一种在线测试，需要你在申请的过程当中在线通过它们的测试。这又是一种什么样的测试呢？

谭飞马：在线测试有好几个目的，第一个就是比如说我们申请这个教育局下属的没有 ESL 项目的中学，这个时候教育局就要来进行在线测试，测试你的英文水平，比如渥太华卡尔顿教育局下属有一所非常好的中学叫上校中学，但这所中学是没有 ESL 的，如果你想申请，就需要做在线测试，满分是 100 分，学生最少需要达到 90 分才能入读这个学校。

还有一类是不作为考核你的语言目标的，是我们入学前的一个选课测试。这个测试主要是看你的英文水平大概在一个什么样的水平，然后根据你的水平选择相应的学科。学生在入学前选课，选择比较多。因为有时候到了时间再选课，一些热门的课程可能已经被选完了。

刘兴宇：在线测试一般情况下是学校已经明确了发放录取通知书之后来进行的吗？

谭飞马：像我们刚才说的申请没有 ESL 项目的中学就是在录取前。

刘兴宇：申请的时候就要进行这样的测试了。

谭飞马：是的。

刘兴宇：一般情况下，这个在线测试的题量大概有多大呢？需要学生花多长的时间来进行呢？

谭飞马：有一类是考试只有 20 分钟，但是题量超过 60 题。

刘兴宇：这个时间和数量对学生的要求还是很高的。

谭飞马：对，需要你的反应速度很快，没有什么思考的时间，就是第一反应，然后写答案。

刘兴宇：类似这样的入学测试，学生需要提前做准备吗？或者是您建议学生在到加拿大之前，要在国内做一些相应的培训来应对这样的考试吗？

谭飞马：学生的词汇量和语法确实很重要，需要学生平时一点一滴扎实地去积累。如果暑假有充裕的时间，建议报一个加拿大中学举办的夏令营，这对提高学生英语水平和尽快适应加拿大中学教育体系也比较有帮助。

刘兴宇：刚刚我们听到了谭老师给大家讲加拿大中学的入学测试和在线测试，这个其实对于很多申请其他国家高中的同学来说，算是一个比较特别的需要应对的环节。但这个环节对于学生来说又是非常重要的，因为这意味着你入学以后将会花多长时间在ESL课程上面。刚才谭老师也讲到了，建议大家参加一些加拿大中学的夏令营或者叫作夏校的项目，这些项目我们究竟该如何申请？这些项目对学生来说又会有一些什么样的用处呢？我们将请谭老师在下一期的节目当中来给我们做更加详细的讲解。

谭飞马：好，谢谢！

22 夏令营

刘兴宇：听众朋友您好，欢迎收听专家小讲堂。在节目当中，我们为大家邀请到了加拿大中学资深专家谭飞马老师前来做客，我们将和谭老师一起为您揭开加拿大中学的神秘面纱。今天的节目当中，我们将会请谭老师来给大家讲一讲加拿大中学的夏令营，先请您给我们说一说，做一个普及，加拿大的夏令营大概可以分为一些什么样的类型呢？夏令营怎么来选择？

谭飞马：加拿大的夏令营一般分为两大类，一类是学术团，一类是游玩团。学术团比较容易理解，一般来说上午是上英文课，在学校里面上课，不管是在公立中学、私立中学还是在大学里面，下午一般会带学生去参观当地的一些科技馆、博物馆，还有动物园之类的。游玩夏令营可能全天都是去当地的名胜古

迹，或者各个景点去游玩，不太涉及一些学术上的学习和系统的上课。

刘兴宇：明白了。这个游玩团我想恐怕多半都是一些旅游机构，或者是国内的中介机构来举办的。这个学术团是不是大多数都是加拿大的中学自己来办的，有点类似于大学的 summer school 也就是夏校的形式呢？

谭飞马：对，它有点像 summer school。在加拿大，你上了一个月的 summer school，如果修满课时合格后还可以拿到加拿大高中学分。

还有一类是学分夏校，一般是针对本校老生、在读学生、以前的学生，主要是方便在读学生暑假不回国、修学分。这种学分夏校一般不对其他学校的或者新生开放。

刘兴宇：对，那么如果这种 summer school 大家不能申请，像您说的这种学术团，这也是由加拿大的中学自己来举办的吗？

谭飞马：是的，我们公立教育局大部分都有自己的夏令营项目，而且选择非常广泛，最少选择两周的课程，最多可以选到六周的课程。你可以根据自己时间和费用预算来选，两周、三周、四周都可以。

前面谈到的寄宿中学也有夏令营项目。另外还有一类是大学团，比如多伦多大学、大不列颠哥伦比亚大学这种名校，也会举办中学生夏令营。

刘兴宇：大概费用呢？

谭飞马：我们刚才说的几个类别中，公立中学肯定是最实惠的。

刘兴宇：我们以两周为例。

谭飞马：两周的课程，包当地的吃、住、行、游玩，还有你的英语课，一共可能是 2 000 ~ 3 000 加元，差不多是 1 万 ~ 1.5 万人民币，但这是不含机票和签证的。但相对于咱们去国内海岛玩一周的花费，这已经是比较实惠的。

刘兴宇：是的，寄宿中学会更贵。

谭飞马：寄宿中学一般会在 3 000 ~ 5 000 加元。寄宿中学一般是住在学校，公立学校一般是住在寄宿家庭。

刘兴宇：明白，所以您看，上次节目当中您给我们讲的就是如果要参加这样的夏令营，其实对于你了解加拿大的学校、了解加拿大学习的模式，会有非常大的帮助。

谭飞马：是的。

刘兴宇：一般情况下您会建议几年级的孩子来参加这样的夏令营呢？还是说一定要等到申请的那个夏天才去？

谭飞马：我们现在有好几个年龄类别，其实从小学 6 ~ 12 岁就可以去，但这个可能一般是亲子游会比较多，父母一方可以陪同，但是这种团可能就是游玩会多一些，因为儿童的注意力时间是有限的，上课时间不能太长。还有一类是群体比较大的，就是中学生团，从 11 岁到 18 岁，这类是不需要父母陪伴的，自己就可以去。

刘兴宇：所以如果单纯是为了申请能够更顺畅，或者是我申请完了以后能够入学测试更顺畅，建议在申请的前后这个夏天去，这个恐怕是最有帮助的。

谭飞马：对。还有一类是你对于某一个学校有明确的目标，比如你要申请 Appleby，你今年没有申请到，那么你今年去参加 Appleby 的夏令营，那对你明年的录取会有帮助，因为你对学校的文化理念有了实地的了解，而且英语水平也提高了。如果以后你想申请多伦多大学，在高中期间你可以去参加多伦多大学的夏令营。这样的经历对日后申请大学也会有作用。

刘兴宇：所以这就是参加夏令营的意义所在。对于很多家长来说，他们也会很纠结夏令营的安全问题，因为毕竟两三个星期，要把孩子单独放在国外，特别是对于一些中国的初三，也就是九年级的学生，因为年龄还比较小。对于安全问题，加拿大的夏令营是否有充分的保障？

谭飞马：加拿大是一个特别注重儿童安全的国家，比如 11 岁以下的孩子是不允许独自待在家里的，哪怕一个小时都不可以。还有比如说 13 ~ 14 岁，允许你可以独自在家里待一个小时，超过一个小时必须要有成年人陪伴。在路上、街道上，很多人也会关注学生儿童的安全。学校老师也是一样，所以参加夏令营的时候如果住在寄宿家庭，寄宿家庭会关照你的安全。学校做活动，在外面游玩，全程会有带队老师和当地的老师注意防范安全方面的问题。

刘兴宇：关于夏令营，我们听到了谭老师来给大家做了一个简单但又非常全面的讲解，实际上对于低龄的孩子来说恐怕

更多的是体验的意义。出去看一看除中国以外的国家是什么样的，对于大一点的孩子来说，特别是已经有了明确的目标学校，或者是申请已经成功的同学，去参加这样的夏令营，对于你申请这个学校或者是顺利通过入学测试，提前适应异国他乡的生活和文化方面是非常有帮助的。好的，非常感谢谭老师来到我们节目当中做客！

谭飞马：好，谢谢！

23 小学及陪读

刘兴宇：听众朋友您好，欢迎收听专家小讲堂，在节目当中，我们为大家邀请到了加拿大中学资深专家谭飞马老师前来做客，我们将和谭老师一起为您揭开加拿大中学的神秘面纱。

在之前的节目当中我们介绍了加拿大中学的概况，以及如何申请加拿大中学，那么今天我们来延展一个话题，就是很多家长其实在考虑孩子是不是要送到加拿大去读中学这个过程当中，对于一些更低龄的孩子，他们会关心我们的孩子可不可以到加拿大去读小学？父母可不可以前往陪读？所以今天的节目当中，我们请谭老师和大家说一说加拿大的小学以及父母陪读。首先请您给我们讲一讲加拿大的小学是否向国际学生开放。

谭飞马：这一点和英国与美国不同，加拿大的小学大部分都向国际生开放。

刘兴宇：一般情况下几年级就可以进入了呢？申请有一些什么样具体的要求呢？

谭飞马：现在是越来越开放了，因为以前，很多教育局会从三年级开始接收，但是现在，很多教育局从一年级就开始对国际生开放，所以从低龄化来说，加拿大的接收年龄是从 6 岁开始，一年级到十二年级，国际生都可以申请。

刘兴宇：有一些什么具体的申请要求呢？

谭飞马：小学申请应该说没有什么成绩要求，如果是小学生要申请一年级其实是没有成绩单的，这个时候可能就需要之前就读的幼儿园对这个小孩进行一个性格和行为的简单描述，主要目的就是让加拿大那边的老师看一下这个孩子大概是什么样的性格。

刘兴宇：语言上呢？也没有任何要求吗？

谭飞马：没有。

刘兴宇：那么比方说这么小的孩子，如果他不会英语，直接进入一年级，如何过渡呢？

谭飞马：对，所以这块跟中学可能不一样，因为比如有 10 所小学，但是可能只有一到两所或者三所小学，接收一到两个国际生，所以接收一到两个国际生，学校会专门给他配英文的补充课程，或者给他专门配一个辅导老师进行课下和上课时的英文辅导。

刘兴宇：那么家长可不可以陪读呢？还是说必须要求家长陪读呢？

谭飞马：从加拿大这边的法律来说是必须要求陪读的，有一个年龄界限，90% 的教育局都要求 13 周岁及以下的孩子是需要父母一方陪同的。

刘兴宇：家长陪读的话，是有专门的陪读签证吗？

谭飞马：在加拿大，其实是没有真正意义上的父母陪读签证的，还是一个探亲临时访问签证，但是在操作的时候，可能会有一点点区别，我们一般是建议陪读家长递交签证的时候，同时附上孩子的录取通知书，会帮助这个陪读父母更容易获签。

刘兴宇：我们知道加拿大的这种短期的访问签证，或者是旅游签证、访友签证其实是有在加拿大停留时间要求的，但是您也知道陪读恐怕要停留的时间相对更长一些。在签证的期限给予方面，加拿大会有一些特殊的安排吗？

谭飞马：有一些家长是可以拿到十年多次往返，有一些可能比这个年限要短，但不管是几年，大部分都要求超过半年以后，你要再离境一次，或者是如果孩子太小，有一些是可以在加拿大境内续签的。

刘兴宇：明白了，关于陪读，您觉得有哪些是需要提醒家长的呢？

谭飞马：很多家长会觉得孩子上学了，他也没什么事儿干，就想去找个工作，或者是找个学校去上学。

刘兴宇：对，也学学语言。

谭飞马：这个想法确实很自然，但是加拿大移民局是绝对不允许这种情况的，所以家长朋友在陪读期间一定不要去打工、上学，因为一旦被移民局查到，连您的孩子都会一起被遣返。因为之前发生过一起案例，有一个高中生，在加拿大期间学习非常好。但因为他陪读的父亲在加拿大期间打工被查到，导致孩子跟父亲一起被遣返回国，非常可惜。

刘兴宇：不被允许再次入镜了。

谭飞马：对。

刘兴宇：关于陪读的年级，您会有一些什么样的建议呢?

谭飞马：陪读的年级，现在没有特别硬性的要求。其实从加拿大的义务教育来说，中国的学前班，就是5岁，幼儿园大班，也在加拿大的小学阶段里面，他们叫K，这个虽然在小学阶段里面，但是正常来说现在教育局是从小学一年级开始接收，所以6岁就可以去上学了。

刘兴宇：6 岁的时候。

谭飞马：有时候家长会质疑，为什么在公立体系里不能申请学前班？确实是因为孩子太小了，所以经常加拿大是从一年级开始接收。但是，每个教育局有自主规定。有的教育局会倾向于从三年级或者四年级开始接收，所以如果在申请前有确定的教育局，一定要让跟您的中介或者您在那边的朋友去跟教育局确定一下，是从几年级开始愿意接收国际生或者说是有位置的。

刘兴宇：如果家长是过去真的只是为了陪读，并不是为了将来要移民，在这种情况下，您会建议一般陪读到几岁其实这个孩子就可以让他独立了？

谭飞马：从我们这边来看，我们觉得是陪到小学毕业，或者是如果有一些小孩子自理能力比较弱，或者性格比较内向，我觉得陪到初三就差不多了。

刘兴宇：好的，今天我们用了一期节目的时间，请谭老师简单给我们讲了一下加拿大小学以及父母陪读的情况，这针对很多打算带低龄的孩子到加拿大去读书的家长来说是非常适用的，谢谢谭老师来到我们节目当中做客！

谭飞马：谢谢！

24 中学生签证

刘兴宇：听众朋友您好，欢迎收听专家小讲堂。在节目当中，我们为大家邀请到了加拿大中学资深专家谭飞马老师前

来做客，我们将和谭老师一起为您揭开加拿大中学的神秘面纱。今天我们的话题将会进入签证的环节了，加拿大是所有去读中学的孩子都需要申请正规的留学生签证吗？

谭飞马：正常来说如果你计划在加拿大停留超过 6 个月，你就需要申请这个学习签证的，如果是短于 6 个月，你申请的是临时探亲访问类签证。如果你计划要去魁北克省，你还要再准备申请一个 CAQ，类似于咱们中国的港澳台通行证。

刘兴宇：这个是一个特别的安排。

谭飞马：对。

刘兴宇：一般您会建议提前多长时间来递交签证是比较保险的？有没有资金方面的要求呢？

谭飞马：其实从我们这边的经验来看，最好是要提前半年，但是有些时候就是有些特别仓促的，或者临时决定的，那也最少要提前 3 个月去准备签证。资金担保这一块，我们建议是按照 20 万元人民币一年去准备，一般公立中学，如果是去读九年级或十年级，我们一般是准备担保金 100 万 ~ 120 万元，还需要 12 个月的历史。

刘兴宇：也就是说，这个钱要放在账户里面有 12 个月时间的长度。

谭飞马：对，这个不一定说你的定期存款要有这么多钱。如果你有一部分钱，比如你有 30 万元是在股票市场里面或基

金里面，并且可以追溯到它也是有一年历史的，你把它作为变现，这些也可以作为辅助说明。

刘兴宇：签证的时候需要提交哪些材料呢？

谭飞马：签证这块中学生会比大学生文件要求得多一些，除了常规的录取通知书、成绩单，还要有中加方的监护证明、你的出生公证、护照，这些是必需的，还有一个是学习计划、担保金来源说明，以及签证费。

刘兴宇：其实刚刚听到谭老师这样一列举，相对来说还是比较清晰明了的：录取通知书、你的中加方的监护文件，这个实际上我们在后面的节目中还会专门来给大家说，就是监护权，你在加拿大读书期间，到底谁来承担这个监护权？另外还有你的出生公证、你的英文学习计划、担保金，刚刚谭老师已经讲到了，还要缴纳签证费，这个是必需的。如果我的材料都准备齐了，会有被拒签的可能吗？

谭飞马：会有被拒签的可能。

刘兴宇：一般情况下会出现什么状况呢？

谭飞马：大部分是签证官会对你的资金来源有怀疑，这是比较常见的拒签理由。还有一个就是你的学习计划不明确，这也会导致你拒签，或者是你的申请学校跟你的实际情况也不太匹配，也可能会导致拒签。

刘兴宇：比如说呢？

谭飞马：比如说你已经研究生毕业，你再去申一个大专课程，这可能就会引起他对你有一个移民倾向的怀疑。

刘兴宇：如果拒签以后该怎么办呢？我们可以马上再次准备好材料，或者对材料进行调整以后迅速再次递交吗？

谭飞马：还是要看情况，因为如果是因为资金这块的疑问，就要好好考虑一下，是不是因为钱准备得太少了？因为我们之前发生过一个案例，有的客户担保金只提供了三四十万元，这个离 80 万元或 100 万元这个缺口比较大，这个时候就不太建议你马上再递交，因为你要再去筹款，你可能需要考虑在半年以后，或者第二年再去递签。如果因为你的学习计划不明确，或者是你的资金足够，但是来源没有说清楚，那你就需要去跟你的文案捋一下这个来源，把它再解释清楚后，可以考虑再递。

刘兴宇：如果确实因为各种原因，家里面商量过后决定不再递交了，因为再递有可能还是被拒，而这个时候学费都已经交了，怎么办呢？

谭飞马：大部分学校在收到你的拒签信以后，还有你的通过书，会处理学费退款，比如说学费是 1.5 万加元，通常来说大部分学校会扣除大概 500～1 000 加元的行政费用，退还其他的费用。

刘兴宇：明白了，有什么办法能够提高签证的通过率呢？

谭飞马：第一肯定是资金，一定要有足够的资金，这个来源一定要清晰，然后你的学习计划，这个目标一定要明确、合理，还有一个就是其他的所有文件都要根据使馆的要求去准备，且文件一定要保持整洁、有条理、是真实有效的。

刘兴宇：刚刚谭老师讲到的这一点我觉得特别重要，就是大家一定要明确，加拿大为你发放学习的签证或者叫作学生签证，它其实只是需要确认两点，第一，你到加拿大是真的去学习的，所以他要看到你的学习计划是清晰、完整的。第二，你的家庭是也是有能力来保障你在加拿大学习期间的资金供给的，所以他要看到你有非常合理的来源，并且有足够的资金保证。

谭飞马：对，其实就是这两点。

刘兴宇：有一些学生会说，老师你看我到加拿大去读夏季学校的经历，我也参加过游学营，我还到其他的一些欧美发达国家旅游过，护照上面也有这些记录，这个能够对学生签证的过签起到一点帮助作用吗？

谭飞马：其实从去年的使馆新政开始，这一类经历对你的学签过签是非常有说服力的，所以建议学生在准备留学之前去参加一个夏令营、短期游学，或者交换生项目之类的。

刘兴宇：在这个学生签证的签证过程中对英文有要求吗？

谭飞马：中学没有具体的要求，除了大学现在有两个特别项目——SDS，还有 SPP 计划，这个是针对一部分大专院校和本科院校的，如果你的雅思达到 5.5 分或者 6.0 分的水平，你的

担保金可以少很多，也就是说语言对大学签证会有点帮助。中学生这块没有明确要求，但是从我们的经验来看，如果你的雅思在5分以上，对你的过签是有帮助的。

刘兴宇：加拿大中学学生签证是不需要面签的，只需要提交材料就可以了。

谭飞马：对，没有面签，但不管是中学还是大学，有时候会碰上抽查，打电话抽查，所以在递签证期间，一定要保证留的担保人信息是正确的、通信顺畅。

刘兴宇：今天谭老师给我们讲了如果要去加拿大读书，如何来进行签证的一些相关内容。谢谢谭老师来到节目当中做客！

谭飞马：好，谢谢！

25 行前准备

刘兴宇：听众朋友您好，欢迎收听专家小讲堂。在节目当中，我们为大家邀请到了加拿大中学资深专家谭飞马老师前来做客，我们将和谭老师一起为您揭开加拿大中学的神秘面纱。今天谭老师将会和我们大家讲一讲如果已经顺利拿到了录取通知书，也顺利获得了加拿大使馆的签证，准备出发的时候，应该要做好哪些方面的准备？

谭飞马：首先我们建议一定要有语言上的准备，因为这块对你即将面临的入学测试，以及你顺利过渡到正课阶段是非常重要的一步。而且也能让学生增加学习的信心。所以我们建议学生一旦拿到通知书之后，最好就开始要额外补充你语言上的准备。因为正常来说，在国内你不管是学习雅思、托福，还是你在学校里学的英文，跟真正加拿大的学术英文还是有很大差别的。就拿最简单的加减乘除和数学公式来说，很多孩子就不太会用英文表达。还有我们可能公式中用到很简单的斜率公式，在英文中我们学的比较多的意思是 slope，它其实是坡度的意思，但是它在数学公式上是斜率的意思，所以这些可能都是原来学英文时没有覆盖到的一些内容。

刘兴宇：所以说要进行学术英文的补充。

谭飞马：对。

刘兴宇：这块到底该怎么做呢？

谭飞马：我建议如果方便，大家可以去学校的官网找一些课程，或者是现在有很多网站会提供一些国外欧美这边的原版的一些视频课程，可以去适当地看一点，或者自己购买一些原版教材去学习。

刘兴宇：我注意到您特别提示大家一定要看原版的课程和用原版的教材，这个很重要。

谭飞马：因为原版教材就是欧美国家中学生上课用的教材，这里面的很多专业术语和学术英文都是日后上课要用到的。

刘兴宇：可能也会有很多学生说，老师，我马上就要到加拿大去了，我还可能有 ESL 的课程，我需要在国内做这么多英语的准备吗？我在出发之前把英语准备好，对我来说有什么帮助呢？

谭飞马：是需要的，因为你如果在国内有准备，你在入学测试的时候，你的语言级别就能高一个等级，这样你就可以少花一个学期甚至一年的时间来学英文，可以节约时间和费用。当然，你也会对加国的学习更有信心。

刘兴宇：非常大的提升。

谭飞马：对，还有一个自信心的树立，因为很多孩子可能会把英语想得比较简单，但是真正到了学术课、学分课的时候，他可能一句话都听不懂，学生很容易产生挫折感。

刘兴宇：你后面讲到的这一点，恐怕对于低龄的孩子来说更加重要。有自信心，才会对学习感兴趣并学好。这一点其实使得他能顺畅度过进入加拿大的学业过程的过渡期，我觉得这一点很重要。

谭飞马：确实是。

刘兴宇：前面你讲到这是语言上的准备，还有哪些方面的准备是必要的呢？

谭飞马：第二个就是生活能力的准备，因为加拿大这边公立中学一般都是住在寄宿家庭，所以很多孩子要有独立自主的生活能力。比如说最简单的怎么用洗衣机洗衣服，会做简单的菜，哪怕是番茄炒蛋，或者是蛋炒饭。然后自己的房间一定要整理干净。还有个人卫生，这一点其实也非常重要，我们发现过去的很多孩子连基本的个人卫生这块可能都达不到要求。还有一个是主动承担一下寄宿家庭的家务，比如说你吃完饭主动把碗筷收拾到水槽里面，这个其实是很简单的一件事，但是我们中国的有些孩子可能还没意识到这一块。能够主动承担家务和具有较强的个人能力，会对你跟寄宿家庭融洽相处非常有帮助。

刘兴宇：这个是生活能力上的准备，我觉得恐怕除了你自己要会干你自己应该完成的事之外，其实更重要的是你要和寄宿家庭、和你即将进入学校的老师和同学有一个非常好的沟通。所以这方面您觉得出发之前家长需要额外做一些辅导，或者说做一些培训吗？

谭飞马：我觉得可能这块你要是大量去准备比较难，其实可以从最简单的两个词开始，就是一定要多说“谢谢”，然后多说“不好意思”“对不起”，这几句简单的话对你接下来跟人的沟通交往，或者是产生矛盾、误会的时候是非常有帮助的，因为中学生英文确实现阶段也比较欠缺，如果你多请教，多说“谢谢”，多说“不好意思”，你会得到很多帮助。当然也要学会请求帮忙。这一点也非常重要，不要觉得不好意思开口。

刘兴宇：明白了，实际上我们鼓励孩子在加拿大学习期间，不管是在学习还是生活上，遇到各种各样的问题时都要直截了当地来表达你自己心里面的一些想法，千万不要闷在心里，有的时候其实只是很小的一点点误会。最后我们再来说一点，我

们知道很多孩子到了加拿大之后，父母除了学费之外，可能还会给孩子一些零花钱。金钱管理的能力，其实也需要家长给孩子们一些指导。另外，大量的课后时间属于孩子了，应该怎样管理好自己的时间，而不是大量地浪费在比如玩游戏上面？这个您觉得在行前我们应该做一些什么样的准备呢？

谭飞马：我建议家长从开始有这个留学意识的时候，就培养孩子在时间上和金钱上的管理能力，这真的是非常重要。因为加拿大的中学生在每学期入学的时候，学校就会发给学生一个本子，本子上记录了所有你这学期要做的事情，比如，考试的时间，还有你要做文体活动俱乐部的时间安排。那本本子对你非常重要，所以其实就意味着你对自己的时间要有一个很好的管理，很好的时间管理就意味着你接下来的学习会非常成功。可以从暑假放假开始锻炼一下，比如跟孩子一起做个每天的时间计划表。

至于金钱这一块，就是一定要对自己每个月的花费进行一个梳理和规划，分配好每个月的开支。

我建议家长每个月给孩子汇一次款，这样可能会强制性地帮孩子计划好每个月的开销，因为如果你一次汇半年或一年的费用，家长可能省事了，但是对孩子来说，他没有每个月的概念了，只是这一笔钱他可能会放到一个月去花，这个时候就会产生很大的问题。

刘兴宇：好，非常感谢谭老师今天来给我们讲行前、出发之前孩子们有哪些能力是必须要做好准备的，我们没有给大家讲具体你到加拿大干什么，更多的是讲能力上的准备。非常感谢谭老师来到节目当中做客！

谭飞马：好，谢谢！

26 日常术语

刘兴宇：听众朋友您好，欢迎收听专家小讲堂。在节目当中，我们为大家邀请到了加拿大中学资深专家谭飞马老师前来做客，我们将和谭老师一起为您揭开加拿大中学的神秘面纱。在为大家介绍了加拿大中学的概况，加拿大的中学如何申请，怎么来进行签证，以及行前准备之后，从今天开始我们的节目要进入同学们到达加拿大、进入加拿大的中学之后的话题系列了。那么在今天的节目当中，我们想先请谭老师来给我们讲几个加拿大中学常用的术语，这些都是什么意思，因为你进入加拿大中学以后，可能经常能接触到这些词汇。我们一个一个来给大家讲一讲，谭老师。

谭飞马：好的，首先是结业证书，这个其实指的就是高中毕业证书，我们以 BC 省和安大略省为例，BC 省的高中毕业证它其实英文叫 Dogwood，我们翻译过来叫山茱萸毕业证，山茱萸是 BC 省的省花，所以有的人会问你有没有 Dogwood，其实指的就是 BC 省的高中毕业证。安大略省就比较简单，就是安大略省的高中毕业证。

刘兴宇：所以你进入学校以后，老师会说你要好好学习，不然你拿不到结业证书，或者是山茱萸，实际上指的就是你的高中毕业证书。

谭飞马：是的。

刘兴宇：好，继续。

谭飞马：还有一个是社区服务，这在加拿大全国都是一个中学生、小学生必须去完成的一项任务，类似于中国的义工或者志愿者活动。学生要想拿到高中毕业证，你就必须在高中学习期间完成一定时间的社区服务，或者是义工志愿者活动。

刘兴宇：我们可以把它理解成为这是你高中学习生活必不可少的一部分。

谭飞马：对。

刘兴宇：大家千万不要觉得这是额外的课程。

谭飞马：是，以安大略省为例，在高中期间你至少要完成40个小时的义工，分配到九年级到十二年级，就是你每年要完成10个小时以上的义工。

刘兴宇：这个是第二个词，社区服务。你在读书期间也经常能听到老师和学校会提到这个词。

谭飞马：对，还有一个非常重要的就是课程代码，因为我们中国的成绩单上都是直接写语文、数学，但是在加拿大都是课程代码，它由六个字母和数字组合而成，字母都是大写的字母，后面会有数字，代表了是几年级的课程，然后是哪一门课。这个也很重要，因为你要知道这个，才能看懂自己的成绩单。

刘兴宇：对，这个课程代码是用来描述不同年级的课程和不同程度的课程具体是什么课程的。这个是全国通用的吗？

谭飞马：这个相对来说应该是每个省通用。

刘兴宇：所以只要明白这个省的教育体制，大家一看到成绩单的时候，看到这个课程代码就能够明白这是哪一门课、几年级学的、你最后拿到了多少分数。

谭飞马：对，同样是十二年级的英文课，可能这个代码是代表这个课是以后为升大学准备的，但是另外一个代码如果有一个字母不一样，可能就代表这个十二年级英文是以后升大专学院用的。还有一门过渡课，你到时候可以根据你的成绩来决定是升大学还是大专，可以自由转换。

刘兴宇：课程代码很重要，大家一定要把自己选课过程当中的课程代码搞得非常清楚。好，我们继续。

谭飞马：还有一个就是我们的学分，这个跟中国可能不一样，因为中国的学生都是一门门课去上，跟学分没有关系。加拿大的中学阶段就跟中国的大学一样，一门课就修一个学分，或者是一门课是几个学分，所以，你对自己的学分，对毕业要求多少学分，然后你要修哪些课的学分，你自己一定要有个概念。

刘兴宇：一般情况下，正常来说，大概是要修满多少小时的课程，或者是取得多少分的成绩才能够得到这个学分呢？

谭飞马：这个每个省又不一样，以安大略省为例，安大略省是规定你一个学分最少满足 110 个小时的课程，这算是一个完整的课程修完了。BC 省要求可能会高一些，要求满足 114 小时或者 115 个小时的课程，所以每个省还有一点点区别。学生在学习的时候，一定要把省内的这些情况了解清楚。

刘兴宇：一般情况下一个学生从入学到高中毕业，这个总的学分最低的标准是修满多少门课？

谭飞马：正常来说差不多是28~30门课。

刘兴宇：28~30个学分，可以这样理解吗？

谭飞马：对，28~30个学分。

刘兴宇：好，这是第四个专业词汇，学分。

谭飞马：对，我再补充一点，关于学分，中国是60分算及格，加拿大是50分就算及格。

刘兴宇：所以修满110个小时能够拿到50分，你就能够拿到一个学分了。

谭飞马：对。

刘兴宇：好，我们继续。

谭飞马：然后就是考试，正常来说在加拿大，一般在期中和期末会有两个比较正式的考试，当然在学期中间会加一些小测试，类似于随堂考试，可能是口头作业，或者是小组作业，或者是你交一篇小论文之类的。

刘兴宇：加拿大学生的成绩是由日常测试的成绩以及期中、期末考试成绩组成的？

谭飞马：对，尤其是期末考试成绩，老师会对你平时在课堂上的表现，以及你跟其他学生的配合进行综合来打分。

刘兴宇：好，这个是考试，基本上除了期中、期末考试以外，还有日常的随堂小测验。

谭飞马：最后一个就是课程表，中国的课程表比较简单，一般就是列出周一到周五上什么课就结束了，加拿大的课程表比较详细，它会列出每一位学生在每一学期内学的内容、每节课的时间，还有你老师的名字、在哪间教室上课，甚至包括你的午餐时间，还有你其他方面的信息也在上面。

刘兴宇：所以大家一定要明白，你进入加拿大的高中，每个学期你都可以拿到这样一份非常详细的课程表，这个实际上是你整个一个学期在学校的行动指南。

谭飞马：对。

刘兴宇：刚刚谭老师给我们讲了加拿大高中几个常用的术语，这些词汇在同学们学习期间是经常能够听到的和见到的，需要遇到的这些词，大家一定要明白这里面具体的要求是什么，你才能够很顺利地在加拿大的高中读下去，非常感谢谭老师的做客！

谭飞马：好，谢谢！

27 ESL 课程

刘兴宇：听众朋友您好，欢迎收听专家小讲堂。在节目当中，我们为大家邀请到了加拿大中学资深专家谭飞马老师前来做客，我们将和谭老师一起为您揭开加拿大中学的神秘面纱。今天的节目当中我们要请谭老师给大家讲一讲 ESL 课程，这其实是一个英语的预备课程，或者叫作英语的一个附加的补习课程，很多中国的学生进入加拿大高中以后，都需要先学习 ESL 课程，请谭老师先来给我们讲一讲 ESL 课程。

谭飞马：ESL 其实在英语学科上就叫“英语作为第二语言的课程”，加拿大的 ESL 历史比较久，因为加拿大是个移民国家，之前华人或者是亚洲国家很多的移民，即使是已经移民过去了，很多人的英文还是不过关，所以政府为了帮助新移民

尽快适应，会提供免费的语言学校。那么公立中学，一般学费里是包含 ESL 费用的，私立因为没有政府的资助，会额外收取 ESL 费用。

刘兴宇：一般情况下，ESL 课程的学费大概能够达到多少？

谭飞马：私立一般会是一学期 3 000 ~ 10 000 加元。

刘兴宇：如果你申请的是私立学校，你要把这一部分经济支出做好相应的预算。

谭飞马：是的。

刘兴宇：ESL 课程主要的目的是什么呢？主要目的就是让学生在进入加拿大之前的原有语言水平和进入正课语言水平之间搭建一个桥梁，对吗？

谭飞马：对，因为 ESL 可能有两块大目的，一块是为新移民成年人服务的，那块就比较简单，你只要达到能在社会上生存、能跟其他人沟通就 OK 了。涉及学生这方面，不但要让你学习社交英语，更重要的一部分就是刚才说的学术英文，这块会把所学的生物课、化学课以及计算机课，甚至科学课、数学课这些课程的专业术语和一些文学小典故融入 ESL 的高级课程里面，所以 ESL 对学生来说非常重要，它不仅是学一个英文基础的运用技能，还包含了非常重要的学术英文。

刘兴宇：我们知道，学生到了加拿大中学以后，要先进行语言测试，然后再进入不同等级的 ESL 课程，您也给我们讲讲 ESL 的测试是怎么来进行的？

谭飞马：ESL 测试一般是在新生到达学校后的第二天开始进行，主要测试两个方面的内容，一个是英文，一个是数学，数学也是英文卷子，这个时候如果学生的英文不好，他可能连数学的应用题题目都读不懂，就会导致学生不会做题，或者理解错意思。ESL 一般是分为五个级别，A、B、C、D、E，A 是初级，E 是最高级，A 就相当于小学英文的水平，大部分中国学生处在 C 级中级水平左右。

刘兴宇：在这个学习的过程当中，是不断有测试吗？还是说比方说我报了一个学期的 ESL 课程，就一定要等到这个学期结束才来再次测试我的英文进展到了什么样的程度呢？

谭飞马：公立学校一般是这样，一个级别差不多是一个学期的进度，私立学校的进度有时候会是两个月，有时候会是三个月，它的灵活度会比较大一些，进度会快一些。

刘兴宇：请您也来给我们讲一讲 ESL 课程的老师，这个老师除了教课以外，他会像辅导老师一样，和学生有更多这种英文上的交流和沟通，或者是课下的这种辅导吗？

谭飞马：有的学校会提供这个帮助，设立英文帮助中心，你只要在平时的学习中有任何关于语法上的问题，甚至是数学上有些专业术语你不太明白，你可以课间去预约，然后老师会帮你讲解，论文和作文写完了，你也可以拿到帮助中心让老师帮你看一下，有些老师会帮你义务免费修改，提供非常专业、有深度的指导。

刘兴宇：很多家长会说，ESL 就是个语言预备课程，所以花在上面的时间越短越好，能读一个学期我就绝对不读一学年。对 ESL 学习时间的长短，您怎么看？要尽快结束 ESL 的学习吗？

谭飞马：我建议这个问题要理性看待，因为大部分孩子的进度还是比较慢的，没有家长想象中这么快，因为 ESL 是听、

说、读、写四个能力的锻炼，其实在中国学英文的经历就很能说明问题，我们可能作为成年人学了十几年英文，考过了六级甚至专八，但是很多人还是开不了口，或者是完成不了专业的英文论文，所以不要急于离开 ESL 班级，要听从老师的建议。除了上课要好好认真听讲，课下自己还是要花很多时间再去补充大量的词汇和语法知识的。这样你的英文功底很扎实，接正课就会比较顺畅。

刘兴宇：ESL 课程是单独进行的吗？是说我一定要达到某一个级别才能够进入正规的学分课程，还是说它也算是学分的一部分，是和其他的课程同步进行的呢？

谭飞马：它也算是学分的一部分，正常来说大部分的学生在第一学期，比如修四门课，那可能你的英文比较弱，这个时候你可能有三门课都是 ESL 课程，但是可能会给你配一到两门学分课程，比如说数学课，这个你是容易跟上的，或者是计算机，还有一些选修课，英文会比较简单，许多是可以以实验的形式来进行的，这些可以是正课与 ESL 同时修的。

刘兴宇：在 ESL 课程上面也应该按部就班，比方说我入读的时候是 C 级，可能我第二个学期要达到 D 级，第三个学期我就要达到 E 级，基本上是遵循这样一个坡度来上升。

谭飞马：对，公立学校基本上是这样，有部分学校会接受学生在校外语言机构去补 ESL 等级，如果通过了，学校也会承认，这时候他就可以跳级，但大部分教育局是不允许的。私立学校就会灵活一些，只要是过了就可以升一级。

刘兴宇：所以其实我们听到了刚才谭老师讲的，有的家长担心 ESL 课程会影响学生在其他课程上面的学习，但是现在

听来其实是不会有任何影响的，它应该是有一个积极的促进作用的。

谭飞马：对。

刘兴宇：ESL 英语作为第二语言的课程，大家不要把它理解成单纯只是一个预备课程，它其实是和其他的高中学分课程同步进行的，所以今天谭老师给我们讲了 ESL 课程方方面面的话题，非常感谢您的做客！

谭飞马：好，谢谢！

28 如何完成学业

刘兴宇：听众朋友您好，欢迎收听专家小讲堂。在节目当中，我们为大家邀请到了加拿大中学资深专家谭飞马老师前来做客，我们将和谭老师一起为您揭开加拿大中学的神秘面纱。在上一期节目中我们讲了 ESL 课程，这一期我们请谭老师做一个总结性的话题，就是同学们如何能够顺利地完成加拿大中学的学业？最终想要拿到加拿大的高中毕业证，我们需要哪些方面必须齐备才能达成这个目标呢？

谭飞马：首先一定要遵守学校的纪律，还有一个一定要时刻牢记的就是出勤率。上课不迟到、不早退。这些都是跟你的成绩挂钩的。如果你缺课超过 10% 会对你的成绩造成很大的影响。家庭作业的完成程度也会影响老师对你的整体评分。

刘兴宇：那么在具体的出勤率和准时方面，我们也想请谭老师给我们讲得详细一些。刚才您说了，缺课如果超过 10%，

就会影响到成绩，那么不同年级的家庭作业和其他功课，大概需要多长的时间呢？

谭飞马：一般来说七到九年级大概是一个到一个半小时左右，十到十二年级可能需要的时间长一些，可能要两个或两个半小时，因为有些作业是需要你花大量时间去查资料才能完成的。

刘兴宇：所以这是第一点，出勤率和准时，这是大家一定要牢记的。第二点是不是就是学分，一定要保证修够修好？

谭飞马：对，这个是必需的，上一期节目中也说了，在学期开始的时候，每个学校会发给学生一个日程计划本。这个计划本就是让你来记录平时的一些学习计划和测试时间，以及小测验时间的，这样就有利于你安排自己的学习时间。每一个科目我们建议学生用不同的本去做记录，复习的时候，配合好你的考试时间，也会比较有条理。

刘兴宇：所以，顺利地完成学业还是需要同学们不仅要安排好自己的学习，其他方面的事情，你也要能够非常合理、有序地安排好，比如说你参加了哪些你非常感兴趣的俱乐部，或者是课外活动，你的义工的时间，包括你的学习的时间怎么样来安排。在这个课程表之外的时间管理上面，其实大家都应该要把它做好。当然，这也很锻炼孩子的时间管理能力。

除此之外，还有哪些事情会影响到在加拿大顺利完成学业呢？

谭飞马：还有其他的一些你需要去准备的，我建议学生最少要参加一到两个俱乐部，或者是球队，甚至是体育类的项目。第一你容易交到新朋友，也容易跟自己的老师融入，你的老师也会更了解你，以给你提供更多的帮助。还有就是一定要参加开学前的迎新日，我们叫 orientation，一般是在开学的前一周举办，比如通知书上会写是 9 月 3 日开学，那你往前推算一周，就应该是 8 月 26 日或者 27 日开始。这个非常重要，因为 orientation 的内容，第一会带你去了解你要入读的学校各个教室的方位，认识一些国际班的老师的办公室及联系方式，还会给你讲解在学校的注意事项，甚至包括你的吃饭时间、你的休息时间、你上学和放学的公交车路线、怎么买票等，可能都会得到一些指导，所以这些对你是非常有帮助的。

这一周内，可能还会有两到三天，学校的老师会带学生去户外进行野营，这样也能帮助学生尽快适应加拿大的生活，并交到一些朋友，所以这个 orientation 一定要参加。

刘兴宇：我们可以这样来总结一下吗？就是你如果想要顺利地完成加拿大中学的学业，第一点，你的学习一定要保证好，这个刚才谭老师已经讲了，按照学校发给你的课程表的要求，该上课时上课，该修满学时要修满学时，然后要保证每一门考试都能够做得比较好，能够顺利地通过这一门的考试，最终拿到你应该修的学分，把学分修满，这个是你拿到毕业证的第一点。

第二点，在整个学习的过程当中，一定要注意出勤率和完成每次作业。这对于你顺利完成学业也是特别重要的。

第三点就是参加好学校的迎新日，了解学校，同时最少要参加一两项课外俱乐部和体育活动。这个对于你能够顺利地完成学业也是特别重要的。好的，我们非常感谢谭老师来到节目当中做客！

谭飞马：好，谢谢！

29 作息与假期

刘兴宇：听众朋友您好，欢迎收听专家小讲堂。在节目当中，我们为大家邀请到了加拿大中学资深专家谭飞马老师前来做客，我们将和谭老师一起为您揭开加拿大中学的神秘面纱。今天我们请谭老师来给大家讲一讲加拿大高中的作息和假期，先来给我们讲一讲加拿大的高中一般学生一天的时间是怎样安排的？

谭飞马：好的，一般早上上课是从 8:30 开始，或者有的学校是从 8:45 开始上课。但每节课的时间可能会比中国的长，每

节课大概要 70 分钟。中午吃饭时间也比较短，大概是 40 ~ 45 分钟。因为加拿大这边吃午饭比较简单，一般可能就是一个汉堡包或者三明治。中国移民的孩子会从自己家里带简易的中餐，可以在学校用微波炉加热。课间休息时间其实也比较短，一般短的时候可能就 5 分钟，长一点可能也就 7 分钟。可能有些家长就会担心，这么短的时间，孩子要去洗手间怎么办？来不及。其实加拿大中学在上课的时候，你是可以随时去洗手间的，只要你举手示意老师，我们有一个特定的手势，就是你的食指和中指交叉，然后举手示意老师，老师看到就会说你可以去，因为你这样就不用发出声音，也不会影响别的孩子。

刘兴宇：这个手势大家入学的时候一定要学会。

谭飞马：对，可能每个学校会略微有点区别，但是在入学的时候老师会给大家做说明。

刘兴宇：大概下午几点钟能放学呢？

谭飞马：下午放学时间比较早，大概 3 点或者 4 点就放学了，但是学校有一些设施会一直开放到 5 点或者 6 点甚至是 7 点，比如说图书馆、健身房。还有其他一些俱乐部的活动会安排到放学以后进行。这时你可以根据自己的时间表去预约这些活动和场地，然后约上你的学习小组进行一些课后的活动。

刘兴宇：这些课后活动基本上是全部学生都会选择和来参加的呢，还是说只是很小的

一部分会留在学校里面，大多数学生可能3点或4点放学就回家了呢？

谭飞马：大部分加拿大本地孩子放学以后会选择回家，因为有些孩子可能父母给他安排了另外的兴趣班或者是其他一些活动，国际生有一些也会选择回寄宿家庭，还有一部分会在学校里，比如说图书馆停留一会儿，或者是健身房、游泳池这些设备，都是可以使用的。

刘兴宇：周末也是两天休息制？

谭飞马：对，周末两天是在寄宿家庭你自己安排活动。

刘兴宇：加拿大的学期一般是怎么来安排的呢？就是跟美国一样，是三个学期有三次大假吗？

谭飞马：严格意义上来说，应该算是两个学期，因为一般中学是2月1日开学，到6月底，然后是放暑假，大概是7月到8月，跟中国一样，9月正式开学，一直到第二年的1月。可能会有一个您刚才说的类似于三个学期，就是春假，一般是在3月初大概有的学校会放一周，有的学校会放两周，它们把这叫春假。

刘兴宇：那么圣诞节的假期呢？也算是一个相对较长的假期吗？

谭飞马：圣诞节的假期有点类似于我们的寒假，但是没有我们的时间长，大部分是两周，有的是三周。

刘兴宇：明白了，基本上这样的假期大多数国际学生就要安排回国，一般暑假的时候多半肯定要回国的。

谭飞马：对，因为加拿大的假期比较多，有小长假和大长假。大长假就是我们说的比如圣诞节之类的两周的，小长假有的是三天的假期，比如说各种各样的独立日和纪念日。公立学校可能没有什么问题，因为你都是住在寄宿家庭，但是这时候如果是私立学校，尤其是住校的学生，家长可能要注意一下，因为在放假期间，有些学校是要求学生离校的，不允许待在校园里，因为教职工也放假了，没有人去看管你。这个时候，有几种方式你可以选择，第一，学校老师帮你联系学校周边的寄宿家庭，你可以短暂寄养。第二，你可以选择问问当地的同学，是否允许你去待一段时间，当然你是要跟学校报备的。第三，学校帮你联系后期公司，给你找一个可以短期停留的寄宿家庭。

刘兴宇：所以私立中学的同学在放这样小长假的时候，大家一定要注意，怎么样把自己的孩子安顿好。

谭飞马：对。

刘兴宇：刚刚谭老师给我们讲了加拿大中学的作息和假期，这个实际上我们更多是为了让孩子们能够对加拿大中学的时间安排有一个大体的了解，特别是对于小长假和大长假的安排，

家长一定要做到心里有数，什么时候放假，怎么样能够把孩子的假期生活合理地安排好，把它有效地利用好。非常感谢谭老师来到我们节目当中做客！

谭飞马：好，谢谢！

30 文体活动

刘兴宇：听众朋友您好，欢迎收听专家小讲堂。在节目当中，我们为大家邀请到了加拿大中学资深专家谭飞马老师前来做客，我们将和谭老师一起为您揭开加拿大中学的神秘面纱。今天我们将会请谭老师给大家讲一讲加拿大中学的文体活动，先给我们说一说，加拿大中学的文体活动是特别丰富吗？

谭飞马：对，非常丰富多样，可以分为两大类，一类是体育类，一类是兴趣爱好。体育类就是各种体育活动。关于兴趣爱好，比如绘画、唱歌、歌剧团，各种各样的乐器，甚至会有数学俱乐部、科学俱乐部、天文俱乐部。

刘兴宇：这样的活动实际上它的目的就是能够让孩子发展得更全面。

谭飞马：对，其实这个文体活动的初衷第一肯定是锻炼学生的身体，增强体质，第二是帮助学生找到自己的兴趣爱好，可能更重要的一点是，我们还会在文体活动中，提供很多安全方面的知识，比如有的学校有消防俱乐部，会让孩子在发生火灾的时候自救，或者救助他人，还能让孩子了解消防员的工作。还有地震逃生俱乐部。还有一些像科学实验、生物实验。

刘兴宇：加拿大本土的学生一般情况下课外会做些什么呢？

谭飞马：加拿大本地生最少都会参加一个体育类的活动，比如足球、篮球。大家可能都知道，加拿大的冰球跟中国的乒乓球是有得一拼的。冰球在加拿大非常盛行，很多学校都有专业级别的冰球室内场馆，很多男孩子，甚至有些女孩子也会参加这样的活动。

刘兴宇：我们知道，欧美国家的学校对孩子的体育运动，或者是对孩子的运动、身体方面的发展是非常重视的，所以这样的体育运动在加拿大的中学里是强制参加的吗？每个学生至少要参加一项吗？

谭飞马：并没有强制参加，但会强烈建议你参加，因为你的体育活动也会影响到你最后的成绩，因为老师会对你是不是一个积极参与团队活动的人作出评价。日后申请大学的时候，如果你的体育成绩特别优秀，但学科成绩不是太突出，这时你可能就会脱颖而出，被破格录取。

刘兴宇：对于中国学生来说，在这个课外活动上面，您会有一些什么样的建议呢？

谭飞马：课外活动我建议不管男孩、女孩子都一定要参加最少一到两个。有一个私立中学要求学生每学期最少要参加三到四个课外活动，包括体育类和兴趣类，因为学校认为，第一

肯定会强身健体，第二学生在运动的时候，会有这种团队精神，而且运动过后人的精神也会变得积极向上、乐观一些，所以参加各种活动对学生的学习和生活都是有帮助的。

我们之前有一个案例，就是有的学生非常喜欢数学，但是他发现学校没有数学俱乐部，于是他就去找老师去商量，能不能找几个有共同爱好的孩子组成一个数学俱乐部，老师听了学生的计划觉得很不错，非常支持并提供各种帮助。最后这几个孩子都拿到了数学竞赛奖，直接被著名的滑铁卢大学录取。所以加拿大中学这种鼓励学生积极参与各种活动的文化，其实对于孩子来说是有非常大的空间，能激发学生的潜能。

刘兴宇：所以您的建议是中国学生到了加拿大中学以后，无论如何一定要参加至少一项课外活动。

谭飞马：或者说不要浪费这种公共的资源，因为比如说学校的合唱团，教课的老师都是非常专业级别的，有的老师甚至

是国家专业级别的，设备也是达到专业比赛级别的。

刘兴宇：而且我们知道加拿大的大学在录取学生的过程当中，其实对学生全面发展的要求是比较高的，所以如果你参加了这样一些课外活动，并在课外活动当中发展得很好，对于未来的升学是非常有帮助的。

谭飞马：我觉得应该来说不但对你的升学有帮助，对你以后步入社会、踏入职场也是会非常有帮助的。因为你的爱好多，在工作中你的表现也会比较突出、引人注目，也容易跟其他人打成一片。另外，你的爱好广泛，在生活中也容易交到朋友，有共同话题。所以我觉得这个对你的工作、生活都会非常有帮助。

刘兴宇：谭老师讲到交朋友这块，我觉得对于初到加拿大的学生来说格外重要。参加这样一些课外的俱乐部，你会遇到跟你有共同兴趣的人，这样的人往往更容易成为朋友。很多中国学生初到加拿大，容易感到孤独无助。多参加活动能让学生

迅速融入当地社会，及时排解不良情绪。也能在互动中锻炼自己的口语。

我们非常感谢谭老师今天来给我们讲关于课外活动的话题，实际上加拿大中学的课外活动方面和美国中学有很多类似的地方。大家也可以参照我们之前的美国高中系列当中关于体育、文艺以及课外活动的一些相关讲解，也能够给大家很多参考的信息。谢谢谭老师！

谭飞马：好，谢谢！

31 义　工

刘兴宇：听众朋友您好，欢迎收听专家小讲堂。在节目当中，我们为大家邀请到了加拿大中学资深专家谭飞马老师前

来做客，我们将和谭老师一起为您揭开加拿大中学的神秘面纱。今天我们请谭老师来给大家讲一讲加拿大高中的义工或者叫作社会服务。在之前的节目当中谭老师讲到了加拿大中学对于学生做义工或者做社会服务是有严格要求的。请您先来给我们讲一讲进入学校以后，有一些什么样的了解不同义工信息的渠道，或者申请流程是怎么样的呢？

谭飞马：正常来说，学校国际生办公室，附近的社区中心，还有当地的教会、教堂，这些地方都会提供义工的信息和申请表，你如果有需求，可以到这些地方去领取义工申请表，也可以找你的学校老师咨询，老师会给你一些专业方面的建议，然后你就可以填写义工申请表，按流程开始进行义工活动。义工活动结束以后，你一定要去你做义工的地方机构，让他给你开一个义工证明，有了这个证明，你再交回你当初填申请表的地方，这样你才算获得了一个完整、有效的义工时间的证明。

刘兴宇：我们可以这样来理解吗？就是我去做什么样的义工是我自己可以选择的，并不是说学校会组织，今天这个班的同学都去植树，明天这个班的同学都到老人院去，不是的。

谭飞马：对，不是的，首先你一定要明确，如果是你自己找的义工，你一定要跟义工的机构明确，他是可以给你开这个有效义工证明的。他如果开不了这个义工证明，你这个义工服务就是无效的。所以我建议为了保证有效，你尽量去我刚才说的这些机构领申请表。

对于中学生来说，我们比较推荐慈善类的义工，比如社区选举，其实类似于我们的居委会选举。还有学校开放日。因为学校开放日，很多家长会来参观学校，这个时候你可以帮助学校做一些招待工作和义务讲解工作。以及我们刚才说的orientation，在迎新日，可以老生帮助新生。图书馆可能也会需要一些义务工作，还有一类就是放学后的新生扶持，就是老生带新生的活动。

刘兴宇：这个也算。

谭飞马：对，因为新生可能刚开始连交通都不熟悉，怎么坐地铁、怎么坐公交，甚至是怎么打电话、买票他都不知道，这个时候就需要老生去给他提供一些帮助，还有学习语言，老生也可以给予一些帮助。

刘兴宇：对，所以你看大家对于义工的理解，不仅仅局限在我们一定是去做一些，比方说社区里面的服务，或者老人院这样的服务。实际上你在学校里在学习之外贡献了你的时间和精力，这个其实都算是义工的要求。

谭飞马：对。

刘兴宇：一年中做多少时长的义工，您认为是比较合适的呢？

谭飞马：我们正常是要求要至少10个小时以上，但是我建议如果你有充足的时间，多多益善，因为不但是你去帮助别人，也能给你自己带来愉悦感，还能从这些义工经历中学到很多知识和经验，这个对于你申请大学以及找工作会非常有帮助，因为我们之前有学生碰巧是在交通局当一天义务的巡警，他就觉得自己的工作很有意思，就萌生了以后要当巡警、交通警的志愿，这个时候他就有了职业目标和努力的方向。

刘兴宇：在加拿大整个义工组织的渠道是非常畅通的吗？或者说它是非常严谨的，比如说我想要参加哪个方向的义工，我基本上都能找到相应的组织，在义工结束以后，我需要这个义工的证明，这个组织也会规范地来为我开具相关证明。可能有的家长会担心，我想让孩子体验巡警的工作。我可能找个交通局，他们会不会说我们不需要。或者是说你可以来，但是随后这个证明我们也不知道哪个部门给你开，开一个什么样的证明。

谭飞马：这一套流程应该说是非常成熟、有效的。家长不用担心，比如我们刚才说的去医院帮忙，或者去警察局帮忙，甚至是政府部门帮忙。这些机构它都是跟学校有联系，你寄宿家庭附近的社区中心，它们都是有合作关系的，所以这些渠道都是畅通无阻的。

刘兴宇：这方面完全不需要担心。

谭飞马：对。

刘兴宇：就像刚才谭老师讲到的一样，大家千万不要把义工当作是我在加拿大读中学，学校强制要求我必须要完成的一个任务，要逐渐地把它过渡到成为自己自发的一种需要，因为这个不仅对于你来说有一些现实的要求，比如说你的学分的要求、你未来升学的要求，更多其实是你自己在这个过程当中会收获很多，特别是内心上的满足和愉悦。赠人玫瑰，手有余香。非常感谢谭老师今天来到我们节目当中做客！

谭飞马：好，谢谢！

32 高三——十二年级

刘兴宇：听众朋友您好，欢迎收听专家小讲堂。在节目当中，我们为大家邀请到了加拿大中学资深专家谭飞马老师前来做客，我们将和谭老师一起为您揭开加拿大中学的神秘面纱。前面我们讲了加拿大高中在学习、课外活动方面的话题，今天我们要着重来请谭老师给大家讲一讲加拿大的高三，也就是加拿大十二年级。我们知道加拿大的很多中学是不能够直接申请十二年级的，为什么？

谭飞马：首先，十二年级的课程是非常有难度的，因为它不同于中国的高三，国内的高三基本上是复习课程，所以说不会有太大的难度。但是在加拿大，十二年级是整个小学、中学阶段最难的一年，打个比方，十二年级的英文相当于高三年级的语文，会学很多莎士比亚的文学作品，对于中国学生，甚至是本地生来说都是非常难的课程。它类似于我们学习中国的文言文，而且还是级别比较高的那种文言文，相当于古英语。再打个比方就是类似于中国的《红楼梦》这一类的文章，这类文章对于成年人来说都是有一定难度的。

因为十一年级也会学莎士比亚，但那是鉴赏课，不需要你实际去操作。但十二年级就升级了，在鉴赏之后需要去分析，然后运用。比如说要求你写一首类似于莎士比亚的七言格律诗，这个对于学生来说是非常难的。你写完诗以后，还要符合对仗

工整，还要有你的文采，然后还要配上插画和配图。并且还要进行戏剧表演，因为莎士比亚很多是舞台剧，你可能要创作你自己版本的哈姆雷特的剧本，然后你还要召集小组的成员来表演，这才算一个完整的作业。

还有一个可能是我们没预料到的，我们知道，在中国大学英语专业本科毕业的要求达到专八。专八的词汇量大概是 1 万到 1.2 万，加拿大十二年级的英文如果你想学得比较好，你的词汇量应该是在 2 万以上，所以说这个难度真的是不小。

还有一个原因就是因为加拿大有些课程是中国没有的，比如说十年级的英文、十一年级的英文、十二年级的英文、加拿大的社会科学，还有个人职业规划课程也是我们没有的。所以不管你是去申请十年级还是十二年级，这几门课你都是要补上的，按照正常进度来说，你一年也读不完十二年级，后来有些省份的教育局就觉得如果接受国际生直接申请十二年级，会给

你一个错觉，你会觉得一年就能读完十二年级。但后来你发现还要补十年级英文、十一年级社会科学这些课，很多家长和学生就不太能接受。所以教育局也为了不要让家长去误解国际生一年能读完十二年级课程，所以说就从硬性规定上，在公立体系中不建议学生直接申请十二年级。

刘兴宇：我们可以这样来理解，就是你如果想一年读完十二年级，最好是在加拿大从九年级开始，九、十、十一、十二，这样非常稳定，一年一年地上升到十二年级。

谭飞马：对，不过有一个例外，如果学生在中国本身是读中加国际学校的，可能有机会去直接入读十二年级。但是也有严格规定，比如说你要申请 BC 省的高中课程，你读的中加学校的课程就得是 BC 省的高中课程。如果你修的是安大略省或者其他省的，这时可能学分不一定能完全转过去，而且得看你的成绩是否符合“良”以上的标准。

刘兴宇：所以大多数省份和中学是不能够直接申请十二年级的，如果说我一定想要到加拿大公立中学去读十二年级，该怎么办呢？我应该选择哪一类学校呢？

谭飞马：现在安大略省你可以直接申请十二年级，通知书也会给你到十二年级，但是教育局的老师，入学的时候会告知你基本上需要一年半到两年时间读完十二年级。在私立学校，比如我们之前说的一些国际学院，是可以让你一年完成十二年级的，因为它的课程安排会比较密集，比如放学以后会再给你安

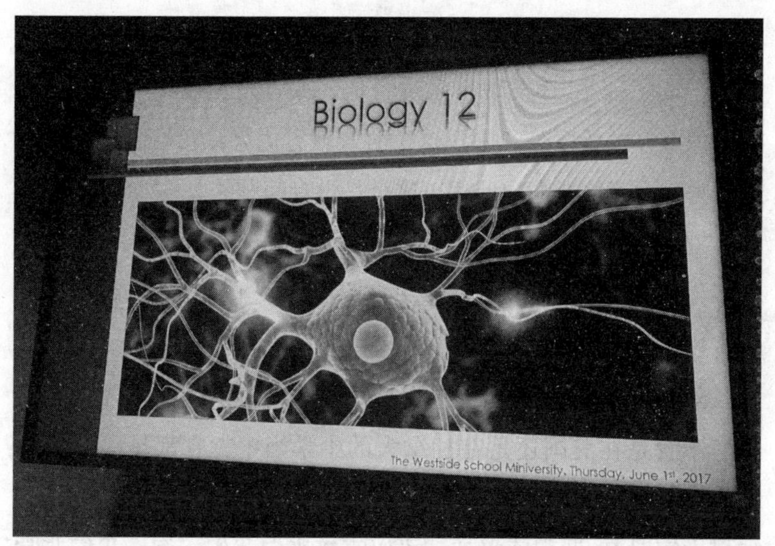

排大概两个小时去补你以前没有上的课，或者周末、暑假给你补课程。其实虽然时间长度是一年，但是把密集程度拆开来看其实也是差不多要一年半到两年时间的。

刘兴宇：我们也来说一说，在加拿大一般到了十一和十二年级的时候，可能很多同学会选择 AP 课程和 IB 课程。AP 课程在之前的美国高中部分曾经给大家讲过，在这儿就不再多说了。那么 IB 课程呢？就是对于加拿大的很多中学来说，十一、十二年级是有选择可能的，谭老师也来简单地跟我们说一说。

谭飞马：对，很多中学会提供 IB 课程。但大家也知道 IB 是非常难的课程，因为它是一个两年体系综合课程，基本上由六门课组成：三门高级课程，三门低级课程。正常来说如果学生想学 IB，建议是从九年级就要出去留学了。因为 IB 虽然是两年的课程，但正式上之前有一个 Pre IB，类似于 IB 预备课程。这个课程可能会在十年级的时候去上，上完这个课，你要通过测试才能有

资格去修 IB 课程。但也有家长会问，我们听说 IB 很难，如果我的孩子读了一年 IB 发现不太适合他，或者是发现跟不上，这个时候怎么办？所以公立中学这个时候就有优势，它可以允许学生退回去，再读普通高中课程，这个是没有问题的。

刘兴宇：这需要再额外多花一年时间吗？

谭飞马：正常来说是不会的，因为你之前修的 IB 课程是可以转过去的。

刘兴宇：明白了，IB 课程是一个非常特别的课程体系，实际上不管是在美国还是在加拿大的中学当中，它都是一个非常小众的存在，我们不再花更多的时间来为大家做这方面的讲解，如果大家对 IB 课程感兴趣，可以直接来向我们咨询，我们非常感谢谭老师来到节目当中做客！

谭飞马：谢谢！

33 转学和毕业年龄

刘兴宇：听众朋友您好，欢迎收听专家小讲堂。在节目当中，我们为大家邀请到了加拿大中学资深专家谭飞马老师前来做客，我们将和谭老师一起为您揭开加拿大中学的神秘面纱。今天我们请谭老师来给大家讲一讲加拿大中学的转学。谭老师先给我们说一说，同一个教育局下属的中小学之间可以直接转学吗？

谭飞马：正常来说第一你要确认你转学的那个学校是否有位置，如果有位置，一般来说都是可以直接转学的，并且转学

非常简单，学生可以直接去国际学生办公室先提出申请，然后填一张表，如果有位置，你就可以下学期或第二年转学。关于转学的时间、提出申请的时间，我们一般是建议你在本学期的学期中的时候就要去先确认下学期或者第二年你要转的那个学校是否有位置。

刘兴宇：所以我们可以这样来理解，就是同一个教育局下属的中小学之间转学是非常容易操作的，跨省呢？

谭飞马：跨省原则上也是可以的，但是这就相当于是一个新申请了。刚才说的是同一个教育局，因为你的学费都是交给这个教育局的，所以你转来转去不用担心学费的转换。但是你要去跨省，甚至是你在本省内去其他教育局转学，等于是一个新申请，你要再缴纳一次学费和申请费。

刘兴宇：跨省转学对于学分或者之前所学课程的认可会有障碍吗？

谭飞马：障碍不是很大，90% 的课程都是会承认的。

刘兴宇：公立和私立之间转学呢？

谭飞马：公立和私立也没有问题，其实就相当于你提交一个新的申请。

刘兴宇：也算是提交了一个新的申请。

谭飞马：对。

刘兴宇：其实说到转学，我想我们还有一个小的话题也想请谭老师给我们讲一讲，因为在之前的节目当中，我记得谭老师曾经说过，加拿大的学校对于入学的年龄，每个省是有不同要求的，所以不管是新入学还是转学，如果比方说我 17 岁了，我还想转到一个学校去读十二年级，这个可以吗？

谭飞马：这个每个学校有规定，比如说私立寄宿中学，可能17岁的孩子就不再接收了。尤其是公校，有些学校17岁甚至18岁也不再接收了。比如在BC省规定19周岁你就是成年人了，正常来说你在BC省的高中如果是19岁之前都没有完成高中学业，这时你是会被教育局劝退的，怎么办呢？你可能还剩大概几个学分，比如两个学分，这时你可以去国际学院或私立中学修你剩下的学分，像BC省有一些会有成人高中，你可以去成人高中修你剩下的学分。安大略省呢？虽然18岁算是成年人，但是允许你在高中读到21周岁，如果21周岁还读不完，你就可以去私立高中完成学业。但是，虽然是规定19岁或21岁，其实每个教育局有自己的规定，有的教育局可能18岁就建议你转出去，有的教育局规定你是19岁或20岁，所以说在入学的时候，一定要算好自己的毕业时间，然后做好规划。

在留学做准备的时候，要考虑年龄的问题。如果你已经18岁了，或者甚至是19岁了，这个时候就不太建议你去考虑公立中学。所以如果对大龄甚至高年级的学生，我们建议你还是可以考虑一些私立中学。

刘兴宇：明白了，今天我们听到了谭老师给我们简单地讲了转学，另外又给我们讲了关于高年级的学生在年龄方面的一些要求。那么我们可以非常明确，同一个教育局下属的中小学直接转学，还是比较容易的。你只需要确认你想要进入的那所学校是否有位置和名额就可以了。跨省和公立、私立的转学，基本上等同于新申请，大家可以参照我们之前讲的高中怎么申请来操作。但是我想在这个过程当中，大家一定要牢记一点，就是一定要和你原来在读的学校做好充分的沟通，千万不要因为发生了一些不愉快的事情来转学。否则如果你需要原来的学校为你出具相关证明，可能都会遇到障碍。谭老师也来简单给我们讲一讲，一般什么情况下学生需要转学呢？

谭飞马：一般情况下大部分学生都还挺喜欢自己原来的学校，有时候比如说在之前申请的时候他没有进到他想要去的学校，在读了一学期之后，有的学生仍然想去之前第一志愿的学校，这个时候有部分学生会选择转学。但有部分学生即使是没录到第一志愿学校，但是他在现在就读的学校待得也挺高兴的，这部分学生就不会转学。一部分学生是因为换寄宿家庭或者搬家，或者因为移民要到另外一个省去。还有一个原因就是我原来在BC省上高中，但是我以后想申请安大略省的大学，学生想高中毕业以后去上大学，他能过渡得快一些，所以这个时候他也会选择转学。

Command Center
V
⌘Shift 4
⌘A
⌘Z
⌘P

刘兴宇：明白了，那么关于转学的话题，谭老师已经给我们讲得非常清晰了，谢谢您来到我们节目当中做客！

谭飞马：好，谢谢！

34 升　学

刘兴宇：听众朋友您好，欢迎收听专家小讲堂。在节目当中，我们为大家邀请到了加拿大中学资深专家谭飞马老师前来做客，我们将和谭老师一起为您揭开加拿大中学的神秘面纱。今天我们请谭老师来给大家讲一讲加拿大中学的升学。加拿大中学毕业之后怎么申请大学？在加拿大直接就可以进行申请吗？

谭飞马：是的，在加拿大学生高中毕业以后就可以直接申请大学。非常简单，因为加拿大没有高考，也没有专门的入学考试。大部分加拿大学生在我们中国学生准备高考的时候就已经拿到那边大学的通知书了。因为加拿大的很多学生在高三的第一学期甚至是高二的第二学期，就拿着自己的成绩单还有一些其他的材料去申请大学了。

刘兴宇：加拿大学生如果是在中学期间申请大学，学校会提供一些什么样的帮助吗？比如它会像美国的高中一样，有专门的升学指导顾问或者升学指导办公室吗？

谭飞马：也是有的。一般在国际学生办公室里会有专门的学生督导老师来提供帮助，他们除了会提醒学生在什么时间段应该准备申请材料了，学校还会定期邀请很多知名大学来学校举办招生说明会，这样可以让学生有非常直接的机会与招生官面对面地去了解某个专业、某个大学的招生要求。

刘兴宇：我们遇到很多家长会纠结说，孩子在国内读中学，和到加拿大去读中学，在最后申请加拿大的大学方面，有什么不同的地方吗？

谭飞马：会有很大的不同，因为在加拿大读满三到四年，有很多大学会直接免去你的雅思、托福成绩，因为它只要看你十二年级英文的分数就可以了。正常来说大部分大学如果你十二年级英文有60分以上或70分以上是可以直接免托福、雅思的。你从中国申请是必须要提供托福、雅思成绩的，甚至有部分学校还要求你提供高考成绩，这意味着咱们的学生还要再经受高考这个磨人的煎熬，在加拿大申请是不需要的。

在加拿大如果你的体育成绩非常突出，对于你的申请是非常有帮助的。但是在国内申请，因为本身国内的课业就非常紧张，所以这块优势可能不是太明显。

刘兴宇：在GPA的计点方面呢，加拿大中学是可以直接把学生的日常高中的成绩报送给大学吗？

谭飞马：对，正常来说应该是有一个申请系统，可以直接把成绩单发到大学。比如安大略省有一个安大略省大学申请中心这么一个网络系统，你可以直接通过这个系统在线提交你的大学申请。

刘兴宇：高中毕业以后，志愿的方向一般情况下有哪些呢？

谭飞马：有四个方向，可能第一个方向我要说的是加拿大本地学生会选择比较多，因为他们可能高中毕业以后就选择不再上大学，这样他们会在高二和高三的时候就学一些职业技术技能很强的课程，高中毕业后，他们就可以直接找工作，主要是四大类：建筑业、工业、机械和服务业。因为我们可能知道欧美国家的学生如果上大学，费用基本上由自己承担，不是父母承担，所以很多人会觉得我要先毕业去赚一点钱。

刘兴宇：然后再来做安排。

谭飞马：或者他也会觉得我还没想好要上哪个大学，我要学什么专业，我对这个没有清晰的概念和方向。我就先去找找自己喜欢的工作，然后我根据我的工作内容或者是我的就业方向再决定。我工作一年以后，发现提升有问题了，想再往上升，但可能我的知识方面储备不够了，这个时候他选择去上大学可能会更理性。

刘兴宇：所以加拿大本土同学有些会选择直接就业，这也算是一个方向。

谭飞马：还有一类是大专课程，这个也是加拿大本土学生选择比较多的课程，现在国内其实很多学生也会选择这类课程，他们会觉得这类课程比较短、平、快，也比较实用，因为大专的就业机会非常广，而且学费也比大学经济不少。据统计，大部分学生在毕业六个月之内就能找到工作。

刘兴宇：所以这两个算是跟就业衔接得比较紧密的。

谭飞马：对，而且大专的学费比较便宜，跟大学比起来，它可能要少一半或者三分之一，所以这也是很多人会考虑的一

个经济问题。还有就是年限，因为大专课程很多是两年、三年，本科虽然说是四年，但很多人需要花五年或者六年的时间才能读完。

刘兴宇：是，这是第二个方向，第三个呢？

谭飞马：第三个方向就是大学课程，就是 university，这个是学术类的课程，其实比较适合去研究学术。

刘兴宇：但实际上咱们中国的学生大多数都选择的是大学。

谭飞马：对，这个可能是跟中国的国情有关系，但其实在加拿大，学生选择这类学校、这类方向是因为他选定的特种职业志向是有学历要求的，比如说教师，因为教师对学历要求是比较严格的，还有医生、律师这些职位对于学历和学习年限都是有要求的。

刘兴宇：所以这个是大学。刚刚我们听到的是高中毕业以后加拿大本土学生的三个方向，对于中国学生来说，大多数是不是基本上都选择了第三类？

谭飞马：对，大部分学生是选择的第三类，可能还有一部分会选择大专，因为可能会觉得毕业以后容易找工作，也能移民，经济和时间成本比较少。

刘兴宇：在加拿大中学毕业之后申请大学，在地域上会有优势吗？比方说我在安大略省读高中，我申请安大略的大学会更容易和方便吗？

谭飞马：应该说从成绩上你不会有太大的优势，但是从一些技巧上来说对你是有帮助的，因为你可能比其他省的高中生更了解这个省当地的大学招生要求，因为你在当地，你可能这方面会比较占便宜一些，但是我觉得其他方面没有太大区别。

刘兴宇：好，非常感谢谭老师今天来给我们讲加拿大中学的升学以及毕业之后的志愿方向，谢谢您的做客！

谭飞马：好，谢谢！

35 医疗保障

刘兴宇：听众朋友您好，欢迎收听专家小讲堂。在节目当中，我们为大家邀请到了加拿大中学资深专家谭飞马老师前来做客，我们将和谭老师一起为您揭开加拿大中学的神秘面纱。今天我们请谭老师来给大家讲一讲在加拿大中学的医疗保险。我们说过了那么多关于学业的话题，下面也来聊一聊学生的保障，所有的学生都需要购买医疗保险吗？

谭飞马：对，所有学生都要求买医疗保险。购买医疗保险有两种方式。一种是学校会帮你购买，因为可能就是跟学费一

起缴纳这个医疗保险费用。还有一类是学校不负责这块，你需要自行购买，自行购买你就可以找加拿大的保险公司。

刘兴宇：一般情况下医疗保险的费用大概为多少？涵盖的范围又有哪些呢？

谭飞马：一般一学期大概是300～400加元。如果我们大部分按一年算，就是700～800加元一年。它覆盖的范围比较广泛。处方药，还有看病大部分都是能报销的。可能有一些方面需要提醒学生的是，牙齿美容、美白牙齿，还有眼睛近视、先天性眼病，甚至其他整容方面一般都不在保险范围之内。

刘兴宇：我们知道很多欧美国家在医疗报销的使用方面，或者叫作医疗保险的使用方面是很有讲究的。比方说你要到哪一类医院去看病，你是不是需要提前知会你的保险顾问等等。这一块您也给我们讲一讲。

谭飞马：正常来说如果是在学校内你有医疗需求，一般是建议你先到校医医务办公室去进行一个简单的咨询，看看你是否有必要转到社区医院或者更高级别的医院。但其实大部分学生无非就是感冒头疼，医生直接给你开处方，你拿这个处方去药房买处方药就可以了。

刘兴宇：学生买了处方药之后，怎么来进行最后的保险报销呢？您也给我们做一些提示。

谭飞马：它也是有两类，一类是有的保险公司会给你一个健康卡，类似于我们的社保卡，这种卡就是可以在你看病的时

候或买药的时候，直接给你报销了，你就不用先行垫付。还有一类是先行垫付，垫付之后你就可以自己或者请你的监护人把这个账单寄到保险公司。保险公司在核实无误后，会把钱打入你的账户。

刘兴宇：很多学生会觉得医疗保险这个话题非常复杂。因为有的时候他们可能会遇到一些比方说怎么使用这个保险，怎么报销这个过程当中非常细节的一些问题。谭老师也给我们讲一讲这个过程当中有哪些是特别需要提醒学生注意的呢？

谭飞马：你在看病的时候一定要出示你的健康卡，然后看完病你一定要拿走你的账单。还有你买处方药，你一定是要先找医生开处方药方后才能去买。你不能自己冲到药房说我要买什么药，因为有些处方药没有医生的处方是不可以买的。只有非处方类的药，比如说创可贴、一些简单的药你可以不用处方购买。哪怕我们说的消炎药都属于处方药。

刘兴宇：在医疗报销方面有没有一些陷阱？比如我到了医院，我也没问清楚，但是可能这一项小的手术其实不在医疗保险报销范围之内，但可能我也知道得不那么清楚。

谭飞马：会有的，因为比如我们说的一些病是可以去报销的，但是它有一个限额。比如说有的病最高限额就是一万加元，这个是最高的，有的可能这一类是 1 000 加元，所以你要事先问清楚。这个时候你就要决定是回国治疗还是继续在加拿大治疗。因为之前有一个学生的牙齿损坏非常

厉害，可能有十几颗牙齿都坏了，这种情况在加拿大看牙医的费用就会非常贵。医保只能给你报销一部分，因为学生的医保属于一个基础医疗，所以它报销的最高限额也不会像商业保险那么高。在这种情况下，你要先权衡你的病情，再决定是在加拿大继续治疗，还是回国治疗。对你来说哪个会比较经济实惠一些，或者在时间上你会比较有保障一些。

刘兴宇：如果学生在这个过程当中有任何不清楚的地方，他的第一联系人应该是谁呢？是保险顾问吗？

谭飞马：他应该联系他的监护人去咨询一下，或者如果他跟老师关系比较好，也可以去问问老师或者寄宿家庭的主人。

刘兴宇：明白了，关于医疗保险实际上同学们一定要秉持一个原则，就是多听多问，你自己拿不准的地方一定要问老师、监护人，最后请监护人帮助联系你的保险顾问，以免在这个过程当中花很多冤枉钱。我们非常感谢谭老师今天来到节目当中做客！

谭飞马：好，谢谢！

36 监护人

刘兴宇：听众朋友您好，欢迎收听专家小讲堂。在节目当中，我们为大家邀请到了加拿大中学资深专家谭飞马老师前来做客，我们将和谭老师一起为您揭开加拿大中学的神秘面纱。今天我们请谭老师来给大家讲一讲同学们到加拿大去读高中，非常重要的一个角色就是监护人。请您先来给我们讲一讲在法

律上监护人是怎么来界定的呢?

谭飞马:未成年人或者是在加拿大就读高中的中学生,即使是大学生,如果未成年,你都需要一个法定的成年监护人。因为BC省规定成年人的年龄是19周岁。我们有些孩子读书比较早,他去读大一或者大二的时候还只有18岁,这个时候他也是需要监护人的。所以我们要打破一个误解就是只有中学生才需要监护人。

刘兴宇:准确地说,法律上的未成年人都需要一个法定监护人。

谭飞马:是的。

刘兴宇:加拿大的法律规定,什么样的人可以充当这些孩子在加拿大的监护人呢?

谭飞马:正常来说你一定要是有加拿大身份的人,你是永久居民,或枫叶卡都可以,加拿大公民也可以。

刘兴宇:我们这样来理解,就是你是加拿大籍,或者是拥有加拿大绿卡,都是可以的。

谭飞马:是的。还有一点就是监护人一定是成年人,这个年龄没有一个特别明显的界定,但是我们一般建议这个成年人的年龄最好是在25周岁以上,有固定的工作和住所。

刘兴宇:如果我们家在当地有亲戚、朋友,他们已经拿到了加拿大的枫叶卡,他们可以当我孩子的监护人吗?

谭飞马:可以的,这个是没有问题的。但是这个时候家长一定要想清楚,因为监护人的责任非常重大。我们从之前的案例中发现,亲戚、朋友担任监护人,但最后到了反目为仇的地步。因为家长会觉得我的孩子一切都交给你了,你要照顾

好他。但亲戚、朋友其实也有很多自己的事，他没有想到会需要承担这么多的责任。比如说学生出事了，他要放下工作或者手头上的事马上赶到学校。还需要去开家长会，要给学生选课，甚至学习不好了他还要辅导。签署很多学校的法律文件。这些对于亲戚、朋友来说都是相当大的责任。即使是吃饭这样的小问题都会双方都不满意，最后导致双方互相不理解。所以如果要求自己的亲戚、朋友当监护人或者寄宿家庭，我觉得家长一定要想清楚，和亲戚、朋友事先沟通好。

刘兴宇：教育局可以作为监护人吗？它们提供这样的监护服务吗？

谭飞马：有部分教育局会提供监护服务。但一般教育局提供的监护都是非常基础的。类似于一个文件监护，因为在申请签证的时候需要提供加方监护文件，教育局会提供这个监护文件，但是在平时的生活方面，教育局可能就不会涵盖到那么多。

刘兴宇：像这样的情况怎么办呢？

谭飞马：像这样的情况我建议如果是学生本身自理能力非常强，在当地又有亲戚、朋友，你可以选择教育局监护。因为它的费用比较低廉。如果学生性格比较内向，需要得到的帮助非常多，甚至家长需要监护人对他的课后活动、课后辅导进行安排，我建议你这个时候一定要选择专业的寄宿公司提供专业的精品监护服务。

刘兴宇：明白了，这个是关于什么人可以来担当监护人，教育局提不提供这个监护服务的。说到监护人，我们也请谭老师来给我们讲一讲学校对于监护人有些什么样的要求。前面已经讲到

了一点，基本上是距离上要求监护人能够随叫随到，学校有需要你能够马上到学校来，还有一些什么别的要求呢？

谭飞马：还有语言上，英文一定要能进行有效的沟通，这就回到了我们刚才说的亲戚、朋友这个问题上了。因为之前发现很多学生在出了问题以后，在跟教育局解释沟通的时候，一部分亲戚、朋友到了学校的时候发现他们连一句英文也不会说，如果是没有孩子的亲戚、朋友，也不太了解教育体系，这个时候跟学校的沟通就有很大的障碍，不能帮助学生及时解决问题。还有的会说一些，但也不是很熟练，就会经常误解教育局的意思。这时就会耽误最佳的有效沟通时间，影响孩子的学业。比如说这个学生已经被留校查看了，学校让监护人通知父母赶紧沟通一下学生的种种问题，但监护人如果英文不好，他没有理解这个要求，就会耽误这个最佳有效时间，导致学生最后被退学，或者是其他的一个纪律上的违纪记过。所以英文流利沟通非常重要。

刘兴宇：对，第一，地理位置上能够保证学校有需要的时候随叫随到。第二，语言上英文一定要能够进行有效的沟通，必要的时候你要能够争取学生的权益。沟通的能力也很重要，你要懂得怎么去跟学校、跟教育局来进行这种有效的沟通。是不是也需要这个监护人对当地的教育体制，比如说学生的选课、考试等等，有一些比较充分的了解呢？

谭飞马：对，这个是非常有必要的，因为家长可能还有个误区就是我的亲戚、朋友在那边生活十年了，他肯定对那边的学校了如指掌。但其实我们换位思考，比如说您在中国生活，如果自己没有孩子，一般也不会去关注中小学各类升学考试、招生要求以及片区划分，还有学生在学校里可能会碰到的一些困难和问题。所以说选择亲戚、朋友当监护人，家长一定要想清楚，千万不要耽误孩子非常重要的选课、考试、毕业要求，甚至是升学指导方面。当然还有医疗、安全方面的协助问题。

还有一个非常重要的是续签，因为我们的学签大部分是给一年、两年的，但很多孩子都会忘记去续学生签证。这个时候可能就会被驱逐出境，非常可惜和冤枉。专业的监护人非常了解这些事和孩子的习惯，会提前提醒孩子或帮助孩子办理续签。但亲戚、朋友可能未必了解这些，而且也可能不知道怎么去续学签。学校一般是允许帮学生续签的，因为这个不是学校的责任。这也是非常需要注意的地方。

刘兴宇：对，我们可以这样来理解，监护人对于孩子在加拿大学习期间起到的责任和作用是非常大的，所以家长一定要慎重选择孩子的监护人。到底谁能够担任孩子的监护人？我们怎么样寻找这样的监护人？家长、监护人和学生之间又怎么样进行有效的互动呢？下一期节目当中，我们请谭老师再来给大家做详细的讲解，非常感谢谭老师今天先来给我们讲了监护人的一些基本情况。

谭飞马：好，谢谢！

37 监护人选择

刘兴宇：听众朋友您好，欢迎收听专家小讲堂。在节目当中，我们为大家邀请到了加拿大中学资深专家谭飞马老师前

来做客，我们将和谭老师一起为您揭开加拿大中学的神秘面纱。今天我们和谭老师继续关于监护人的话题。在昨天的节目当中，我们讲了监护人的一些基本要求。今天我们就请谭老师来给我们讲一讲家长到底怎么来选择监护人，谁能够来担任我的监护人，我怎么能够联系到这样的监护人，我怎么选择。

谭飞马：首先，有三种方式可以充当监护人，一种是家长的亲戚、朋友，当然一定要满足地理上的要求、语言上的要求，以及对当地教育体制有基本了解。其实我觉得还要再加一小条，就是一定要有爱心和耐心，因为未成年人涉及的问题是方方面面的，不只是生活，还有学习上。

教育局一般只提供最基础的监护服务，所以如果是教育局做监护，学生需要自理能力很强，能自己独立去操作很多事，比如说选课、续签、升学，并且发生问题、寻求帮助的时候学生的英语是没有问题的。因为教育局的监护人一般是外国人，母语是英语，需要学生英语沟通没问题。

还有一类就是后期公司的专业监护服务，后期公司会根据家长的不同需求提供不同的产品套餐，比如说基础监护服务、新生入学报到指导、简单的家长会、帮学生请假等。这涉及请假的问题，家长一定要提醒学生，如果要请假，不管是学生、寄宿家庭还是亲戚、朋友去请假，都是无效的，因为他们不是监护人。一般是需要监护人打电话帮学生请假的。

刘兴宇：监护人去请假才可以。

谭飞马：对，监护人去请假才可以，因为我们发现之前有学生生病了，自己打电话去请假，因为是电话留言请假，留完言他以为是有效的，但事后他发现被记旷课了，因为他自己请

假是无效的，所以这是非常重要的一个事情。

有些家长是想比如说有的孩子在国内已经学了钢琴、绘画、萨克斯等，想在加拿大找培训班继续学习。这也需要比较了解培训信息的专业监护人提供建议。

刘兴宇：孩子还需要继续这样的学习。

谭飞马：对，专业的监护人熟悉当地培训班的资源，也比较了解中国学生的需求，他会根据家长的要求、学生的特点以及费用要求，去帮学生联系专业的老师进行课后辅导。还有一个就是英文的辅导，雅思、托福的辅导。还有一些学生以后想申请美国大学，需要考 SAT，可能学生就需要找个 SAT 的辅导班。

刘兴宇：我们可以这样来理解，就是大部分教育局提供的这种我们可以把它算作是材料监护，因为它只是根据使馆和移民局的要求，提供一些未成年人的监护文件，方便你来办理签证的，它实际上不实际提供特别精细化的监护服务。

谭飞马：可以这么理解一部分教育局的监护。

刘兴宇：那么这块我们把它叫作材料监护，这个基本上要收相应的费用吗？

谭飞马：有的教育局是免费的，有的教育局可能收几百加元的成本费。

刘兴宇：这个我们可以把它叫作文件费。

另外也有专业的后期公司提供监护服务，后期公司提供的这种服务其实是分档收费的。比方说像刚才谭老师讲到的基础监护，包括带学生报道注册，帮助学生选课，指导学生买校服，同时也是学生的紧急联系人，比方说你在学校出现了各种问题，

你在学校受伤了，或者出现了一些违规的事情，生病了，需要看医生，包括还有刚才讲到的这种请假服务，这个算作是一个基础的监护服务，大概这个服务基本上一年要花多少钱呢？

谭飞马：如果是基础服务，第一年有一个300加元的律师公证文件费，加1 200加元的监护费，每个月100加元，所以基础监护就是第一年1 500加元。

刘兴宇：这个300加元第一次做文件是必须要出的。

谭飞马：对。

刘兴宇：如果我们想要后期公司提供更多的监护服务，比方说像您刚才讲到的签证的续签、升学的指导、合理的补习建议，包括学生的成绩单要定期发给家长，还有短期或者长期陪读家长的安置服务，这个费用大概一年是多少？

谭飞马：这个费用应该是一年3 000~5 000加元，因为这类服务还包括家长来看望孩子的接机送机服务、陪同看学校的服务。因为加拿大人工是非常昂贵的，很多服务实施起来可能需要耗时一天，比如陪学生购物、理发、办理银行业务等，所以要比刚才的基础服务贵一些。

刘兴宇：寄宿家庭是不能够担任监护人的。

谭飞马：原则上是可以的。正常来说我们不建议这么做，因为这样就类似于球员和裁判的关系，因为寄宿家庭本身是负责你的饮食起居方面的，当寄宿家庭和学生有矛盾、需要监护人介入解决的时候，就比较尴尬了。如果责任分开，学生的监护人就可以代表学生找寄宿家庭去沟通，协商解决问题。

刘兴宇：比如服务不到位的情况。

谭飞马：是的。

刘兴宇：最后我们也想请谭老师来给我们讲一讲家长、孩子和监护人之间的互动。很多家长会说我付了钱给这个监护人，不管它是一个公司，还是一个机构，就应该为我的孩子提供孩子的所有需要。对于孩子来说可能也会觉得它是我的监护人，它就理应为我提供这样的服务。您能给我们一些关于分寸拿捏的建议吗？

谭飞马：以前家长会把监护人当成保姆，这其实是非常不对的一种观念，也是不太尊重人的一种观念。因为在加拿大你不管是从事服务业还是其他任何工种，都是非常受人尊重的，所以也请家长一定要尊重监护人的服务。虽然您出钱了，但监护人也是提供专业服务的，所以双方沟通一定要尊重对方，站在对方的立场上去沟通。

现在因为微信、QQ都很方便，一旦监护服务产生，我们建议家长和您孩子的监护人加一个微信和QQ，这样方便你们在出现问题的时候沟通。如果需要增加服务，或者你需要针对您孩子的情况去沟通的时候，这也是一个非常有效的沟通途径。当然，因为有时差，建议不着急的事家长和孩子可以先留言给监护人，等待回复即可。如果特别着急，建议还是电话沟通。

还有一点就是我们的孩子一定要有一个主动跟监护人去沟通的意识。因为监护人也反映，监护一年了，孩子一次也没有主动去联系他。当监护人询问是否需要帮助时，孩子经常也不回复。然后一有问题，先去找家长反馈，然后家长再去找监护人，这中间就会产生一个描述的误差并且耽误问题的最佳处理时间。

刘兴宇：如果说确实我们跟监护人的沟通比较到位，但是这个监护人的服务并不是特别好或者负责，我们可以中途更换监护人或者监护公司吗?

谭飞马：当然是可以的，双方可以自行协商，如果你觉得监护人没有达到你所要的服务，或者是他确实没有提供套餐里面的服务，这时你可以去找监护人或后期公司沟通，然后协商退还一部分费用或更换监护。如果是中介帮你找的后期服务，你可以让中介跟他沟通，然后帮你去争取权益，退费，然后再去换监护人。但是，换了监护人后，你一定要把新的监护文件交给教育局，否则如果有重大事故产生或者紧急事件，如果教育局那边留档的还是原先的监护人，这个时候原监护人的服务已经解约了，他是没有义务和法律责任帮学生处理问题的。即使是原监护人愿意帮忙，学校也不会同意没有有效监护人文件的监护人代表学生出面。可能就会耽误学生很重要的事，所以，更换监护人一定要第一时间通知你孩子所在的学校和寄宿家庭。当然，如果监护人不负责任，寄宿公司不理会，这个时候学生和家长可以第一时间找学校国际部的老师协助解决。

刘兴宇：大家一定要明白，监护人是你在加拿大的法定监护人，法定这个词很重要，学生有任何事情，你都要第一时间知会你的监护人，然后由监护人依据在当地的一些情况来迅速做出判断，跟学校联系，还是说应该跟哪个方面来进行联络，怎么样来沟通、解决学生遇到的方方面面的问题，家长和孩子一定要有这方面的意识。我们非常感谢谭老师今天在节目当中就监护人的话题给我们讲得更加彻底和清楚，谢谢谭老师!

谭飞马：好，谢谢!

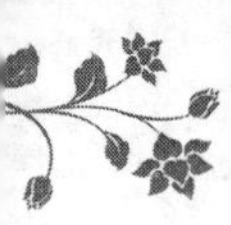

38 寄宿家庭

刘兴宇：听众朋友您好，欢迎收听专家小讲堂。在节目当中，我们为大家邀请到了加拿大中学资深专家谭飞马老师前来做客，我们将和谭老师一起为您揭开加拿大中学的神秘面纱。今天的节目当中，我们请谭老师来给大家讲一讲学生到加拿大后，如果是去读公立中学，可能大多数同学要进入寄宿家庭。对于寄宿家庭这个话题，我们今天想请谭老师来给大家说一说。

如果读走读中学，必须要选择寄宿家庭。很多家长会纠结说我是选一个当地的西方人寄宿家庭，还是选一个华人的寄宿家庭更好呢？这方面您有一些什么样的建议呢？

谭飞马：其实我们大多数家长第一反应是会倾向于住在当地人的家庭，因为我们家长的脑海中都有一幅很美好的画面，就是我的孩子入住当地人的家庭，他们会有流畅的英文沟通，我的孩子也会了解加拿大的风土人情。这个确实会有帮助。但实际情况是，我们有一些性格特别内向、英文不太好的孩

子，他在入住当地人家庭的时候，有一个沟通的障碍，有时候我们也接到寄宿家庭的投诉。寄宿家庭主人反馈学生在早上上学、晚上放学回家、吃饭的时候，从来不跟寄宿家庭英文沟通，寄宿家庭主人天天跟学生 say Hello，问学生今天在学校开不开心，我们的学生却没有任何回应，问吃饭吃得好不好，也没有任何反馈，学生吃完饭就默默回到自己的房间，因此比较内向、腼腆的孩子建议还是考虑华人家庭比较好，这样能帮助孩子慢慢适应第一学期的生活。现在很多华人家庭，在家里跟孩子也是用英文沟通的，而且华人家庭更了解和理解中国孩子的需求。

刘兴宇：对，所以其实是要看学生本身的情况，学生本身是一个什么样的孩子。入住华人家庭，我们知道也会有一些优势，肯定首先是吃的比较可口，沟通比较顺畅，但是也有一些弊端，可能就是在了解当地文化上面就不如入住西方人家庭那么充分。

谭飞马：这可能是以前老移民的情况。现在发生变化了，因为我们现在的华人家庭很多是二代、三代移民了，所以他们的母语其实已经是英文了，他们的祖辈因为是中国来的，所以他们对中国文化还是比较了解的。这个时候，他会比较了解中国学生的短板和即将面对的困难，所以他会提供很多的温馨提示和帮助。这一点也是非常有帮助的，所以不能说哪种家庭是最好的，只能看哪种家庭最适合您的孩子。如果孩子喜欢吃西餐，性格活泼开朗，乐于主动沟通，这种孩子就比较适合考虑西人家庭。如果孩子不喜欢吃西餐，比较爱吃中餐，性格内向、腼腆，这种孩子就可以考虑英语为母语的华人家庭。

刘兴宇：我们知道入住寄宿家庭其实会面对一些生活习惯上的差异，或者是文化背景上的差异。学生一定要了解家庭有一些什么样的家规，大多数是需要遵照执行的。如果有一些规定你确实觉得不合理，你也可以跟寄宿家庭提出来协商。很多家长可能会说，我的孩子比较小，寄宿家庭主人能不能每天接送我的孩子上学和放学？周末是不是都会带着我的孩子参加他们的集体活动，或者带着孩子去购物？这方面您给我们讲一讲。

谭飞马：第一，接送上学放学和带学生去购物，不是寄宿家庭的义务工作。

刘兴宇：不是他们必须要做的事情。

谭飞马：对，这个你可以去跟寄宿家庭协商，因为有些寄宿家庭如果上班正好路过你的学校，顺道带上是可行的。但也需要征求对方同意。有些寄宿家庭比如主人已经退休，并且他也乐于去做这些工作，那就可行。还有周末购物，我建议提前问问这个寄宿家庭这周有没有购物计划，如果他要去超市、去商场，你就顺便问问能否带上你一起，这是需要大家友好去协商的。

刘兴宇：一般情况下，我们怎么来选择寄宿家庭呢？

谭飞马：其实不管是教育局提供的寄宿家庭，还是寄宿公司提供的寄宿家庭，第一，这个寄宿家庭的成员必须是无犯罪记录的，也没有精神方面的疾病；第二，这个寄宿家庭以往有接待过国际生的经验；第三，教育局和寄宿公司会对寄宿家庭进行面试或者家访。

刘兴宇：我们也知道，不管是美国还是加拿大，对寄宿家庭的要求是非常严格的，比如种族歧视、宗教歧视等方面一般

都会核查。另外还有一点需要提醒一下学生和家长，就是寄宿家庭一般会满足学生学习和生活上的基本需求，其他方面的照顾可能得尊重寄宿家庭的意愿。所以家长不要对寄宿家庭要求过高，但如果你的孩子和寄宿家庭相处得特别融洽，寄宿家庭愿意给孩子提供很多照顾，或者是带着孩子参加一些活动，这相当于寄宿家庭额外自愿为你提供的，家长最好不要互相攀比说你看这个家庭带着他又参加音乐会，又去旅行，我家的为什么没有这种服务?

谭飞马：还有辅导作业也不是寄宿家庭的义务。

刘兴宇：为什么我孩子的家庭不能够提供这些?这个一定是因为这个家庭自愿做的，我们不能把它作为一个标准。

谭飞马：衡量的标准。

刘兴宇：在学生、家长和寄宿家庭沟通方面，我们知道其实以往出现了很多不愉快的状况。在这方面，我们也想请谭老师给大家一些建议。

谭飞马：我们家长跟寄宿家庭在沟通孩子问题的时候，家长第一句话可能就会是："我的孩子这么小，他在其他国家离父母这么远，为什么你们就不能多帮帮他？"但是从西方人的思维来说，你既然把孩子送到国外来读书，那你们这个家庭对于孩子在国外学习和生活都是已经有心理准备的。再者，同龄的外国孩子比咱们的孩子要独立自主很多，所以很多西方人也会不理解为什么孩子什么家务都不做。他会很惊讶地说，如果你都没有准备好，你为什么要出国读书？对，这个是一个文化上的差异。所以家长最好不用道德绑架我们西方的家庭来提供一些额外的照顾或者是不符合西方文化的一些要求，比如说要求寄宿家庭把学生的衣服洗完、叠好放在他的床头，这个是不可取的。

刘兴宇：还有呢？

谭飞马：还有很多，就像您之前说的，接送孩子放学、陪孩子购物，甚至是给他辅导课业，这些都不是寄宿家庭必须要做的工作。

刘兴宇：对，另外家长不要给孩子传递一种错误的信息，就是我付费给你了，这些都是你应该做的事情。大家一定要明白，寄宿家庭的工作是收取了一定的费用，但这绝对不是他为你提供额外服务的理由，他们也需要得到家长和学生基本的尊重。

千万不要觉得我付费给你，你就应当为我服务。这其实不利于学生和寄宿家庭形成非常融洽的关系。学生入住寄宿家庭后，你就把他当做你的亲人和长辈，互相尊重，主动承担一些简单的家务。

到今天为止，谭老师揭开加拿大中学神秘面纱的系列节目基本上就告一段落了，但是因为加拿大中学不管是学习，还是

生活方方面面的情况都非常复杂，所以我们在这样一个系列节目当中，只能够给大家提供一些基本面的情况。在这个过程当中，还会有很多具体的细节问题，如果家长感兴趣可以联系我们的节目，我们会第一时间为大家做出解答。我们也非常感谢谭老师贡献了这么多的时间和精力来为大家做加拿大中学方方面面的讲解，谢谢谭老师。

谭飞马：非常感谢刘老师提供这样一个沟通的平台，也感谢各位热心的听众朋友们，谢谢！

英国篇

现在越来越多的家长希望我们的孩子通过接受西方中等教育，不但可以正确塑造孩子的价值观，并且能够成功入读世界顶级名校。在这样的大环境背景下，我们发现越来越多的小候鸟们早早地踏上了出国留学之路。作为一个“过来人”，我想在这里提出几个观点：

- 英国和美国的本科教育阶段不分伯仲。
- 通过 A-Level 课程会让中国孩子更加容易考入世界顶尖大学。
- 美国硕士的含金量要比英国的高。
- 英国的中学对孩子的管理、照顾要比美国的中学好一些，并且安全一些。

- 14岁以前如果没有父母在身边，我不建议孩子过早出国。
- 14岁以后出国越早越好，不需要贪恋国内补习机构，因为不管怎么补都是应试的。
- 家里如果有条件、重教育，就一定要支持孩子更早出去。

01 学制渊源

刘兴宇：欢迎您收听专家小讲堂，本期的节目当中我们为大家邀请到资深的英国中学专家王钟声老师（英文名Harry）前来做客，我们将和大家探讨英国中学方方面面的话题，我们也希望通过这样一个系列的节目，能够使收音机前的听众对英国的中学有一个非常全面的了解。

在今天的节目当中，我们请王钟声老师先来和大家讲一讲关于英国中学的概况。王钟声老师您好！

王钟声：谢谢刘老师，非常高兴能有这次机会。

刘兴宇：王钟声老师，从您的角度来理解，英国中学和中国中学教育的体系，或者教育的理念最大的区别在哪里呢？

王钟声：我觉得可以从两种完全不同的教育理念来区分，英国的教育系统号称是世界上最为严谨、复杂但又相对灵活的教育系统，有着许多优异的特点。从追求的理念来看，英国的中学追求将男生培养成为绅士，将女生培养成为淑女。从历史发展的角度去看，英国是从二战之后才真正又重新一点一滴地建立起了目前这个严谨的教育体制，其受众群体可以分为三类：

第一个群体是我们的家长以及孩子，第二个群体是政府有关部门，第三个群体就是学校，三方经过共同协商，经历了无数次的修整后制定了这套系统。英国人的做事理念很简单，就是首先要制定一套可行的系统，然后通过实践，经历无数次的修正，最终完善一个体制，这才有了我们今天这套在英国成熟的教育体制。

刘兴宇：大家都知道，就像您刚才说的，英国的教育体制是最严谨、最复杂，但同时又是非常灵活的一套教育体制，因为我们收音机前的听众朋友们可能对美国和加拿大更加熟悉。美国的中学有一点像美国的大学，它是非常活跃的，整个教育具体体制上的安排有点像美国大学，比方说是走班制，老师不动，学生要在不同的教室间更换。另外课堂上的气氛也有点像大学，鼓励学生积极参与课堂讨论。英国大概是一种什么样的感觉呢?

王钟声：英国中学课堂的感觉类似美国，我们可以从教育的方法和授课的模式这两点来看：一个叫作 courses work，就是你正在学习的课程；另外一个展现出来的方式叫作 presentation，也就是演讲。通过一个输入和输出的过程让你真正掌握每个知识点。其实这里面应用了英国人在课堂上经常会用到的方法，叫作 peer mentoring——同级性的思想指导，这是一个产生于 1803 年的指导方法。当时在二战之后英国没有那么多老师，不像现在有师范制了，如何做到 whole fast teaching 呢？就是迅速地把一个知识或者说一个技能传授到一个群体里面。英国当时用的方法就是老师先传授知识给一部分学生，先学会的学生们再分别教导其他没学会的学生。这就是刚才我说的 peer

mentoring。这其实证明了一个人需要迅速地理解某样东西取决于什么？就是如果需要我去教会别人，我需要自己先学会。这样的 peer mentoring 知识传达方法一直沿用至今。

刘兴宇：这个有点像中国的俗语，你如果想给别人一碗水，你自己首先要有一桶水。

王钟声：没错。

刘兴宇：所以英国课堂上的这种氛围我们可以这样来理解吗？它介于中美之间，既有中国课堂上的老师讲授知识，同时也有美国课堂上那种同学们非常活跃、积极参与讨论的感觉。

王钟声：没错。我们很多家长把 A-Level 课程理解为高中，其实 A-Level 是继续教育课程，或者说是英国人大学本科学位前的先修课程。他们有初等教育，也就是我们说的小学，中等教育就是 GCSE。16 岁的英国孩子 GCSE 毕业已经完成中等教育了，在英国也就是完成高中了。英国的理念是，既要有足够的灵活性，同时允许学生以适合他们需要的最佳速度前进。这也表明了国家统一课程实施之后的进步。因为之前是没有一个国家强制的统一课程。现在你可以理解为什么各个国家，像美国的 SAT 考试、ACT 考试，英国的 A-Level 考试，中国的高考，都有这样的异曲同工之处。

我额外说一点，我们需要改变一个观念，东西方教育最大的区别在于：西方的教育系统着重于打造一个完整的人、塑造一个完整的个体，比如在考大学时，大学参考的不仅是成绩还

有学术精神，想看到的是非常完整的人格和学生全面的发展。

刘兴宇：今天的节目当中，王钟声老师给我们讲了很多关于英国教育体制发展的历史，非常感谢王钟声老师今天在节目当中和我们分享您对于英国整个教育体制的一些认知和理解，谢谢！

王钟声：谢谢！

02 学　　制

刘兴宇：欢迎您收听专家小讲堂，本期的节目当中我们为大家邀请到资深的英国中学专家王钟声老师前来做客，我们将和大家探讨英国中学方方面面的话题。王钟声老师您好！

王钟声：您好刘老师！

刘兴宇：在上一期节目当中我们请您给大家介绍了英国教育的概况，今天的节目当中我们想和您聊一聊，英国的中学到底是一种什么样的感觉？它的一些具体的教育方法是怎样的？比方说上课的方式，它是像美国一样，学生是要走班制吗？就是老师不动、学生来动。

王钟声：对的，英美的上课方式非常相似，但是有一个转折点，就是在它的初等教育结束前，英美的小学基本上都是一个班一个老师，而英国会配助教老师，这是跟美国最大的区别。进入中等教育之后，也就是我们所谓的中学，中国被分成了初中和高中，在美国也是分为初中和高中，英文分别叫 junior high 和 senior high。在英国其实它又不一样，最大的区别就是在英国中等教育是 12 ~ 16 岁，甚至有的是 11 ~ 16 岁。中等教育阶段都变成了走班制，包括到了英美大学时的授课方式也都是走班制。

刘兴宇：基本上在英国的中学当中，每个班级大概有多少人呢？这个课堂当中也是十几个人的小班制吗？这种上课的方式也是像我们平时在一些图片或者电视节目当中所看到的那样，同学们大多是围坐在一起，以这种讨论的方式来上课？

王钟声：对的，没错。去年有一部非常火爆的 BBC 的纪录片，叫作《我们的孩子到底够不够坚强——中国老师来了》。影片里面的学校是一所英国的公立学校，公立就是由政府财政出资设立的，一般一个班级会有 25 人左右，有的会到 30 多人，在美国也是这样。私立学校一般班级人数会少一些。说明一下，国内目前有一些相对便宜的英国中学在华招生，宣称自己的性质是公立，其实这些都是私立学校，而且是非常便宜的私立学校。

英国崇尚精英教育，他们的理念也很简单，如果你想要更小的班型、更好的师资、更好的教学课件，那么你花更多的钱就可以上好的私校。一分钱一分货是资本主义国家的特点。

刘兴宇：我们所谓的小学结束了，要进入中学阶段。

王钟声：没错。私立学校小的班级可能只有 6 个人、8 个人、10 个人左右，普通的班级会在 25 人以上。

刘兴宇：最后还有一个问题，就是上一次节目当中您也提到了 A-Level，我们其实可以把它叫作中学的延续课程，也可以把它算作大学的先修课程，所以我们到底怎么来理解英国中学的学制呢？是指 4 年，就是 GCSE 的这 4 年，我们可以把它算作是英国真正的中学学习期间吗？

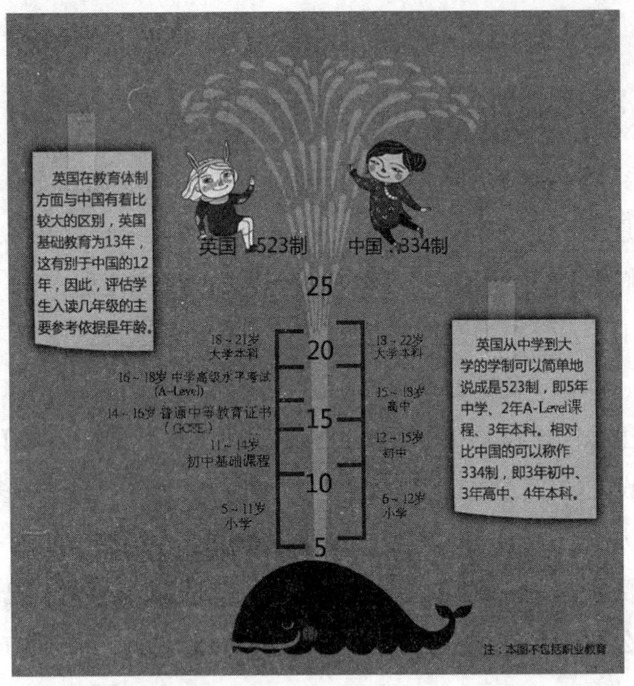

王钟声：这个问题我特别希望咱们的家长以及学生去更新概念，我刚才说到 GCSE，现在中国家长认为它是英国的初中，其实它的意思是 secondry education，翻译过来就是中等教育，其实是中学。按照教育体制来讲，什么是中等教育？就是共识通识教育，英国的学术理念是非常实用的，第二次世界大战之后英国没有以前繁荣，它们主要归结于自己的资本主义以及教育的发展没有跟上，所以一直在改进。

所以说英国孩子在 16 岁就完成了中等教育，16 岁之后很多孩子家里的条件是不足以享受高等教育的，就是本科学位课程。在旧世纪，英国的这种学位是授予传统的贵族，或者说是精英知识分子的一种鲜亮的头衔。但是后来因为教育的普及，变成

国家统一性的课程以及强制性的教育。现在 16 岁的孩子完成通识教育之后，在英国面临两个选择，他可以进入私立学校或者公立学校读 A-Level 课程，A-Level 就是英国的通识教育结束之后的两年大学先修课程。跟我国教育体制相比，相当于我国的高三和大一。还有一部分学生可以去读职业性技术课程，帮助他们尽快进入社会工作，当然也可以获取大学本科学位，这个后续我们会做更深入的了解。但是家长以及孩子有了全新的理念，就是一个英国孩子 16 岁，通识教育毕业之后，如果我想读高等教育——

刘兴宇：他需要读 A-Level。

王钟声：是的。

刘兴宇：但是如果他想转向职业教育，就可以直接进入职业类院校。

王钟声：没错。

刘兴宇：但是其实我们可以把它理解为 GCSE 这 4 年读完就认为他在英国的中等教育已经结束了。

王钟声：没错，中等教育已经结束。其实最初的 A-Level 课程只在某些非常好的私校里有。但是随着英国教育的发展，经过三个群体的协商和修正，现在政府设立的公立学校都会开设 A-Level 课程。

刘兴宇：我们今天非常感谢王钟声老师在节目当中更具体地为我们介绍了英国中学的一些基本情况，感谢您来到我们的节目当中做客！

王钟声：谢谢刘老师！

03 国际生开放

刘兴宇：欢迎您收听专家小讲堂，本期的节目当中我们为大家邀请到资深的英国中学专家王钟声老师前来做客，我们将和大家探讨英国中学方方面面的话题。王钟声老师您好！

王钟声：您好刘老师！

刘兴宇：王钟声老师，我们今天想向您请教英国的中学向国际学生开放这个问题，请您先来给我们讲一讲，英国是所有中学都向国际学生开放吗？

王钟声：我们在上一期节目中讲到，英国分公立和私立。这个公还可以当哪个公？公学，家长很希望孩子能上到像伊顿、哈罗这样的公学，这个公是沿袭公爵的“公”。

刘兴宇：不是公立的公。

王钟声：虽然字面是同一个字，但是不是一个概念。再次强调，真正公立的学校是由政府出资设立的，它是保障性教育，是不对任何国际生开放的。再来看私立学校，细分的话，有college学院，这些都是私立的。为什么又有一些学校叫school呢？可以这么理解：school会比college大一些，但是，学费school会比college相对便宜。

我建议家长如果想把孩子送到英国读中学，首先公立的我们进不去。一些费用相对比较低的学校，国内理解为因为它是公立所以便宜，其实它不是公立的，都是私立的，只有私立才可以面向国际学生。

那么为什么价格会相差那么多？

刘兴宇：为什么？

王钟声：因为面对的家长群体不一样，有富裕的家庭就有相对普通的家庭。所以说建议家长如果选择去英国读这种私立寄宿中学，肯定要选择质量好的，当然不是说最贵的就是最好的，但肯定是一分钱一分货。

刘兴宇：向国际学生开放的这些私立学校，大概国际学生的比例能够占到多少呢？

王钟声：国际学生的比例，通常是中国家长一定会问的问题。一般的学校都会尽量不让国际生的单一国籍比例超过 20%。我反思过这个问题，觉得特别有意思。比如说在北京入学，我们很少会问你这个学校有多少东北人、有多少河南人，这是非常符号化的，有点歧视的感觉。

在英国，你可以这么去理解，几乎每一个学校现在都有中国人或者是华人。我觉得家长可以这样去判断，一些国际生教学经验非常充足的学校，它的国际学生比例肯定会更多。一些国际生比例非常少的学校，它的教学模式不一定真正适合我们的孩子。在后面我们会谈到 ESL 课程。家长可以先借鉴我的经历。我当时在美国上小学，美国是一个移民国家，有着来自全球各地的移民，从小学开始就有 ESL 课程，刚入学就自动配合 ESL 学习。在英国不一样，不是所有的学校都有 ESL 课程，甚至有一些非常传统的学校初中阶段对于国际生雅思就要求 6.0 分。传统私校不排斥国际生，但是我们需要适应人家的教育标准。因为当初设立这个学校的初衷也不是为了满足国际学生，而是本土生。

刘兴宇：明白，所以就是说要客观地、理性地来认识国际学生比例这个问题。

王钟声：对的。

刘兴宇：但是我们也知道，其实中国家长之所以关心这个比例的问题，是因为他们更希望孩子能够在一个本土学生多，或者是以纯英语为母语的学生更多的环境里来学习，他们很担心如果中国学生过多，会出现中国学生扎堆的问题。所以你也大概给我们讲讲基本的概况，比如说像您讲到的一些国际教育经验比较丰富的学校，大概这个中国学生的比例能够达到多少呢？10%？或者是 5%？

王钟声：一般一个好的国际生比例，我们的认知是 20%，任何一个国家的国际生都不要超过这个比例。我想给大家举个例子，中国家长总会说，我希望我的孩子到一个纯英语的环境，什么是纯英语的环境？你去满足自己生活、教学所用到的这门语言不是你的母语，它是你的第二外语，这就叫作纯英语环境。在英国，所有的国际学生都反映，语言提高最快的课程是在英国暑期的短期语言课程，该课程面向的群体大部分是欧洲国家和亚洲国家。很多孩子在一起，发现大家的语言水平都差不多，会更容易开口、更敢开口、更乐于开口。设想你把孩子放到一

个所有人都讲另外一种语言的地方，他刚一说话可能就会被别人嘲笑口音，这样适得其反，孩子反而不敢开口讲话了。

刘兴宇：刚刚王钟声老师让我们了解了英国的学校向国际学生开放，以及国际学生比例这个话题，其实已经延展到了家长应该如何看待一个学校的国际学生比例。非常感谢王钟声老师今天来到我们的节目当中做客，谢谢！

王钟声：谢谢刘老师！

04 对国际生的态度

刘兴宇：欢迎您收听专家小讲堂，本期的节目当中我们为大家邀请到资深的英国中学专家王钟声老师前来做客，我们将和大家探讨英国中学方方面面的话题。王钟声老师您好！

王钟声：您好刘老师！

刘兴宇：在上一期的节目当中，您为我们讲解了英国的学校只有私立学校是向国际学生开放的，同时也给我们讲解了究竟应该如何来理性地看待国际学生比例这个问题。那么今天我们想向您请教的问题是英国的学校、英国的政府如何来看待小留学生？请您先来给我们讲一讲，是不是所有向国际学生开放的这些英国的私立学校，他们都很欢迎中国学生前去就读呢？

王钟声：咱们这么去理解是完全没有问题的，首先，英国的教育系统已经非常成熟，而且它是面向国际开放的。英国这个国家也是包容性很强的。举一个小例子，英国是没有法律去约束种族歧视的，但是有一些西方国家有，如果你在英国非常成功，无论你是来自世界任何一个地方，罗马尼亚、叙利亚还是中东，你都可以参与到这个社会的各界各个岗位，没有任何歧视。

刘兴宇：所以在英国的私立学校里面，也绝对不会存在对于你是来自哪个国家的学生的歧视。

王钟声：对，因为在英国本土，就有很多的欧洲人、印度人、中东人，来自全球各地，相当于近200个国籍的人在当地生活，本身它非常包容。

刘兴宇：这个是学校的层面。下面我们也来说说政府的层面。我们知道世界上不同的国家对招收国际学生的年龄其实是有不同政策上的限制的，比如澳大利亚其实是到2016年，也就是今年才刚刚开放了小留学生，就是小学留学生的签证。英国政府在小留学生这个层面上，我们想去读中学，或者哪怕也会有一些孩子是不是会想要到英国读小学，英国政府目前的政策是怎么样的呢？

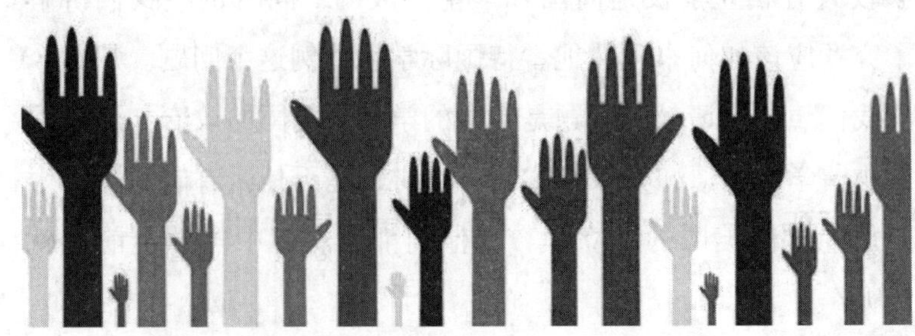

王钟声：英国的政府也是非常开放的，当然它不同的留学阶段有一个年龄的问题，我们以18岁为界，之前都是未成年人。未成年的孩子，肯定要有相应的监护人。要按照你选择的学校的不同性质，比如走读、私立、半寄宿制、全日制寄宿学校，看你需不需要再找一个监护人。从法律的角度，如果你在当地有一个合法的监护人，任何课程对你都是开放的，但是只能是私校，因为你的国籍不是英国籍。

刘兴宇：英国的本地人，特别是如果你去就读的这个学校有很多英国本土的学生，他们的家长实际上就是你未来可能要在英国读书的这几年所生活的社区里面会接触到的一些英国的本地人，他们对待国际小留学生也是一种很欢迎或者是像您刚才讲到的很包容的态度吗？

王钟声：会很包容的。举一个例子来帮助大家理解这个问题。英国大多数老师非常单纯，对教学满怀热情。从老师的角度出发，他会觉得不管你处于什么年龄，尤其是小孩子，漂洋过海，背井离乡，这么小的年龄到这边来求学，而且他也知道你只能上私立学校，家庭还负担了一大笔费用，他会非常包容你，并对你的求学精神加以认可。甚至恨不得把他所有的知识教授给你。这当然只是一个案例，但是绝对不会有我们所谓的担心，像排斥或者说异样的眼光，这是不可能的。老师都会站在一个非常理解的角度，而且会给你更多的关注。

刘兴宇：我们今天听到王钟声老师为我们讲解了英国的学

校、政府以及英国本地的民众对待要到英国去读中学的，我们叫作小留学生的一些态度和政策。非常感谢王钟声老师来到我们节目当中做客，谢谢！

王钟声：谢谢刘老师！

05 什么学生适合英国？

刘兴宇：欢迎您收听专家小讲堂，本期的节目当中我们为大家邀请到资深的英国中学专家王钟声老师前来做客，我们将和大家探讨英国中学方方面面的话题。王钟声老师您好！

王钟声：您好刘老师！

刘兴宇：王钟声老师今天我们想跟您来一起探讨的问题是，什么样的孩子适合到英国去读中学？相信作为留学专家，恐怕经常会有家长带着孩子前来问您，说我的孩子想到国外读中学，您会从什么样的角度去判断，说这个孩子其实很适合到英国，也许另一个孩子更加适合美国？

王钟声：我想从教育理念的角度去让我们的学生和家长理解这个问题。首先，什么是绅士风度？绅士风度的核心观念有尊重生命、公平、诚实、守信。小年龄出国的孩子我们俗称小候鸟，在他们人格和基本的约束能力没有十分健全以及成熟的时候，又选择去国外接受中学教育，我首要推荐的国家一定是英国。我们可以站在什么样的层面去看呢？我们经常说没有好与坏、错与对，只是你更适合哪个国家、哪个教育体制。小候鸟们在 18 岁以前是一个非常特殊的群体，他们是未成年人，也就是他的这种自我要求和约束能力还不十分健全。

刘兴宇：明白了，对于你来说，这其实是判断一个孩子适合英国还是美国的很重要的指标。

王钟声：对的，就像我经常举的一个非常通俗的例子，我们每天要上班，上下班要打卡，如果我们把这个取消，多多少少肯定会有人迟到，作为一个成年人我们尚且需要这样的约束，更何况是一个未成年人？

刘兴宇：您前面举了一个例子是说怎么来理解绅士风度，因为在之前的节目当中您也说过，英国的中学，特别是一些非常优秀的私立中学，它们的目标或者说它们的学校的氛围，是希望能够培养男孩子的绅士风度、培养女孩子的淑女气质。所以我们也经常听到家长说希望我的孩子将来能够有绅士风度，希望我的女儿将来能够很淑女。我们从这个层面去理解我的孩子适合到英国读中学，这其实也是一个角度。

王钟声：的确可以作为一个角度，这里我想延伸的一个小话题就是文化的差异以及教育理念的差异。其实对比这些中西

方国家，英国算是跟中国有很多方面很像，比如我们的警察制，我们是法警，英、德、意、日也是法警，其实中国现在的法警制度也是延续了这些国家。从教育理念来讲，对于绅士的理解还有一个更深入的层次，就是必须具有被社会所理解的道德思想与行为，具有开拓资本主义事业的广泛能力与自信。说到淑女气质，你可以理解为具有高贵的、文明的礼貌与仪态，具有多方面的学识。

刘兴宇：但是我们也经常听到家长会有这样一种概念，说英国的中学要比美国的中学管理更加严格，所以就像您前面提到的，这个孩子需要一个约束力。这样来理解英国的中学，您觉得对吗?

王钟声：对的。

刘兴宇：就是确实是管理上更为严格。

王钟声：确实。严格可以表现在方方面面，找一个比较夸张的但是非常形象的描述。在英国上课的时候，老师是非常尊重学生的，所以体现在外观上，老师会穿着传统的三件套，并且打上领带。学生对老师也很尊重，学校会要求你着正装。英国的教育理念其实是世界上非常先进的。什么是真正的教育?就是我们需要相互学习，学生会跟着老师学，老师每天也会从学生身上学到很多东西。

描述一个比较偏激的画面，在西方其他一些国家，老师的上课方式非常随意，跷着二郎腿，唱着歌，就完成了一堂教学课。

刘兴宇：在英国是不会出现这样的画面的。

王钟声：在英国不会。我想表达的是，如果一个未成年人他的人格非常成熟，并且自我约束能力非常强，他可以不选择

英国，而去其他的国家。如果在未成年阶段，需要一个真正能有效管理并且培养良好习惯的国度，英国还是作为首选。

刘兴宇：明白了，非常感谢王钟声老师今天在节目当中和我们分享了到底什么样的学生适合到英国的中学去就读，感谢您来到我们节目当中做客，谢谢！

王钟声：谢谢刘老师！

06 适合年龄

刘兴宇：欢迎您收听专家小讲堂，本期的节目当中我们为大家邀请到资深的英国中学专家王钟声老师前来做客，我们将和大家探讨英国中学方方面面的话题。王钟声老师您好！

王钟声：您好刘老师！

刘兴宇：欢迎您来到我们节目当中做客。今天我们和王钟声老师来延续上一期的话题，上一期我们讲了什么样的学生适

合到英国读中学，今天我们讲一讲孩子什么年龄到英国去读书是最为合适的呢？您有什么建议？

王钟声：其实我觉得在14岁以下，最好还是保持跟家人紧密的互动。14岁以上如果孩子已经相对成熟，就可以放心送出去了。14岁是学生自身的价值观、人生观、世界观形成的关键点。在14岁之前如果家长有条件可以自己陪同学生，去英国陪读，包括我们之前讲到你读小学也好、读初中也好，因为在这个时期之前的孩子，面临十万个为什么，很多人生的方向，以及一些重要的选择都需要家长给他一个很好的指导。当然，英国的教育系统非常完善，你可以选择一个监护人，但这个监护人的关系就会非常微妙，在后期的节目中我们专门讲监护这一块。

为什么说14岁是个分水岭呢？14岁以上有一个很合适的课程衔接，可以读GCSE然后衔接A-Level，总共四年。英国全日制的私立寄宿中学管理很完善。英国实行导师制，会有tutors。给大家举一些例子，英国的学校会有学生委员会、导师、生活老师、私人导师、课程主管、学生福利处，有这种完善的体制，学生也可以有一个完整的人格发展，不会在他幼小的人生轨迹当中产生任何偏离。就像我们之前看到有些报道，说西方其他的一些国家小留学生出了一些问题，原因是国体文化的不同，在其他国家，它没有这样一套完整的系统去保证一个孩子的人生方向。那么作为孩子，他会不断地去push boundaries，就是一步一步去触碰底线，有时候孩子自己都不知道犯了什么错误就出圈了。

刘兴宇：因为他总是对人生、对未来充满了好奇心。所以

按照您刚才的建议，14 岁之后到英国去读书是最合适的，如果家庭有条件也能够陪读，但即便是 14 岁之前，也可以去英国读书。那么如果 14 岁之后到英国读书，因为学校有非常完整的导师体制，所以也是没有任何问题的。

王钟声：可以这么理解，简单地复述一下，就是任何年龄去读都是可以，分水岭是 14 岁，因为在 14 岁之前我更希望我们的孩子跟家长保持每天密切的沟通，虽然现在已经是互联网信息化社会，我们有微信，天天可以视频，但是真正这种心与心以及面对面的方向上的指导是很难做到的。但是 14 岁之后是另外一个话题。

刘兴宇：14 岁，如果是这个年龄段，大概进入英国的教育体系，应该是去读几年级呢？

王钟声：相当于我国的初二和高一，英国的 GCSE 的最后两年。

刘兴宇：最后两年。

王钟声：其实 GCSE 课程也是两年制，但有的学校会分成三年甚至四年，这是英国既复杂又灵活的教育体制的体现。

刘兴宇：明白了，所以我们可以这样来理解，14 岁进入英国，我们可以把它等同于高中，大概是这么一种感觉。

王钟声：对的。

刘兴宇：14 岁对于孩子们到英国去读书是一个比较合适的年龄。那么刚才王钟声老师也给我们讲了，如果 14 岁之前，他是非常建议家长或者哪怕是父母双方其中有一位能够有非常充分的时间陪同孩子一起到英国去读书的，这对于孩子心智的成长其实是非常关键的。14 岁之后，不需要陪读了，学校也会有非常完整的导师体系，或者是学生的心理支持的体系，来保证孩子的心智能够向着一个非常正确的方向去成长，这个是家长不需要担心的，所以 14 岁算是一个非常关键的节点。今天王钟声老师给我们讲了什么样的年龄适合到英国去读中学，非常感谢您来到我们节目当中做客。谢谢！

王钟声：谢谢刘老师！

07 分　类

刘兴宇：欢迎您收听专家小讲堂，本期的节目当中我们为大家邀请到资深的英国中学专家王钟声老师前来做客，我们将和大家探讨英国中学方方面面的话题。王钟声老师您好！

王钟声：您好刘老师！

刘兴宇：王钟声老师，今天我们想请您给大家讲一讲英国中学的分类。在之前的节目当中，您其实已经简单地给我们讲了讲有政府设立的公立学校，也有私立学校，今天我们想请您更加详细、清晰地来给大家说一说英国中学的分类。

王钟声：英国是个资本主义国家，老牌资本主义，所以咱们从源头也就是出资方去分类，可以分为两类，第一类是政府出资，也就是公立学校，之前也说过，这类学校是不能向国际学生开放的，是保障性教学。最初的这种义务教育制也只开展到 16 岁，但是经过多年的发展，现在延伸到了 18 岁，几乎所有学校都会有 A-Level 课程。

第二类，就是纯私立学校，又可以细分为两种。其中一种是我们之前曾提到过的公学。

刘兴宇：就是大家很熟悉的英国王子读的那种公学。

王钟声：没错，基本上这些学校很少对国际学生开放。我说的都是很有名的像伊顿、哈罗，都是如雷贯耳的，运营方式变成由基金会、慈善组织管理的这种私立学校，称之为公学。它不是公立的，也很昂贵。

剩下的都属于私立学校，但是私立学校特别有意思，在教

学管理上它是完全独立于这些公立系统的，谁来监管这些私立学校呢？我经常呼吁，如何客观地看待一个学校的质量？可以参考由政府设立的OFSTED系统，里面有着所有学校的定期的报告，报告从方方面面最真实地体现了一所学校的质量。

刘兴宇：明白了，前面您说到的哈罗公学和伊顿公学的公，不是公立学校的公，而是公爵的意思，所以您也讲到了，现在有一些基金会来为它们出资和对它们进行管理。那么既然讲到了私立学校向国际学生开放，我们也多说一句，刚才您说了这种公学，伊顿也好，哈罗也好，向国际学生开放的很少，但是像刚才咱们提到的这几所非常著名的学校，中国学生可以去申请吗？

王钟声：当然可以去申请，现在英国政府也在反思，前一段时间BBC又拍了一部纪录片，找了3个非常普通家庭的孩子，从人种来看，一个白种人、一个黑种人，还有一个黄种人，这个黄种人其实就是中国人，最早的香港人，孩子本身出生在英国。以免学费的方式招收到伊顿公学。大家可以去网上搜搜，纪录片的名字叫作《我在伊顿的生活》，有上下部，很有意思。就是说这些老牌的公学也在开放它的国际生比例，吸收一些工人阶级的孩子进来读书。英国人的反思是，我们现在面临的是一个多元化的国际竞争力的社会，应该如何去培养我们的孩子？

其实我特别想说一句，我们如雷贯耳的牛津、

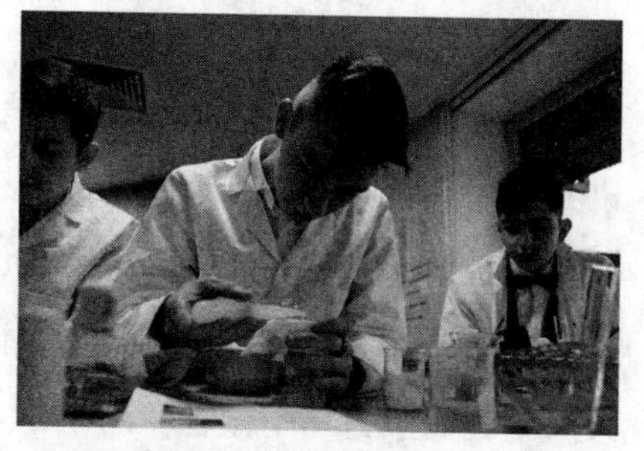

剑桥大学，它更多的学科是纯理论性的，为什么很多世界各地的政要都想把自己的孩子送到伊顿？伊顿有点像国内的清华保送班，大部分学生都可以直接入读牛津、剑桥。我提出一个新的观念，英国本身的大学申请系统就是非常人为主观的。升读大学，它不仅看成绩。也就意味着这些最早的公学更多地接纳精英阶层，包括牛津、剑桥这样的大学也会更愿意对这些孩子敞开它们的怀抱。

刘兴宇：明白了。我们再来说私立学校。以往一说到英国的私立中学，总愿意在后面多加一个词——贵族，说英国的私立学校都是一些私立的贵族学校，或者我们叫作私立的精英学校。这样理解恐怕不够全面。

王钟声：是的，现在已经把贵族这个头衔去掉了，当然，贵族还是存在的，看你怎么理解。很多私立学校价格确实非常昂贵，其实你可以把它理解为是一个门槛。

刘兴宇：我们应该怎么来理解私立学校的氛围呢？

王钟声：之前对私立学校做过很简单的阐述。我建议大家选择 college，就是学院，school 基本上会稍微便宜一些。我是站在中国人的角度，既然已经是一笔不小的费用，让孩子去读中学，就尽量给他选一个好一些的，因为真正的公立我们进不去，那么一分钱一分货，其实差不了多少钱，不过还是强调不是越贵越好，后续我们会解释如何选择英国的学校。

刘兴宇：今天我们听了王钟声老师全面为我们讲了英国中

学的分类，因为私立学校向国际学生开放，所以在后续的节目当中我们更多是来讲英国私立中学的情况。刚刚王钟声老师也讲到了一个概念，就是私立学校分为college和school，这两种概念又应该怎么来理解呢？在下一期节目当中我们会请王钟声老师更具体地来为我们讲一讲英国私立中学的概况，感谢您今天来到我们节目当中做客。谢谢！

王钟声：谢谢！

08 私立概况

刘兴宇：欢迎您收听专家小讲堂，本期的节目当中我们为大家邀请到资深的英国中学专家王钟声老师前来做客，我们将和大家探讨英国中学方方面面的话题。王钟声老师您好！

王钟声：您好刘老师！

刘兴宇：今天我们请王钟声老师来给大家讲一讲英国的私立中学的基本情况，因为英国只有私立中学向国际学生开放，所以之后的节目当中我们更多的是聚焦在中国学生可以申请入读的私立学校上。

请您先来给我们讲一讲，因为上一期节目当中您提到了私立学校其实在英国是有监管机构的，谁来监管它们呢？

王钟声：私立学校一般是私人或者一些机构全额出资建立起来的，在资本主义商业模式下，好的学校会发展得很好，口碑不好的学校也会面临倒闭。政府又如何监管它们呢？当然最官方的还是OSFTED这个由政府设立的监管机构。还有两个其他的独立教育委员会，每年政府会联合独立教育委员会和第三方监管机构，这个机构叫作督导团，里面会有一些社会名人或者校长，甚至学生家长，可以联合起来去督导一个学校。他们会在这个学校停留数周，甚至去听课，听从方方面面的反馈。从学生到家长到教职员工，以此来考核这个学校。他们考核得非常全面，包括教学质量、对学生的照顾、校舍质量、课件质量。我觉得在选校之前，一定要查看 OFSTED 每年给这些学校出的审查报告。

刘兴宇：如果这个审查报告的评分很低，会对这些学校有一些什么样的处罚呢？

王钟声：刘老师这个问题特别好，一般它分几个等级，最好的就是 excellent 或者是 outstanding，也就卓越的意思。剩下的等级有满意、良好。如果不够好怎么办？你必须提供一个有效的改进方案去改进，一般如果有这样的评级，叫 unsatisfied，不满意，你必须马上改进。如果观察期过后还达不到这个委员会的标准，它会把你踢出这个委员会，那么你可能被政府收购变成公立学校，就不能再招收国际学生了，或者勒令你关闭。

刘兴宇：所以还是非常严格的。我们刚刚讲到的是监管。下面我们再来说说私立学校的分类。因为在之前的节目当中您多次说到了私立学校有 college 有 school，它们仅仅是规模上的不同吗？

王钟声：我觉得片面地去理解这个观念，确实它就是规模上的不同。一般我们认为 school 会在相对偏远的地方。

刘兴宇：规模会更大一些。

王钟声：对，而 college 的翻译为什么是学院呢？我以剑桥大学为例，它有31个学院，那么它就是可能规模没有school那么大，但是教育质量都是非常好的。

刘兴宇：对，所以按照中文直译，college似乎有一点进入大学体系的这个感觉了，但实际上在英国叫作college，它其实还是中学。

王钟声：这就是我们之前想阐述的一个概念，college主要负责的阶段就是第六级，six-form，就是A-Level阶段，当然有的college也会延伸到14岁两年的GCSE，那么它主要的阶段还是大学前教育。当然，比如说在美国，college就已经可以被理解为大学了，而在英国你可以把它理解为英国的高中和大学之间的一个继续教育。

刘兴宇：明白了。我们知道，英国有非常传统的单一性别学校，即男校、女校。现在在英国中学阶段私立中学仍然有大量的男校和女校吗?

王钟声：现在是这个样子，政府公立的都是混校，然后私立的，刚才我说到都是私人的，资本主义国家又非常自由，你可以设立混校、男校、女校，这都无所谓。

刘兴宇：目前在英国单一性别学校的数量还多吗?

王钟声：在逐年下降，因为教育调查发现，单一性别学校的孩子毕业之后，无论是大学，还是到了社会当中，他总是很难找到很合适的方法与异性相处。

给大家举个特别有意思的例子，我有一个男同事是牛津大学毕业的，他当年入读的牛津大学的那个学院前

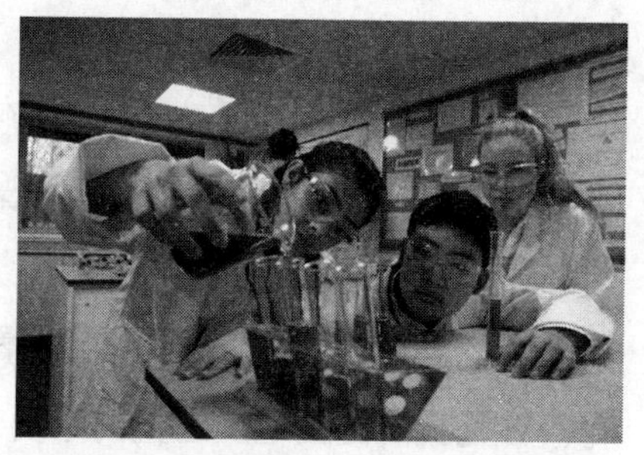

身是女子学院，赶上第一年改成混校，特别有意思，他说他三年一直要蹲着上洗手间。

刘兴宇：明白了，所以看来不同的国家对单一性别学校的这种教育理念还是有一些不同的。刚刚王钟声老师讲到了单一性别学校的比例在逐年下降，这个是关于私立学校的一些基本的概况。在接下来的节目当中，我们会开始请王钟声老师更详细地来为大家讲私立学校的一些具体的指标，这当中其实要引入的话题就是我们的家长应该如何来进行选择，英国本土人又是怎么来看待私立学校的，我们在之后的节目当中会为大家做更加详细的讲解。感谢王钟声老师来到节目当中做客，谢谢！

王钟声：谢谢刘老师！

09 选择 A

刘兴宇：欢迎您收听专家小讲堂，本期的节目当中我们为大家邀请到资深的英国中学专家王钟声老师前来做客，我们将和大家探讨英国中学方方面面的话题。王钟声老师您好！

王钟声：您好刘老师！

刘兴宇：王钟声老师，今天我们就要开始进入私立中学选择这个话题了，面对如此众多的英国私立中学，家长到底应该怎么来选择呢？请您给出几个纬度和指标。

王钟声：好的。放眼于国际，因为这么多国家，起码英国的中学已经算少的了，并且它的体制非常成熟。站在一个英国家长的角度去选校，如果是一个普通家庭肯定选择公立了，因为它是保障性的，学费全免。有条件的家庭会选择私立学校，因为私立学校的教育质量比公立学校高一些。中国家长怎么选呢？首先我们提到地理位置的重要性。

刘兴宇：好，这是第一个指标，地理位置。

王钟声：地理位置经常被我国的家长忽视，一定要选择大城市，北京有学区房的概念，比如海淀区。

刘兴宇：伦敦也有。

王钟声：没错，为什么海淀会有学区房？我们会发现旁边有高校、有师范类院校，这些老师毕业之后就近工作，形成学区的概念，教育质量很高，在英国也一样。一定要选学术性非常强的城市，比如我们耳熟能详的像剑桥、牛津，当然，我没有说其他城市不好，但是要学会寻找这些优良的师资。

刘兴宇：明白了。

王钟声：包括伦敦，这儿多说一句，要选市中心。

刘兴宇：明白了，这是地理位置，首先要选择名校聚集的区域，这个是首选，如果选择一些大的城市，最好是靠近中心区域，这是第一个原则。但是我们也知道，其实这当中也有一些特例，因为比如说像我知道在英国的伦敦六区，也有一些特别牛的学校，甚至有人愿意为了这个学校，家庭整个从三区搬到六区。当然这属于特例，这是要个案情况个案分析的。这是第一个指标，地理位置。第二个指标应该是要看什么呢？

王钟声：第二个指标我经常说要看规模。

刘兴宇：学校的规模。

王钟声：英国教育部提出的一个最新的教育理念就是它有一个20年的改进计划，从1988年开始，叫作注重个体式教学，发挥个体式的优点。那么就谈论到规模了，如果一个学校非常大。

刘兴宇：它就没有办法很好地关注个体。

王钟声：没错，太小也不好，比如说有一些像督导型的小的学院，大概规模在200人，那么在英国人的观念里，会觉得天天就是让你的孩子坐在那边，天天灌输进去，得不到一个非常好的全面发展。

刘兴宇：大概什么样的规模比较合适呢?

王钟声：就在五六百人这样的规模。从学校运营的角度，这个学校可以购置足够的设施供学生全面发展，且人又不会太多，还可以注重个体。

刘兴宇：所以这是第二个指标，要看学校的规模，五六百人的规模是比较合适的。这也是建议家长们在考察这个学校规模时候的一个重要的数字，大家可以记下来，这是第二点。

第三点呢？

王钟声：第三点就是师资，当我们去求师的时候，片面地我们只是看到一个学校，但学校是由人组成的，就是师资，这些有名的老师都在哪里？他们会选择在靠近这种我们耳熟能详的学术非常强的地理位置的市中心。举个例子，一个老师剑桥大学毕业之后，会尽量选择待在剑桥大学附近，一般不会去一个非常偏远的地方教书，除非有某所学校薪酬非常优厚。这也是为什么私立学校教育质量稍高一些，因为老师各方面的待遇会更好。

刘兴宇：我怎么才能了解到这个学校的师资是好还是不好呢？

王钟声：有一些比较强的学校会把自己的师资公布出来，有一些学校可能就没有公布，其实作为私立学校，你最应该看的就是它的校长，有点像一个公司你要看它的 CEO 一样。

刘兴宇：要看这个校长是不是有非常好的教育理念，是不是有非常好的管理学校的经验。

王钟声：没错，以及他所获得的各种头衔。这就是后面我们会提出的一个学校的声望。

刘兴宇：刚刚王钟声老师给我们进了三个重要的指标，选择英国的私立中学，第一是地理位置；第二是学校的规模，五六百人是比较合适的；第三是要看这个学校的师

资，特别要看这个学校的校长是不是足够优秀，这是三个非常重要的指标。那么还会有一些什么样的指标是学生在选择学校的时候必须要看重的呢？我们留到下一期的节目中请王钟声老师再来继续给我们做讲解，谢谢您来到节目当中做客！

王钟声：谢谢刘老师！

10 选择 B

刘兴宇：欢迎您收听专家小讲堂，本期的节目当中我们为大家邀请到资深的英国中学专家王钟声老师前来做客，我们将和大家探讨英国中学方方面面的话题。王钟声老师您好！

王钟声：刘老师好！

刘兴宇：我们继续来给大家讲学生家长应该如何选择一所适合自己的私立中学，在上一期节目当中您讲了三个重要的指标，地理位置、规模和师资，我们今天请王钟声老师继续，还有一些什么样的指标是我们在选择这个学校的时候必须要看重的呢？

王钟声：谢谢刘老师。上次我们提到一个单词叫作声望，为什么这个东西很重要？这里会谈到一个升学率的问题，之前我们也简单提到过，英国大学的升学在审核每一个申请者的时候，成绩只占 30% 的比重，后面我会给大家作详细的介绍。另外的 70% 是什么？站在大学的角度，它每年会去评估每一个中学，就是 college 甚至是 school 这些学校的教育质量，然后申请的模式都是发放预录取，所以学校的声望非常重要，声望越好

的学校越能获得顶级大学的青睐，因此英国大学申请非常人为、主观，依靠整个社会的诚信体制和推荐制度择优录取。

刘兴宇：怎么才能够了解一个学校的声望呢？是您在之前的节目中讲过的 OFSTED 或 ISI 这个监管机构的评估打分？这个可以作为我们了解一个学校声望重要的指标吗？

王钟声：这个可以作为侧面的了解。

刘兴宇：这算参考之一。

王钟声：参考之一，你还可以参考这个学校在近年来有没有得过一些奖项和荣誉，英国中学会鼓励学生去参加各种竞赛，咱们国内学校也一样。如果家长有时间，还可以看一下这个学校的组成有没有一些名人，这个我们都要去参考。这里提到了另外一个选择标准，我们看重的是国际生的升学率，因为我们中国学生到英国后的身份就是国际学生，家长现有的认知会参考排名，要看 A 星、B 星的占比，有多少学生考上了牛津、剑桥，这都没有错。但是你要仔细看一下学生的身份。比如说这个学校的教学质量非常高，今年考上了十几个牛津、剑桥，孩子去了，没能考取牛津、剑桥，为什么？因为教学模式可能不适合咱们国际生，它是为纯英语母语的孩子设立的。

刘兴宇：可能这十几个牛津、剑桥都是本土学生。

王钟声：对。

刘兴宇：所以要看国际生的升学率，这个特别强调。

王钟声：特别强调，要看之前就有的相似的案例，学生身份是国际生，英语为第二外语，然后跟您的孩子选择的专业一样，这个学校还能把他成功升读到这个大学，这应该是我们要认真寻找的东西。有点像我们看病要去大医院，因为那边的医

师见过的病例多，给出的方案更有效。我们在选择学校时，最好是带着有针对性的目标去选择。好比我就想去剑桥大学的化学系，这个学校有没有成功的类似案例？如果有，但是学生身份是本土生，我就要评估一下我与本土生之间的差距有多少。

刘兴宇：这个国际生的升学率我们到底应该怎么来理解呢？比方说像咱们国内的中学，它上了一本的升学率是多少？或者是进了 211 的升学率是多少？英国的中学国际生的升学率我们应该怎么来理解呢？

王钟声：可以理解为成功升读到本科大一专业，但是一定要看这个大学的专业的优势。英国的大学专业分得非常细，有的偏理论，有的偏实际，所以说这个就需要咱们多做功课。从课程的设置来讲，16 岁就是继续教育课程，A-Level 阶段，孩子只能攻读专业方向里的专业课，这个时候就要有一个目标，我要考到哪个大学、读哪个专业，这个是一定要看的。因为有些大学专业很好进，有些大学不好进，这个是我们要看的，虽然可能都升读了，但可能只是一个很平常的商课，升读起来很简单。英国的大学其实是宽进严出的。

High Master Dr. Martin Stephen

刘兴宇：所以我们是不是应该这么来看，如果你想进入这个 college，你要看你想就读的那个专业方向在这个 college 里排名怎么样，

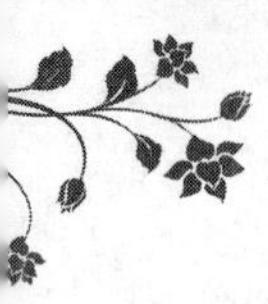

这些读 A-Level 的孩子整体的状况怎么样。

王钟声：没错，有点像我们每天吃饭一样，如何判断餐馆口味地道不地道？

刘兴宇：刚才我们又讲了两个指标，一个是声望，一个是国际学生的升学率，排名在英国的中学选择里面有一些可供参考的指标吗？或者这是一个重要的指标吗？

王钟声：当然有，但是其实英国人自己不看排名。咱们国内的各个城市的中学有排名吗？没有。包括之前我跟一些英国学校校长去交流，校长们会说他们非常同情中国的家长，因为他们只能通过看排名来参考学校的质量。比如说英国的大学排名非常透明，只有两个，一个是 *TIMES*，一个是《卫报》。中学的排名有十几种，我们应该怎么看？各个排名的看点也不一样，我经常一再强调要理性看待排名，通过排名真正能反映学校什么吗？其实什么也反映不了，所以还是回归到刚才我们说的，结合其他指标综合考量。

刘兴宇：关于排名，中国家长一定会看，但是我们可以把它放到选择中学六个指标里的最后一个来考虑，首选的是前面王钟声老师讲到的地理位置、规模、师资、国际学生的升学率，声望，第六个大家可以看看排名，但是就像刚才王钟声老师讲到的一样，排名在英国的中学里恐怕有许多个，这些排名是怎么排出来的？排名背后哪些值得我们看一看？英国的家长是怎么看待排名的呢？我们拿一期专门的时间请王钟声老师来更加详细地给我们讲一讲。关于英国私立中学的选择，我们就先讲到这儿，谢谢您来到我们节目当中做客！

王钟声：谢谢刘老师！

11 排　名

刘兴宇：欢迎您收听专家小讲堂，本期的节目当中我们为大家邀请到资深的英国中学专家王钟声老师前来做客，我们将和大家探讨英国中学方方面面的话题。王钟声老师您好！

王钟声：刘老师好！

刘兴宇：在前面两期节目当中，我们请王钟声老师给大家讲了作为学生或者家长，应该如何来选择一所适合自己的英国中学，那么今天我们要来给大家讲的是前面两期节目当中王钟声老师说的最不值得参考的一个指标，那就是排名。但是中国的家长又非常看重排名。王钟声老师先来给我们讲一讲，英国中学有排名吗？

王钟声：有的，英国中学肯定是有排名，之前我们说过，英国的家长首先不会看排名，那英国的中学为什么有排名呢？英国本身已经是一个教育非常发达的国家，无论什么学校，都有来自全球各地学生，所以排名基本上是给国际学生参考用的。本土家庭还是像咱们国内一样看口碑，口口相传。

刘兴宇：我们知道英国的大学排名有非常知名的《泰晤士报》的排名，英国的中学排名也都是类似这样的第三方媒体来评选的吗？

王钟声：对的，没错。都是第三方的机构——媒体或者协会来做的一个中学的排名。这里多说一点，就像刚才刘老师提到的，在我们已经认可的官方的大学排名里，比如 *TIMES* 和《卫报》，其实同一所大学在 *TIMES* 和《卫报》里面的排名都有差距，更何况是英国的中学呢？

刘兴宇：一般情况下，从您的日常工作当中来看，大家比较容易能够找到的英国的中学排名是什么呢？

王钟声：目前在国内无论是留学机构还是家长最常见的，现在叫《英国每日电讯报》，它通过A星到B的百分比来排名，也就是如果学校贡献出这份数据，它们可以作为一个第三方参考的排名，这个是目前我们参考比较多的。

刘兴宇：A星到B是什么意思呢？

王钟声：这是每年这些学校最后一年A-Level课程大考成绩的通过率。

刘兴宇：也就是A星是比较高的，B是略低一些的。

王钟声：对。A星是最高的，第二是A，然后是B，往后依此类推。

刘兴宇：也就是说，如果这些学校能够公布它们当年A-Level的成绩，或者是平均成绩，那么在这个排名当中就是依据A-Level的成绩来拉出一个排名，这也有具体的实际意义吗？比方说在A星到B的这个排名里面它排在第一位或者第二位，就意味着就读这个学校之后进入英国知名大学的比例会更高吗？

王钟声：我个人认为没有什么太大的实际意义，为什么？比如说我现在想读工程，然后我去了一个学校，这个学校它有很厉害的职业性课程，也可以被某些大学

录取，只不过这个学校的学生没有参加 A-Level 的大考，难道我就说这个学校不适合我吗？当然不能这么说。再举个例子，一个学校的 A 星到 B 的百分比非常靠前，我反而得打个问号，你怎么可能保证每个孩子在每一门课程上都取得 A 星呢？包括我们经常跟家长去解释，这个 A 星到 B 的百分比的数值很高，只体现在这个学校的最后一届，这个学校有哪些学生被允许参加大考，然后取得了这样的成绩并且被公布了出来。就算这里面有很多学生，咱们再深入看一下，就专业的角度，国际生有多少，因为你的身份不是英国本土学生。如果我们真正想去参考一个学校的质量，那么你的出发点是什么？你有很明确的出发点，以后想考入某大学某专业，你作为国际生的身份，这个学校之前有没有培养过一个国际生到这个大学的这个专业。最实际的就是最适合你的。

刘兴宇：我们到底应该怎么来理性地面对这些所谓的中学排名？

王钟声：其实，多做一点功课，就是英国中学的评估报告非常中肯。当然，选校非常让人头疼，我也非常理解，要想帮助大家更简单地去做这件事情，要么你有很明确的方向，如果没有，就是前几期我们了解到的，你可以从地理位置、规模、师资情况以及学校的性质来区分。

刘兴宇：就您个人的建议呢？您会建议学生和家长参考一下这样的排名吗？如果要参考，它在咱们选择的权重里面能占到多大的比例呢？

王钟声：开个玩笑，这个比例只有一个用途，就是在亲戚、朋友问你家孩子在英国哪个学校读书，学校怎么样时，你说我

孩子的这个学校在英国排名多少，只有这么一个作用。在我的观点里，这个排名真正对于您的孩子的实际感受是没有任何价值的。

刘兴宇：今天非常感谢王钟声老师来为我们介绍英国中学的排名，我想从王钟声老师简单的几个介绍当中，大家能够明白，其实这些中学的排名无非都是依据不同的指标，而这些不同的指标背后其实还值得我们去深究这样的指标是如何产生的。对于王钟声老师来说，他建议大家其实可以不必参考排名，更多还是要参考我们前面两期节目当中讲到的那些对于英国中学具体的选择指标，非常感谢王钟声老师来到我们节目当中做客，谢谢！

王钟声：谢谢刘老师！

12 校风A

刘兴宇：欢迎您收听专家小讲堂，本期的节目当中我们为大家邀请到资深的英国中学专家王钟声老师前来做客，我们将和大家探讨英国中学方方面面的话题。王钟声老师您好！

王钟声：刘老师好！

刘兴宇：上一期节目当中我们讲了英国中学排名这个话题，今天我们要讲对于很多对英国中学感兴趣的中国家长经常会谈论的一个问题——学校的校风。我们经常能够听到家长说我儿子读的这个学校特别好，小孩子每天都要穿着西装笔挺的校服去上课，女孩子都穿着特别漂亮的校服裙子去上课，然后这个学校对学生的管理、培养特别严格，将来出来都是小绅士、小淑女，其实这背后说的是一所英国中学的校风。校风这个话题，我们到底应该怎么来理解呢？

王钟声：我觉得这个话题非常好，我们为什么要考虑校风？校风就是校园风气，我们的孩子在一个校园里面跟另一个孩子的关系叫作同学，同学的意思就是互相学习，学生向同学学习，向老师学习，如果出现了几个不爱学习的孩子，家长就会自然觉得这样学校的校风不好。

刘兴宇：是的。

王钟声：怎么看一个学校的校风？让大家有一个最简单的认知，既然校风取决于学校里面的孩子，那么我们就以学校的性质划分：英国的老师更喜欢去私校教书，我们一直强调的是私立学校教育质量比较好，因为私立学校的生源基本上都是重

教育的家庭，都是想好好学习的孩子，所以校风会相对好一些，而不是像我们之前看到的BBC纪录片里面的公立学校，中国老师为了维护课堂纪律绞尽脑汁，有的学生还非常的刺头。

刘兴宇：对。

王钟声：那么选择校风的理念很简单，就是要去私校。但是私立学校的质量也有高有低，选择一个学校的时候，登录它的官网，看看它的国际学生学费是多少，因为目前在我国出现了一些机构代理的学校，大家都知道，从商业的本质出发会有中间商的差价，导致因为中间商的问题很多家长没有享受到应有的服务。但是一分钱一分货的理念是没有错的，贵肯定有贵的道理。切记分辨那些以次充好的学校。

刘兴宇：一说到校风，其实我们更多地可以把它理解成为这个学校的声誉怎么样，或者是这个学校的声望怎么样，另外我们也知道，一个学校如果有良好的校风，一定是经过长时间历史积淀逐渐形成的，我们恐怕很难想象一个刚刚成立了5年的学校和一个已经有100多年的学校，它在校风和在当地的名望上能够处在同一个水平上。所以王钟声老师也来给我们讲一讲，从您的角度上，如果有家长向您询问关于校风的话题，您一般会从什么样的侧面来给家长做分析和解读呢？

王钟声：校风的组成其实有两个方面：第一方面是学校的方面，就是师资、学校、校长，第二方面就是整体的学生素质。多方面考虑，就是声望、历史还有文化。我们之前说过，英国的大学申请，在学生没有参加统一的考试前，用本校老师预估的成绩就可以考虑录取这个学生了，这就体现了一个学校的声望。我们之前一直探讨的结论是：英国大学申请的诚信体制和推荐机制，体现了校风很关键的一部分，如果这个概念太空了，要给家长一个形象化的理解。比如有时候家长会问，你这个学校每年有多少个升读牛津、剑桥的学生？其实这绝对是一个参考的点，因为牛津、剑桥申请要比其他的大学提前一年，录取也会提前，可以通过不看成绩完全录取你，这就体现了一个学校的声望。

刘兴宇：你刚才还提到一个词就是历史，这个历史是越悠久越好吗？

王钟声：绝对不是，前段时间牛津大学的校长在英国开了一个研讨会，叫作英国私立学校在现代全球经济环境下的发展，他提出：英国目前已经是个很国际化的国家了，多语言环境，面临着全球国际竞争力的问题。英国的传统教育，三个支柱的教育体制到底还能不能适应目前的竞争环境？研讨会提出了一个全新的理念，要做现代化的英式私立寄宿中学，以更适应现在这种国际化的竞争力。换句话说，英国人自省后，发现他们传统的教育模式需要改进、升级，以适应目前全球性的挑战。

刘兴宇：所以这个是对于历史的判断，如果我们不能够从它建校时间的长短来看，我们应该怎么来考虑这个历史纬度上的这些指标呢？

王钟声：我觉得很多家长看到一座非常美丽的庄园、一套非常漂亮的校服，就觉得这是个有着丰富历史背景的学校。但是我们仔细想一想，这些能给我们学生带来什么呢？包括在大学教育期间，我们都已经认识到目前大一学到的东西到大三已经过时了。这是英国大学的一个统计，现在的社会跟几百年前完全不一样，我们所接受的知识结构和知识更新的速度也不一样了。

刘兴宇：所以在历史这个纬度上面的这些情况，恐怕我们要更加理性地来看待，那么其实说到一所学校的校风，我想恐怕还有其他的一些内容，但是由于时间的关系，我们今天先说到这儿。下一期的节目当中我们将和王钟声老师继续来跟大家聊校风这个话题，谢谢王钟声老师来到节目当中做客！

王钟声：谢谢刘老师！

13 校风 B

刘兴宇：欢迎您收听专家小讲堂，本期的节目当中我们为大家邀请到资深的英国中学专家王钟声老师前来做客，我们将和大家探讨英国中学方方面面的话题。王钟声老师您好！

王钟声：刘老师好！

刘兴宇：王钟声老师，今天的节目当中我们延续校风这个话题。上一期的节目当中我们说到校风，我们讲了一所学校的声望，我们应该怎么来认识一所学校的历史，今天我们继续这个话题。您觉得还有一些什么指标或者还有一些什么样的侧面是跟校风有关系的呢？

王钟声：比如说文化，我们说的不是一个国家的文化，是校园的文化，比如说一个天主高中，如果你自己不是天主教徒，你怎么可能融入一个宗教学校？这是一个文化的意识。我们提出另外一个观察的角度就是服务，你付了这笔钱，你可以要求老师对你的大脑进行改造，这个概念需要我们的学生和家长有一个转换，在私校的理念里，我们花了这笔教育资金就是想得到我想要的服务，以及对我的头脑进行升级，我们要有主流意识。

现在已经有一些比较理智的家长，会说我的孩子到了英国怕跟不上课程，而不是仅仅看排名，看到A星到B的百分比，觉得这个学校很棒，我的孩子也会没问题，也会很快地适应另外一个国家的教育体制。我们的孩子在国内转学都会考虑过渡和适应的问题，何况是在国外？在家长的理念里可能觉得我的孩子永远是最棒的，但是每年有很多类似的案例，孩子到了英国一个非常传统的学校后发现跟不上课程，所以我们经常说最好的家长就是最实事求是的家长。

刘兴宇：其实对于您来说，校风这个话题已经把它延展开了，或者是说想得更深入了，这个孩子在这所学校能不能够得到它应有的服务，或者是适合他的服务，这个学校是不是能为他提供他想要的不管是学术上的培养也好，或者是自己这种成长上的心理上的培养也好，我们把话题稍微变小一点。一说到校风，可能我们经常会用这样一些词汇：这个学校是严谨的，这个学校是私有开放的，这个学校是高贵的，我不知道是不是也经常有家长这样来问您，说这所学校的校风大概是一种什么样的感觉？

王钟声：我觉得这几个形容词可以体现一个英国学校的校园文化，我举个例子，有家长问到我，这是不是一个贵族学校，家长说我反而我不希望孩子到贵族学校，他觉得孩子的压力会特别大。

刘兴宇：可能会有一点攀比心。

王钟声：对，但是反过来说真正这种贵族学校大家条件都差不多，而在英国这种严谨和学习氛围很浓的国度，反而不太注重财富的攀比。

刘兴宇：因为一说到这种贵族学校，很多家长马上就会觉得像我们在这一期节目开始的时候所说的，是不是服装也必须很严谨？对这个学生的管理也是特别严格的，比如你每天一定要穿什么样的校服来上课，如果迟到，会对你有非常严厉的处罚，以此来体现这个学校对学生的管理特别严格，借此来养成这个孩子非常好的学习习惯和生活习惯。

所以是不是非贵族学校，在这些方面可能要求就没有那么严格，或者会更放松一些呢?

王钟声：可以不用这么理解，非贵族学校，只能说看它的受众群体，无论是孩子还是以一个家庭为单位，它的价格肯定没有贵族学校那么贵。还是举一个我们耳熟能详的例子：伊顿公学里面的孩子基本都是非富即贵，但他们绝对不是那种贵族学校，不是我们传统理念里的比如国内的贵族学校。伊顿反而是让这些非富即贵的孩子每天过着非常艰苦的生活，以此更多地磨炼自己。

刘兴宇：您刚才讲到伊顿公学的这个例子，其实我想对于很多中国的学生和家长来说恐怕会让他们觉得，英国的中学管

理是如此严格，我们可不可以这样来理解，大多数英国的私立中学管理都是很严格的？

王钟声：没错的，刘老师，大多数的英国私立中学管理都非常严格，因为它都有明确的制度以及对学生的要求，就连英国的内务部签证处都要求所有国际留学生在校出勤率必须在95%以上，这不仅体现在学校里，而是整个国家政府的一个统一硬性要求。

刘兴宇：明白了，所以当我们说到一个学校校风的时候，经常能够听到一些打算把自己的孩子送到英国去读中学的家长说，我把孩子送到英国的中学去，我会很放心，因为英国的中学管理非常严格，这对于培养孩子的自制力是非常有好处的。

王钟声：对，举个例子，咱们的孩子在十五六岁的阶段是被“圈养的”，你把他放到另外一个被“圈养的”地方，他会很快地融入、很快地适应、很快地找到面对一个陌生国度的方法，

但是你把他突然放到一个“散养的”地方，他会找不到自己，进而可能“放羊了”。“圈养”的意思是想表达学生一直在家长和学校严格的监管下，而不是像某些国家的状态是完全地追求自由。

刘兴宇：今天我们和王钟声老师继续探讨了关于英国中学的校风。英国中学的校风到底应该如何来理解？到底应该从它的声望、历史，还是从它的服务和对学生主流意识以及自制力的培养方面来理解呢？王钟声老师给了我们很多不同层面的一些思考。我想恐怕还是要在具体选校的过程当中，当你圈定了几所学校的时候，再来和专业的老师就这几所学校的校风做更为深入的探讨。非常感谢王钟声老师来到我们节目当中做客。谢谢！

王钟声：谢谢刘老师！

14 中学学制

刘兴宇：欢迎您收听专家小讲堂，本期的节目当中我们为大家邀请到资深的英国中学专家王钟声老师前来做客，我们将和大家探讨英国中学方方面面的话题。王钟声老师您好！

王钟声：刘老师好！

刘兴宇：在前面几期节目当中我们给大家讲了究竟应该如何来选择英国的中学，今天我们想请王钟声老师来给我们讲一

个以前很多家长都有点搞不清楚的话题，就是英国的学制。因为我们经常遇到家长有这样的问题，就是我的孩子初二毕业或者初三毕业或者高一结束了，我要到英国去接着读书，我到底应该接着读几年级呢？有的时候他往往在不同的留学机构得到的答案是不一样的，所以会给大家一种印象，就是中国的学制和英国的学制衔接起来有一点让大家摸不着头脑。今天王钟声老师来给我们系统地讲一讲，使我们能够认识清楚英国的学制。

王钟声：好的，谢谢刘老师！

我们先切入一个颠覆性的概念，我国的学生在18岁高中读完，其实英国的学生16岁就已经完成高中了，也就是我们所说的GCSE，即通识共识中等教育。英国的学制大体可以分为322或323。

刘兴宇：这个是大学前阶段。

王钟声：这是大学前阶段，第一个“3”，我们可以理解为初等教育，这个“2”就是GCSE，刚才刘老师说我们可以按年龄来选。当然，每个课程的衔接既有学术上的衔接，也有语言能力上的衔接和年龄上的衔接，但是因为两国教育体制如此地不同，我们最简单的参考还是年龄。

刘兴宇：明白了，我们还是先把前面您提到的322和323给大家做一个基本的讲解。前面这个“3”实际上我们姑且可以把它认为是中国的初中，它是英国的必修课程，这个是你必须要读的，中间这个“2”就是GCSE，我们姑且可以把它认为是中国的高中课程，但实际上到了这个阶段，大量的学校除了必修课程以外，已经开始开设大量的选修课程了。

王钟声：可以这么理解，其实 GCSE 阶段，SE 的意思是 Secondary Education，翻译过来就是中等教育，其实大部分还是必修课程，但也会给学生提供一部分选修课，像第二外语、信息技术。GCSE 结束后英国设立了统考，最后体现为 GCSE 成绩，就是之前我没有说到的，在英国人眼中 GCSE 也很重要，这个成绩代表着学生的通识性学科能力。

刘兴宇：就像我们的会考似的。

王钟声：对，之前我跟很多人解释但是得不到理解。如果你去世界 500 强企业应聘，很可能都要看你当年的 GCSE 成绩。好比英国其他大学都看两年的好成绩，就是 A-Level 成绩，牛津、剑桥要看三年的好成绩，意思就是包括了 GCSE 成绩。

刘兴宇：看你的 GCSE 成绩。

王钟声：没错。

刘兴宇：明白了，所以 GCSE 课程结束以后，参加完国家的统考，就意味着中学阶段结束了？

王钟声：没错。

刘兴宇：所以 322 或 323 后面这个“2”或者“3”，我们可以把它理解为这是大学的衔接课程？

王钟声：完全可以。

刘兴宇：所以这个“2”基本上指的是 A-Level 两年。

王钟声：没错。

刘兴宇：所以以往我们国内经常把 A-Level 误认为是人家的高中课程，其实这个是理解是错误的。

王钟声：非常错误。

刘兴宇：实际上 A-Level 就是高中和大学之间的衔接课程。

王钟声：没错。

刘兴宇：如果我说我高中毕业了，我接下来想读大学本科学位，那么，你必须要读 A-Level。

王钟声：没错，英国政府的理念很简单，想让他们的孩子更早进入社会，变成一个有用的人。16 岁高中结束之后学生有两个选择：如果想从事更多的学术性研究，以后追求大学高等教育，我需要通过两年 A-Level 课程；如果出发点更实际，我想读职业性技术更强的、对我更有用的、能更早就业的，就是两年的 BTEC 课程。这里提出一个我们中国人都已经非常耳熟能详的课程 HND，就是刚才我所说的 322 和 323，为什么 GCSE“2”之后有一个“3”，有一个“2”？这个你可以统称它为继续教育。我想读学术性课程，我想取得学位，我就先读两年 A-Level，然后读本科。我要是想尽快工作，我就读两年的 BTEC，再上一年的 HND，这就是“3”。

刘兴宇：322 和 323 是这么出来的。

王钟声：当然，目前有一些大学也接受学生读完 HND，如果成绩很好，可以接受他直读大二，这是另外一条路。

刘兴宇：我们再回到前面王钟声老师说的，我们在国内的年级和英国中学的年级进行衔接的时候，恐怕不能以年级作为最重要的指标，不是说中国初三读完了我到英国就可以直接读 GCSE 的一年级，不是，而是一定要以年龄作为最重要的指标，对吗？

王钟声：没错，我补充一下，目前也有大学，大一接受 BTEC 课程的申请，那么你可以把它理解为本身大学高等教育很灵活，但是好的大学、好的专业，BTEC 肯定是不行的。

刘兴宇：一定要读 A-Level。好，我们再说回到刚才年龄这个问题，基本上 GCSE 卡的这个年龄段是几岁呢？

王钟声：14 ~ 16 岁这两年。

刘兴宇：所以就是 14 周岁可以去读 GCSE 的一年级。

王钟声：没错。

刘兴宇：如果说我在国内上学比较早，我成绩也很好，我连跳了两级，国内初三毕业我才 12 岁，我想说王钟声老师，如果我成绩特别好，我能读 GCSE 的一年级吗？

王钟声：理论上是不行的，之前我国有这种小年龄的学生，很小就申请了英国的大学。在英国有一个从 20 世纪 80 年代就开始实施的法案。从英国政府的角度，大学是高等教育机构，并没有监管未成年人的义务，所以设定升读大学需要满 18 岁。因为英国有着很严格的未成年人保护法，所以所有学校在招收 A-Level 学生时只能招收 16 岁的孩子，最小可以招收 15.5 岁，为什么？两年后从入学到圣诞节前的时候你也就满 16 岁了。除非还有一种情况，如果你的父母可以签一个类似于声明书、授权书，说我同意我的孩子同一帮成年人在一起学习、生活，也没问题。还有另外一种情况，有的大学就是坚决不接受这样的孩子，那么之前有过什么样的案例呢？即使你读完了 A-Level，因为你年龄未满 18 岁，只有 17 岁，你需要回国待一年，第二年再上大学。

刘兴宇：明白了，所

以我们还是来理解成为按照正常的状况，按照大范围比较通行的状况，14 周岁是进入 GCSE 的标准年龄，如果你的年龄不够，恐怕这个学校接受你进入 GCSE 比较困难。

王钟声：没错，如果想去英国读高中，14 岁就可以去了。

刘兴宇：明白了，今天我们终于把这个学制弄明白了，我们再来跟大家整理一遍，英国的中学基本上可以划分为 322 或 323 的学制，前面的“3”我们可以认为是中国的初中，英国的高中只有两年，就是 GCSE，322 的最后一个“2”一般指的是想要进入英国的学术性大学需要衔接的两年 A-Level 课程，323 最后一个“3”是指要进入职业性的学院或者想要进入职场，需读两年的 BTEC 课程加一年的 HND 课程，这是 323 当中的“3”。如果中国的孩子想要进入英国的高中，就是 GCES 阶段，必须年满 14 周岁，这是一个比较基本的状况。当然可能也有一些特例，需要跟学校或者是跟英国的政府、教育部门具体协商。我们这么来理解，应该是把学制给大家讲清楚了。

王钟声：对的，没问题。

刘兴宇：今天非常感谢王钟声老师来到我们节目当中做客，和大家一起讲解英国的学制到底是如何安排的，谢谢王钟声老师！

王钟声：谢谢刘老师！

15 A-Level

刘兴宇：欢迎您收听专家小讲堂，本期的节目当中我们为大家邀请到资深的英国中学专家王钟声老师前来做客，我们将

和大家探讨英国中学方方面面的话题。王钟声老师您好！

王钟声：刘老师好！

刘兴宇：王钟声老师，上一期节目当中您给我们讲了英国中学的学制，我们给大家做了非常清晰的梳理。实际上对于很多国内的学生和家长，往往会认为A-Level课程其实并不属于英国中学的一部分，它是英国中学生毕业以后如果想要继续就读大学中间衔接的课程，今天我们就请王钟声老师针对A-Level给大家做一个更加清晰和详细的讲解。

您再给我们讲讲A-Level到底是一个什么样的课程呢？

王钟声：A-Level我们可以理解为继续教育课程，最初我们为了更容易让家长理解，一般说它只是相当于国内的高二和高三，这是从年龄的角度去对比教育体制。我们之前说过，16岁的英国学生其实完成了中等教育，就是咱们国内的高中，16岁的孩子高一完成后是完全可以去英国读A-Level的，但是从教学和学术上做一个衔接，其实A-Level相当于国内的高三和大一。比如一个在国内正常参加高考的孩子，大学四年后是22岁。就算咱们的孩子17岁完成国内的中等教育，来到英国读两年A-Level、三年大学，同样大学毕业也是22岁。我想说明A-Level不是我们传统理解的高中，而是中等教育结束后的大学前继续教育课程。

刘兴宇：那么A-Level课程基本上是高中课程的一个延续，还是说已经开始有了一些专业的方向？比如说我大学想要读社会科学，我可能A-Level课程就要多读

一些这个方向的，比如说我想读金融，是不是我现在就要开始研修一些高等数学，或者是跟会计方向有关的内容呢？

王钟声：没错，A-Level 阶段就已经进入专业课了，我们看到，A-Level 中 A 这个字母像一个什么？它的缩写就是 Advanced，高一个等级的意思。A 又像一个金字塔，它更强调一个学术的专业度。以选课为例，你的大学专业方向是商务类、金融类、会计类还是人文科学、建筑或语言学？在这些专业方向里选择核心课程进行配课。核心课程在 A-Level 第一年只允许选 4 门课程，到第二年，又必须在这四门课程里面精选出 3 门。所以 A 表示像金字塔那样难度递增，是对专业课程要求极高的一个课程。

刘兴宇：我接触过很多英国学校的同行，他们实际上把 A-Level 视为大学预科，所以刚才您解释，因为 A-Level 阶段已经有了学业的学术方向，所以把它理解为大学预科恐怕更为合适。

王钟声：没错，但是现在大多数中国人理解的大学预科是一年，只对国际学生开放，不对英国学生开放，其实我们完全可以把 A-Level 课程理解为英国人自己的大学预科课程。那么请换位思考一下，英国孩子都需要通过两年的大学预科进入大学，我们以英语为非母语的国际学生难道真的可以通过一年的预科课程升读到这所大学吗？

刘兴宇：所以这也就是为什么我们向一个专业的留学中介咨询的时候，他会告诉你，如果你是国内高中毕业，恐怕要读一年所谓的大学预科，才能进入英国的本科学习。

王钟声：没错，但是试想与你同时申请大学的其他申请者，

一个英国的孩子接受了 16 年的英国传统教育加两年的 A-Level 课程，这是你面临的所有申请同一所大学的竞争对手，像刚才老师说的这种一年的预科，仅从时间上和学术成分上你就已经比人家落下了一年了。即使我们已经参加了高考，年满 18 岁，想缩短时间，完全可以读一年的 A-Level，很多学校现在也开设了这种课程。

刘兴宇：明白，我们来说一说英国大学的认可度。如果一个同样是读了一年或两年 A-Level 的学生，和一个我们所谓读了一年社会上办的大学预科的学生，摆在我面前，哪怕他们的成绩是同等的，英国的大学更愿意选择哪一部分学生呢？

王钟声：当然是 A-Level，咱们站在大学的角度，英国大学是公立性质的，申请时需要通过一个叫 UCAS 的第三方系统，该系统都会优先录取 A-Level 学生，而且它是面向全球的。7 月 31 日大学申请系统进入 Clearing 清算学位阶段后，在有学位的情况下会补录一部分读一年预科课程的学生。而这些学生还面临一个重大的问题，就是在大学本科阶段是不是能跟得上课？英国大学数据统计，中国学生每年在本科阶段的辍学率高达 30%。最大的一个原因就是因为语言跟不上，导致被学校劝退。

刘兴宇：明白了，所以 A-Level 在英国大学的录取当中是有优先权的，或者说它更受英国大学的认可。

王钟声：没错，因为 A-Level 课程就是由政府设立的，专门为英国学生升读本科类课程的继续教育课程，而不是英国学生不会选择也不能选择的社会上办的大学预科课程。

刘兴宇：我们今天听王钟声老师为我们讲了 A-Level 的概况，也给我们讲了 A-Level 课程和大学之间衔接究竟是怎样操作的，由于时间的关系，我们今天先讲到这儿，下一期节目当中我们想请王钟声老师给大家讲一讲 A-Level，您刚才说了有那么多专业，对于一个 16 岁的孩子来说，他怎么样选择专业方向？如果选定了方向，如何来选专业课？如何选出最适合自己的四门或者三门课程？这个 A-Level 课程的分数又是如何认定的？非常感谢王钟声老师今天来到我们节目当中做客！

王钟声：谢谢！

16 A-Level 选课分数

刘兴宇：欢迎您收听专家小讲堂，本期节目当中我们为大家邀请到资深的英国中学专家王钟声老师前来做客，我们将和大家探讨英国中学方方面面的话题。王钟声老师您好！

王钟声：刘老师好！

刘兴宇：王钟声老师上一次我们给大家讲了 A-Level 课程的概况，今天我们想请您具体给大家讲一讲 A-Level 的选课。有那么多门 A-Level 课程，怎么来进行选择呢？

王钟声：这是我们目前遇到的一个去读 A-Level 学生问得最多的问题，就是因为他没有经历过英国中学阶段，没有经历过一个强制性的相当于 15 门必修的课程，他不知道很多没有接触过的课程是什么样的。在学术程度上，他们很被动，我们经常说大部分学生出去是选择商科，为什么呢？因为我们只接触

过数学，只敢选数学，只敢选商务研修、经济、会计这种我们觉得比较容易拿分、比较好学的课程，但是 A-Level 的选课这么多，很多非常好的学科，像心理学、社会学、国际关系、国际史、艺术史学生们都不敢选，所以导致我们每年留学归国的人才大部分是商科毕业，偶尔会有工程类和医学类的孩子。

刘兴宇：如果一个孩子，我们站在一个更加理性的层面上来说，面对这么多课程，到底怎么选，您认为才是合适的呢？

王钟声：我一般会建议学生分两种选择方法，一个正向选择，一个反向选择。正向选择很简单，我们最终的目的是考到一个很理想的大学，学习到更多的专业知识，就现在你擅长的科目来说，中国孩子擅长数学，那就选择数学和与数学相关、配套的学科比如经济。

那么反向选择是什么呢？如果说你数学不是很强，但是你英语很强，那么我建议你可以完全按照自己的兴趣选择一个 A-Level 课程，而且我一直在倡导。如果有明确的大学方向，比如说先给自己设定一个目标，人生不能没有目标，查到某大学某专业相应的 A-Level 录取要求和配课后再去配合自己的选课，这是最重要的。

刘兴宇：明白了，也就是说先设定大学的专业目标，然后由大学的专业目标倒推回来，看看你想要进入这个专业，它需要哪些 A-Level 课程，我们再来做这样的学习和匹配。

王钟声：没错，你要首先理解大学本科这个专业对 A-Level 的要求，要深刻理解它，从而在这两年 A-Level 的学习当中，照着这个目标去学习、去发展。

刘兴宇：分数呢？ A-Level 的分数是怎么来评定的呢？

王钟声：A-Level 从 A 星到 A、B、C、D，最差有 U，就是不及格。很多时候我们发现，比如说一个孩子最后 A-Level 分数有一个 U，竟然让某大学录取了，我们感到非常诧异，觉得不可思议,这是一个成绩不及格的孩子。但是这正是我想强调的，英国大学的申请方式以及录取方式是非常人为、主观的，可以提前优先录取，因为成绩的占比只有 30%，剩下的 70%，大学要是认可你，就可以提前优先录取。

刘兴宇：那么 A 星、B、C、D，一般英国的大学，如果是比较好的大学，它们会对这个成绩有一些什么样的要求呢？是不是基本上要到 A 以上？

王钟声：每一个课程都有相应的学术要求，像牛津、剑桥或者英国的 G5 的大学，起码都是 A 星或者 A 以上，我们叫作全 A 的学生。但是每年也都有没有拿到全 A 的学生被破格录取。

刘兴宇：一般情况下，想要进入大学，需要修读几门 A-Level 课程呢？

王钟声：最后修读三门就够了，A-Level 第一年修四门，第二年只让你精修三门。为什么我们有时候看到学生有四个成绩呢？我们叫小 A，因为之前有一个 AS 考试，考完之后成绩很好，第二年你可以不用继续修读了，而是作为一个辅助成绩去申请。但是最近我们知道，剑桥大学又重新设立了入学笔试，为什么？就是 A-Level 考试局取消了 AS 考试，剑桥大学是需要提前一年半申请的，它看不到一个学生真正的潜质了。

刘兴宇：它看不到第二年三门课程的情况了。

王钟声：没错，那么牛津、剑桥如何提前录取你呢？所以剑桥大学和牛津大学商量了一下，重新把这个内测笔试加进去。

刘兴宇：以往我们曾经经常听到一些老师说，这个学生是全 A 的 A-Level 的成绩，在这样讲的时候带有非常夸耀的情绪，所以在 A-Level 当中拿全 A 是不是一件很困难的事情？

王钟声：其实以我的理解，它并不困难。首先这个课程不是老师或者国家强制你学的，是通过你自己的兴趣选择以及你自己擅长的科目，如果你爱这门学科，有着这样的主观学习动力，是很好拿到好成绩的。尤其是理科类选课，因为中国学生的基础知识很扎实，数学又是长项。

我特别想强调一点，一个学生在国内国际班或者一个国际学校拿到一个全 A，我们很高兴。结果最后在申请英美大学的时候拿到了 offer，其实正确的翻译是预录取而不是录取。最终结果没能真正被大学录取，我们很苦恼。为什么？我们往往理解为预见性不够好，临场发挥不好，面试没有通过，没有面试技巧。我真正想说的是，在国内读 A-Level，我们还是以我们的高考式思维去理解西方大学的录取，忽视了人家对综合素质的

重视。就好像为什么我们的高中高考很优秀的学生英国大学无法录取，因为它们看到的成绩只占申请比重的 30%，同样，我们觉得拿了全 A 星、全 A 的学生就能被顶级大学录取了吗？当然不可能，顶多能够拿到 offer，一个预录取，结果在大学面试期间，面试官发现这个孩子只是在高考制体制下的考试机器而已，缺乏自我解决问题、思考问题的能力。

刘兴宇：所以，A-Level 课程怎么来选，我们怎么样客观、理性地去认识它，这个恐怕还是有一些讲究的。不过我觉得刚才王钟声老师讲到的这一点非常关键，就是我们不能用中国的高考思维去认识 A-Level 课程，你不能说你考了 4 个 A、3 个 A、3 个 A 星，你就一定能够进入比如说英国前 5 的大学，这其实

时间	周一	周二	周三	周四	周五	周六	周日
07.30-08.00	早餐	早餐	早餐	早餐	早餐	早餐	早餐
08.30-09.40	A Level 课程	雅思课程	A Level 课程	A Level 课程	A Level 课程	上午 学生自主安排（自习，体育活动，乐器等）	外出参观游览，例如剑桥，牛津，莎士比亚故居，温莎城堡，伦敦等等。
09.40-10.50	A Level 课程	A Level 课程	雅思课程	A Level 课程	A Level 课程		
10.50-11.10	课间休息	课间休息	课间休息	课间休息	课间休息		
11.10-12.20	A Level 课程	A Level 课程	A Level 课程	雅思课程	A Level 课程		
12.20-13.15	午餐	午餐	午餐	午餐	午餐	下午 在贝尔格莱德剧院进行戏剧，语言，形体训练	
13.15-14.25	A Level 课程	A Level 课程	A Level 课程	A Level 课程	雅思课程		
14.25-15.35	A Level 课程	A Level 课程	A Level 课程	A Level 课程	A Level 课程		
15.35-16.45	雅思课程	A Level 课程	A Level 课程	A Level 课程	自习		
16.45-18.00	体育活动 / 自习	自习	体育活动	自习	自习		
18.30-19.30	晚餐	晚餐	晚餐	晚餐	晚餐	晚餐	晚餐

中间并不能完全画等号。那么关于A-Level，我们用了两期的节目时间，请王钟声老师来给大家做了非常充分的讲解。下一期节目当中我们来讲一讲英国学生高中毕业之后，16岁之后的另外一个衔接课程，就是BTEC课程。我们请王钟声老师来给大家讲一讲这个衔接课程的方向，以及它具体的一些内涵。非常感谢您来到我们节目当中做客。

王钟声：好，谢谢刘老师！

17 BTEC

刘兴宇：欢迎您收听专家小讲堂，本期的节目当中我们为大家邀请到资深的英国中学专家王钟声老师前来做客，我们将和大家探讨英国中学方方面面的话题。王钟声老师您好！

王钟声：刘老师好！

刘兴宇：王钟声老师今天我们想请您给我们来讲一讲英国的中学生毕业以后，就是16岁之后另外一个衔接课程——BTEC课程。如果一个孩子16岁中学毕业以后，他想要进入英国的大学，那么大多数同学会选择A-Level课程，但是也会有相当一部分同学放弃A-Level而选择BTEC，BTEC又是一个什么样的课程呢？

王钟声：BTEC，我们可以把它理解为职业性技术教育课程。英国政府的教育理念很简单，16岁的孩子，中等教育完成后，有的家庭可能因为承担不起之后相对昂贵的高等教育费用，想要更早地进入社会去赚钱、去工作，这些孩子可以选择两年的 BTEC 职业性技术课程。在这之后，就是之前我们说的 322 和 323 的学制，为什么 323 最后面多了一个 1？在读完两年的 BTEC 课程之后，完全可以继续通过英国大学 UCAS 申请系统去申请一些大学，某些大学会认可。但是肯定不是一些排名很靠前、学术性很强的专业性课程。为什么叫 2+1 呢？读完两年的职业性技术教育课程，你需要一个认证文凭，就是我们俗称的 HND，之后我们马上可以投入工作。当然以后如果你还想继续享受学位课程，某些大学也是继续接受 HND 直接转大二的。

刘兴宇：您刚才给我们讲了，如果学生中学毕业以后，想尽快进入职场，那么通过读两年的 BTEC，我就可以进入工作的状态当中了。这个 BTEC 的教学内容基本上是一些和实践结合很紧密的课程吗？

王钟声：没错。目前我听到一些反馈，在一些传统的学校里也会开设部分这种职业性课程，家长会感到非常诧异，会说这是一个高中，为什么里面有学厨师、学美容美发，包括学挖掘机的？都是一些实践性非常强的职业性技术课程。

刘兴宇：我们可以这样来理解吗？因为我们一般说到这样的职业性课程，可能大多数人的直接想象就是，它基本上培养了一些职业在社会当中有大量需求，但是恐怕又不需要有过高的学历的岗位。比方像您刚才讲到的厨师、司机、护工、美容美发这样的职业，基本上 BTEC 都是囊括在这个范围之内吗？

王钟声：对，它是对这种大量的职业性技术人才的一个快捷的培养。

BTEC
from Edexcel

刘兴宇：您刚才也讲

了，如果这个孩子读完了两年 BTEC，也许我自己有一些学术能力，想进入大学深造，HND 是必须要读的吗？还是说我不读 HND，通过 BTEC 也可以直接申请大学呢？

王钟声：可以不用读 HND，一些大学也是认可 BTEC 课程的，可以转换成相当于 A-Level 的成绩去申请大学，但是申请率肯定没有 A-Level 高。

刘兴宇：一般会有什么样的大学接受 BTEC 课程的分数呢？

王钟声：更直观地理解，会有一些排名相对靠后的职业性很强的专业方向的学院会接受 BTEC 申请。

刘兴宇：所以我们总是在说发达国家的教育是公平的，但现在看来，因为您前面也讲到了，一般情况下都是一些家境不太良好的孩子，因为他没有办法负担高额的高等教育学费，所以迫不得已要选择 BTEC，所以即便是选择了 BTEC，未来想要继续进入大学也没有办法进入一些特别优秀的大学。

王钟声：其实目前所有的公立学校基本都开设了 A-level 课程以及 BTEC 课程，孩子们在 16 岁中等教育完成之后可以自由选择，高等教育大学阶段政府也都可以提供学生贷款。咱们再转换一下思考维度，其实英美包括很多发达国家都是这样，像我们之前说过，在美国，如果孩子家境不好，要先去打工，去社区学院，通过转换学分，再申请大学。其实这些体制都是很灵活的。英国的福利是很高的，基本上医疗和普通教育都是免费的。民众们会更务实，我不需要有一个很高的学位头衔，我想更早地投入技术方面的培养，更早地进入社会去工作，这其实是一个更务实的表现。

刘兴宇：所以其实对于英国本土的孩子们来说在他们的心

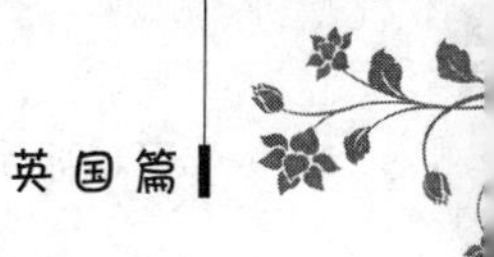

理层面上并没有一个高下之分。

王钟声：我给大家描述一个画面，不是每个人都能够当科学家，一个 16 岁的孩子在完成通识教育后，天天还要把他摁在那里，让他去读学术性课程，站在一个教育学家的角度，对有的人其实是不公平的。

刘兴宇：明白了，BTEC 课程是英国的中学生毕业之后的另外一项衔接课程，它和 A-Level 是同等的，A-Level 通向英国的大学，但 BTEC 通向职场，所以这个只是对于一个孩子来说不同的选择方向而已。但是 BTEC 如果读完了以后这个孩子还想进入大学，也有一部分英国大学可以接受这个课程，当然，可能有的需要你再读一个 HND，拿到一个学位文凭，对于英国的很多孩子来说，这其实是一个非常理性的选择。我们非常感谢王钟声老师今天来到我们的节目当中做客，谢谢！

王钟声：谢谢！

18 寄宿走读

刘兴宇：欢迎您收听专家小讲堂，本期的节目当中我们为大家邀请到资深的英国中学专家王钟声老师前来做客，我们将和大家探讨英国中学方方面面的话题。王钟声老师您好！

王钟声：刘老师好！

刘兴宇：王钟声老师，前面我们用了连续几期节目的时间给大家系统地讲解了英国中学的学制，以及在 16 岁，我们通常可以把它认为是中国的高一结束以后，也就是英国中学结束以后的两个不同方向的衔接课程。今天我们继续回到关于英国中学的概况，我们想请您给大家讲一讲寄宿与走读学校的区别以及选择。因为我们都知道英国向国际学生开放的学校有的是全寄宿学校，孩子上学、住宿都在学校里面，但有的是走读，孩子要选择一些寄宿家庭。请您先给我们讲一讲英国本土人在选择的时候，会更偏爱寄宿还是走读呢？

王钟声：其实英国本土人肯定是更偏爱走读，我们都想孩子在自己的身边，全世界的父母都是一样的，那么这就引出了一个话题：为什么英国会有享誉全球的私立寄宿中学？就是我们经常说的 boarding school。在英国为什么它久负盛誉？是因为它出了很多杰出人才，是因为那种历史感很强的文化传承。

刘兴宇：我们分别来给大家讲一讲寄宿的优劣和走读的优劣。先讲寄宿制学校。

王钟声：好的，英国人会优先选择走读，但是为什么有一部分人选择寄宿？寄宿学校的优劣主要体现在氛围上。当一个孩子脱离了父母的管控，他更多需要自己完成每天的这些日常起居、学习、生活，对自己的独立能力是一个很好的提高。包括业余时间，因为有这种传统的寄宿制的模式，学校会帮助孩子，让他们完全地自主学习和管理自己的时间、更好地去分配。这里帮助家长打消一个顾虑，就是认为孩子到了英国没人管了。这是错误的，比如学校会有严格的作息规定，每天该学习的时候就学习，课余生活就是课余生活，对于国际生来讲，如果有不会的难题，不管是生活上的问题还是学术上的难题，在课余之后都有相应的宿管老师、课外辅导老师去帮他解决。当然，学校也很注重孩子独立的空间，让孩子有时间去独处。

刘兴宇：明白了，也就是说，寄宿制学校恐怕最大的好处是它的管理非常严格，对孩子这种非常好的习惯的养成，它们已经有了一套特别成熟的经验和做法。

王钟声：没错。

刘兴宇：再来说劣势。

王钟声：你如果选择一个寄宿学校，你的身份又是国际生，要看国际生寄宿的比例到底大不大。周末的时候大部分本土生也都是会回家的。国际生在周末期间就会生活相对孤独。如果国际生寄宿的比例比较多，学校可能会专门安排老师照顾管理并安排活动。但是如果只有零星的几个国际寄宿生，恐怕周末就只能待在学校了。

刘兴宇：其实我觉得寄宿制学校还有一个很大的好处，因为从上学到在宿舍都和小伙伴一起，所以其实对于一个国际学生来说，应该更容易结交到一些来自不同国家或者是本土的好朋友。

王钟声：没错，从最点点滴滴生活的方面，我们可以深入地挖掘到另外一个国家孩子的思想与文化和我们的不同在哪里。

刘兴宇：这是寄宿制学校的优势和劣势。我们再来讲一讲走读制学校的优势和劣势。

王钟声：走读制学校，首先作为一个走读生，你肯定要选择寄宿家庭。

刘兴宇：是的。

王钟声：好的学校周边的寄宿家庭很早就会被订光。所以我提出一个理念，如果你想申请一个好的走读学校，一定要提前申请，因为周边的寄宿家庭被占满之后，就会有一个时间成本，能订到的家庭位置偏远等等。

刘兴宇：你可能每天上学、放学都需要半小时甚至一小时的时间花在路上。

王钟声：没错。还有最多的就是当你选择这个寄宿家庭时，按照个体考虑，每个人的性格是不一样的，如果你能选到一个跟你孩子性格非常合适的寄宿家庭，那是非常幸运的。如果你的孩子英文沟通能力和与人的交往能力非常强，我们非常推荐他选择寄宿家庭，以更好地、更多地、更快地跟英国家庭一起融入英国的文化。

刘兴宇：寄宿家庭其实有一个好处就是孩子可以更近距离地了解英国的文化，了解英国人的生活方式。当然对于一个孩子语言上的进步也是会有非常大的好处的。但是就像刚才王钟声老师讲到的，恐怕你需要很幸运，遇到一个跟你的性格和处事方式都很合适的寄宿家庭，这才算是你的幸运。

王钟声：没错。

刘兴宇：今天我们很高兴请到王钟声老师给大家讲了寄宿制学校和走读制学校，英国人怎么选择以及两种不同学校的优步。在下一期节目当中我们想请王钟声老师具体来给大家讲一讲英国的寄宿家庭，因为现在很多中国的家长在选择学校的时候会选择走读制学校，寄宿家庭是他们绕不开的一个话题。我们请王钟声老师在下一期节目中再具体给大家说一说，非常感谢您来到我们节目当中做客！

王钟声：谢谢！

19 寄宿家庭

刘兴宇：欢迎您收听专家小讲堂，本期的节目当中我们为大家邀请到资深的英国中学专家王钟声老师前来做客，我们将和大家探讨英国中学方方面面的话题。王钟声老师您好！

王钟声：刘老师好！

刘兴宇：上一期节目当中我们讲了寄宿制学校和走读制学校的不同，今天我们想请您来给大家具体讲一讲寄宿家庭。寄宿家庭在英国应该说是有相当长的历史了。

王钟声：没错，英国作为很多年前就开始有留学生的一个国家，它的寄宿家庭其实在整个留学国家里面算是最完善的，但是这里我提出一个观点，就是量变到质变的变化。任何一个东西在进行批量化生产的时候，它的质量就会很难保证。所以就像上一期我们说的，如果你可以选到一个跟你的性格非常合适的寄宿家庭是非常幸运的。

刘兴宇：现在寄宿家庭大多数是一个什么样的状况呢？就是接纳这个国际学生的寄宿家庭一般情况下是属于英国的中产阶级？

王钟声：中产阶级会相对少一些。人总是在移动的，中产阶级也需要上班，也需要去度假旅游。有些中产家庭可能在年龄比较大的时候，自己的房子又闲置，愿意把空余的房间出租给国际学生，但是目前大部分寄宿家庭还都属于工薪阶级。

刘兴宇：什么样的孩子适合选择寄宿家庭？

王钟声：就像上一期我们提到的，与人沟通以及交往的能力比较强的孩子，我推荐他选择寄宿家庭。

刘兴宇：怎么来选择一个适合自己的寄宿家庭呢？

王钟声：首先，在英国，有专门帮助推荐安排寄宿家庭的公司，这些公司都会被英国一个专门的监管机构认证，具有这种认证的公司才是正规的。认证机构会调查这个寄宿家庭主人有没有犯罪记录，之前有没有接受国际生的经验，在这种情况下还要选择离你这个走读学校越近越好的家庭。

刘兴宇：也就是说，首先我们不要担心这个寄宿家庭的安全性，因为它是经过了官方机构的评估和认证的，比如说它的家庭一定没有犯罪史，一定没有吸毒史，应该也是没有任何宗教歧视，等等。当然从另外一个角度来说，是不是能够选择到一个和你的性格合适的寄宿家庭呢？王钟声老师一直在说，这其实就是一个学生的运气了。距离学校的远近，您一般情况下推荐多远算是比较合适的呢？

王钟声：我觉得走读嘛，当然步行可及的是最理想

的。毕竟你作为一个未成年人，无法开车，如果说远到无法骑自行车，要坐公交车，或者甚至坐火车，那就不太值得了。

刘兴宇：英国的学校基本都没有校车吧？

王钟声：英国的学校基本上没有。

刘兴宇：因为英国的地理位置以及学校的分布和美国不同，所以一定要选择离自己学校比较近的寄宿家庭。

王钟声：对，你可以把英国的学校想成在香港，就是它地方非常小，聚集度高，基本上靠步行就可以，英国人都喜爱走路。

刘兴宇：一般情况下，一个寄宿家庭能够给孩子提供一些什么样基本的服务呢？

王钟声：基本上午餐在学校吃，早餐和晚餐会在寄宿家庭享用。剩下的就是一个安静、舒适的住宿环境，以及我们现在日常生活需要的 wifi、电视，这些基本上都是有的。

刘兴宇：如果说万一这个寄宿家庭，我住得特别不愉快，可以更换吗？或者更换起来容易吗？

王钟声：当然可以。把它想象为我们租房，你完全可以自己在网站上找到房东，但是如果产生纠纷，就没有一个第三方机构进行调节。如果你找到一个有资质的中介机构，你可以向它表达我需要换寄宿家庭的意愿，机构会帮你免费调换。

刘兴宇：因为和美国的这种区别并不是特别大，我们就用

一期节目的时间请王钟声老师来为大家做讲解。非常感谢您来到我们节目当中做客！

王钟声：谢谢！

20 申请流程

刘兴宇：欢迎您收听专家小讲堂，本期的节目当中我们为大家邀请到资深的英国中学专家王钟声老师前来做客，我们将和大家探讨英国中学方方面面的话题。王钟声老师您好！

王钟声：刘老师好！

刘兴宇：王钟声老师，在前面若干期的节目中，我们其实都是在给大家讲英国中学的概况，讲英国中学的学制，那么从这一期节目开始，我们进入英国中学申请的具体流程的讲解。请您先来给我们说一说，英国中学的申请，一般需要提前多久来进行？

王钟声：我们目前的概念是提前一年。

刘兴宇：提前一年。

王钟声：但是这也分学校的情况，有一些更多面向国际学生的学校，其实在不到一年的时候也可以申请，但是一些对国际学生教学经验不是很丰富的学校，要通过多方面去考察一个学生的整体学术水平，这些学校的申请是越早越好。

刘兴宇：很多人都觉得大学可以 DIY 申请，但是恐怕申请英国的中学没有办法 DIY，您有一些什么样的建议呢？是一定要通过中介机构来申请呢，还是说其实学生和家长也可以尝试自己来做呢？

王钟声：其实任何东西在你能力允许的情况下都可以 DIY，但是在这里我还要强调，英国中学整个申请的流程看似简单，但是千万不要因为 DIY 出现一些不必要的问题。所以建议还是找专业的留学机构，从申请材料的准备、翻译，以及最后的存款和签证，这些都是非常关键的。

刘兴宇：请您给我们讲一讲整个申请流程。我们就以提前一年做准备为例，一般情况下提前 12 个月需要做什么？或者提前 10 个月或者 9 个月我们应该做什么呢？请您给我们讲一讲整个的流程。

王钟声：比如说我们通过留学中介申请。先从选校、定校开始。申请的时候首先递交申请表，递交完之后你如果确定了这个学校，需要交一部分押金，交押金意味着什么？锁定一个学位和住宿。另一方面，因为学校的性质不一样，有走读和寄宿，你可能还要找寄宿家庭，根据学校性质和规定不一样可能还需要额外找一个监护人。放在整个申请流程当中，都是要提前去准备的。

后面还需要提交成绩单，学校都是要看到完整的成绩单才能给最终的 CAS。比如说你想 2019 年 9 月入读某中学，2018 年提交申请，在 2019 年 6 月你还是要把最终的成绩单提交上去，学校要看到你最终的学习表现。

最后，至少留出一个月提前准备签证。

刘兴宇：我们再来梳理一下整个流程：先选校，选定学校就要支付押金，支付押金之后提交相应成绩的材料，在最终入学之前再提交这个学生所有的成绩材料。这样来理解是正确的吗？

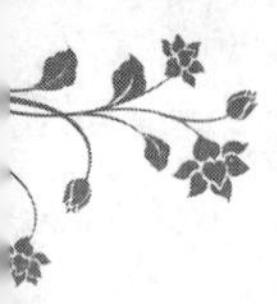

王钟声：可以这么理解，但是就像我说的，学校的性质有很多种，你也可以完全等到学生满足了学校所有的入学条件之后再缴纳押金锁定学位。但是后面还是要看最终的一个学术证明，那么也要考虑这个学校等来年的 6 月你的最终成绩单出来之后，你再提交上去，这个学校还有没有学位。当然如果你够优秀，学校可能会选择提前无条件录取。

刘兴宇：这个其实有一点矛盾的地方，如果我前面已经交了押金，锁定了这个位置，但是后面可能我的成绩不那么好，这个学校会觉得说，也许你来我们学校有点跟不上，这种情况怎么办呢？它会退还押金吗？

王钟声：因为都是私立独立学院，要看当时签的这个申请表后面的条款中学校对退费这块是怎么要求的。要看清楚，或者提前跟中介方或者学校说好，并且以邮件为证。一般来说如果你的学术没有达到要求，学校不会说完全不收你，但会建议你降一个年级。

刘兴宇：明白了，或者可能多配一点 ESL 的课程。

王钟声：没错。

刘兴宇：以此来给孩子做一个缓冲。如果说我等到所有的成绩都出来之后再去申请学校，从您这几年办理的经验来看，是不是一般心仪的学校、好一点的学校，恐怕学位早就已经被占光了？

王钟声：这个咱们分两方面来看，一些面向本土的学校，肯定至少提前一年申请，你先去占位，否则本土生早就把位

置占完了。一些本土学校如果你在来年的6月才开始申请还有位置，咱们这里先打一个问号，因为本土生源都没有招满，这个学校的质量堪忧。还有另外一种情况，就是更多的面向国际学生的学校，它一般在这个时候还会有位置，为什么？因为本土生会更喜欢选择本土学校，国际生更适合面向国际的学校。

刘兴宇：所以从您的建议来说，您一般会建议如果选定了学校，就赶紧把它锁定。

王钟声：没错，注意看跟学校之间签的协议，看学校是怎么规定的。要看如果雅思不达标、学术不达标，又不想降级一年，押金可不可以退还。

刘兴宇：明白了，所以其实，一方面，要先锁定你心仪的学校的一个位置，但同时，也要和学校做好这种所谓的双保险，万一我的成绩达不到，学校会有一些什么样相应的政策。今天王钟声老师给我们讲了申请的一些概况，那么下一期节目当中我们来讲一讲具体需要一些什么样的材料，比如成绩、雅思，以及这所学校是不是需要面试。下一期节目当中请王钟声老师再来给我们做讲解。谢谢您来到我们节目当中做客！

王钟声：谢谢！

21 申请材料

刘兴宇：欢迎您收听专家小讲堂，本期的节目当中我们为大家邀请到资深的英国中学专家王钟声老师前来做客，我们将和大家探讨英国中学方方面面的话题。王钟声老师您好！

王钟声：刘老师好！

刘兴宇：王钟声老师，上次我们讲了申请，今天我们想请您具体来给大家说一说申请所需要的材料。想要申请一个英国的中学，我们需要提交的材料有哪些？

王钟声：首先咱们把它分为两种来看，一种是更多面向本土学生，咱们把它理解为相对欠缺对国际学生的申请经验，那么作为学校的入学办，要去接受一个国际学生，基本会要求你去做它所有的内测题。因为咱们国内的成绩单多种多样，很难评判。

刘兴宇：就是学校自己的测试。

王钟声：没错，比如说看中国学校的成绩单，即便是翻译过的也看不懂，或者说不足以获取足够的学术体现。

刘兴宇：它不明白这门课程和那门课程到底跟它学校里面的课程是怎么匹配的。

王钟声：没错。所以一般接受完它所有的测试之后，还要通过面试。很多中国家长会觉得这样的学校进来真难，甚至有时候要飞到英国面试。如果有大批量申请的学生，学校会组织学生在国内的一些城市定期进行考试。这样更多面向本土生的学校，咱们的孩子如果学习能力很强，他当然能够更好地跟上课程。如果不是那种学习能力很强、自我约束能力很强的孩子，很可能会跟不上课，并且学习成绩一落千丈。

刘兴宇：明白了，所以这是一类学校，就是它们比较缺乏国际学生的招生经验，国际学生的数量很少。我们再来说一说国际学生招生经验很丰富的学校。

王钟声：对于国际学生招生经验很丰富的学校，通过这么多年对中国的这些学校成绩单的理解，基本上只看在读证明、成绩单、语言成绩就可以了。语言成绩的话，如果你有雅思或者是托福成绩是最好的，学生可以在18岁以下接受学校的内测，然后做签证也是没有问题的。但是18岁以上的学生，签证要求必须要考取UKVI雅思。

刘兴宇：我们把这两块再具体给大家说一说，先来说语言成绩，一般一所我们说还不错的英国中学，大概雅思要多少分？

王钟声：咱们看入学的年龄段吧，以16岁来切入，如果你决定去读A-Level，我建议选择国际招生经验很足的学校，因为你没有时间去体验那种原汁原味的英国文化。如果14岁去读GCSE，也就是英国的高中，完全可以选择更传统的学校，以此来获得更多的体验。因为这是这两个课程大概的切入点，其实对一个14岁的孩子，你要求他雅思考5.0分已经很不容易了。

刘兴宇：明白了。

王钟声：16岁，基本上如果你天天在外面上补习班，有锻炼的场合，5.0分到5.5分也是可以的。我们这里要反思一个问题，不是对雅思要求越高的中学就越好，英国很多大学对雅思的要求也就6.5分。如果某个中学在GCSE阶段就要求孩子雅思达到6.0分以上，即使咱们的孩子在国内通过培训应试考了6.0分以上，到了这个学校也会跟不上课。所以请家长理性看待雅思要求这个问题，更多关注这个学校有没有给国际学生安排额外的语言课程。

刘兴宇：成绩单呢？学生在中学阶段的成绩单，需要提供几年的呢？

王钟声：根据不同的课程的衔接，如果申请 A-Level 课程，你 16 岁，要初中毕业证，之前的成绩不用看，因为你已经毕业了，要提供高一三个学期的成绩单。

刘兴宇：如果是 14 岁呢？

王钟声：14 岁的话就是之前初一、初二两年的成绩单。

刘兴宇：这个成绩的要求一般有多高呢？比如说至少要达到平均分 80 或 85 分？

王钟声：您可以这么理解，越往前的要求越低，越往后要求越来越高，因为在英国的教育理念中，你来得越早，虽然你可能目前的学术水平不够，但我有更多的时间去改造你的大脑。

刘兴宇：明白了。

王钟声：但是如果你只申请一年的课程，对不起，学校会需要你来的时候就在一个比较高的高度。

刘兴宇：您前面也说到了一点点关于面试，现在英国的中学基本上全部要求面试吗？还是说这只是很少的一部分？

王钟声：基本上可以理解为是很少的一部分。因为从面试的环节来讲，首先有时差，其次，网络真的很不稳定。

刘兴宇：明白了，所以只有很小一部分有面试，而且您前面也提到了，往往是对国际学生招生经验不足的学校才希望通过面试来判断一个学生的能力。

王钟声：没错，好比你看完他的成绩单，看完他的雅思，你还是觉得看不懂，或者需要更进一步地通过面试确定学生的质量，就会要求有面试。

刘兴宇：明白了，所以英国的中学申请相对来说还是比较简单的，只需要把你的一些纸质材料准备好，提交给学校，学校就可以来做一个非常充分的判断了。关于英国中学的申请，我们今天就先讲到这儿，谢谢王钟声老师！

王钟声：谢谢！

22 语言准备

刘兴宇：欢迎您收听专家小讲堂，本期的节目当中我们为大家邀请到资深的英国中学专家王钟声老师前来做客，我们将和大家探讨英国中学方方面面的话题。王钟声老师您好！

王钟声：刘老师好！

刘兴宇：今天我们想请王钟声老师来给大家讲一讲学生在出国之前语言的准备，因为不管你是14岁还是16岁，你要进入英国的中学或者A-Level去就读，语言恐怕对中国学生来说都是最大的一个门槛。上一期节目当中您也说了，英国的中学其实既接受雅思成绩，也接受托福成绩，但是是不是应该更倾向于雅思？

王钟声：对的，首先托福是对美国，雅思对英国，为什么之前我说英国的中学接受托福和雅思？其实最后都可以以内测的形式去签证，只要你未满18岁。这就提到后面我们要说的一个话题，如果18岁以上，托福成绩是不接受的。

刘兴宇：明白了，这个可能因为英国政府会有更加严格的规定。

王钟声：对，稍后我会给大家讲它的缘由。

刘兴宇：说到雅思，我们都知道它是考查听、说、读、写，在英国的大学招生阶段，它是要分别来看这四门不同的成绩的，每一所学校可能要求不一样，中学有这么细致的要求吗？

王钟声：中学没有这么细致。其实你看每年的申请，孩子都会拿到一些预录取，其实你站在一个英国大学的角度，大学在觉得你的学术没有问题之后，会给你录取，但是由于你是国际学生，我想要相应看一下你的语言能力，大学能不能够教你。那么以中学来讲，还是上一期我们讲到的，越往前雅思要求的分数越低。

刘兴宇：就是成绩越低。

王钟声：对。

刘兴宇：但是这个听、说、读、写从您的角度来说，您一般会建议学生怎么来平衡呢？当然是越平衡越好，或者如果有侧重，要侧重在哪些方面呢？

王钟声：咱们分两个方面，侧重点肯定是写作，英国人的理念是：作为语言思维，你口语不好是因为你没有一个环境，没有应用的环境。我发现中国北上广深地区的孩子口语能力就很好，二三线城市稍差。在英国的教育里面，speaking 口语提高很快，关键是要有一个好的语言环境。但最重要的是写作，它意味着你可不可以正常进行英国课程的教育。我们说天天考雅思、学雅思，更正一个理念，我们学的是英语。雅思是一个英语能力评定测试。我国的雅思现在更多的是通过培训后的应试雅思。看待一个雅思成绩，通过他的写作分数和他的口语分数的差值，就知道这个孩子到底是不是经过培训出来的雅思成绩，

还是一个真正语言能力的体现。

刘兴宇：明白了，所以写作是很重要的。

王钟声：是重中之重。

刘兴宇：我们也想请王钟声老师给我们说一说 UKVI 雅思。

王钟声：其实我想提及的是英国人对于学术严谨的态度。大概在 2016 年，英国发现托福有造假嫌疑，于是在调查后全面禁止托福成绩。同时英国人非常自律，开始内查雅思系统，发现雅思也有造假，虽然很少。所以在国内的雅思考点从之前的 32 个变成 12 个，当时认定只有 12 个考点具备不能造假的或者替考的标准。所谓的 UKVI，我们叫作安全雅思，只有有了这个 UKVI 雅思成绩才可以去签证，但这不影响中小学的孩子，只是 18 岁以上的学生必须提供 UKVI 雅思。

刘兴宇：因为 18 岁以下的孩子其实可以提供学校的内测成绩来进行签证。

王钟声：没错。

刘兴宇：我们刚刚听到王钟声老师给我们讲了语言的准备。一般情况下，如果孩子打算到英国去读中学了，您会建议提前多长时间来进行这个语言的考试、进行语言的培训和学习是比较合适的呢？

王钟声：天天都要学、天天都要练，只要你有这个打算，一定要天天学，因为它是一个工具，不管你以后出不出国，以现在的国际化环境，英语肯定是一个非常重要的工具。

刘兴宇：也有学生纠结于雅思的分数，说我是不是刷得越高越好，我这次刷了5分，下次我一定要刷一个5.5分，或者一定要刷到6分，您在这方面是怎么看的？

王钟声：我在这方面有两个看法。首先，作为一个单纯的英国人，他看到你有一个高的雅思成绩会觉得非常开心，这表明你语言能力够，因为这毕竟是他们自己认可的一个语言评定、审核的标准。

刘兴宇：对。

王钟声：如果一味地去刷它，一味地只是培养自己的应试技巧，最终你的口语能力以及写作能力分数非常高，这是你刷分的结果。如果只是单纯地刷出了高分，结果到了英国之后交流起来还是困难，英国老师会很困惑你当时的高分雅思是如何考出来的。

刘兴宇：我们今天听到了王钟声老师来给我们讲去英国读中学之前语言的准备，雅思很重要，英语的能力很重要。非常感谢王钟声老师的做客，谢谢！

王钟声：谢谢！

23 录　取

刘兴宇：欢迎您收听专家小讲堂，本期的节目当中我们为大家邀请到资深的英国中学专家王钟声老师前来做客，我们将

和大家探讨英国中学方方面面的话题。王钟声老师您好！

王钟声：刘老师好！

刘兴宇：王钟声老师，今天我们想请您给大家讲一讲关于英国中学录取的流程。英国中学的录取是在我提交了成绩单之后，英国中学就会给我发放 offer 吗？一般是什么时间来发放 offer？

王钟声：一般在你提交申请之后，在申请表上提供基本信息和课程信息之后都会发一个预录取，也就是我们所说的 offer。这个时间长短无所谓，基本上慢的两周，快的两天也就能下来，因为都是预录取。其中会很明确地体现录取条件，当最后你达到所有要求的时候，才给你换最终录取，也就是 CAS。

刘兴宇：这个最终录取，如果我们以 9 月份入学为准，一般是在几月份才发放下来呢？

王钟声：学校跟学校的规定不一样，大多数都是怎么规定的呢？要看到你最近的完整的成绩，也就是说在本年度的 6 月，我们最后一个学期的成绩单提交上去之后，学校才能发放最终的录取 CAS。

刘兴宇：如果有了最终的录取，实际上我们马上就可以进入签证环节了。

王钟声：没错，所有的条件都达到之后，学校会发这个 CAS。

刘兴宇：万一没达到，学校说我录取不了你了，该怎么办？

王钟声：其实这个思维跟我们国内申请大学，包括在英国申请大学是一样的，我们都会选一个比如说像第一志愿，我最想去的学校，当然，咱们得有个保底的学校。

刘兴宇：所以申请的时候多申请几所学校，然后看一看哪

所学校能给你最终录取的offer。

王钟声：对。

刘兴宇：有没有等待名单这一说呢？

王钟声：其实有，但是很少。因为从目前的中学发展来讲，它毕竟不是大学，而且基本上不会被这些学校拒绝录取，最多的情况还是在没达标的情况下建议你倒读一年。

刘兴宇：就是降低一个年级。

王钟声：没错。

刘兴宇：您在上一期节目当中讲到了，学生在锁定一个学校位置的时候会先交押金，看来英国的中学对学生用金钱做保证是比较忠实的，是不是一旦收到了最终的录取通知书，你就要第一时间给学校回复，并且缴纳学费呢？

王钟声：分两种情况，一般缴纳押金我建议如果条款可以退的话，尽量早交。因为押金一般很少。如果说押金就是部分学费，就不用那么着急，因为数额比较大。正常的学校都允许学生按学期缴纳学费，也可以按学年缴纳。从签证风险的角度考虑，如果是18岁以下，一般都建议你缴纳全部学费，包含学费、住宿费，因为在最后申请签证的时候就不用提交银行存款证明了，并且提高签证的通过率。几乎90%以上的拒签都是因为资金证明这块出现了问题。

刘兴宇：这个是拿到offer后第一时间要做的事吗？

王钟声：拿到最终录取后这个算是你第一时间要做的事，表示要接受这个offer。

刘兴宇：如果说我申请了几所学校，但几所学校都给了offer，我需要明确回绝那些我不太想去的学校吗？

王钟声：目前以中国人的思维方式基本上就是石沉大海了。其实在西方文化里这非常不礼貌。接受就是接受，不接受就是不接受，从礼貌的角度应该通报一下学校。

刘兴宇：所以您建议，当我拿到了几所学校最终录取的通知书以后，我一定要很明确地回复那一所我想去的学校，但同时也要很礼貌地告诉那些我不太想去的学校，因为什么样的原因，我可能不去了。

王钟声：没错。因为在整个申请环节过程当中，这个学校也是出了一份力的。

刘兴宇：录取之后呢？接下来就应该进入签证的环节了，英国的中学签证容易吗？

王钟声：中学的签证其实从整体环境上看是最容易的，比如刚才我说一个未成年人你把所有的住宿费、学费都交齐后，银行存款证明都不用提供。

刘兴宇：签证需要一些什么样的材料呢？

王钟声：签证就是学校会给你出一个CAS，CAS上面所列的相关的文件，比如说你的在读证明、成绩单、雅思，只提供CAS列明的文件就够了。

刘兴宇：就可以了，所以需要准备的材料也是比较简单的。

王钟声：非常简单。

刘兴宇：按照现在的办理流程，大概得提前多长时间来办理和申请呢？

王钟声：现在英国出了一个最新的一天就可以拿到签证的

政策，但这是极端。我想说的是，走一个正常化的申请流程基本需要一个月。

刘兴宇：一个月的时间完全可以拿到了。英国的签证对于中学生来说有一些特别的规定吗?

王钟声：有一个规定是需要你做一个肺结核检查。

刘兴宇：单纯只是肺结核的检查，并不是一个全面的体检。

王钟声：对，不需要，只是一个肺结核检查。需要去指定的肺结核检查中心。

刘兴宇：这个挺有意思的。

王钟声：还有一部分学生访问签，16 岁以下的孩子，如果你去读纯语言课程，一般学校不会出第四档学生签，只能出学生访问签。在我们传统观念里，我们出完 CAS 走第四档学生签是非常容易的，获签率也比较高。而学生访问签需要提供 6 个月的银行流水，相对来讲会麻烦一些，但是我这里给学生访问签正身一下，以目前签证中心近两年的记录，学生访问签的通过率在中国是非常高的，大概 90% 以上，主要是资金证明这块材料齐全就好。

刘兴宇：明白了，就是说我的语言不够，但我要先去就读语言课程，需要申请的是 SVV，即学生访问签。

王钟声：没错。

刘兴宇：看来英国的中学签证也是比较容易的，今天王钟声老师从录取到签证，把签证也给大家说得比较清楚了，非常感谢王钟声老师的做客!

王钟声：谢谢!

24 GCSE

刘兴宇：欢迎您收听专家小讲堂，本期的节目当中我们为大家邀请到资深的英国中学专家王钟声老师前来做客，我们将和大家探讨英国中学方方面面的话题。王钟声老师您好！

王钟声：刘老师好！

刘兴宇：在上一期节目当中，王钟声老师给我们讲了英国中学的录取以及签证的一些相关内容。我们都知道，其实我们所谓的英国中学的录取，大多数指的是这些同学们要去申请英国中学 GCSE 的这个阶段，所以今天我们请王钟声老师来给大家讲一讲到底什么是 GCSE。请您先来给我们说一说到底什么是 GCSE。

王钟声：GCSE 其实是英国的中等教育，这两年课程就相当于我国的初中和高中，在此之前大部分学校没有一个国家统一课程和一个统一的考试。就像我国要实行会考制，有一个通识教育的毕业证。在英国，14～16 岁这两年实行国家统一性课程教育，最后在 16 岁实行一个国家的统考，就是 GCSE 考试。

刘兴宇：GCSE 我们知道，因为我接触了很多英国当地的同行，他们告诉我，其实在他们的眼里，GCSE 是非常重要的，这个有一点像我们国内，家里面不管是什么样的情况，一定要让孩子读完高中。我们可以这样来理解吗？

王钟声：完全可以这样理解，我们去做一个形象的对比。清华和北大是我国很好的大学，它在审核完高考成绩以后，还要审核你的会考成绩。在英国牛津和剑桥大学审核完你的A-Level成绩后，要看第三年的成绩，A-Level两年，再往前一年是什么成绩？就是GCSE成绩。

刘兴宇：那么读完GCSE之后的选择呢？其实王钟声老师之前给我们介绍了，在这里再给我们梳理一下。

王钟声：可以这么梳理，在我国高中完成是18岁。之后你选择你想走的任何一条道路都可以。在英国也一样，但是把它推前了，提早到16岁。如果你想攻读高等学位课程，就需要通过入读两年的A-Level大学先修课程；如果你想更早地去就业，就是通过两年的BTEC课程。

刘兴宇：应该说这是一个中等教育的结束。

王钟声：没错。

刘兴宇：您前面其实已经讲了很多英国的学制，中国的孩子在一般情况下，申请更多的就是两年的GCSE。

王钟声：其实目前大多数孩子，包括家长，认知更多的是A-Level。但是我们再次强调，A-level不是英国的高中，而是大学先修预备课程。GCSE才是英国的中等教育课程。

刘兴宇：明白了，所以通过整个系列节目，我们希望能给大家理清英国中学的教育体制，GCSE实际上是英国的中学，A-Level实际上是中学毕业之后向高等教育冲刺的衔接的课程。

王钟声：没错，我们一直不理解英国的Six-Form College也就是第六级，这样的学院最初它只是针对A-Level阶段课程，慢慢地现在也延伸到了GCSE两年课程。所以Six-Form College最多也只接受 GCSE 和 A-Level 阶段的孩子。

刘兴宇：GCSE 的课程设置基本上主要都是一些通识课程吗？

王钟声：没错，就像 G 是 General 的缩写一样，就是通识的意思。

刘兴宇：从您的角度来理解，中国孩子去读 GCSE 难度大吗？

王钟声：难度其实不大，而且非常有好处。无论是以后 A-Level 专业方向的选择，还是对各个综合学科的认识和文化差异认知体系的建立与调整都是有好处的。我经常这样去解释，非常生动、形象：就像我们品茶一样，GCSE 有点像我们喝功夫茶，每次只喝一小杯，但是可以让你把所有茶的类别都品尝到。A-Level 阶段更像是喝大碗茶，A-Level 最后一年变为三门主修课时，更像是一桶一桶往里灌了。

刘兴宇：明白了，其实中国孩子如果更早一点开始进入 GCSE 阶段，对于你以后的升学应该说是会有非常大的好处的。

王钟声：没错。

刘兴宇：今天我们听到了王钟声老师来给我们讲解英国的 GCSE，到底什么是 GCSE，以及它包含的一些内容，非常感谢您来到我们节目当中做客！

王钟声：谢谢刘老师！

25 GCSE 课程

刘兴宇：欢迎您收听专家小讲堂，本期的节目当中我们为大家邀请到资深的英国中学专家王钟声老师前来做客，我们将

和大家探讨英国中学方方面面的话题。王钟声老师您好!

王钟声：刘老师好!

刘兴宇：从今天这一期节目开始，我们要进入英国中学当中的一些具体的课程安排以及活动的内容了。今天我们先来给大家讲一讲GCSE阶段，英国中学的课程安排。请您先来给我们说一说，这个英国的课程是像我们国内的中学一样，有非常完整的课程表，然后同学们自己来选课吗?

王钟声：各个学校的设置不太一样，但是最后都要参加一个会考，跟国内这一块是一样的。我们可以这么去理解，它的通识教育课程相对于国内就是语、数、英、物理、化学、生物，包括像国家强制课程叫ICT，可以理解为信息技术。这些课都是要上的。

刘兴宇：所以在英国的中学里面，不存在选课这一说。

王钟声：因为有的学校会开设很多课程，有的学校开设的课程没有那么多，但是关键的核心课程肯定都要开，剩下的一些比如说第二外语，英国的学生大多数会选法语、德语、西班牙语。对于中国学生来说，其实当然也可以选。我们的孩子还可以选择普通话，甚至粤语当做第二外语，因为在那儿英语是必修的。

刘兴宇：那么这个课程是由老师还是由学生来决定呢?

王钟声：大部分是由学生决定的。

刘兴宇：为什么?

王钟声：因为这是一个通识教育课程，咱们这么去理解，像国内比如说语、数、英你是必修的，剩下的看你个人能力。这个还分为两类，比如你是读两年的GCSE，肯定是要鼓励你多选的。

像有很多学生是在国内读完初中，15 岁，那么到了英国，学生要不然倒读一年，读两年 GCSE 英国的高中，要不然插读 GCSE 最后一年，这时就出现了很有意思的情况。作为一个国际学生，最后在填报大学志愿的时候你不用去申报自己的 GCSE 成绩。当然学校都会推荐你去参加后面的统考，它一般不会影响你以后的升学，所以对你的课程强制性也就没有那么严格。

刘兴宇：听了您的讲解，我们可以这样来理解吗？就是必修课程是其中的一部分，剩下的课程其实还是要由同学们进行选课的。

王钟声：没错。

刘兴宇：英国中学的教学体制是有点像美国老师不动、学生走班制，还是像咱们中国一样，学生不动、老师为您上课呢？

王钟声：咱们大致这么区分，14 岁之前基本上都是学生不动、老师来班里上课。14 岁之后，有了国家统一性课程，包括有自己的选修课了，那么就变成了学生动、老师不动。

刘兴宇：所以 14 岁之后基本上就是 GCSE 的这两年需要学生们用走班制来上课。

王钟声：没错。

刘兴宇：刚刚您给我们讲了具体课程的一些组成，比如这种必修课或者选修课或者每天课程的比例是怎么来安排的呢？

王钟声：这个根据学生的自主情况，现在英国很注重个体关注，所以每个课它不仅会有一个我们国内叫班主任的老师，学生还会被指派一个自己的私人导师，基本上学生是跟私人导师和课程主管一起去进行自己的课程设置，在不影响主修课的情况下开展自己的选修课选课。

刘兴宇：刚才您也讲到了一些课程，其实对于我们来说还是比较新鲜的，比如说信息技术，因为作为国家的主导课程，其实很有意思。请您给我们讲一讲，英国这些课程设置的目标或者意图究竟是什么呢？

王钟声：其实可以用一个例子来说明。现在是计算机时代，珠算早就已经被淘汰了，我记得咱们国家最初还有这门课，学生要学珠算。应该在 1988 年之后，英国就已经意识到会出现计算机革命、信息技术革命。每个国家在一些强制性课程上都会特别关注并采取一些特别措施，所以要求英国所有的学校要开设 ICT 信息技术课程，从而保证我们的孩子能够完全熟练运用计算机和一些基础的理论知识。

刘兴宇：我们可以这样来理解吗？GCSE 的课程设置实际上是希望能够培养出一些具备比较扎实的通识教育基础，但同时，又对这个时代未来的发展趋势有所关注的学生。

王钟声：没错。有点像我们国家要求一些学校必须有多媒体教室，这个其实跟英国的理念一样。现在的情况我们都知道了，基本上孩子都有笔记本电脑了，这些多媒体教室利用率已经不高了。

刘兴宇：之前王钟声老师还曾经给我们提到过一句，您说英国的中学实际上它的教育理念可以说是自由与严谨的结合，这个在课程设置上面我们怎么来理解呢？它是如何来体现的呢？

王钟声：之前我们说过希望每个孩子按照自己的速度得到

最好的发展，那么课程的设置，除了像 GCSE 这两年是很特殊的国家统一性课程，其他课程会有更多的自主性。学生不用被迫学习不适合的课程和不擅长的课程，最终去参加高考，以此来决定、评判一个人的学术水平，从而享受后面的高等教育。而通识教育也给出了这样的自由度，虽然我们说数学锻炼我们的逻辑思维，那么语文在英国就是英语，叫英语语言文学，锻炼你的文科性思维，在这些必修课之外，当然也可以凸显自己额外的特长，其实还是给了学生更多的自主性，而不是感觉上像强加给你的。

刘兴宇：今天我们听王钟声老师为我们讲解了英国 GCSE 阶段的课程方面的一些情况，非常感谢您来到我们节目当中做客，谢谢！

王钟声：谢谢刘老师！

26 ESL 课程

刘兴宇：欢迎您收听专家小讲堂，本期的节目当中我们为大家邀请到资深的英国中学专家王钟声老师前来做客，我们将和大家探讨英国中学方方面面的话题。王钟声老师您好！

王钟声：刘老师好！

刘兴宇：欢迎您来到我们的节目当中，在今天的节目当中我们想请王钟声老师来给我们讲一讲英国中学的 ESL 课程。我们其实可以把 ESL 课程理解成是把英语作为第二语言，或者叫作英语的辅助课程，请您先给我们说一说是英国所有的中学都

开设 ESL 课程吗？

王钟声：其实不是，以美国为例，美国的学校基本上无论是小学还是中学，都有 ESL 课程，因为它是移民国家，很多孩子大部分英语都是非母语，也就是 English as a second language。英国现在分为两种情况，第一种就是一些具备丰富国际学生教学经验的学校，它会专门配有 ESL 课程，其他面向本土学生的学校则基本上都没有。

刘兴宇：为什么有的学校不开设这样的课程呢？

王钟声：因为它更多的是面向本土生，国际生比例很少，没有必要额外花成本去开设 ESL 课程。

刘兴宇：我们都知道，其实很多专业老师在面对中国孩子申请英国中学的时候都会建议，即便你在国内的英语可能已经准备得很好了，也许雅思已经考到了 5.5 分，甚至 6 分，但还是会建议你到了英国去，最好能够配一些 ESL 的课程。ESL 到底有些什么样的好处呢？请您给我们讲一讲。

王钟声：一般申请一些没有 ESL 课程的学校时，它在评定完你的语言等级后，如果认为你的语言等级不够，甚至会建议你配一年的语言课。咱们可以转换成西式的思维，如果你的语言能力达到可以直接进入正课的程度，就可以开始学术课程。如果语言不够、听不懂课，置身于学术课堂中其实更加浪费时间，所以更应该读一个纯语言或者学术性语言课程。

刘兴宇：有的家长会认为所谓的 ESL 是一个英语补习课程，是不是意味着我如果配了一年，我去的第一年就要每天上 ESL，实际是这样吗？

王钟声：可以这么理解，这是对的，但是有两个概念我们需要做分析。我们在国内天天说学雅思、学托福，其实真正是在学英语，到了国外后都会出现不适应的情况，然后学生会觉得是因为整体教学方式不一样造成的。国内当你上雅思培训班的时候，老师会说你看这个题你怎么做、你怎么填、怎么看考点，更多的是应试英语。而在国外，学生可能会感觉这个课堂怎么这么松散，老师让我读一些书，写一篇读后感，他让我通过各种自我学习的方式、课外活动的方式不断地锻炼语言能力。但学生会害怕，如果要考试，我不会考试怎么办？这是教育理念上的一个冲击。

刘兴宇：那么会不会出现这样的情况，如果你给我配了一年的 ESL 课程，意味着我的中学要多读一年？

王钟声：没错，我觉得有两个值得考虑的出发点。如果说我们用煲汤的理论，你煲的时间越长，这个汤就会越好喝。家长觉得没事儿，我孩子时间多，我有很多精力和金钱来支持，时间越长，学术积累就会越高。但是如果从更现实的角度出发，因为现在的时间也可以被算作成本，建议你去选择一些对国际生教学非常有经验的学校。举个例子，有一些非常关注本土生的本土学校，大概 GCSE 阶段入学要求就要 6.0 分，因为这是个很正常的语言标准，孩子在课堂上读的这些文章都是本土的语速，都是英语为母语的生词、词汇，且身边都是英语为母语的孩子。你的孩子如果满足这样的要求，当然推荐可以去读这样传统的英国本土学校。

一些更多面向国际生的学校，它的教学进度和教学方法、教学模式会更适合国际生，GCSE 的入学标准 4.0 分就够了。

刘兴宇：明白。

王钟声：有一个 2.0 分的差异。

刘兴宇：所以 ESL 对于很多中国学生来说是非常需要的，因为这其实是夯实你的英语基础的一个必备的过程，只是依据每个学生程度的不同，可能 ESL 所需要配的时间长短不同。

王钟声：没错，因为每个人的语言能力不同。我们读 ESL 还有利于提高我们的英语式思维。

刘兴宇：今天我们听王钟声老师在节目当中为大家讲解了关于 SEL 课程方面的一些内容，非常感谢您来到我们节目当中做客，谢谢！

王钟声：谢谢！

27 作息安排

刘兴宇：欢迎您收听专家小讲堂，本期的节目当中我们为大家邀请到资深的英国中学专家王钟声老师前来做客，我们将和大家探讨英国中学方方面面的话题。王钟声老师您好！

王钟声：刘老师好！

刘兴宇：欢迎您再次来到我们节目当中。今天我们请王钟声老师来给大家讲一讲英国中学的作息安排，请您给我们讲一讲英国的孩子们在学校当中一天的时间到底是怎么来安排的。

王钟声：好的。我简单通过我们一个学生的课程表来阐述。

学生是通过什么途径发给我他的课程表的呢？通过 iPhone 的日历，英国注重培养一个人专业应用的能力。比如说很简单，孩子在很早的阶段就会用英文收发邮件，包括使用很多数字信息化的产品来帮助自己的学校生活。一般第一堂课都在 8:30—8:50 开始。

刘兴宇：打断一下，如果这个孩子是寄宿制学校的学生，他是需要每天按时起床吗？早上会有类似的早操或者早会这样的内容安排吗？

王钟声：其实没有，就像我们看 BBC 的那个纪录片，中国老师教英国的孩子在做早操时有很多滑稽的镜头。

刘兴宇：基本上 8 点钟你准时来上课就可以了，早上的时间你可以自由安排，能够赶得上吃早饭就行。

王钟声：没错。

刘兴宇：第一堂课一般是 8 点钟开始？

王钟声：一般是 8:30 左右。

刘兴宇：好，您继续。

王钟声：课程分长课和正课，基本上分为一个半小时一堂的长课和一个小时内的正课。

刘兴宇：一个半小时一堂课。

王钟声：我们平常国内的课时在 45 分钟，它更多的是一个老师在进行一个教授和传授的阶段。我国的教育课程比较多，学生人数也很多，一个老师教完又来一个老师，比较紧凑。最后通过考试来整合教育水平和进度，看看我们是不是有些没教会的知识点。在英国的课堂上会留出一部分问答时间，让孩子跟孩子有一个及时、有效的沟通，或者进行一个反复的继续指

导，来保证这个知识点可以得到有效的传达。所以在这一个半小时之内，不全都是老师在教授，更多的后半段是讨论，是同学之间的影响和讨论以及对知识点的巩固。

刘兴宇：所以这个大课一个半小时，其实就像您刚才所说的，一半的时间可能是老师在讲授，也许会有一半甚至更多的时间其实是孩子们在自由讨论。一般课间休息的时间呢？

王钟声：一般只有 15 分钟。

刘兴宇：只有 15 分钟的时间。

王钟声：其实这样的课程设置体现了英国教育的严谨，但是既复杂又灵活，其实每一个个体学生，他的课程所完成的程度、知识点的难度都不一样。比如说刘老师您和我既是同学又是朋友，有的时候我们想在一起上一堂课都很难。虽然咱们是同龄同届，可能周一上午两堂大课是主课，到了周二上午变为四堂小课，再加上选修、主修课以及进度的不同，我们很难在课堂上凑到一起。

刘兴宇：明白了。这只是一个早上的情况，午休的时间有多长？

王钟声：午休一般有一个小时到一个半小时。

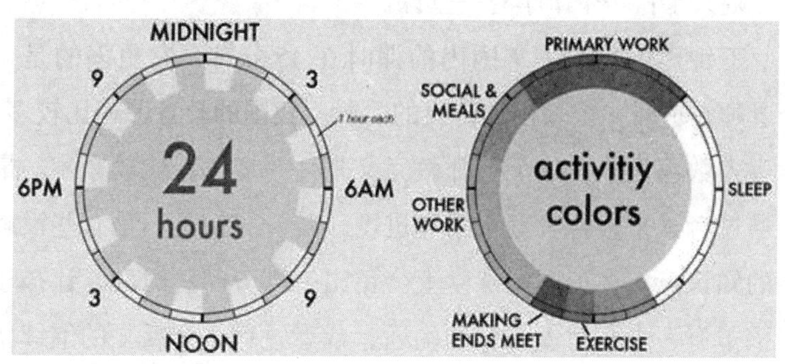

刘兴宇：下午呢？

王钟声：下午一般就是两节课，可以理解为1:30—2:30，基本上课程在4:30左右都结束了。

刘兴宇：所以4:30左右就放学了。

王钟声：没错，很多学校会安排额外的公共学习时间，也可以去图式馆，或者安排活动课。所以学生有很灵活的选择权，可以去操场活动，参加社团，也可以继续学习，给孩子非常自主的选择空间。

刘兴宇：一般情况下，这样的社团活动大概会安排多长时间呢？

王钟声：一般在一个小时到一个半小时左右，剩下的时间是你的自主时间，你可以自由安排，或者做其他的活动。

刘兴宇：所以一个走读制的同学，到了6:30左右家长就可以把他接回去了，或者他自己就可以离校了。

王钟声：一般走读学校4:30就可以接走了。

刘兴宇：但是你如果还想参加一些课外活动，大概到了6:30就可以离校了。

王钟声：没错。

刘兴宇：如果是寄宿制的同学呢？比如说6:30之后学校还会安排一些集中的内容吗？还是说完全没有了，你可以到公共图书馆或者公共学习室去学习，最后只会对你的就寝时间有一个非常严格的要求呢？

王钟声：寄宿学校在晚饭之后都会安排很多活动给孩子们。

刘兴宇：比如说。

王钟声：比如说现在英国人也特别喜欢唱卡拉OK，跟亚洲

入学的。然后也有烹饪俱乐部，我们可以一起做晚饭。晚上有共同的阅读日，还有多种多样的活动，像下棋，大家在一起演奏音乐。

刘兴宇：大概的就寝时间呢？英国的中学一般会规定在几点钟？

王钟声：分年龄段，一个学校会有不同年龄段的孩子。

刘兴宇：咱们先说 GCSE 阶段。

王钟声：一般在 9:30。

刘兴宇：A-Level 阶段呢？会稍晚一些？

王钟声：在 10:30。举个特别有意思的例子，我听说国内某些大学到了夜间会断电，英国中学肯定不会断电，但是会断网。

刘兴宇：是用这样的办法来强制同学们赶紧睡觉。

王钟声：对，不会剥夺你的任何权利，但是会有一些方式方法和手段。比如说学生犯错误是不会有任何体罚的，不会是我们在电视上看到的那种传统的学校风格。比如说会让你独处一段时间，有点像面壁思过，背后的理念是什么呢？从精神上让你来做一个反思，叫作精神反思而不是物理惩罚。

王钟声：明白了，今天王钟声老师给我们讲了英国学生一天的作息安排，下一期节目当中我们就请王钟声老师来给大家讲一讲英国学生的假期以及周末的安排是怎么样的。非常感谢您来到节目当中做客。

王钟声：谢谢刘老师！

28 周末与假期

刘兴宇：欢迎您收听专家小讲堂，本期的节目当中我们为大家邀请到资深的英国中学专家王钟声老师前来做客，我们将和大家探讨英国中学方方面面的话题。王钟声老师您好！

王钟声：刘老师好！

刘兴宇：今天我们请王钟声老师来给大家讲一讲英国中学的周末和假期安排，请您先来给我们说一说英国的中学生周末一般是怎么来安排的？

王钟声：咱们还是分为两块说，16 岁之前的孩子学校更多的是安排你去周边的城市、城堡或者博物馆去旅游。

刘兴宇：这是寄宿制的学生。

王钟声：一般寄宿制都会由学校统一安排。但是之前我们谈到过，其实应该尽量选择有大量国际生的寄宿制学校，原因很简单，如果只是有很少数国际生的学校，学校很难做到周末期间安排老师统一出行。

刘兴宇：请您先来给我们说一个概念，所谓的周末是和我们现在国内一样，也是周六、周日两天休息制，对吗？

王钟声：没错。

刘兴宇：所以寄宿制学校如果国际学生足够多，一般会在周末安排集体项目。集体活动集体出行，如果是进入寄宿家庭的孩子，是不是基本上要听寄宿家庭的安排了呢？

王钟声：没错。

刘兴宇：刚才王钟声老师给我们讲了周末的安排，我们再

来讲假期和学期的安排。一般情况下英国的中学可以分为几个学期呢？又是通过什么样的假期把它分割开来的呢？

王钟声：我们做一个对比，国内是分为两个学期。

刘兴宇：寒假、暑假。

王钟声：没错，英国分三个小学期，从 9 月到 12 月是一个学期，大概每个学期 3 个月，然后进入圣诞节假期。

刘兴宇：圣诞节假期。

王钟声：圣诞节假期一般在 20 天左右，然后圣诞节回来在 1 月初进入第二个学期，第二学期大概又被一个假期分割开，就是复活节假期。

刘兴宇：复活节假期。

王钟声：一般在 4 月左右，所以 4 月到来年 1 月是第二个学期。

刘兴宇：这个复活节小假期大概能够持续多长时间呢？

王钟声：一般在 15 天左右。

刘兴宇：15 天左右。

王钟声：4 月又开学了之后，一般在 4 月中旬或者 4 月底开学，直到 6 月中旬 6 月底又是 3 个月，这是第三个学期，然后就是暑假了。

刘兴宇：所以它是被圣诞节长假、复活节长假和暑假分割开，变成了三个学期。

王钟声：没错，我们都说英国的孩子非常幸福，他不仅有两个在暑假之外的大假，就是复活节和圣诞节，其中在每个学期还有一个我们叫作学习期中的一个小假，大概为 10 天。

刘兴宇：所以每个学期中间还会有一些短的假期。

王钟声：没错。

刘兴宇：3 个这样的长假期，国际学生怎么办呢？

王钟声：一般咱们说暑假肯定都回国，我建议圣诞节也回来，这是人家的春节嘛，复活节假期，一般是可以留校的，但是肯定要额外付费。

刘兴宇：所以 4 月、12 月和 6 月，会有三个大的假期。

王钟声：没错。

刘兴宇：刚刚我们听到王钟声老师给我们讲了假期的概念，两个假期您是建议学生要回国来度假的。复活节假期我们特别来说一说，如果可以留校的话，是不是意味着只有国际学生在学校里面？

王钟声：没错，一般本土生都跟家人度假、团聚去了。那么如果选择留校，肯定都是国际生。

刘兴宇：这个所谓的留校是一个最低水平的，只是可能有一些看护的老师陪着你在学校里面，还是说仍然会给你安排一些课程或者一些活动呢？

王钟声：咱们这么去理解这个事情，如果你准备复活节不

回国，提前跟学校报备，学校也会提前统计留校人数。如果达到一定人数，你这个假期质量肯定是OK的，如果达不到一定的人数，学校肯定会提前告诉你，还是建议你回家，如果执意留校，学校会帮你找一个当地的寄宿家庭，短暂地委托一个有人监护和监管你的地方，因为学校所有的教职员工也是要放假的。

刘兴宇：一般情况下您的建议呢?

王钟声：我的建议还是回来吧。

刘兴宇：但是三个假期都回来，成本也挺高的。

王钟声：没错，所以说我们在去英国的时候都可以定往返机票，比如订9月去、12月回的往返机票，可以节省一些费用。

刘兴宇：三个假期，圣诞节假期、复活节假期和暑假。今天我们听王钟声老师给我们讲了英国整个的学期安排和假期的安排，非常感谢您来到我们节目当中做客!

王钟声：好，谢谢!

29 文体活动

刘兴宇：欢迎您收听专家小讲堂，本期的节目当中我们为大家邀请到资深的英国中学专家王钟声老师前来做客，我们将和大家探讨英国中学方方面面的话题。王钟声老师您好!

王钟声：刘老师好！

刘兴宇：王钟声老师，今天我们想请您给大家讲一讲英国中学当中的文体活动，先来给我们说体育活动。这个是很多学校都很重视、很多同学也非常喜欢的。

王钟声：在此提出英国全人发展的教育理念。在英国，你可以参加一些社团、一些兴趣化的活动，同时它也会给你定制的选择。比如专业性很强的活动，可以给你专业性辅导，在此之后还可以去考一些资格证书，有点像我们国内的孩子学习钢琴要考级，下棋考段位一样。举一个很简单的例子，在以后升读大学的时候，专业外兴趣爱好额外的辅助也很重要。

给大家举个例子，这可能只是我个人的观点。我现在在筛选简历的时候，如果这份简历上面体现了体育方面的特长，我是特别欣赏的。为什么？体育精神就是拼搏、向上的精神。

刘兴宇：我们都知道，很多国外中学是非常重视孩子参加体育运动的。参加体育活动或者是参加一个体育项目的锻炼，在英国中学里面，我们可以把它理解为是必修课吗？就是你一定要参加其中一项吗？

王钟声：不完全是，咱们这么去理解吧，有点像灰色地带。体育课不是一个强制性课程，GCSE 标准课程里面是有的，但是到了 A-Level 阶段，它其实没有那么严格的要求，相当于你自己选择了一个继续教育课程，体育，我不想选，我又不想成为运动员，学校没有强加给你任何压力。

刘兴宇：但是 GCSE 阶段你必须要参加一种体育项目。

王钟声：除非像国内的孩子一样，你提供医学凭证。

刘兴宇：英国中学的体育设施如何呢？

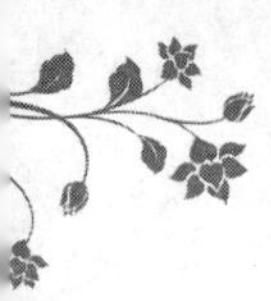

王钟声：体育设施都很好，但是分两种情况来看。第一种，我们的家长经常非常喜欢看到很大的操场、大面积的草坪，确实很美，体育设施都是很完善的，但是在一些相对偏远的地方才能够有大片的绿地。我们要想一想城市化的原因是什么，是因为人口密度变了。作为一个高级知识分子，更多的还是想选择市中心、大城市。而在城市化人口聚集的地方，学校又做不到拥有很大的校园或者是大片的绿地。但是英国的社区是非常完善的，都可以借助旁边的大学设施、旁边的社区设施和很好的体育设施。好比剑桥大学的学生也没有大绿地、大操场，体育设施也都是公用、共用的。

刘兴宇：这是个体，我们再来讲文。我们都知道，很多孩子比如说他喜欢绘画、雕塑，或者是一些其他的文艺方面的训练和才能，英国的中学对这方面的重视程度如何呢？

王钟声：首先，在 A-Level 阶段，重视程度就没有那么高了，因为都是自选的课程。GCSE 阶段会提供选修课，如果说我在某方面想取得更大的成就，参加一些竞赛前，学校也会给你提供更专业的辅导。作为中西教育最大的不同，是一个从被动转为主动的过程。到了英国一定要让老师知道你的需求在哪里，没有人再继续像我们所说的这种填鸭式的教育方法，反而要很清晰地表达自己的需求。作为国外的院校，基本上都会尽量满足学生。这是一个倒置的形态，是一个以学生而不是老师为主导的团体。

刘兴宇：如果说学生有某些方面的需求，比方说我想学油画或者我想打架子鼓，学校一般能提供这样的支持吗？

王钟声：一般我们说在更接近市中心的学校，都可以很容

易提供这样的支持，但是比如说偏远一点的学校就会有难度，因为要单独给孩子请老师，价格低了老师也不愿意花时间、成本前来。

刘兴宇：我们其实在很多的介绍文章或者视频当中看到有一些学校，比如说它有设备特别完善的这种美术室，或者是木工室，或者是雕塑室，会有一个很棒的小学习室，学生甚至可以在里面自己组一个乐队，老师也许还可以给你提供一些录音的支持。英国中学在这方面的设施配备怎么样?

王钟声：这个我们只能说是因校而宜了，一般这种设施设备非常好的肯定是私校，因为政府出资的这种学校，这些额外的东西都是没有的。这里更正一个概念，私立学校也叫 public school，虽然 public 译成公立、公众，但是 public 其实是私立学校的意思，是对公众开放的学校。英国的 state school 才是政府开设的我们理解的公立学校。

刘兴宇：明白了，所以能够接受国际学生的这些私校，基本上这些设施总体来说还是可以的。

王钟声：对，还是可以的。但是如果学校没有你想学习的额外文体活动，当然可以额外向学校提出要求，只不过也需要缴纳额外的费用。

刘兴宇：我们再来说一点，学生社团。英国中学的学生社团丰富吗？

王钟声：非常丰富，致力于培养学生自主的leadership，也就是我们之前一直提到的领导力。我们中国学生经常忽略的一个社团叫作学生委员会。比如说学生以后不论是从政还是从商，在这个社会的团体里面，如何通过一个正当的群体或者组织来发表自己的声音和观点，锻炼我们的政治思维和演讲能力？通过竞选学生委员会职务是非常有帮助的。

刘兴宇：学生委员会其实就是代表学生发声的一个组织。

王钟声：对，可以这么去理解，有点像西方竞选总统，很多政治家，我们经常会听到他曾经是大学生委员会的主席，或者是曾经在学生辩论会作为首席辩论。

刘兴宇：学生社团在一般英国的中学里面是会要求学生至少参加一个吗？还是说这个完全是处在自愿的状态呢？

王钟声：这个其实完全是处在自愿的状态，老师当然会推荐、会指导。

刘兴宇：如果我是从小弹古筝的，我想自创一个社团，学校一般会给予支持吗？

王钟声：当然，你可以先找到校长，跟他去谈，他如果不愿意，没有问题，你就去学生委员会，我们可以投票，这是一个西方民主国家，如果这个团体达到一定的规模，你就可以去当主席，你就可以成立这个社团，这是没有问题的。英国学校校长的性质跟国内很不一样。校长就是校长，不是一个行政级别。

刘兴宇：今天我们听王钟声老师为我们讲了英国中学的文体活动和社团，非常感谢您来到我们节目当中。谢谢！

王钟声：谢谢！

30 IB课程

刘兴宇：欢迎您收听专家小讲堂，本期的节目当中我们为大家邀请到资深的英国中学专家王钟声老师前来做客，我们将和大家探讨英国中学方方面面的话题。王钟声老师您好！

王钟声：刘老师好！

刘兴宇：欢迎您来到我们节目当中，今天我们想请王钟声老师来给大家讲一讲IB课程，因为我们都知道，IB课程不管是在美国的中学还是在英国的中学里面，其实开设的数量都不是特别多，今天我们想请王钟声老师来具体给大家讲一讲，先给我们说一说什么是IB课程？

王钟声：好的，IB，首先I就代表了国际，International，Baccalaureate可以理解为学位，这是国际跟普通的课程最大的区别。当然好比说A-Level课程，英联邦体系所有国家也都认可，IB是目前在国际上国际课程竞争力比较高的，学术要求也很强。

刘兴宇：它跟A-Level到底有什么区别呢？比如说我在中学阶段修读了IB课程，在申请大学的时候，可以代替A-Level吗？

王钟声：当然可以，以剑桥大学为例，前几年会更青睐IB学生。我们做一个横向的两个课程的对比，IB我们俗称3G

课程，这个 G 就是 Girls，Germany，Geeks，翻译过来就是女孩更愿意读、德国人更愿意读，然后书呆子更愿意读。其实，从两个课程的对比你会发现，我们都要考取剑桥大学，一个 A-Level 学生，他最后有三门成绩，所有的大学都是看三门成绩，但你发现他有四门，他有个小 A，就是他可以辅助的成绩去申请。IB 是六门成绩，它不以每门学科的单科成绩作为体现，而以六门学科最后的主体成绩作为体现。那么可以认为，如果说我是非常偏科的孩子，我可以选择 A-Level，我就认定这三门，谁也别跟我拼，这三门是我最强的。

刘兴宇：IB 需要全面的孩子。

王钟声：相对全面，但是在这六个支柱的课程方向中，你也可以选自己擅长的。

刘兴宇：明白了。

王钟声：最后我们也可以扬长避短，只不过从一个大学接收申请生的角度，IB 课程另外的三个模块是它最看中的，一个叫作社会实践，一个叫作批判性思维，一个叫作延展的 Essay，就是他的个人陈述。

作为横向对比，其实就是这三个额外的模块。全英大概也只有 45 所学校开了 IB 课程。

刘兴宇：您刚才说到 3G 的时候，其实包括我们之前的一些了解，大家都觉得 IB 课程很难，真的是需要学霸级的孩子，或者各方面发展非常全面、智商很高的孩子来读。您觉得这个描述对吗？ IB 到底难不难？

王钟声：我个人觉得 IB 真的不难，咱们这么理解，中国人很聪明，再好的系统其实人都可以逾越。仔细研究 IB 这套课程，

比如说要考 IB，首先这六个方向里面我选自己擅长的课程，其中包括外语这一块，我可以选普通话，但是咱们不要觉得中文多好，如果把它当作一门学科并参加考试，能考 6 分基本上已经很不错了，别觉得自己能拿满分，这等于你白拿 6 分。剩下的五个方向我只要考得不差，跟大家说一个概念，在 38 分以上基本申请牛津、剑桥就没有问题了。

刘兴宇：原来是这样的概念，我们知道，就像您刚才说的，有 40 多所学校开设了这个 IB 课程，如果说我很感兴趣，我想去尝试一下，我也选修了一部分 IB 课程，但读完了以后我觉得可能它不是特别适合我，怎么办呢？

王钟声：其实这个问题很好，但我想知道比如在什么时候呢？其实在最初，比如说第一年，因为 IB 和 A-Level 都可以理解为大学先修课程，一开始还是可以替换的，但是不要说我读了总体的四分之三了，才觉得不合适。

刘兴宇：这是不行的。

王钟声：但其实也没有太大的问题，你只不过把自己的更多精力分散到了另外三科上面，现在我转回 A-Level 不是没有可能，因为读的学科的知识还是一样的，只不过可能进度不一样。

刘兴宇：今天我们听王钟声老师给我们讲解了 IB 课程，我们知道它在英国的中学当中其实开设的数量并不多，但是就像刚才您所说的，IB 课程比 A-Level 课程要更有竞争力、更有含金量。所以如果你确实觉得有这方面的实力，完全可以去尝试

一下这个 IB 课程。我们也非常感谢王钟声老师来到节目当中做客，谢谢！

王钟声：谢谢！但是目前世界顶级大学又把目光转回了 A-level 课程。世界常青藤 20 所大学联盟都开始致力于 STEM 学科教育，所以 A-level 课程反而能够让这些大学看到一个申请者在某个特定专业领域的专业程度。

31 奖学金

刘兴宇：欢迎您收听专家小讲堂，本期的节目当中我们为大家邀请到资深的英国中学专家王钟声老师前来做客，我们将和大家探讨英国中学方方面面的话题。王钟声老师您好！

王钟声：刘老师好！

刘兴宇：王钟声老师，今天我们来讲一个恐怕很多中国的学生和家长都很关心的话题，就是英国的奖学金。英国中学有奖学金吗？

王钟声：当然有，给大家一个数据，但这个数据怎么去理解，一会儿我再解释，就是第六级这一块。

刘兴宇：第六级是指？ GCSE 的……

王钟声：特指 A-Level 这两年，最初第六级的设立主要针对这两年，只不过现在这些学校有些也开设了 GCSE 课程。给大家一个数据，英国本土生，每年这些 A-Level 毕业生里面也只有 7% 会选择这些私立的第六级学校。如果我们对西方的教育体制有所了解，就会知道，在英国、美国不是每个人都可以上得起大学的。换个角度，也并不是所有人都必须享受高等教育。在通识教育完成之后，学生可能会去做工，学技术课程。只有非常重教育且有经济能力的家庭才会让自己的孩子继续读这种大学前先修课程，站在这个角度来讲，我们也解释过了，现在的公立学校也开设了 A-Level 课程。很多公立学校最初在 GCSE 阶段完成后就算毕业了，现在也都开设了 A-Level，但教学质量肯定没有私立学校高。根据之前的数据，大概每年进入牛津、剑桥的孩子其中只有 5% 来自这些公立学校，这可能是一个不确切的数据，只是给大家一个概念。

刘兴宇：是不是意味着这么多的孩子，如果想要进入第六级的学校，恐怕就要考奖学金了呢？

王钟声：我想给大家解释的是，这些学校都是私立的，虽然有很严格的监管体系，但是学校也需要运营，那么就跟商家打折一样，我们中国孩子想申请奖学金其实不是很难，当然每一个学校都有名额。中国孩子如何申请奖学金呢？中国孩子很聪明，而且最后可以帮助学校提高升学率，奖学金自然比较好申请。比如英国老师教一个英国孩子可能要付出十倍的力气培养，一个中国非常聪明的孩子可能付出五倍的力量培养就可以入读剑桥大学，这样学校很光彩，招生也会很好，所以学校更愿意将奖学金给聪明的孩子。

刘兴宇：听上去也是很现实的选择。

王钟声：就是那么现实。

刘兴宇：是说英国的这些私立学校基本上都有奖学金吗？名额和金额分别为多少？

王钟声：用一句话来解释，会哭的孩子有奶吃，这是奖学

金申请技巧。申请某些英国私立制的中学时，你可以说我还拿着另外一所寄宿中学的 offer，你是不是看一看？你看我成绩这么好……

刘兴宇：是说要拿到 offer 之后，直接跟学校提出这样的要求或者这样的询问吗？

王钟声：一般跟你的申请方提出，如果你是直接申请，直接跟学校提，如果不是，跟你的申请方提出这个要求，一定要提。再转化一个概念，之前我们说中介是以协调为主导的一个团体、一个服务组织，那么你要更多去争取自己的权益。家长一定要转换一个观念，不是在国内了，我们好像进入这个学校要千恩万谢。在西方不是，花了这份钱，享受这份私立的服务，我就是你的客户。

刘兴宇：一般情况下，这个奖学金的额度会有多大呢？

王钟声：像很多学校会用全奖来吸引学生，但是额度一般全奖一年能有一个就不错了，会有一些半奖，或者一定比例的，像学费 20%、30% 减免，都没有问题。

刘兴宇：所以说所谓的奖学金一般都是以减免学费的方式来实现的。

王钟声：没错。

刘兴宇：所谓的全奖就是全额减免学费，半奖就是 50% 减免学费。

王钟声：没错。

刘兴宇：一般情况下，一个学校评定是不是要给你奖学

金，依据的是一些什么方面的内容呢？是看你的雅思成绩、数学成绩，还是看什么方面的指标呢？

王钟声：站在英国人的角度，主要看中国孩子的数学成绩以及雅思，只要你这两方面好，不管你历史、政治好不好，你的两个逻辑思维好成绩表示你是聪明的孩子，它就可以给你奖学金。

刘兴宇：明白了，所以看来在英国的中学，想要申请奖学金，总体来说还是一件比较容易的事情。

王钟声：按我的理解非常容易。当然再多补充一点，各个学校的设置不一样，它可能给你设立面试，可能让你参加它的考试，再给你奖学金，也有可能。

刘兴宇：对于申请奖学金的环节来说，面试是非常重要的吗？

王钟声：其实挺重要，因为你要让校方看出你的学术潜质，你如果雅思成绩很好、数学成绩也很好，但面试时上来就说我以后要考一个排名非常靠后的大学。校长就非常有疑问，你为什么不为学校争光，考个 G5 的大学？

刘兴宇：其实面试的时候更多的是要展示出我的学术潜力。

王钟声：一个是学术潜力，一个是你以后能为这个学校做什么。国内很多读国际课程的孩子最后 A-Level 分数很好，可能 IB 分数也很好，但是在申请牛津、剑桥时都会在面试环节被淘汰，最重要的一点就是，你没有说服剑桥大学，你能为这个学校带来什么，以及你对这个专业坚定的决心，当你被录取后，你一定能坚持下来。

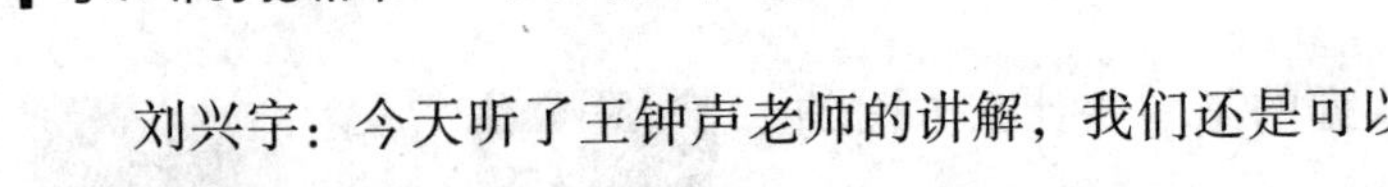

刘兴宇：今天听了王钟声老师的讲解，我们还是可以很通俗地来理解，这些奖学金都是给我们所谓好学生的。

王钟声：没错。

刘兴宇：非常感谢王钟声老师今天来到我们节目当中做客，谢谢！

王钟声：谢谢！

32 转　学

刘兴宇：欢迎您收听专家小讲堂，本期的节目当中我们为大家邀请到资深的英国中学专家王钟声老师前来做客，我们将和大家探讨英国中学方方面面的话题。王钟声老师您好！

王钟声：刘老师好！

刘兴宇：在上一期节目当中，我们给大家讲了英国的中学给学生提供奖学金是非常容易的，那么今天我们来讲一讲可能也是很多家长非常关心的一个话题，就是如果我的孩子就读了一所中学，但是中途我觉得不适应了，或者因为居住地的变化，有没有可能转学？我们今天来讲转学这个话题。先来说在英国转学这件事可行吗？

王钟声：肯定是可行的，但是由于 A-Level 课程原来是统一的两年，现在也是，只不过把 AS 考试取消了，那么原来的学生可以读完一个学校的 A-Level 第一年，只要成绩够，读完后可以转到另外一个学校读 A-Level 第二年。但是 A-Level 改革之后目前很难，因为每个学校的课程设置都不太一样，所学的课程专业的考试版可能也不太一样，所以涉及一些学校无法接受 A1 转 A2。当然你可以继续去那个学校再读两年 A-Level，或者读一个一年的 A-Level。

刘兴宇：我们可以这样来理解吗？就是在 A-Level 阶段，因为不同学校课程设置的方向或者是课程设置的进程不同，所以 A-Level 阶段的转学相对来说有一点点困难，因为 A1 转 A2 可能比较难，否则你就要牺牲一些时间成本。那么在 GCSE 阶段呢？

王钟声：在 A-Level 之前的阶段，你的转学基本上都会比较容易。14 岁之前大部分学校没有统一性的课程和统一性的国家性考试，所以转起来也都比较方便。GCSE 阶段呢？作为国际生，考大学时你可以选择性申报你的 GCSE 成绩，或者说你考与不考也不是强制性的。如果放弃你在英国的会考，GCSE 转学也比较简单，所以这个方面在 16 岁以前还都比较灵活。

刘兴宇：怎么来开展这个转学的流程呢？

王钟声：我这边给大家的建议是，一定要提前，用英国人的理念来讲，翻译过来就是说这儿是学校，不是宾馆，不是想来就来、想走就走。因为之前有很多转校生到了快开学的时候才突然跟学校说我不来了。这样其实很不礼貌。我们要养成提前预约的习惯，什么事情都提前去预约，包括提前请假、提前转学。

刘兴宇：提前到什么时间呢？

王钟声：一般的学校至少要提前一个学期。

刘兴宇：一个学期！这么久的时间。

王钟声：对，所以有时候会闹出一些笑话，就是孩子 6 月已经回到国内了，然后都快到 9 月了，临时跟学校说："不好意思，我不来了，因为有事情。"但是你想学校已经把他的学籍、学位、住宿都预留好了，所以一定要提前。

刘兴宇：至于转学，是说我们只要大概提前一个学期向学校提出申请就可以了吗？整个流程是什么样的呢？是先要征得你的原学校的同意，然后再同时开始申请新的学校吗？

王钟声：是这个样子，你至少要提前一个学期跟现在在读的学校说明转学意向。什么时候去申请你要转学的学校，是根据你申请的学校来定的，有的学校要提前一年甚至更长时间。跟本校提出申请之后，当然所有东西都进入流程，此时你要注意了，你的新学校所需的材料要从你这个学校直接获得，比如说你的考勤、你的在读证明、你的成绩单、你校长的推荐信。因为只要是转学，另外一个新的学校的校长都需要一个类似于个人陈述的东西，你要说明自己转学的原因，而且不是被之前的学校开除的。

刘兴宇：这个我们大家都知道，因为会涉及一些学费的问题，比如说我已经在这个学校缴纳了一年甚至可能两年的学费，我中途转走了，我的学费可以退还吗？或者住宿费及一些相关的费用可以退还吗？

王钟声：理论上都可以退的，但是每一个学校相当于一个个体，它有自己不同的规定，所以这里说到一定要提前，为什么呢？比如说一般一个英国的学校，如果你没有提前多少周给出通知，它会扣除你一个学期的住宿费加学费，所以理论上来讲剩下的费用都是可以退的。

刘兴宇：签证上面呢？比如说我已经向原来的学校说明我要转走了，但也许新的学校的 offer 我还迟迟没有拿到，中间放暑假我又回来了，我在获取签证或者入境方面会存在风险吗？

王钟声：这个理论上不会有太大的风险，但是这个问题特别好，我们首先得找到下一所接受你的学校确认之后，签证一般肯定要回国办，因为你两个课程超过28天了，不能在英国续签。这个方面倒不是说有什么风险，但在操作上面肯定有些技巧。

刘兴宇：我们刚刚听王钟声老师给我们讲了转学。我们也想请您简单给我们解释一下，一般情况下出现转学的往往都是因为什么方面的原因呢？

王钟声：一般是对本学校的课程不太适应，因为之前说到英国教育，我们先认同它的大学前教育在全球范围是最好的，但是恰恰这里出现了一个有意思的现象：你在任何一个国家都找不到在英国特有的叫作英式的私立寄宿中学，但是它是全面面向国际学生的，因为普通的传统学校没有 ESL 课程，所以很多学生在传统学校课程跟不上，主要也是因为语言的问题，语言不好带来的第二个问题就是他很难融入一个都是英国人的学校的环境去社交、去交友。

刘兴宇：所以他需要转到那些比较有接纳国际学生经验的学校。

王钟声：对，一般的转学可以分为两大类，第一大类就是这种从本土校转到更面向国际学生的学校；第二大类也特别有意思，是从英国的国际学校转到英国的本土学校。

刘兴宇：这是为什么呢？

王钟声：第一种，学生可能很早就来英国了，有一年两年在这种英国的国际学校过渡期之后，觉得我准备好了，我想去体验甚至尝试冲击一下英国那些更传统的学校。更有意思的是还有转去本土校又转回国际校来的，因为去了发现不是他想象的那样。

第二种可能是国际学生多的一些学校目前舆论不太好，身边的人会说那你可以试一试这种传统的私校。

刘兴宇：明白了。今天我们听王钟声老师来给我们讲了转学，大家可以非常清楚，GCSE 阶段转学是非常容易的，但是一定要提前申请，基本上你所有的费用也是可以退还的，但需要了解学校的具体政策。我们非常感谢王钟声老师来到我们节目当中做客，谢谢！

王钟声：谢谢！

33 升　　学

刘兴宇：欢迎您收听专家小讲堂，本期的节目当中我们为大家邀请到资深的英国中学专家王钟声老师前来做客，我们将和大家探讨英国中学方方面面的话题。王钟声老师您好！

王钟声：刘老师好！

刘兴宇：王钟声老师，上一期我们讲了转学，今天我们想请您给大家讲讲升学。在之前的节目当中，我们已经把英国中学的学制给大家理得很清楚了，所以今天我们分几个点来说。所谓的升学，我们先来说 GCSE 毕业之后升 A-Level，这是一个

方向，升到 BTEC 又是一个方向，对吧？

王钟声：没错。

刘兴宇：那么我们今天讲升学，想请您给我们具体讲讲 A-Level 升大学和 BTEC 升大学。我们先说 A-Level 升大学。

王钟声：我们可以把 A-Level 理解为分得很详细的、很强的专业课，它是偏学术型、理论型的。BTEC 你可以把它理解为偏职业性的，或者说有点像技术性、应用性强的课程。英国的大学作为一个高等教育机构，它绝对不可能带有任何歧视性地说，我不认可 BTEC 课程，只认可 A-Level 课程。但是一些常识性的东西我们是要有的，排名好的大学和大学里好的专业肯定会优先录取 A-Level 和 IB 学生。而 BTEC 课程更适合一些本身不是理论性或者学术性很强的学生去读，而适合实操性和技术性更强的孩子。孩子完全可以读完两年的 BTEC，去考一个 HND 之后直接就业了。当然你也可以试图申请一些大学，这也都是可以的。

刘兴宇：也就是说，A-Level 的成绩在英国申请大学是非常有用的，绝大多数大学都是认可 A-Level 成绩的。可能只有一部分大学认可 BTEC 成绩。如果你不升入大学，而是想尽快就业，考一个 HND 就可以很快进入职场了。

还有一个名词是对英国大学感兴趣的朋友们非常熟悉的，就是预科。预科升大学这又是怎么一回事呢？

王钟声：预科大家可以把它理解为一个大学前准备课程，对于我国的教育体制来讲，之前我们已经分析过了，其实英国人的大一相当于我们的大二，国内没有这个十三年级。但是英国的学制又比我们提前了一年。我突然想到一个特别好的比喻，

我们的孩子在高二完成会考，可以理解为英国人希望更早，在高一就完成了，所以这就是 GCSE。方便家长去理解，高二、高三其实是英国人自己的大学前预科课程，至于我们现在普遍认知的一年的预科课程，其实没有被纳入英国自己的教育体制之内。

刘兴宇：只是针对国际学生用来弥补学制不足而特别开设的。

王钟声：没错。

刘兴宇：那么关于预科，我们可以专门拿一期节目请王钟声老师详细给大家讲一讲。我们还很关心一个问题，就是不管是 A-Level 还是 BTEC，在升学的过程当中，成绩大概能够占到多大的比重呢？像您之前讲的，如果全部都考了 A，是不是就能够上很好的大学？因为我们都知道，英国大学的申请相对来说需要准备的材料是比较简单的。

王钟声：没错。之前我们一直强调一个“3331”的比例，这个成绩其实只占到 30%。我以一个更生动、形象的例子来帮助大家理解，从申请方式上来讲，英国大考在 8 月 15 日出成绩，4—6 月，根据不同大学、不同的专业，有的大学会优先录取你，为什么呢？这就是站在大学的角度，即使你没有出最终成绩，你剩下的软性条件，70% 已经可以达到我的入学要求，我感到很满意，就可以提前优先录取。

刘兴宇：您刚才讲到的这个“3331”，30% 是指课程的成绩，A-Level 的成绩，另外的 33 和 1 分别是什么呢？

王钟声：另外的 70% 其中 10% 是面试的成绩，但是我们知道，不是所有大学专业都需要面试，但好的大学、好的专业肯定要面试，剩下的 60% 一分为二，其中包含了什么呢？大学会

看你平时的出勤率，这起码表明了你的学习态度，你老师的推荐信，这非常重要，推荐信都必须是你本专业系的老师对大学这个专业系的老师直接发的，而且要说得非常明确，比如说这个孩子来的时候是什么情况，通过什么案例，最后取得了什么成就，获得了什么样的成长，这是非常严谨的。这些都加上，就是你所有额外的学术成就。说了这么多，也只占30%。剩下的一个30%，大家可能都想象不到，其实就是我们自己的个人陈述。

刘兴宇：也就是我们准备的这个PS的材料是不是能够足以打动学校？这很重要。既然这个成绩在升学的过程当中只占到30%，我们还有没有必要一定要去追求A星这样一个成绩？

王钟声：其实是有必要的，如果你申请这种排名非常靠前的，比如英国前10的大学，因为与你同等的竞争者抛去那70%的软性条件不看，其他人几乎都是全A星，所以说没办法，一定要追求全A星。

刘兴宇：你也要求有这个水平了。我们今天听王钟声老师来给我们讲了关于升学，A-Level升大学，BTEC升大学，预科升大学，究竟是怎么一回事，非常感谢王钟声老师来到节目当中做客，谢谢！

王钟声：谢谢！

34 预科 A

刘兴宇：欢迎您收听专家小讲堂，本期的节目当中我们为大家邀请到资深的英国中学专家王钟声老师前来做客，我们将和大家探讨英国中学方方面面的话题。王钟声老师您好！

王钟声：刘老师好！

刘兴宇：王钟声老师今天我们就来说一说上一期节目当中我们提到的一个词——预科。这对于中国想要申请英国大学的同学是非常熟悉的一个词，请您先来给我们说一说预科是怎么产生的呢？

王钟声：首先预科的产生特别有意思，是在 1985 年由一位被女皇亲自加冕的校长发明了预科课程这个概念，也叫预备课程。在 1985 年之前已经有来自全球各地的学生到英国求学，因为那时候英国大学前教育只有 A-Level，也就是我们说的第六级教育衔接。以中国孩子为例，可能国内高中毕业了，理论上可以上大学了，如何打破学制的差异呢？就给他一年这种课程作为预备。

这里提出一个观点供大家参考，就是之前说的，英国学生尚且需要通过两年的 A-Level 考入大学，中国学生面对的是来自全球各地的竞争对手，很多还是读了 A-Level 的，我们在选择预科的时候一定要选择教学质量非常高的预科课程。很多大学看似有它们下设的预科课程，但是我经常呼吁，一个大学本身的排名跟它的预科课程的教育质量本身是没有任何关联的。

刘兴宇：英国的大学自己也办预科课程，也有 college 办的预科课程，我们可以这样来理解吗？就是说英国的预科课程其实是它的主办方非常丰富和多元。

王钟声：咱们这么去理解，有时候因为它的课程种类很多，所以我们从本质上去理解。英国的大学是公立的，国家出钱设立了这些高等教育机构，比如说我是个大学老师，我拿着政府给我的钱，我为什么要去教预科的学生？本身预科也不属于英国本土的教育系统之内。这时问题就出现了，大学可以自己设立预科吗？结论是当然不行。请注意，所谓的大学自己的预科，只是相当于大学在自己的某个学院外包给社会机构设立的一个先修班，它并不保证你可以升读到我这个大学。所有的所谓一对一还是一对多大学预科都不是大学本身承办的，都是授权给了社会第三方机构承办的。升学率的保障就只能看自己的努力了。

刘兴宇：明白了。

王钟声：还有一种是什么呢？就是这种学院类的，我们叫college，大学每年正常得有自己的招生办，录取A-Level和IB学生，但是为了补充一些生源，大学会委托授权给一些学院招收承办预科的资格。

刘兴宇：我们可以这样来理解吗？任何一个预科课程当你去就读的时候，都不会有任何一个大学来承诺你，你读了我这个预科课程，就一定可以进入我的大学。

王钟声：没错，就像我们刚才说还有第三种预科课程，就是这种学习中心性质的。比如在某一个学习中心，甚至中心里面有很多所大学都认可你这个所下设的预科课程，那么这里就说到我们最初说的重点——教育质量，以及刚才刘老师说的，

没有大学会在合同上写明，我必须收取你的学生，当然你的培训课程是被认可的。所以这里有一个问题就出来了，帮我们的家长总结一下，预科的升学受3个方面影响，一是这个预科的教育质量；二是这个预科班级的管理，因为它的形式有很多种；三就是如果今年这个大学它的招生非常好，A-Level和IB学生都已经录取够了，根本不会考虑预科的学生。换个角度，中国是个人口基数庞大的国家，在英国，再好的大学也存在招生不满员的情况，所以它可能都会有一些空下来的学位。但是如果说这个大学今年招生非常好，它的A-Level和IB学生已经满足了它这些释放出来的学位，预科生怎么办呢？

刘兴宇：明白了。一般情况下一个大学会同时认可多个预科学校的这样的一些课程设置吗？

王钟声：一般大学是比较开放的，比方说有A社会机构找到它说，我帮你承办预科课程，签一个类似于MOU这样的合同，那就OK了。有的时候B也来找它，它也说OK，但一般不会超过两三个。那么所谓的一对一大学预科也只不过是这个社会机构跟大学间签了一个独家协议而已。

刘兴宇：刚刚我们听到王钟声老师给我们讲了一下预科的起源和发展，以及预科的一些基本面的情况，由于时间的关系，我们今天先聊到这儿，下一期的节目当中我们请王钟声老师继续来给大家讲预科，我们希望能把预科的成绩、师资以及申请的方式等给大家说得更加透彻，非常感谢王钟声老师来到节目当中做客！

王钟声：谢谢！

35 预科 B

刘兴宇：欢迎您收听专家小讲堂，本期的节目当中我们为大家邀请到资深的英国中学专家王钟声老师前来做客，我们将和大家探讨英国中学方方面面的话题。王钟声老师您好！

王钟声：刘老师好！

刘兴宇：今天我们继续来给大家讲预科，在上一期节目当中您给我们讲了预科基本面的情况，我们今天把它讲得更加细致。前面您曾提及，有一些 college 预科的课程可以把它合算成为 A-Level 的课程，所以这就涉及一个预科在升大学的时候成绩如何来认定的问题。预科的成绩怎么来认定呢？

王钟声：没错，一般的预科读的是一些大学先修课以及一些英语课。其实一个预科课程给我们的孩子真正带来的是语言上的提升以及更适应以后英国本科的学习方法。真正从学术上提高其实是很难的，之前我们说过，预科的承办方不是大学本身，只是跟大学有个互认协议。很简单，为什么管它叫预科？因为预科都不参加统考，都是第三方自己所设立的。无论你是 college 学院的性质还是培训中心的性质，还是独家委托的一对一预科也好，都是第三方自己去考试、自己去评判成绩，然后往大学申报。虽然预科申请也是通过英国的 UCAS 系统，

但 UCAS 系统不属于任何大学，只是一个第三方的申请平台而已。

刘兴宇：那么成绩怎么认定呢？

王钟声：预科都是用百分比制的成绩来认定的。一般会说它可以合算成 A-Level，记住，只是合算。站在大学的角度，它是不会这么去看这个成绩的。

刘兴宇：我们可以这样来理解吗？如果一个大学对某一个预科中心很熟悉，那么这个预科中心提交上来的成绩，比方说你是 85% 还是 87%，这个大学基本上可以判断你这个学生这一年预科学习的状况，或者是你的学术水平。

王钟声：没错。

刘兴宇：这是一个问题。还有一个问题就是，在预科的这个阶段，我们学习的这些内容可以折算成未来大学的学分吗？

王钟声：这个是完全不可以的。

刘兴宇：完全不可以。

王钟声：大家可以这么去理解预科，它本身是在整个英国教育系统之外的一个课程，可以把它理解为一个大学前培训班的课程，那么当然，某个大学更认可的培训班它的预科申请的力度肯定会更大。说得更具体一些，我们可以从一个学生的角度出发，如果一个学生去了这种一对一的预科，假如我今年就是贪玩了，今年这个大学招生又特别好，没有什么学位释放，我怎么办？很难办，因为你读的这个预科只是这个大学认可，你在申请其他大学的时候就很困难，会出现什么情况呢？你只能申请到一些排名非常靠后的大学。如果说是我们现在经常说到的所谓的一对多预科，这种预科往往会出现另外一个问题，就是

它的成绩不是所有的大学都那么认可，尤其是排名好的或者是专业更高的大学。

刘兴宇：所以我们可以这么来理解吗？就是说我在申请预科的时候，同样我还是要先申请大学，返回来再来看这个大学认可的预科中心有哪些，我再去选择合适的预科中心。

王钟声：没错，我觉得兴宇老师这话正是我想说的。如果这个孩子有心仪的大学、心仪的专业，现在网络这么发达，找到大学招生办的邮件，写个邮件就好了。问问大学如果我要读你这个专业，其实官网上都有相应专业 A-Level 成绩的要求，为什么大学从来不会放一个 foundation 预科成绩要求呢？如果你写邮件给大学非说我就要读 foundation 预科，一般我估计大学也会说那你去读一年的 A-Level，如果你说就是要读 foundation 预科，你看看大学入学办怎么回复你，最终推荐你去读什么课程。

刘兴宇：明白了，这个是关于成绩的合算，以及申请的方式、课程的认可度。我们再来说一点，这种预科课程师资一般都是从哪里来呢？

王钟声：刚才说了一个概念，就是在这种培训班的概念里，A-Level 课程就是英国的第六级这块，你可以把它理解为在整个英国教育工作者里面收入最高的。在英国读过本科或者 A-Level 的孩子都知道，在本科阶段，基本上老师不会再管你，都是自己去学习、自己去找到学习方法。所以在英国人眼中，A-Level 阶段是塑造、改造人的思维模式最重要的两年，那么这个师资

是最重要的。回到刚才兴宇老师的问题，其实这些 foundation 预科的师资都是社会招聘的老师，不是大学老师，不能一概而论，但是质量堪忧。

刘兴宇：明白了，预科真的是一个很庞大的话题，我们用了两期节目时间仍然没有能够给大家说得很完整，我们再花一期节目的时间，请王钟声老师继续来给大家讲讲预科，非常感谢王钟声老师今天来到我们节目当中做客。谢谢！

王钟声：谢谢！

36 预科 C

刘兴宇：欢迎您收听专家小讲堂，本期的节目当中我们为大家邀请到资深的英国中学专家王钟声老师前来做客，我们将和大家探讨英国中学方方面面的话题。王钟声老师您好！

王钟声：刘老师好！

刘兴宇：王钟声老师，我们今天继续延续预科的话题。在上一期节目当中您给我们讲了预科的成绩、师资、课程的认可度，以及如何进行遴选，今天我们继续。请您先给我们讲讲预科的入学要求以及申请的具体流程。

王钟声：一般预科入学的要求参差不齐，你可以向你想进入的预科学习中心去询问。据我所知，现在最低雅思 4.5 分也可以入学，但单项不能低于 4 分，这是英国对学生签证（Tier 4 General B1 签证）的语言要求。在一些英国的预科学习中心，他可能和很多所大学有互认协议，但是中心是同一个中心，老师

还是同一批老师。某大学过来考核这个中心的教学能力后，这个大学的入学标准高，但中心的教学能力只有这么多，这个大学的预科课程入学要求相应地就会高一些。某大学本身要求没有那么高，中心的教学能力还是这么多，那么这所大学的预科课程入学要求就低一些。

刘兴宇：这个是入学的要求，具体申请的流程呢？

王钟声：申请的流程其实也很简单，因为它不像申请大学那么难，简单地概括一下。

刘兴宇：上一期讲到，我们先选心仪的大学，然后才反过来寻找这些大学认可的预科中心。但我们知道，大家都想进好的大学，所以预科中心是不是也存在需要事先抢位的情况呢？

王钟声：我个人觉得不对。如果我们选好了心仪的大学、心仪的课程，你如果非要说想省时，不读两年的 A-Level 课程，你读一年 A-level 也可以，就不会出现我之前说的种种问题。像一些预科经常会出现没有升学或者没有大学认可成绩这些问题，但起码读 A-Level 的这个成绩是全英大学都认可的。

刘兴宇：这就是我刚刚想接下来问的问题，如果我读了一年的预科，升学失败了怎么办？不是因为我的成绩不够好，而是因为就像您说的，可能确实今年这个大学 A-Level 和 IB 的学生已经招满了，怎么办？

王钟声：你只能往排名靠后的大学申请了，还要挨个找大学去问，我现在读的这个预科班的课程，这个大学认可不认可，这是一个非常痛苦的过程，因为你到时候才知道你读的这一年课程，其实没有什么大学认的。

举个例子，如果同样是 A-Level 的学生，他会被优先录取，

这个我们已经知道了，预科生什么时候被录取呢？7月31日之后，就是在大学先挑完了正规课程的学生、大学有学位的情况下，还会补录之前没有被录取的A-Level学生。进入清算和补录的阶段，大学才会释放出一部分学位给foundation预科的学生。

刘兴宇：所以我们还想跟您探讨一个问题，既然预科升大学有如此多的不确定性，为什么预科在中国的留学界这么红火呢？我们基本上可能随便去问一个英国的顾问，可能老师都会告诉你，因为英国的大学只有三年，所以你需要读一年预科，而不会让你去读一年A-Level吧。

王钟声：没错，其实我一直在普及什么是A-Level，英国学制到底是什么样子，就是想把这个东西根本的性质说明白，其实可以分为三种原因：第一，本身我们两国存在这种教学体制的差异，让这些预科培训机构有机可乘。第二，我觉得从人的角度来讲，都喜欢选择这种省时、省钱、高效的东西。第三，由于信息不对称，在市场宣传上营造大学预科就属于这个大学，读了这个预科就可以升读这个大学。其实明眼人仔细想想也是不可能的。

刘兴宇：刚才王钟声老师给我们讲到了这一点，其实我们大体上可以这么来理解，就是A-Level在升学的过程当中，其实是非常有竞争力的。所以如果学生的学习能力够强，无论你选择A-Level还是选择foundation这一年，你其实最后升读大学都是很有希望的。但如果你的学习能力不够强，我们可以理解为恐怕也还是要牺牲一点时间，比如说你去读一个两年的A-Level，或者是把你的语言基础夯实了，再去读一年的A-Level，或者一

年的 foundation，可以这样来理解吗？

王钟声：对，我觉得这样理解非常好。目前我国出国的人数每年都在增长，既有非常好的案例，也有少数失败的案例。我们想呼吁的是什么呢？叫作从实际出发。你想想我们在考中国的大学时，面临的只有中国学生的竞争。你如果考英国的大学，包括美国，面临的是来自全球学生的竞争。当我们去做这种横向对比的时候，把自己放在一个什么位置？首先英语就是你的第二外语，还有你的学术程度，我们之前讲了这么多英国的学制，英国孩子在 16 岁入读 A-Level 后，就开始往这个目标修读专业课了。

刘兴宇：对。

王钟声：作为一个同等的申请者，你如何超越他们呢？就像刚才刘老师说的，你如果觉得自己是学霸，一年绝对没问题，但是为了成绩的有效也请选择一年的 A-Level 而不是预科。如果不是学霸，宁可踏踏实实选择两年 A-Level 课程。

刘兴宇：其实从王钟声老师的角度来说，我们多付出一年的时间成本，其实是非常值得的，不管是对于未来的升学也好，

还是后面能够顺利地就读也好。

王钟声：没错，如果再解释得详细一点，剑桥大学又把它的笔试内测拿出来了，因为原来有 A-Level 第一年的考试，大部分学习的学术课程是在 A1 这一年完成的，第二年基本上有点像国内的高三，比如说咱们会考完了，基本上最后一年就是冲刺了，没有什么学术课程要教你了，就是反复练习，英国也差不多，第一年大部分是学术，第二年补充你那些 70% 的软性条件。大学给你下的预录取通知书，让你明确冲刺的方向以及达标的成绩，这是整个 A-Level 的一个升学特性。

刘兴宇：明白了，所以其实中国的学生在申请英国大学的过程当中，应该说从升学的要求上要向英国的本土学生靠拢，这样才能够极大地提高升学的成功率。

王钟声：没错。

刘兴宇：我们非常感谢王钟声老师在今天的节目当中继续来给大家分享关于预科这个话题，我们用了三期节目的时间，把预科给大家讲得比较完整和透彻，感谢王钟声老师的做客！

王钟声：谢谢刘老师！

37 医　疗

刘兴宇：欢迎您收听专家小讲堂，本期的节目当中我们为大家邀请到资深的英国中学专家王钟声老师前来做客，我们将和大家探讨英国中学方方面面的话题。王钟声老师您好！

王钟声：刘老师好！

刘兴宇：今天我们来讲一讲把孩子送到国外去，家长最关心的一个话题，就是医疗保障。请您给我们说一说留学生在英国学习期间，医疗保障怎么来完成呢？

王钟声：我们都知道英国是个高福利的国家，国民医疗都是免费的。但是在去年，我们的学生也要缴纳大概几百英镑的医疗保险。这其实还是全民医疗，但是在英国读过书的学生都知道，它的这个全民医疗跟国内不太一样，由于是全部免费医疗，有着庞大的积压要看病的病人，英国政府为了提高国民医疗的效率和就诊率，开始征收每年很少的医疗保险费。这就是我们之前的节目里也提到的，你一定要提前预约。作为资本主义国家，如果你付费去那种私人诊所，相对来说会很贵，但都是最好的医疗设备和服务。

刘兴宇：明白了，所以我们可以这样来理解吗？就是海外留学生在英国享受的是基本上和英国本土居民一样的医疗保障。

王钟声：对，叫全民医疗、国民医疗。

刘兴宇：如果孩子不小心生病了，这个流程是怎么样的呢？他也需要比方说有一个社区医生吗？是到了这个学校以后，或者是住到寄宿家庭以后，就要马上和自己的社区医院或者是社区医生建立联系吗？

王钟声：对的，没错，一般我们原来是在护照上给签证页，现在的签证页上一般给一个月，学生到了英国后找到当地的邮局去换生物卡，其中涉及你要去当地的警察局注册，包括去跟当地的医生进行医疗注册，学校基本都会指导孩子完成各个流程。比如说孩子在入学前，有没有过敏史，注射过哪些疫苗。这里有个小建议，我国的孩子可能更适应国内的一些药品，孩

子一般在英国不会生什么大病，但是国内的一些常见药，比如说治拉肚子的、发烧的，因为在英国基本上不推荐你使用抗生素和打点滴，所以如果是常见病，我们自己吃点简单的药品就行了。

刘兴宇：我们都知道，学生在赴英的时候除了正常的体检之外，还需要额外进行一项肺结核检查，这是英国政府的一个非常专门的要求。

王钟声：对的，这是英国政府目前比较个例的一个要求，需要去我国英国签证中心认可的肺结核检查机构做一个肺结核检查。这里补充一下，如果你之前去英国做过肺结核检查，回国的时间不超过半年，你再次赴英的时候是不需要再做这个检查的。

刘兴宇：明白了。

刚才我们听王钟声老师给我们讲了学生在英国享受的医疗保障，到了英国之后，除了要到警察局注册，也要和当地的社区医生建立联系。我们可以把这个社区医生理解为我们的私人医生吗？比方说我们有一些小病小灾，就可以随时跟他通电话，向他咨询吗？

王钟声：我觉得可以，但绝对是供不应求的，所以都要提前打电话到诊所去预约。但是一般比较完善的学校，不管有没有医生，都会有这种驻校护士，不可能做到 24 小时，但大部分时间都会有，所以一般小病去找校护就可以了，如果有需要，她会帮你去跟当地的医生进行对接。

刘兴宇：学生生病了，第一时间要找的人是谁呢？

王钟声：校护老师。

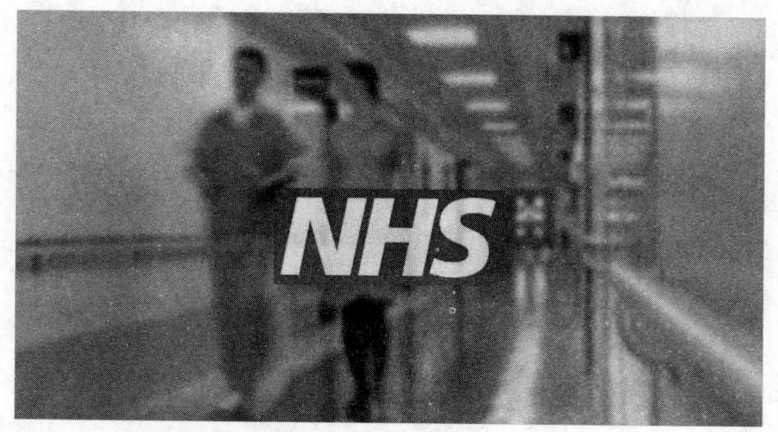

刘兴宇：如果在学校是找校护老师。

王钟声：没错。

刘兴宇：住在寄宿家庭就要第一时间告诉寄宿家庭的家长。

王钟声：没错，他的监护人。

刘兴宇：我们今天听到王钟声老师给我们讲了医疗保障，相比美国，英国整体的医疗保障系统要简单一些，因为美国大多数是要依靠学生自己来购买医疗保险的，在英国大家只需要付比较少的医疗保险费用就可以享受等同于英国本地居民的医疗保障，但是大家一定要去适应英国的医疗体系，就像刚才王钟声老师讲到的，他们的效率比较低，或者是当你想去预约做检查的时候，恐怕等待的时间要远远超出你的预期。这个同学们在出发之前一定要有心理准备。

王钟声：没错，而且提到保险，这是东西方思维最大的差异。我国现在的保险业务也比较多了，出国前这个出国保险，我们到底要不要买？其实还是应该买，花不了多少钱，但是你在那边的大部分的一些意外险都是可以帮你覆盖的。

刘兴宇：如果家长说我愿意付更多的钱，我想买更加昂贵、覆盖更全面或者服务更好的医疗保险，这个可以吗?

王钟声：当然可以。

刘兴宇：我们今天听王钟声老师给我们讲了关于英国对于海外留学生的医疗保障，非常感谢您做客我们的节目!

王钟声：谢谢!

38 监护人

刘兴宇：欢迎您收听专家小讲堂，本期的节目当中我们为大家邀请到资深的英国中学专家王钟声老师前来做客，我们将和大家探讨英国中学方方面面的话题。王钟声老师您好!

王钟声：刘老师好!

刘兴宇：王钟声老师，今天我们来讲关于监护人这个话题。我们都知道，低龄留学生，因为未成年，所以从法律上来说，他在就读期间需要有一个法定监护人，谁可以成为他在英国学习期间的监护人呢?

王钟声：其实我们可以分两个层面去看，如果说在那边有亲戚，亲戚当然可以成为你的监护人，如果不是这种亲友关系，其实都有点牵强。或者找英国权威机构认证的，有这种监管体系认证的监护资质的监护机构提供的专门的监护人，这是另外一种。

刘兴宇：学校可以做学校的监护人吗?

王钟声：这个问题非常好，我们这么去理解全日制的私立寄宿中学，它是有这个能力的，以至于你完全不用单独去找一个监护人。监护其实分两层概念，一个是对你全天24小时照顾，其实他不像监护人，比如说像这种走读学校、寄宿家庭，他其实可以充当你的寄宿家庭的家长。第二种有点像兼职，很多家长会额外找一个监护人，最大的用处是帮你开一开家长会，定期跟家长沟通以及反馈学生的学习情况。

刘兴宇：寄宿家庭的家长可以做学生的监护人吗？

王钟声：理论上也是可以的。

刘兴宇：但是我想恐怕选择寄宿家庭做监护人的比较少。

王钟声：非常对。

刘兴宇：因为这相当于球员也可以做裁判的感觉。

王钟声：没错。

刘兴宇：监护人的义务是什么呢？

王钟声：首先，监护人的义务更多的是对国内的家长进行一个定期的学术、生活上的反馈。其次，学生在英国期间，他肯定起到监护的义务。但是如果家长能够直接跟学校沟通，就不存在既是球员又是裁判的尴尬了。

刘兴宇：监护的义务具体是指什么？

王钟声：其实就是更多的管理照顾，但是刚才兴宇老师说了，很容易出现球员和裁判集于一身。对你更多的照顾其实还是这个寄宿家庭的这个人，目前的监护人最多也只是帮你开开家长会，如果有什么紧急的事情，会跟家长报告。

theguardian

刘兴宇：那么我们可以这样来理解吗？也就是说，无论是监护机构还是学校，或者其他的在英国的法定监护人，其实学校对这个监护人的要求并不是那么高。

王钟声：如果细分，我首先会推荐学校就是监护人的，因为统一的管理和照顾会很完善。机构更多的是提供学术翻译，比如说定期的报告、开家长会、接送孩子、反馈一下孩子的情况，这是监护机构的主要职能。回到刚才的主要问题，政府对监护机构的要求是经过认证的机构，然后无犯罪记录，其实英国本身这个国家就很安全。

从学校的角度来看它是完全开放的，只要是家长认可的监护人就行，因为是家长移交监护权利这么一个过程。

刘兴宇：讲到这个我想家长们最关心的问题就来了，您说了既有学校又有监护机构，也有个人，怎样才能够选择一个我认为最合适的监护人呢？

王钟声：第一，选择已经有完全监护管理能力的学校，因为它是统一的。第二，如果选择这种机构，那么一定是经过政府认证的这种机构的监护人，也就是指定监护人。第三，就是您自己的选择了，比如说有亲戚在那边。这里加一个小话题，其实亲戚很可能都不在一个城市，虽然英国不大，他也只能做到偶尔抽时间去看看孩子。作为探视，我觉得是可以做到的，但作为一个整体监护的感觉，其实还是差了一些。

刘兴宇：所以刚才这个排序也是您推荐的家长选择

监护人的排序吗？

王钟声：没错。

刘兴宇：那么今天我们听王钟声老师给我们分享了关于监护人这个话题，谢谢您的做客！

王钟声：谢谢！

39 照顾与管理

刘兴宇：欢迎您收听专家小讲堂，本期的节目当中我们为大家邀请到资深的英国中学专家王钟声老师前来做客，我们将和大家探讨英国中学方方面面的话题。王钟声老师您好！

王钟声：刘老师好！

刘兴宇：王钟声老师今天我们来讲讲学生在英国学习期间的照顾与管理这个话题。学生在英国学习期间，谁来负责照顾和管理学生呢？在学校我们可能很容易理解，就是学校的老师。

王钟声：没错，一般这种全日制的私立寄宿中学，它有生活老师、宿管老师、课程导师，这种方方面面的管理是非常全面的，学生都可以找到相应的人，解决相应的问题。

刘兴宇：我们在前面的节目当中听您讲过，英国这样的私立寄宿中学实行的是导师制，所以意味着学生进了学校以后，不是一个导师为他负责，而是许多位导师为他负责。

王钟声：我们完全可以这么理解，一般家长经常问到的师生比的问题，好一些的学校基本可以做到 1∶7。

刘兴宇：1∶7 的意思是什么？

王钟声：大概的师资配备和学生总人数，细化下来基本上可以做到一个导师关注三四个学生。

刘兴宇：我们可以这样来理解吗？也就是说在这样的学校当中，像您刚才讲到既有学术导师又有生活导师，也就是说意味着学生有学术的问题找这位老师，有生活的问题找那位老师。

王钟声：没错，其实英国作为一个发达的资本主义国家，它各方面分得非常细致。

刘兴宇：这种全日制的私立寄宿中学我觉得比较好理解，那么开放式的私立寄宿中学呢？

王钟声：开放式的私立寄宿中学，一般允许学生在课余期间出校门，我单独说说封闭式和开放式的利弊。封闭式最大的好处就是在周六周日也不允许你出校门，因为作为一个学生，你没有单独的寄宿家庭和监护人，平常的上课时间学校是有对你进行管理和照顾的义务的，那么较短的假期，比如说周末，学生只能待在学校里面。开放式的私立寄宿中学，周末学生可以出校门，在平时比如说五六点钟放学了，我可不可以出去？我想出去吃个火锅，学校也是允许的。

刘兴宇：开放式的学校的照顾和管理与前面您讲到的全日制的有什么不同吗？

王钟声：最大的不同就是允许孩子出校园，其实这是它本质上的不同。从管理和照顾的度来讲，其实都是一样的。

刘兴宇：明白了，所以私立寄宿中学的照顾和管理主要是依靠导师制度。

王钟声：可以这么理解。

刘兴宇：走读制呢？

王钟声：走读制，学校的学术方面还是这种导师制。

刘兴宇：学术导师。

王钟声：对，只不过孩子业余生活这方面的责任转移给了寄宿家庭，所以之前在讲寄宿家庭的时候，我们也讲到了如果这个人跟你非常合得来，将是一段非常愉快的历程。

刘兴宇：刚才我们讲了照顾和管理，在前面的节目当中，王钟声老师也曾经跟我们提到过学生的自我管理，这一块的内容您给我们讲一讲。

王钟声：学生的自我管理其实就是最大的一个思维差异，在我国基本上是老师说一就是一、说二就是二，我们不敢挑战权威。而在英国为什么施行导师制？我们把这个概念具体化一点就是引导制，老师跟你更多的是一个平等的关系，在学校这么一个庞大的机制里面，你如何代表学生的声音？如何体现学生的福利？如何履行学生的这种义务？就是学生福利处以及学生委员会代表学生的利益。

刘兴宇：具体给我们说说学生福利处是干什么的呢？

王钟声：比如说像我们之前说到的，平时的活动，学校是不是够充足？我可不可以成立自己的社团？或者是我有宗教信仰，你能不能保证我有祈祷室？或者说我觉得学校这个制度不太好，我可以向学校去反映，包括医疗这方面，都是属于我们的额外福利这一块。这都是学生福利处可以帮助学生处理的。

刘兴宇：学生委员会呢？

王钟声：学生委员会就是学生福利处上面的一个机制，学生倾诉、反馈和实施自己的义务和权利的一个地方。

刘兴宇：所以我们可以把学生福利处和学生委员会理解成为是学生自己的组织，来和校方或者和其他方方面面的机构协调学生自己的一些权利，或者是保障自己的一些福祉的这么一个组织。

王钟声：这是两个组织，学生委员会和学生福利处相辅相成，但是可以把福利处作为学校和学生之间的一个协作机制。

刘兴宇：今天我们听王钟声老师给我们讲了学生在英期间，在学校或者在寄宿家庭的这种照顾和管理方面的情况，感谢您的做客！

王钟声：谢谢！

40 要注意的问题

刘兴宇：欢迎您收听专家小讲堂，本期的节目当中我们为大家邀请到资深的英国中学专家王钟声老师前来做客，我们将和大家探讨英国中学方方面面的话题。王钟声老师您好！

王钟声：刘老师好！

刘兴宇：在前面我们用了30多期节目的时间，已经把英国中学的方方面面给大家做了很全面的梳理，今天我们来讲几个小的话题，就是学生在英国学习期间，您觉得还有一些什么问题是学生需要特别注意的呢？

王钟声：我觉得首先是从小到大来说，小到一个学校的校纪校规，大到一个国家的法律法规。我更希望学生以及学生家长站在英国人的角度、西方人的角度去理解他们的文化，包括为什么要制定相应的规定，这可以有效地锻炼我们的这种逆向思维和同理心。因为我们可能已经习惯了熟悉一种文化、一种制度，到了新的国度都需要一个适应的过程。比如说学校的一些就寝的制度，虽然断wifi，但就算是在有wifi的时间之内，学校可能也会把一些游戏的IP地址封锁掉，这些还是站在理解的角度吧，因为作为孩子你最重要的肯定是学习。再说到社会面，当你去进行社交的时候，一个国家的法律法规就是你需要去遵守的了。

说到交友，我经常会鼓励我们的孩子更多地跟不同国家的人去交友，英国是一个非常国际化并且很包容的国家，试着跟来自全球各地的孩子去交朋友，这是你以后人生当中最宝贵的财富。

刘兴宇：前面您讲到的这两点我觉得非常重要，一个就是说学生要遵守校纪校规，要遵守当地的法律法规，这个其实涉及方方面面的问题，比如说可能能够保障你的安全，我们大家都知道说得小一点，比如说英国的是右道车，车的行驶方向跟国内是不同的，恐怕你到了英国要适应一段时间。

再往大一点说，英国是很避讳种族歧视和宗教歧视的，所以恐怕孩子到了英国去以后，一定不能脱口而出说黑人怎样，类似这样的一些语言，这其实都是孩子需要注意的问题。您后面讲到的这个交友，我们大家都知道要鼓励孩子去多交朋友，可以扩大你的视野。交友的时候特别需要注意哪些方面的问题呢？

王钟声：我觉得还是更多地站在理解的角度，通过认识不同国家的朋友去理解来自不同国家、不同种族的文化。我认为这才是我们教导孩子广交良友的初衷。

当然，如果你发现身边出现了有不良习惯的朋友，一般同学还好，如果你接触到一些社会上的人，此时就要更多注意了。其实在哪个国家都一样，作为一个孩子你的判断力没有那么高，所以一定要慎重交友。如果发现他有一些我们在东方社会觉得是劣习的东西，一定要敬而远之。

比如说毒品，其实在西方社会比东方社会更严重，如果你发现这个人有这样的劣迹，请远离。

刘兴宇：一定要远离他。所以我觉得交友的时候，要去选择跟我们志同道合的好朋友，在任何一个地方，恐怕家长都会告诉你要远离那些带给你更多负能量的朋友，比如说你在学校里面的同学，如果他天天沉迷于游戏当中，完全不学习，成绩一塌糊涂，我们还是劝孩子，这个时候还是跟同学保持一点距离比较好。如果这个同学很积极向上，我觉得这时我们还是鼓励孩子要多跟这样的同学交朋友。这是交友很重要的一个方面。

我们都知道，孩子到了英国以后，可能会遇到文化冲突。在文化冲突这个方面，有哪些您觉得需要提醒我们同学的呢？

王钟声：我觉得最重要的一点就是，我们中国的孩子有时候喜欢耍小聪明，或者说钻空子。可能是我们的社会大环境造成的一种思维方式，其实我还是说你的出发点，如果从同理心的角度去做一个文化上的理解，英国人的思想和社会结构，其实相对于我们单纯很多。他们没有那么多弯弯绕、花花肠子，或者做一个事情想那么多，经常是直来直去的。

那么在这个方面，我是希望我们的孩子和家长，站在一个比较理性的角度，以后无论遇到什么问题，都作出一个更加理性的判断和处理，不要钻人家的空子。

刘兴宇：王钟声老师刚才讲到了一个词，我觉得特别重要，就是同理心，在遇到文化冲突的时候，大家秉持一颗同理心，其实特别重要，就是你要能够站在对方的角度上来思考这个问题。

那么到今天为止，王钟声老师给我们讲解的关于英国中学的系列，我们就要画上一个完满的句号了，我们再次感谢王钟声老师，花了这么多的时间和精力来给我们讲解关于英国中学方方面面的问题，我们也希望我们收音机前的听众和朋友们，听了我们这个系列，能够对英国中学有一个特别清晰的了解。当然大家如果有任何问题，也欢迎大家和我们联系。再次感谢王钟声老师，谢谢！

王钟声：非常感谢刘老师，也祝愿我们以后的小候鸟们有更好的成就、更好的未来。

澳大利亚篇

01 初高中基本概况

刘兴宇：欢迎大家收听我们今天的节目，从今天的节目开始，我们将和大家一起走进澳大利亚的中学，和大家一起来了解澳大利亚中学的方方面面。在今天的节目当中我们为大家邀请到的是来自澳大利亚的中学专家郑怡君老师。郑老师，您好！

郑怡君：您好，刘老师！

刘兴宇：在业内大家习惯上亲切地称郑老师为小P老师，所以在节目当中我们也这样来称呼您。那么今天的第一期节目我们想请小P老师先来给大家勾画一下澳大利亚中学的概貌。说到澳大利亚的中学，我们还是先从它的学制开始给大家说起。

郑怡君：澳大利亚中学和国内有点不太一样，在澳大利亚一般是七年级到十年级，十年级其实就是我们的高一，那么在澳大利亚属于初中阶段，十一年级也就是我们常说的高二和十二年级高三是属于高中阶段，也就是说，它的高中阶段其实是最后两年,并不像我们国内是三年。这个就跟国内的有所不同。

刘兴宇：其实我们大家都知道，因为澳大利亚是英联邦国家，所以它的这个学制的划分感觉跟英国类似，但它的十一年级和十二年级属于高中，又不像英国那样属于A-Level，也就是大学预科课程或者先修课程，这一点还是不同的。

郑怡君：和英国的A-Level不同，因为澳大利亚每一个州都有自己的高中，所以十一年级和十二年级毕业之后还是有一个高中的文凭，像新西兰也是英联邦国家，它们分类差不多，但是新西兰会比澳大利亚多一年，是到十三年级，所以虽然同属英联邦体系，但是会略有不同。

刘兴宇：明白了，在上课的具体组织方式上面，澳大利亚的高中也是像美国高中一样，实行走班制，老师不动、学生动的吗？

郑怡君：对，这都是一样的，学生根据自己的选课在指点的时间到这个班级去上课，并不像我们国内一样，我坐着等老师来。

刘兴宇：另外，我们也知道，在澳大利亚的初高中，是不是也会和美国的高中一样，比如说老师会给学生很多带有老师自己特色的一些教学内容，而不像咱们国内一样，基本上每个城市每一个年级使用的都是统一的课本？

郑怡君：老师的确会有自己的特色，每个老师有一个指导性的课本，但是没有规定的课本，指导性课本告诉老师学生在这个单元要学到哪些知识，所以有一些老师例如生物老师，他就把学生带到海边，因为澳大利亚海很多；如果是学动物，他就把学生带到动物园，所以相对而言会因材施教，而非因本施教。

刘兴宇：明白了，这样其实孩子可以更快速或者更直接地获取所需的知识。

郑怡君：的确是这样，孩子的特性是不定性，他的注意力也只有10~20分钟，当然随着年龄的增长，注意力时长会增加，但是总的来说小孩的特性就是好动，所以通过这种因材施教或

者说你带给他更活的例子，他就更能够吸收，就像澳大利亚的高中，很多化学课都是在实验室上，我们国内的学校因为人数的问题、设施的问题，其实在实验室上课的只是小部分，但是在澳大利亚，如果是学化学，学生每一个人的课桌前都是各种各样的仪器。

刘兴宇：明白，所以相当于是在实验当中来学习化学知识。

郑怡君：对。

刘兴宇：前面您说到了因为是走班制，学生根据选课的不同到不同教室上课，所以我们可以把它理解为澳大利亚的中学从七年级一直到十二年级，课程的必需构成是必修加选修吗？

郑怡君：可以这样理解，但是真正的必修只有到十一或者十二年级才有，十一年级之前像七年级到十年级没有必修，规定一年完成 20 个学分，你可以自由选择，所以学生在越小的时候玩的时间越多，中学阶段多数是玩的，通过不同的课程学习你就知道哪些课程适合你，所以有些学生会选西厨、木工、体育、音乐等，学校共有 200 多门课，所以你可选的范围很大，比如说戏剧也是一门课，航天航空也是一门课。但是到十一、十二年级就比较固定了，一般都是选 5 到 6 门课，其中英文是必修。

刘兴宇：到了十一和十二年级，选有限的科目是不是为了保证拿到比较好的成绩，以便能够将来升读大学的时候使用呢？

郑怡君：对，是这样的，十一、十二年级也是在这 200 多门课里面去选，但是十一年级会选好你高考需要的科目，然后十二年级是不能换的，所以十一、十二年级只是限定了考试科目，你以后想拿高分，就要选适合自己的。

刘兴宇：明白了，刚才我们听小 P 老师给我们简单勾勒了一下澳大利亚中学的基本概况。澳大利亚的中学，包括像更低年龄层次延伸的比如说小学甚至幼儿园，这些学校目前对中国学生开放的政策是怎么样的呢？我们在下一期节目当中请小 P 老师给大家做详细的讲解，感谢您的讲解。

郑怡君：好，谢谢，下次再见。

02 低龄留学政策开放的利好和陷阱

刘兴宇：欢迎大家收听我们今天的节目，从今天的节目开始我们将会和大家一起走进澳大利亚的中学，和大家一起来了解澳大利亚中学的方方面面。在今天的节目当中我们再次为大家邀请到了来自澳大利亚的中学专家小 P 老师来到节目当中做客，小 P 老师，您好！

郑怡君：刘老师，您好！

刘兴宇：今天我们想和小 P 老师一起聊的话题是澳大利亚中小学目前向中国学生开放的政策。我们先从最小的说起，现在澳大利亚小学允许中国学生就读吗？

郑怡君：澳大利亚从去年 7 月开始已经开放了政策，从政策上它是允许小孩从 6 周岁，也就是小学可以入读。

刘兴宇：明白了，6 周岁虽然不是说小学，是用年龄划分，但实际上就是说国际学生可以到澳大利亚去读小学了。

郑怡君：对的，政策上来说是开放了，但是其实还是有一定的风险存在。

刘兴宇：从您目前接收到的咨询来看，到澳大利亚去读小学的数量多吗？

郑怡君：读小学的数量已经在逐渐增加，但我还是要强调一下，虽然政策开放了，但是澳大利亚通常每一年新政策出来，都会有一个小陷阱在里面。虽然它开放了，允许6周岁以上就可以去读小学，可能有一些一年级、二年级就想去了，但是事实上在我们参加移民局培训的时候，签证官会考虑到签证的风险，签证官不希望家长告诉他，我的孩子去了上小学就想在澳大利亚留一辈子，他希望你还是能回国的，所以在澳大利亚人的思维当中，如果你小学就去澳大利亚读了，你不可能回国，因为你连中文都讲不清楚。所以如果你去读小学一年级、二年级，很可能会被拒签。从整个政策来看，我们觉得他们的政府和移民局更鼓励的其实是五六年级的学生，这时学生中文已经讲得够利索，然后再去澳大利亚升学。政策虽然开放了，但是还是有局限性。

刘兴宇：从目前的情况来看，是不是说到澳大利亚去读初中、高中，这个阶段的学生目前来看仍然是主流？

郑怡君：对，现在主流的市场仍然是高中，初中的市场已经逐渐起来，特别是六年级七年级这一批学生。因为国内小学的基础教育已经打扎实了，国内的数学还是比较有用的，所以学生读完小学五年级，基本上数学扎实了，去国外其实可以适应得更好。

刘兴宇：初中和高中这两个年龄段，孩子如果到澳大利亚去读书，需要家长陪读吗？

郑怡君：家长是否陪读取决于家长，像悉尼和墨尔本地区，它们是规定低年龄的学生，七八年级的学生一定要陪读，因为

学生太小了，不知道怎么和住家的家庭沟通，会影响小孩的前途和发展。现在澳大利亚很多高中会讨论抑郁的问题，所以年龄越低的孩子，适应力是很好，但是需要家长陪在身边，孩子可能只有跟家长才能沟通情绪上的问题。

刘兴宇：澳大利亚的不同城市或者是不同的州，对陪读的政策、需要陪读的年龄的限制是不一样的吗？

郑怡君：是的，不同地区对于陪读政策的要求不一致，例如布里斯班地区，它是可以接受最低 11 岁以上的小孩可以不用陪读，但是 11 岁以下就要陪读。新州，就是悉尼地区，要求九年级以下都要陪读，一个是跟年级有关，一个是跟年龄有关。

刘兴宇：刚才我们听到小 P 老师给我们讲了澳大利亚现在的小学、中学对中国学生开放的政策，那么实际上从目前的政策面来看，6 周岁以上原则上可以去入读，但是具体申请的过程当中低年龄的孩子还是会受到一些局限，基本上五六年级的孩子去澳大利亚就读，不太会遇到什么障碍了，但是具体你要去就读的城市是不是需要陪读，对年龄有没有什么具体的限制，恐怕要根据你申请城市的不同和学校的不同分情况来看。

我们再来说一个题外话，根据您的经验，目前送出去的这些孩子对澳大利亚的初高中，他们的反馈或者印象怎么样呢？

郑怡君：很多初高中的学生，因为他们会跟我做很多交流，其实总结来说有两个关键词，一个是忙碌，一个是充实，这个忙碌不像我们国内双休日不是跑 A 家培训就是跑 B 家培训，他们的忙碌是没有真正的题目的考试，就是这道题答案是什么，老师会给出一个话题，比如说就举国内的环境为例，雾霾对北京的影响，这是一个开放性的话题，学生为了回答这个话题，

肯定要找很多资料，因此会很忙碌。

他们课后有很多活动，相对来说，学校老师也是鼓励学生去参加的，所以他的活动加上课业，总的来说就会比较忙一点。

充实是因为学习方式的转变，不仅仅是读教材，他们还有很多需要自己上网查资料、做演讲、开办论坛。这种活动形式的改变会使学生更充实。

刘兴宇：所以忙碌和充实是您从学生那里听到的最多的两个词汇，或者最多的反馈。

郑怡君：对。

刘兴宇：关于澳大利亚中小学向中国学生开放的基本情况，我们今天就说到这儿，下一期节目中我们将会请小 P 老师来跟大家说一说澳大利亚中学的一些基本分类，方便大家对澳大利亚中学有更加全面的了解。

郑怡君：好，下期再见。

03 横纵元素分类

刘兴宇：今天的节目当中我们为大家邀请到了澳大利亚中学专家小 P 老师来到节目当中做客，小 P 老师，您好！

郑怡君：刘老师，您好！

刘兴宇：小 P 老师，今天我们要和大家一起来说一说澳大利亚中学的一些基本的分类，方便大家对澳大利亚中学有更加全面的了解。我们可以用一些什么样的指标来进行分类呢？

郑怡君：可以按几类指标分类：第一个是学校的性质，公

立还是私立；第二个是学校提供的住宿类型，走读的还是寄宿，走读就是指住在当地人家里，我们称为 homestay；第三是按性别来分校，分为男校、女校和混校。主要是看家长的需求点在哪里，然后再选择适合的学校。

刘兴宇：好，那我们就先来说第一类，公立还是私立。这个公立和咱们国内所讲的公立学校是同一个概念吗？因为在北京、上海接触到的大多数中小学基本上都是公立学校。

郑怡君：公立学校概念差不多，但是和我们国内不一样的是，每个学校是独立自主招生的，澳大利亚的公立学校是没有资格单独到中国市场来招生的，它们都是由教育局统一来规定的，统一管理、统一分配名额，像我们国内的基本上是就近入学，澳大利亚收国际学生是有一定的配额的，收当地学生也是一样，跟学校的体量有关。

刘兴宇：所以澳大利亚的公立学校和我们在之前的节目中所讲到的加拿大的有点类似，比方说悉尼教育局或者墨尔本教育局，一个教育局下属可能有很多所公立学校，我就要向这个教育局进行申请？

郑怡君：对，所有的申请和付费都是统一交给教育局，然后由教育局拨款到当地学校。

刘兴宇：澳大利亚是公立占大多数、私立很小一部分吗？还是说实际上私立学校的数目也很庞大？

郑怡君：按比例来说肯定是公立占大多数，因为你要满足这么多当地人的需求，当地人读公立是免费的，读私立也只比国际学生便宜了 10 000 澳元，所以很多澳大利亚当地人还是会选择公立多一点。

刘兴宇：对国际学生开放的私立学校，基本上我们可以认为是私立贵族学校吗？都是一些价格非常昂贵的精英学校吗？

郑怡君：并不是都是贵族学校。贵族学校不能这么定义，所谓的贵族就是历史悠久，比如说悉尼的 Scotts 和 The Kings，据说泰国他信的儿子也是从 The Kings 毕业的，所以这类学校可以称为贵族学校，但并不是因为它贵，而是因为它历史悠久。

刘兴宇：其实还是有大量的私立学校，我们不应把它们归为贵族学校的行列，它们的收费虽然比公立学校高一些，但是也并没有高到高不可攀的程度。

郑怡君：对，在后面的节目中会讲到，私立学校贵是有原因的，因为它的服务好。澳大利亚的贵族学校就是因为它的历史比较悠久，政府官员的小孩和其他国家政府要员的小孩和都在就读。

刘兴宇：明白了，我们知道澳大利亚的宗教也是比较发达的，教会办学校在很多国家都有传统，在澳大利亚私立学校跟

教会学校之间的这种重合度高吗?

郑怡君：重合度挺高的，因为基本上澳大利亚是沿袭了英联邦国家的体系，所以大多数私立学校都是有教会背景的，但是这些私立学校有些家长会比较担心，我去了私立学校是不是代表我要信教？这个还是比较开放的，它不强求你是教徒，但是你可能要学一门跟宗教有关的课程。

刘兴宇：刚才我们听小 P 老师为我们介绍了澳大利亚中学的一些基本分类的指标，这个其实还是相当清晰的，公立、私立、走读、寄宿或者是按性别来分校，具体这几种学校到底有一些什么样的不同，或者是对于我们同学们和家长来说，在选择的时候，我们到底应该怎么来考虑这些具体的指标呢？在之后我们会用几期节目的时间来逐一为大家做更加详细的讲解，谢谢您的做客!

郑怡君：好，谢谢!

04 澳大利亚公立学校与私立学校的“同”与“不同”

刘兴宇：在今天的节目当中，我们再次为大家邀请到了澳大利亚中学专家小 P 老师来到节目当中做客，小 P 老师您好!

郑怡君：刘老师您好!

刘兴宇：今天我们要来和大家说一说澳大利亚学校的分类当中的公立学校和私立学校，在上一期节目当中我就曾经和小 P 老师聊过澳大利亚公立学校和私立学校的数量比例。那么就国际学生就读来说，从您接收到的咨询和办理的情况来看，中国

的孩子到澳大利亚读书，更愿意去公立的还是更愿意去私立的呢？实际上进入的学校类型是公立的多还是私立的多呢？

郑怡君：从目前来看，中国学生就读的还是以公立为主，因为这是一种固有思维，在国内好的一些初高中其实是公立的，但澳大利亚的公立和我们的公立其实性质上还是有区别的，澳大利亚的公立是就近入学的，我们的公立现在也是就近入学，但是到初高中阶段是要考的，质量上是有很大区别的，所以家长觉得，国内公立好，所以在国外公立也是好的。这就是为什么选公立的会比较多一点。

还有一个原因就是费用上的差距也是比较大的，因为家长会觉得我去读高中，还要读大学，整个成本很高，他会觉得去读公立可能性价比更高。

刘兴宇：请小 P 老师详细给我们分析一下公立和私立到底有哪些不同，公立和私立的优点、劣势到底都有哪些？我们一点一点地说，先来说公立学校。

郑怡君：其实在低年龄阶段，五年级到八年级，我觉得公立和私立是差不多的，公立学校的优势当然主要体现在学费上，比较便宜。

刘兴宇：大概的费用是多少？

郑怡君：大概 15 000~16 000 澳元，相当于不到 10 万元人民币，汇率高一点当然更高，但总的来说是 10 万元左右。

还有一点，你选择的范围也比较多，一个区里面，它的入学要求也比较简单，不像私立入学要求会难一点。公立最主要的两个优势是在这里。

刘兴宇：就是一个是学费比较便宜，另外一个它的分布也比较广。

郑怡君：对。

刘兴宇：由政府出资、由政府进行管理，起码出了事还可以知道你要找谁。

郑怡君：对。

刘兴宇：公立学校有一些什么样的劣势或者说在您看来可能必须要让我们家长了解到的一些情况？

郑怡君：关于公立学校，希望家长能够了解的是，因为对当地人是免费的，所以在公立学校你是没有办法选择你的社会关系的，就是有可能他的妈妈是劳务工，整个家庭素质你是没有办法选择的。对于那些对家庭素质需求度比较高的家庭来说，可能要慎重一点。

刘兴宇：明白，就是他的生源是来自社会各个阶层。

郑怡君：对。

刘兴宇：所以这个你必须要了解。

郑怡君：对，这是最主要的。第二点，虽然感觉上这是固有思维，公立学校归政府管，出了事我可以找政府，但是事实上找政府是最慢的一种处理方式，也就是说，公立学校的一个劣势是，因为它归教育局统一管，所以若真的出了问题，对于小孩的成绩、他现在在校的进程你都是要通过教育局，教育局再找到学校，所以整个沟通是一个曲线，相对来说沟通效率没有那么高。

刘兴宇：我们说了公立再来说私立的优势。

郑怡君：至于私立的优势，可能比较来看，第一，私立的生源都是有选择性的，因为当地人其实比国际学生的学费少

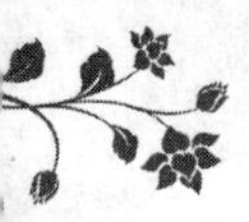

1 万澳元左右，如果国际学生的学费是 3 万澳元，当地人就是 2 万澳元，愿意出钱让小孩去读私立的这些家庭，也就是生源是来自工薪以及中层以上的家庭，因此有利于小孩以后的发展，因为这是一个潜在的社会关系。

第二，相对公立来说私立的优势取决于它的服务，因为我们提到，公立学校是由教育局统一管，10 ~ 20 个人的部门去管两三百甚至上千所学校，但是私立学校是控制比例的，国际留学生不超过 10%，也就是 30 ~ 40 人，或者总人数在 100 人左右，这个是由 5 ~ 6 个老师专门管的，也就是说按照学生分配到的老师或者说一个老师分配的学生来看，肯定私立学校的服务更好，老师对你的关注度会更高，这也就是为什么它贵了。

刘兴宇：当然，私立学校的学费比较高昂，这个恐怕也是家长在考虑留学成本的时候必须要顾及的一个因素。在您看来，我们是不是可以理解为私立学校总的质量要比公立学校更好呢？

郑怡君：这是个很难回答的问题，因为在悉尼地区，公立排在前十位的都是公立精英学校，但是在墨尔本地区就不太一样，它排在前十位的都是私立学校，而且女校居多，它的混校基本上都排在十几位了，所以每个州不太一样。

刘兴宇：我们也没有办法一概而论。

郑怡君：对。

刘兴宇：还是要看你的家庭的状况和孩子自身的状况适合选择哪一类学校。

郑怡君：而且要看你想去哪个城市，这个是很重要的，每个城市都有自己的特点。

刘兴宇：从您的角度来说，我相信也经常会有学生来问您，小P老师您看我的孩子是选公立学校还是选私立学校呢？您一般会怎么推荐呢？

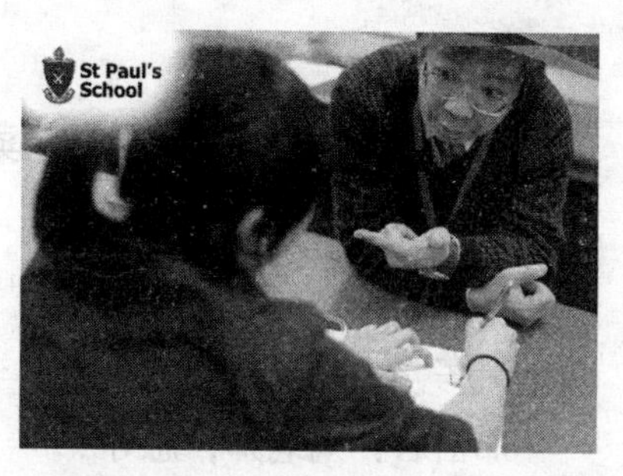

郑怡君：一般首先我会看家长想去哪个城市，然后就读什么年级，如果说是低年龄的学生，我觉得公立与私立差别不大。

刘兴宇：低年龄阶段，公立和私立差别不大？

郑怡君：差别不大，因为低年级读的科目都是处于玩的状态。如果是九年级的学生，你希望关注度更高，并且小孩的自主性略差，其实挑私立会好一点，因为你可以找到老师关心你的小孩，但是如果小孩本身自主性很强，例如像墨尔本地区的博文，小孩就是各方面都是尖子生，你选这所学校绝对是最好的，因为当地尖子生如果挑公立学校入读，多数会选博文学校。墨尔本公立学校都是按区入学，也有家长到那边买房，就是为了进博文。

刘兴宇：所以其实还是回到我们刚才说的那句话，就是要看你的孩子具体状况怎么样，然后我们再来匹配到底是公立学校更好，还是私立学校更好，是这个地区的某一所学校呢，还是说我们可以一概而论就这个地区的整体状况来说？关于公立和私立的选择，今天小P老师给了我们很多方面的信息点，我觉得对于家长来讲可以自己认认真真做一些筹划，非常感谢小P老师的做客！

郑怡君：好，下次再见！

05 澳大利亚的走读学校与寄宿学校

刘兴宇：在今天的节目当中我们再次为大家邀请到了澳大利亚中学专家小 P 老师来到节目当中做客。小 P 老师，您好！

郑怡君：刘老师，您好！

刘兴宇：今天我们要来说的是走读学校和寄宿学校。我们同样还是先来听小 P 老师说一说中国学生选走读的多还是选寄宿的多。

郑怡君：选走读的会多很多，因为本身走读的学校就多，寄宿其实每一个州最多只有 20 ~ 30 所，虽然澳大利亚地很多，面积很大，人口也少，但是如果要寄宿的话，他们要考虑安全的问题、人的问题，因此相对来说澳大利亚寄宿学校总量上就比走读的少。

刘兴宇：那么选走读还是选寄宿是由自己来决定的，比方说假设我向悉尼教育局申请，我申请的时候就要说明我要住寄宿学校还是住走读学校吗？

郑怡君：如果你选了公校，基本上都是走读，公校是不会安排寄宿的。因为你不可能再派人手去管理这些学生，而且怎么分配这些学生？没有办法分配。如果你的需求点是寄宿，其实你大方向已经定了，你是要往私立走，所以走读和寄宿就是自己的选择，同样也是你择校的一个因素。

刘兴宇：寄宿学校一般情况下会提供一些什么样的基础设施呢？比如说学校宿舍的基本状况是什么样的呢？

郑怡君：一般低年龄的学生是 6 ~ 8 人间，它们的一间不是

说6个床位，像我们国内上下铺这种，澳大利亚人是很注重私人空间的，相当于我们的群租房，就是把一个空间隔成七到八个小格子、六到八个小格子，到了高二、高三，因为你已经是高中阶段了，需要更安静的环境去读书、复习，所以高二、高三会调整成两人一间，或者单人间。基本上他们也会有公共区域，会有公共的吃饭的地方、公共的讨论区。就是一个大的house隔出几间房。澳大利亚一般不留个人作业，有很多作业是需要团队合作的，这种情况下就会到公共讨论区，他们不会像国内的六人间，我凑到你那边，他们不会，如果要讨论，他们会到公共讨论区。

刘兴宇：走读院校一般情况下是住在当地人的家中，比方说跟美国、英国的情况有点类似，一日两餐或者三餐由住家提供，然后每天上学和放学也由这个住家进行接送吗？

郑怡君：一般来说，如果你读初高中，都是一日三餐，就是住在当地人家里。但不一定会每天接送，除非你年龄很小。但是住家会告诉你怎么去，通常在悉尼和墨尔本地区，这个问题会比较大一点，住宿家庭离学校大概有40~50分钟的车程，还不包括你走路的时间。但是40~50分钟的车程其实是概念上的，因为地大，它的40~50分钟就相当于我们这边堵一堵的40~50分钟，其实概念上虽然有点远，但总的来说还是可以接受的，这种情况下住宿家庭是不会接送的。但是有一些地区，比如说像布里斯班地区，或者阿德雷德，本身城市不大，有些住家可能上班的路上就把你捎带过去了，所以这还是跟城市有关。

刘兴宇：明白，它也不是一个硬性的服务。

郑怡君：对，它不是硬性的，还有跟小孩和住家的相处

有关，有些住家特别喜欢你，他就会说我带你一程。

刘兴宇：很多人可能会有一点担心，说我的孩子如果是homestay，会不会住到当地华人家庭呢？

郑怡君：家长会有很多担心，我们的家长出发前说我不喜欢黑人、我不喜欢印度人、我不喜欢华人，但是事实上即便是华人、印度人，因为住宿家庭都是要经过挑选的，他们都是在澳大利亚生活了很久，在家也必须讲英文，所以我们不能无理地提出不要什么人种的要求，因为这就涉及种族歧视。在提要求这方面可以教给家长一个窍门，你可以提我更喜欢当地人，但是不要说我不喜欢哪种人，因为一旦冠上种族歧视，就很麻烦了。

刘兴宇：对，基本上寄宿家庭会给孩子提供一些什么样的服务呢？比方说一般会有独立的卧室吗？除了刚才我们说的餐食、交通的知识，还会有些什么样的服务吗？

郑怡君：寄宿家庭通常有很严格的规定，你几点要回家吃饭，你不吃晚饭要跟寄宿家庭打招呼，其实他们是半个爸妈的职责。一个寄宿家庭要招待国际学生，标配是一个独立的房间，床、书桌这些是基本的，然后最主要是有一个独立空间，而且有一些州规定：一个寄宿家庭是不能招待三个国际学生的。

刘兴宇：明白了，这个寄宿家庭跟其他国家基本上是很类似的，是通过层层筛选出来的，是有相关的机构进行很严格的审核和认证的。

郑怡君：是的，因为这涉及孩子的安全问题，所以它们在这方面很严格，每一个申请住家的都必须要做无犯罪记录证明，如果你有过任何犯罪，是不可能成为住家的。

刘兴宇：我们再来说一个小的话题，回到寄宿学校，因为我们知道寄宿学校的床位是有限的，之前我们说到别的国家学校的时候也曾经聊过这个话题，是不是就是申请的时候要先占位？占的其实是这个学校的床位？

郑怡君：床位的确很有限，因为它们一般大的学校最多200个床位，但是是面向所有的学生，先占是一个方式。但是因为澳大利亚在这块已经很成熟了，很多学校通常需要你提供签证，所以中国大陆学生拿签证的速度相比中国香港、中国台湾或者新加坡会慢一点，如果没有床位，你只能先住寄宿家庭，等到有床位了再转进住宿。

刘兴宇：明白了，所以不存在你在申请的时候先去占位的情况，而是说你在拿到签证以后可以马上和学校进行沟通。

郑怡君：对，我们申请的时候可以提出需求，但是占不了位，只能拿到签证的时候根据实际情况再调整。

刘兴宇：好，今天小P老师跟我们讲的是澳大利亚中学分类当中的走读学校和寄宿学校的一些情况，感谢您的讲解。

郑怡君：好，下期再见。

06 按性别选择澳大利亚的中小学

刘兴宇：在今天的节目中我们再次为大家邀请到了澳大利亚中学专家小P老师来到节目当中做客。小P老师，您好！

郑怡君：刘老师，您好！

刘兴宇：今天小P老师要来和我们说一说澳大利亚中学分

类当中的按性别分类的这个指标和纬度。男校和女校还有混合性别学校，小 P 老师，对于中国的家长来说，我相信绝大多数家长愿意选择混校。

郑怡君：对，因为家长很直观有一个担心，他们会觉得小孩去男校以后会变成同性恋，这是家长每次都会问到的一个问题。

刘兴宇：如果去女校，很多家长会说未来我的女儿是不是就不会谈恋爱了？

郑怡君：的确如此，女孩子的家长多数会有这个顾虑。但是男孩子的父母多数很直观就会阐述他们的这个担心。其实对于澳大利亚男校和女校可能大家有一些误解，他们除了读书是分开的，所有节假日的活动其实是在一起的，而且每一个男校肯定会对应一所女校作为兄弟姐妹学校。

刘兴宇：对，所以其实从另外一个角度来说，因为我们知道在英美国家，单一性别学校其实是有非常悠久的历史的，而且很多单一性别学校其实出了很多特别优秀的毕业生。

郑怡君：对，因为澳大利亚是英联邦体系，所以其实是沿袭英国的传统把性别分开，因为男生和女生的教育方法是不一样的，男孩子比较好动，所以你的课程要带一些实际活动；女孩子是比较安静的，所以它们会鼓励女孩子参加更多的社会活动或者体育活动，让她们性格更开放。往往比较优秀的或者比较杰出的人，他们都是出自单一性别学校。

刘兴宇：既然说到了这个，我们就请小 P 老师延续这个话题，给我们具体讲一讲纯男校、纯女校和混校，在教育方法或者培养的目标上有一些什么样的不同呢？

郑怡君：男校的话它们觉得男孩子有责任观是很重要的，所以它们其实很多活动、运动都是要培养男孩子的一个责任的概念，比如说它们可能每年都会有野营，就是野外生存，这跟我们想找一个地方大家住一晚吃吃喝喝是不一样的，就是一周不带手机，没有 iPad，然后到某一个山头，因为澳大利亚山也比较多，进行一些野外生存的训练。女孩子相对来说更柔和一点，因为女孩子要培养的是淑女的感觉，所以会有更多的像音乐表演或者公益活动，但是女校也考虑到女孩子可能比较弱，所以它们在九年级的时候会让女孩子一周到外面进行一次野营，锻炼她们的一些基本技能。

刘兴宇：对，您前面讲到男校的这种野外生存，其实我相信孩子们在这个过程中他们就能够学到什么是责任感，什么是我应该承担的责任，什么是团队合作，我必须依靠大家一起努力。女孩子也是这样。在女校，日常的学习、学校当中的活动可能更柔和，能够培养女孩子的气质，但其实女校也会通过一些野营，让她们去了解女孩子其实不仅需要柔弱的一面，很多时候也要自己来担当。但混校我相信更多的就是我们叫作通识教育或者这种平衡的教育。

郑怡君：对，混校是比较平衡的，它们也没有刻意地安排这些活动，既要平衡男孩子，也要平衡女孩子。特别是在老师的任用上面，就是使用老师的程度也是不一样的。男孩子可能可以用教官，比较严格，但多数女校里面女老师会多很多，她们会很柔和，会了解女孩子的心思，你让一个男教官到女校就不太合适。

刘兴宇：对，现在在澳大利亚单一性别学校还多吗？

郑怡君：单一性别学校挺多的，但基本上是私立学校。公立学校一般都是混校，私立学校混校少一点，基本上都是男校和女校。在墨尔本地区，私立女校比较多一点。

刘兴宇：就像刚才在节目一开始小 P 老师说的，可能家长会有一些担心，说送到这个纯男校或者纯女校会不会对孩子未来婚恋的心理产生一些影响。小 P 老师也说了，其实澳大利亚的中学男校和女校很多活动都是一起参加的，而且往往一所男校也会和同地区的一所女校结为兄弟姐妹学校，所以这样的问题大家其实可以不必过于担心。

这个我觉得我们的家长要多了解一些相关的信息，在你选择的时候就不会那么纠结了。

郑怡君：是的。

刘兴宇：好，非常感谢小 P 老师今天来给我们讲解澳大利亚的男校、女校和混校的信息。谢谢！

郑怡君：下期再见。

07 从孩子的角度选择适合的学校

刘兴宇：在今天的节目当中我们再次为大家邀请到了澳大利亚中学专家小 P 老师来到节目当中做客。小 P 老师，您好！

郑怡君：刘老师，您好！

刘兴宇：小 P 老师，在之前的几期节目当中，您给我们讲了澳大利亚中学的几种分类的纬度和指标：公立与私立、走读与寄宿、按性别来分类的学校。但是对于收音机前的学生和家

长来说，如果我们想要到澳大利亚去读中学，恐怕在选择的时候仍然会非常纠结。对于一个国际学生来说，到底怎么来选择高中呢？应该选择哪一类高中才是最适合自己的呢？

郑怡君：这个问题没有办法很直接地告诉你。因为选校是要根据你不同的需求点来选的。举个例子，我碰到有些家长说我的第一需求是寄宿，我要住在学校，那么在你说出是寄宿的时候，你就不可能选公立了，但是家长突然会说，我既想公立又想寄宿，需求会很多，我们会根据你的需求一点点分析你适合哪些学校，所以我们会在和家长沟通的过程中探讨你的需求点到底哪个优先，不可能全部都满足。全部都满足就皆大欢喜了，在不能全部满足的时候，我们就优先来安排。

刘兴宇：就是你要先明确你这个选择的排序是什么，你最看中的比如说第一点是什么，比如有的家长说我第一点是必须要选一个女校，那么我们就在女校的范围中筛选。

郑怡君：是的。

刘兴宇：会不会有一些家长会说，其实我选什么都无所谓，你来帮我挑一所就好了？

郑怡君：会遇到您说的这种情况。碰到无所谓的家长你也很慌，因为不知道他的需求点在哪里，但是任何一个家长都不可能无所谓，你送孩子去读高中、大学，不可能无所谓，肯定有他的潜在需求。我们会利用和家长的沟通、交流以及信息旁敲侧击去了解他的潜在需求是什么，哪怕是对城市的偏好。澳大利亚有6个大城市：悉尼、墨尔本、阿德莱德、珀斯、布里斯班、塔斯马尼亚。这些热门的城市当中，你肯定有自己的偏好性，也有孩子的适应度。其实我们送小孩出去读书的时候要想，

不是家长读，也不是我读，是孩子读，所以小孩如果本身的性格是很讨厌大太阳的，你把他送到布里斯班常年有太阳的地方，他就会很崩溃，这个时候你送到墨尔本比较好。但是小孩如果不喜欢太热闹的城市，你去了悉尼就不行。如果碰到无所谓的家长，我们就要更多从孩子的角度去出发、去考虑，因为是小孩读书，他的整个读书过程至少要三年，甚至后面的本科时间更长，我们要考虑他愿不愿意。

刘兴宇：我觉得小 P 老师刚才讲到的这一点真的特别好，就是我们一定要站在孩子的角度去出发。如果这个孩子自制力比较差、特别爱玩，家长又把他放到墨尔本这样一个相对来说灯红酒绿的城市，他受到的诱惑就会比较多，不如把他放到一个相对安静、适合他好好学习的地方去。

郑怡君：对，选高中你一定要从小孩的角度出发，不能觉得我觉得他可以就可以，因为小孩他本身的价值观都没有成型，很容易受朋友影响。所以如果小孩自制力很差，我还是建议家长陪读，否则你很难控制他的读书进程。

刘兴宇：没错，还有一点就是家长会不会在选择的过程当中，只选排名好的或者只选市面上流传的那个特别难申的学校？

郑怡君：会，因为中国家长有一个很传统的观念，即便换在我自己身上，我也希望在我可选的范围当中选排名更好的。还有一些家长因为都已经送孩子出国了，由于虚荣心态作怪，可能跟朋友说起你把孩子送到一个差的或者不知名的学校会觉得不好意思，你肯定挑一个知名的，这样跟朋友说起来的时候，就会有反馈和响应。这种情况下，大多数中国家长还是会挑排名，即便像我，我有时候也说无所谓，但是如果真换成自己的

孩子，你也希望他去排名好的，这是一个传统思维，因为中国家长有一种光宗耀祖的使命感，所以就会有这种问题。

刘兴宇：怎么客观地来认识这个问题呢？

郑怡君：其实我一直跟家长说，你要找到适合孩子的学校才是好学校。我们后面谈论的很多都会从小孩的角度出发，比如他的性格。你把孩子送到私立学校，里面都是贵族，孩子的父母不是律师就是高官，你在国内如果是中产，其实他在无形之中就已经很自卑了，很难适应。同样，如果家庭条件本身很好，你把他送到公校，周围同学的爸爸妈妈都是劳动阶层，孩子和同学就很难有共同话题，其实这种时候就容易产生隔阂。

刘兴宇：这个不是我们所谓的歧视，是现实存在的问题。

郑怡君：对，如果套上歧视是一种主观概念，我觉得这是现实存在的问题。因为小孩刚到澳大利亚，他本身就有一种孤独感，我们其实应该挑选他适合的学校，所谓适合的学校是他可以很快融入的学校，并且他可以读得很开心的学校。因为中国小孩有个很大的特色，他需要鼓励教育，你越表扬，他越能够被激发，因为国外的老师会说你很好、很厉害，就小孩的优点去表扬他，小孩会自信满满、越读越好。

刘兴宇：如果你非要进一个特别牛的学校，结果去了以后孩子一考，分数垫底，其实孩子很受打击。

郑怡君：对。

刘兴宇：他可能越来越学不好。

郑怡君：而且你要想到，孩子在澳大利亚，你想飞过去看他还要 13 个小时。

刘兴宇：是的，刚才我们听小 P 老师给我们讲了国际学生

应该怎么择校。下一期节目中我们就请小P老师详细给大家说一说我们在选择澳大利亚高中的时候，到底应该考虑哪些因素，非常感谢您的做客。

郑怡君：下期见！

08 选校过程中考虑的方方面面

刘兴宇：在今天的节目当中我们再次为大家邀请到了澳大利亚中学专家小P老师来到节目当中做客。小P老师，你好！

郑怡君：刘老师，你好！

刘兴宇：今天的节目当中我们要来和大家说的话题就是我们的学生和家长，在选择澳大利亚高中的时候到底应该考虑哪些因素。上一期我们说了，一定要客观认识排名，那么还有哪些因素是我们一定要认真来看待的呢？

郑怡君：选校其实会经历一个比较长的过程，因为除了排名，还有偏好的城市、学校的开学是否适合你现在的学习计划等。然后你所属的区域，你是不是喜欢这个区？或者有没有朋友？学校的特色是什么？课程有哪些？我们国内很多孩子有多项技能，比如游泳、乒乓球。从家长的角度，在考虑学术的过程当中又会考虑学校是不是能够提供同样的培训资源，还会考虑到开设的课程，因为比如说有些学生想学中文，但是这个学校没有这个课程，你就不能选这个学校了。

刘兴宇：明白了，我们一点一点来说一说。前面您讲到的这几点，其中有几点我觉得还是挺有意思的。一个是这个学校

的开学时间，这个怎么来理解呢？

郑怡君：对于澳大利亚的开学这一点，我们要先明确一个基本概念，澳大利亚的学校是一年四次开学：1月、4月、7月、10月。1月是主开学，不像我们常规的9月是主开学，澳大利亚是1月。我们前面讲到，十一年级（高二）只允许1月开学，这就取决于你什么时候来咨询，一般澳大利亚读高中前还要学20周英文，通常如果我们想2018年1月开学，其实2017年7月就要去学英文了，这又涉及学英文是不是有位置。现在这个时间点相对来说已经是比较晚的了，因为2018年很多学校入学名额都已经满了。

刘兴宇：我们得这么来理解，你要先看你申请的这个学校是不是四次入学都能进，还要看你申请的年级是不是四次入学都能进，再根据具体的要求倒推回来，你是不是还要复读语言的课程，然后再来决定我什么时候申请，选择几月份入学。

郑怡君：是的，开学是一个比较纠结的话题，因为你在不同点来咨询，其实你适合的开学方案是不一样的。还要考虑你的年龄，因为每个年级是有限制年龄的，签证上规定十二年级要年满20岁，十一年级要年满19岁。对应的还有一个倒读的问题，比如我现在高三完成了，我想读高中是不可以的，因为你倒读已经超过了签证上规定的18个月。所以基本上你只能倒读一年，比如我现在是高二的学生，如果你要申请去澳大利亚，一种方案就是今年7月读语言，明年1月重读高二，但是你不能读高三。或者今年4月走，10月去读十年级（高一），这个时候就要考虑到年龄是不是允许。所以高中的选择很复杂，要按个案来讨论，没有办法通论说你肯定能怎么样。

刘兴宇：所以这个不像我们说你高二读完了接着读高三就可以了，要考虑开学的时间，考虑复读语言的时间，考虑倒读的时间，考虑年龄，限制条件非常多，因此家长一定要有关于入学时间的概念。

还有您前面也提到了一点，这个学校的特色课程。这可以理解为学生哪一方面有特长，比方说我有艺术特长，或者我有体育特长，我要看看这个学校是不是能够发挥我这个特长。可以这样来理解吗？

郑怡君：可以这样理解，但是并不完全一样，所谓的特色课程是说有一些学校它有专业的老师，比如说游泳，澳大利亚因为游泳是强项，是会有游泳教练来当老师的，这个时候家长的诉求点如果是游泳，那就匹配了。还有一些特色课程是指它们在高中阶段就会涉及一些大学的内容，比如说孩子想读航天航空的课程，在高中如果就开设了，这就是学校比较有特色的。还有音乐乐器，我们的音乐是通类，它们的音乐是分得很细的，分到你是声乐，或者你是音乐当中的古典、爵士，还是说你学的乐器是某一个，所以这个是分得很细的，要根据你的需求和学校能够提供的服务来匹配。

刘兴宇：明白了。

郑怡君：我们碰到一个家长来咨询，小孩是学美声的。

刘兴宇：那就要看看这个学校有没有美声老师了。

郑怡君：老师就会说大多数学校是没有的，而且美声也是分的，所以没有的情况下他告诉你可以找到对应的辅导老师，但可能要自己出点费用，或者是说你在没有的情况是不是愿意接受，这都是高中会问清楚的。

刘兴宇：还有一个问题就是你刚才也提到了，这个学校所属的区域和偏好城市，这不是同一个概念吗？

郑怡君：并不是同一个概念，所属区域是说这个城市当中，他可能对城市没有很直观的感受，他就说我的朋友比如在墨尔本的 Box Hill 区，我就想离朋友近，或者他就想去富人区或者名校区，对这种学生，家长通常都是通过朋友推荐或者自己上网看的。网络是一种得到信息的方式，但通常家长也不能过于依赖这些信息，因为你要想网络上大家都在推崇这儿，大家都把孩子往这儿送，所以你的英文环境肯定会变差，就像我们买股票一样，如果大家都说它涨，它势必会下跌。

刘兴宇：是的。今天小 P 老师给我们介绍了选择澳大利亚高中需要考虑的因素，除了排名以外，偏好的城市、偏好的区域、学校的开学时间也是特别重要的点，另外，学校的特色课程是不是能够发挥孩子的特长，其实也非常重要，家长在选择的时候一定要综合考虑。谢谢小 P 老师的做客。

郑怡君：下次再见。

09 学校信息的正确打开方式

刘兴宇：在今天的节目当中我们再次为大家邀请到了澳大利亚中学专家小 P 老师来到节目当中做客。小 P 老师，您好！

郑怡君：刘老师，您好！

刘兴宇：小 P 老师，上一期节目当中我们说了家长选择高中的时候应该考虑哪些因素。那么今天我们就来说一说有一些什么样的渠道可以了解到澳大利亚这些高中的信息。您给我们说一说具体有一些什么样的途径可以了解到呢？

郑怡君：一般很多家长还是会看贴吧的评论，然后是网络的宣传。通常大家都会从百度搜索，这个要特别当心，有很多是买字段的，会导致你搜到的信息是老的信息，或者是其他一些具有误导性的信息。我觉得最好还是通过学校的网站去了解学校，因为每个学校的网站都会给出自己的历史、自己的课程介绍、每一周学校发生的新闻，但这个网站是英文的，很多家长会觉得我看不懂，但是这个时候我会鼓励家长带着小孩一起看，这是强迫小孩去阅读英文，通常也让家长了解了小孩的英文水平大概是在什么程度。同样，如果小孩能够完全看懂，从家长的角度也是越来越自信，对于小孩的择校会有更明确的帮助。

刘兴宇：如果家长确实语言有问题，澳大利亚的高中，特别是一些可能招收中国学生比较多的私立高中，会有中文的页面吗？

郑怡君：有一些会有一张中文的单页，但是它们不太会去做中文的页面，因为需要人力和物力的支持，并且经常要更新。所以如果家长的英文能力比较弱，找中介协助帮忙会好一点，因为你得到的信息会相对准确。不能一味地相信朋友，很多时候我们开玩笑说成也朋友，败也朋友，因为朋友毕竟只在那个区，他所了解的也是那一个区的信息。这种时候我觉得作为家长，因为留学是大成本，你需要搜集各种各样的信息来综合考虑。

刘兴宇：还有我们曾经也看到过，有些家长在浏览国外网站的时候，他们特别喜欢看照片，或者看视频，因为可能确实语言也有一些障碍。很多家长也说了，说你我看到照片，我其实把学校的方方面面都看到了，比方说教学楼什么样、教室什么样、食堂什么样、宿舍什么样，我都看到了。这个您推荐吗?

郑怡君：我很推荐家长看视频，因为视频是一个很直观的展示，让你了解学校，而且现在很多学校用 VR 技术展现学校，让你仿佛身临其境。因为仅从文字上，家长是没有概念的，家长要通过图片、视频去了解这个学校的一些基本情况。

刘兴宇：说到了解学校的信息，我们再多说一点，很多家长不管是看网站还是跟中介咨询的时候都有一点盲目，不知道应该问一些什么问题，您认为家长不管看网站还是和中介去聊的时候，最应该了解的是学校的哪些信息呢？比方说是毕业生的平均成绩？还是它的课程开设？还是学校的基础设施?

郑怡君：我觉得是这样，不仅要了解排名，很多家长会首先问中介学校的排名，其实更多要问学校开设的课程、学校的历史、学校的基本情况和设施。澳大利亚的高中一般都是矮平房，不同的年级设立一块区域。还要了解一下这个学校的毕业生反馈。每一个学校的网站上都有这一年的高考成绩，比如说 2017 年，它们的网站上都会公布 2016 年的高考成绩，这个其实比排名更直观。如果向来高考成绩都很好，即便排名不高，或者排名上有参差也无关紧要，我觉得每年公布的成绩对你的选择是有用的，看成绩是最适合的。

学校也会把各种活动放在网站上，你也可以了解学生的生活，所以这个还是很重要的。

刘兴宇：比如说如果你的孩子酷爱足球，你从学校的网站上可以看到，学校足球队历年都得到教育局足球比赛的冠军、亚军，我想你的孩子绝对可以选择这所学校，起码他的这个特长在这所学校能够得到特别好的满足。

郑怡君：对，而且小孩也会特别喜欢，如果他真的足球很厉害，他自己也很快就能融入当地学生团体了。

刘兴宇：是的，那么在了解学校信息方面，用什么样的渠道，包括在了解的过程当中有哪些信息是我们家长一定要认认真真去了解的，今天小 P 老师给我们做了很全面的讲解，谢谢您的做客。

郑怡君：下次再见。

10 选校看排名，误区重重

刘兴宇：在今天的节目当中我们再次为大家邀请到了澳大利亚中学专家小 P 老师来到节目当中做客。小 P 老师，您好！

郑怡君：刘老师，您好！

刘兴宇：小 P 老师，在前面的节目当中我们多次说到了家长在选择澳大利亚中学的时候，不能只看排名，且一定要客观地来看待排名。我们先说一说澳大利亚的高中有没有排名呢？

郑怡君：其实澳大利亚的高中没有官方的排名，现在我们所有家长、中介、学校、朋友之间流传的这个排名叫 Better Education，这是一个私立的机构做的排名，家长只能做参考，不能完全依赖于排名。

刘兴宇：这个 Better Education 排名的准确度怎么样呢？

郑怡君：准确度要看你怎么看，因为我们也不知道这个排名怎么来的。

刘兴宇：该排名没有公布它的评选指标？

郑怡君：对，它的评选指标很灵活，它是根据你的最多高考科目、高分科目的学生排名的，比如说新州有一个 Performing Arts 这个学校，它是只有表演，它们在表演上面高分很多，所以它的排名也比较靠前，但是并不适合中国学生。

刘兴宇：明白了，那个学校其实有点相当于表演学校。

郑怡君：对，所以这个排名有很多是单科，比如它数学很好，都是靠数学这批高分把它的排名拉上来的，所以可以作为参考，但不能作为唯一依据。

刘兴宇：没有官方的权威的排名，我们怎么知道这个学校好不好呢？

郑怡君：其实应该这么来说，有一个小窍门，我们一般会问澳大利亚校方人员中的中国人，他们的小孩去的什么学校，因为中国人还是喜欢挑好学校，所以他们去的学校肯定不错，性价比肯定很高。比如说黄金海岸地区有一个 All Saints College，有一个学校代理，他自己的两个小孩、自己姐妹的小孩都在这个学校，所以不能光看排名，它虽然排名是昆州前十，但它的教育质量肯定是好的。

刘兴宇：明白了，所以这算是一个小小的窍门。

郑怡君：对，小窍门。还有一种情况就是公立教育局其实会有满位清单，每一个季度会发给中介作为参考。比如新州地区如果满位了，就会把这个学校拿掉，你就看不到这个学校的

名字了。你可以去找这些经常不在名单上的学校，你就可以知道这些是热门学校。所以相对比较好。

刘兴宇：所以这个也算是一个小窍门。

郑怡君：也算是一个窍门。

刘兴宇：实际上家长在选择学校的时候，其实需要了解的信息有很多，没有权威的排名。家长可以通过刚才小 P 老师教的这两个小办法，可以跟中介的老师说你把前三个季度的满位清单拿给我看看，自己回家一对照，你就能够发现哪些学校不在这个清单上了，那么这些学校往往在当地是最受欢迎的。实际上家长在选择学校的过程当中，学校的学习氛围、基础设施、师资力量、课程设置其实是一个综合的因素，结合各种因素才能够判断这个学校到底适不适合自己的孩子，所以绝对不能单纯迷信所谓的排名。

郑怡君：对，我还是要强调一句，适合自己小孩的学校才是好学校。排名高或低，这只是一个外界的因素，所以还是要综合考虑是否适合自己的孩子。

刘兴宇：没错，今天我们听小 P 老师给我们讲解了如何来看待这个学校的排名，感谢您的做客。

郑怡君：下次再见。

11 留学申请时间轴

刘兴宇：在今天的节目当中我们再次为大家邀请到了澳大利亚中学专家小 P 老师来到节目当中做客。小 P 老师，您好！

郑怡君：刘老师，您好！

刘兴宇：在今天的节目当中，我们要开始进入申请流程的讲解了。因为之前我们讲的都是怎么来了解这个学校，怎么来选择最适合你的学校，今天我们想请小 P 老师给大家讲一讲比较理想的学生时间的规划。我们先来给大家一个概念，就是从申请学校一直到最后获取签证，大概这个流程需要多长时间呢？

郑怡君：其实如果从真正递交申请到拿到签证，总的长度差不多在半年左右。但是选择热门的学校，就需要提前一年开始做对应的准备，可能申请就要提前到一年前来做。

刘兴宇：整个过程历时一年到一年半？

郑怡君：对，对于一些小学来说，你可能要提前两到三年来准备。

刘兴宇：小学要提前这么长时间准备？

郑怡君：因为申请四年级是不行的，申请五年级和六年级通常来咨询的已经是三年级的学生了，因为国内的小升初比较难，所以家长在这个时间点会考虑得比较多一点。

刘兴宇：明白了，一般学生什么时间来提交这个申请呢？这是有一个严格的规定的吗？比方说我们要想 1 月主入学的时候入学，大概要提前几个月提交申请呢？

郑怡君：一般没有定性地规定要提前多久，但是招满就没有了，所以录取通知基本上是两到三个月肯定可以拿到了。但是因为位置有限，建议早一点会比较好。

刘兴宇：您一般会建议提早多久呢？

郑怡君：看你选择的学校，比如有的家长选择博文（墨尔本地区），这所学校你基本上提前一年半要开始准备了，因为你

虽然是1月入学，但是你前面肯定要读20周英文的，基本上就是7月入学。所以按我们现在这个时间点来讨论，如果现在1月家长来讨论，你要讨论2018年1月开学的这些学生已经是很晚了，前两年这个时间点刚刚好，但是现在因为大家都提前做了，所以就相对比较晚。

刘兴宇：明白了，所以至少需要提前一年的时间来递交申请。是按照学生递交申请的先后顺序确定招生的数量之后，再按照顺序来录取学生的吗？

郑怡君：是的。

刘兴宇：所以就是先到先得。

郑怡君：虽然有数量上的限定，但是它主要按照递交申请的顺序来，先到先得。只有在剩下少量的余位的时候会采取择优录取，然而公立教育局都是先到先得的。

刘兴宇：好，这是一个问题。我们再来说是不是拿到了这个公立教育局或者这个私立学校的offer，我们就可以马上提交签证了？签证递交的时间有规定吗？

郑怡君：这个是有规定的，签证是有明确规定的：你的签证递交日期不得早于开学前四个月，所以也就是说如果7月开学，基本上只能在3月递交。

刘兴宇：所以如果你是2018年1月入学，即便你现在拿到了offer，也要等到明年的9月、10月再来递交。

郑怡君：对，所以害怕会把学生忘了，我们都会设置提醒的。

刘兴宇：明白了，澳大利亚的学生签证需要在国内进行体检吗？

郑怡君：需要在国内做体检，而且体检必须在签证之前完成，并且由指定的医院才可以。因为有些家长每年会有定期的体检，有家长就问，这些都是好医院的，为什么不能用？因为这个是要由指定医院进行指定项目的体检，都是有规定的，比较死板。

刘兴宇：签证基本上多长时间能出来呢？

郑怡君：现在签证已经比以前快了，基本上两周左右的时间，但是初高中的学生相对会慢一点，大概要一个月。新疆地区和东三省的初高中学生相对来说时间更长，这个既是地域上的问题，也是历史问题，所以每个地区也不太一样。

刘兴宇：一般情况下您会建议，如果距离开学时间四个月，我们就早一点递交？

郑怡君：对。

刘兴宇：给自己留出足够充分的签证时间。

郑怡君：对，一般我们会建议已经拿到录取的学生，卡住四个月这个点递交，因为早拿早安心。

刘兴宇：签证拿到了，就马上入境吗？可能有一些家长说我陪着孩子去，帮助孩子适应一下，可以吗？

郑怡君：这是一个家长经常会问到的问题，但也是一个要特别当心的问题，因为如果你没有申请陪读，小孩入了澳大利亚，他所有的监护都是由学校指定的人或者学校的老师负责。

刘兴宇：孩子的监护权转移了。

郑怡君：对，法律上的爸爸妈妈其实是学校，所以即便你说带着小孩提前玩几天，也要征得学校和教育局的同意才可以这么做，然后你入境，还要额外再购买海外学生保险。因为从

去年 7 月开始，就已经强制所有学生的海外医疗保险必须提前，你入境的时候就要有，如果没有，它们是有权扣押你或者遣返的，这个就比较尴尬了。

刘兴宇：明白了，所以家长如果想早一点带着孩子到澳大利亚去，还需要先写信征求教育局或者学校的同意。这个小细节一定要注意。

郑怡君：要特别注意，因为有很多家长有时候会想当然，我自己的小孩我带着有什么不可以？这个都是需要征得教育局同意的，特别是像堪培拉地区的公立学校，堪培拉教育局一般就不会同意，多数建议家长事后再来。

刘兴宇：明白了，一般情况下有严格的规定吗？课程开始前几周可以入境？

郑怡君：一般是课程开始前两周，我们监护有个文件叫 CAAW，它的起始日期法律上规定是提前两周，有些学校会卡得很紧，就给一周，所以中介会告诉家长，学校也会提醒家长，你必须在这个监护起始日之后才能入境，同时入境的时候你还要有保险。

刘兴宇：明白了，今天我们听小 P 老师给我们讲了一些非常关键的时间的节点，如申请、签证包括入境的具体的时间限制，每一项都有具体的规定，家长在这上面一定不能马虎，一定要严格按照这些时间来执行，否则会给自己造成一些不必要的麻烦。非常感谢小 P 老师的做客。

郑怡君：好，下期再见！

12 申请材料准备中的盲点

刘兴宇：在今天的节目当中我们再次为大家邀请到了澳大利亚中学专家小 P 老师来到节目当中做客。小 P 老师，您好！

郑怡君：刘老师，您好！

刘兴宇：今天我们来和大家说一说申请澳大利亚初中、高中，一般都需要哪些具体的材料呢？您给我们详细说一说。

郑怡君：大家好！申请初、高中基本材料包括护照，或者是出生公证（这两项选其一就可以了），最新的成绩单，学校的在读证明，部分学校会要求 AEAS（我们稍后也会讲到），还有一些学校会要求推荐信，少部分学校会增加面试这个环节，但最基本的就是我们前面提到的几项，其他后续的 AEAS 也好、推荐信也好、面试也好，都是取决于学校。

刘兴宇：我们一项一项来说，先说护照或者是出生公证，如果说我从来没有出过国，我手上还没有护照，或者我出生公证也没有了或丢掉了，我能申请吗？

郑怡君：可以递交申请，但是会影响结果的获得时间，因为出生公证或者护照是一个基本材料，所谓的基本就是必须要有的。虽然你递交了，你感觉是提前排队，但是学校不审核。

刘兴宇：所以你只能等到人家排完了以后如果还有空位，再来审核你的材料？

郑怡君：对，所以最好是这些材料都有了，一次性递交进去，它们就按照实际递交时间排队，因为有很多家长会觉得我先递进去会节省时间，但其实都是一样的，都是材料齐整之后

才开始审核。

刘兴宇：这个成绩单您是说最新的成绩单，是指我申请前多长时间的成绩单呢？

郑怡君：一般是提前两年，如果是高中的学生，可能就要提供初中整个阶段的，但是申请九年级或八年级，近两年的成绩单就可以了。

刘兴宇：我想恐怕很多不管是申请高中也好，还是申请大学也好，大家都明白，这个成绩单是要很清晰的，要有学校的盖章，要注明学生的满分是多少、及格的分数线是多少，这些都要写得清清楚楚。

郑怡君：对。

刘兴宇：这其实是方便学校对这个孩子的学习能力进行评估的一个有效的证明。

郑怡君：对，澳大利亚这方面比较死板，只有按学期开，学校才看得明白，因为澳大利亚的成绩单也是比较清楚的，如果你是提供像学籍卡这种很模糊的材料，它们就不知道怎么去审核。根据经验总结，按学期开具成绩单是最有效的。

刘兴宇：简便有效的。可能有很多家长会说，老师你看我的孩子得了很多奖，这个我要不要也提供上去，方便他们对我的孩子有更全面的了解呢？

郑怡君：获奖证明的话，很多家长觉得一定要提供。但其实要看奖项类别，就是有一些很鸡肋的奖项，比如说优秀学生，但是这个优秀学生可能是班干部，对于澳大利亚来说，它没有班干部这个概念。

刘兴宇：对，学校不知道优秀学生是什么意思。

郑怡君：我们比较鼓励的是比如音乐等级证明，或者是计算机方面特别突出，或者我碰到小孩有自己的专利小发明，这些才是很有用的。

刘兴宇：国际通行的证书才有用。

郑怡君：对，还有社区开的义工奖，如果不是官方的公益组织奖，其实作用不大，但是我们也不会制止家长提供，因为从心理上他们也需要得到安慰，但是从我们的审核经验来看，这个效果作用不大。

刘兴宇：说到成绩单和证明的时候，其实还有一个小细节，就跟前面的护照一样，说我申请的时候正好是寒暑假，学校放假了，没有办法盖章，我能不能也先提交了？

郑怡君：会有这个问题，但我们不建议递交。因为成绩单是审核最关键的一部分内容，如果没有盖章，就说明这不是官方的成绩单，从老外的角度来说，他认可中国的材料是盖章的，就像我们认可老外的材料是签字的一样。如果你提交了，你也没有进入排队之列，它也不会审核你，教育局反而会质疑你提交文件的真实性。

刘兴宇：明白了，提交没盖章的成绩反而是给自己添麻烦。前面您还说到了一个 AEAS，我们在之后的节目当中会专门拿出一期详细给大家说一说到底什么是 AEAS，我们在这儿只先简单说一下。一般情况下这个 AEAS 的提交是说公立学校不需要，还是私立学校不需要吗？还是说并不可以这样来认识呢？

郑怡君：说起 AEAS，公立学校都不需要，这个只针对私立学校，而且有年级上的针对，因为 AEAS 最低年龄是四年级。如果说你是低年龄的，我们也碰到很多中国香港地区的孩

子，因为现在在内地有很多海外同胞，还有伊拉克地区，这些外籍人士考虑到孩子上小学，你的 AEAS 就没有办法考了，它的最低年级就是四年级。

刘兴宇：更低年龄的孩子不需要提交 AEAS，是吗？

郑怡君：我们咨询过学校，学校说你要提供英语能力证明，这就是很模棱两可的回复，没有一项考试可以接受这么小的小孩报名，所以你只能通过面试，这个时候我们就会跟学校提出是不是可以安排面试，因为只有让它直观感受到小孩的英文水平才有用。

刘兴宇：好，今天我们听小 P 老师给我们讲了申请澳大利亚的初中、高中一般具体需要什么样的材料，如护照或者出生公证、成绩单、学校的在读证明，有些学校会要求 AEAS 或者推荐信这样的材料。面试都是根据具体学校的不同要求，关于大多数学校都要求提交的，比方说护照、成绩单等一些相关的证明，具体有些什么要求呢？前面小 P 老师也给我们作了很清晰的讲解。非常感谢您的做客。

郑怡君：好，下次再见。

13 AEAS 在中小学录取阶段的角色

刘兴宇：在今天的节目当中我们再次为大家邀请到了澳大利亚中学专家小 P 老师来到节目当中做客。小 P 老师，您好！

郑怡君：刘老师，您好！

刘兴宇：小 P 老师，在上一期节目当中我们特别提到了申

请材料当中私立学校四年级以上的孩子可能需要 AEAS 这样的认证。本期节目当中我们就请您详细来给大家讲一讲到底什么是 AEAS。

郑怡君：大家好，AEAS 是 Australian Education Assessment Services 的简称，这是一个澳大利亚教育评估服务机构，它通常会出一张成绩报告单，上面会显示小孩的英文能力、数学和逻辑能力。

刘兴宇：所以它也算是一个语言能力的认证？

郑怡君：对，它是一个语言能力的认证，但是相比雅思而言，所出的结果更全面。

刘兴宇：具体的考试内容是什么呢？

郑怡君：我们前面提到，其成绩报告单最终会体现英文、数学和逻辑能力，所以它的内容包括英文水平、数学推理能力和非词汇部分综合能力，其实非词汇部分综合能力就是逻辑了。那么考试的大概时长是三个半小时。

刘兴宇：三个半小时，这个考试时间很长。

郑怡君：对。

刘兴宇：我们详细来给大家说一说，这个英语水平考试是用什么样的方式来考的呢？是阅读，还是词汇，还是别的什么？

郑怡君：英语水平包括五方面内容：词汇、阅读理解、写作、听力和理解。词汇基本上是 20 分钟，题量为 20 ~ 25 题；阅读理解 30 ~ 35 分钟，题量是 20 ~ 30 题；写作是 30 分钟，就是一篇作文。这个是分年级和背景的，所以你在注册 AEAS 的时候要告诉学校你申请的是几年级，因为对应的题库是不一样的。

刘兴宇：考核内容也是听、说、读、写，跟大多数英语考试水平是一样的。数学呢？

郑怡君：数学推理能力的话，所有试题都是选择题。其实澳大利亚也考 AEAS，在中国考和澳大利亚考最大的区别是中国的数学题是中文的，澳大利亚的数学题是英文的，而且澳大利亚允许带计算器和词典。

刘兴宇：辅助的综合能力呢？

郑怡君：辅助的综合能力不受英语语言限制，也就是说它是中文考的，考试时间大约 30 分钟。这个测试如果在澳大利亚考就是英文的，所以比较难，因此在中国考还是有一定优势的。

刘兴宇：这其实是一个非语言类测试学生综合逻辑能力的考试。

郑怡君：对，有些像悉尼地区的 Scotts，学校就明确说过，如果成绩在 7 分以下，它觉得你智力上就有问题，它明确地说就是要挑最聪明的孩子。

刘兴宇：这个 AEAS 怎么来报名呢？需要缴费吗？考试费贵不贵？

郑怡君：还是挺贵的，相当于可以考两次雅思，2 800 元人民币或者 480 澳元。在 AEAS 的官网上可以注册报名，没有第三方机构可以报，都必须通过 AEAS 的官网去报名考试。

刘兴宇：在国内就可以考吗？大多数城市都有考点吗？

郑怡君：大多数城市都有考点，北京、成都、大连、广州、哈尔滨、南京、青岛、上海、沈阳、深圳、西安都有。

刘兴宇：一般情况下多长时间能够出成绩？

郑怡君：10 个工作日就可以出成绩了。

刘兴宇：这个考试的分布密集吗？比如说可以每个月都考吗？

郑怡君：每个月都有一次机会，基本上各个城市都是这样。所以你可以就近参加，如果你在苏州，你可以到南京或者上海考；如果你在北方地区，你可以到北京、大连、沈阳考，按照自己就近的城市去选就可以了。

刘兴宇：前面我们说到了，这个 AEAS 是四年级以上的学生需要提交的。是说四年级以上的所有学生，如果我申请私立学校都要考这个考试，还是说这其实还是主要针对低龄孩子的一个考试？

郑怡君：这个是针对悉尼和墨尔本地区，基本上私立学校都需要，因为这个成绩能比雅思更直观地说明小孩的各项能力，如数学能力、逻辑能力。因为在成绩报告单上面它会自主推荐这个小孩要读多久的英文，雅思成绩就没有一个衡量标准。在布里斯班和阿德莱德这些地区的私立学校，大多是不需要 AEAS 的，现在也越来越多的学校要，为什么会这样？因为你送过去的小孩水平参差不齐，它们只有通过 AEAS 才能更客观地了解小孩的英文能力。早期，阿德莱德会仰仗中介，如果中介觉得他是好学生就可以了，中介为了把这个学生送出去，不可能说他是坏学生，所以这个时候在需求度和匹配度上是有问题的。

刘兴宇：您一般情况下会建议学生多次参加这个考试吗？比方说我可能上半年参加了一次成绩不理想，我下半年再考一次。

郑怡君：我不建议多次参加考试，我觉得一个学生参加任何一个考试三次以上就会出现疲态，所以一般我会建议他考两

次，如果没有记错的话，应该是三个月以后可以重考，所以如果第一次考分不理想，三个月以后可以重考。

刘兴宇：可以选择自己最理想的分数进行送分。

郑怡君：对，你可以根据自己最理想的分数进行送分。

刘兴宇：明白了，这个 AEAS 考试是澳大利亚特有的语言水平，或者叫作学生综合学习能力的一个测试，四年级以上的同学如果申请悉尼和墨尔本地区的私立学校，大多数会被要求提交这个成绩。

郑怡君：对，尤其是墨尔本地区。

刘兴宇：所以大家一定要对这个考试有所了解，非常感谢小 P 老师今天的讲解。

郑怡君：下次再见。

14 雅思 = 英语豁免?

刘兴宇：在今天的节目当中我们再次为大家邀请到了澳大利亚中学专家小 P 老师来到节目当中做客。小 P 老师，您好!

郑怡君：刘老师，您好!

刘兴宇：今天的节目当中我们要来跟大家讲的是在澳大利亚读初中和高中，很多家长会认为需要的另外一项语言测试就是雅思，请您先给我们说一说，是澳大利亚的初中和高中都需要雅思的成绩吗?

郑怡君：大家好，澳大利亚的初高中其实雅思不是最主要的考核材料，最主要的还是我们上次提到的 AEAS，雅思只是

部分学校会参考。

刘兴宇：明白了，所以也不是说只要是去澳大利亚读初高中我就得考雅思，这个认知是有误差的。

郑怡君：对，这个认知有一点偏颇。

刘兴宇：如果没有雅思，比如说我想申请公立学校又不需要 AEAS，学校怎么来衡量我的英语水平呢？

郑怡君：澳大利亚所有的高中生你其实原则上都不需要考额外的考试，前面都需要加 20 周的英文。学生在入读英文的时候会有一个测试，每五周他的成绩就会发给对应的高中，对应的高中会有一个衡量水平，所以最主要的衡量其实是在学了 20 周英文以后。

刘兴宇：也就是要看你在澳大利亚所读的英语预备的课程，你的水平到底怎么样？展现出来的学习能力怎么样？如果说我考了雅思，即便是这个学校不需要，我把这个成绩提供给学校，我可以豁免 20 周英语的课程吗？

郑怡君：可以这么操作，取决于你的雅思成绩。如果说雅思成绩在 5 分以上，读高一，是有可能豁免的；但是你读高二，仍然要读英文，可能会少读一点点，变成 10 周。我们就碰到过一个很极端的案例，有学生考了 AEAS，他也跟公立学校所属的洄洲教育局说已经报考了 AEAS，其实以前如果你不说的话，你有没有也可以被录取，但是他说他考了，洄洲公高的 AEAS 要求是 80 分，最好的私立学校现在也只要求 70 分，80 分简直就是天才了。这个时候就是画蛇添足了，所以具体还要看你申请的是哪所学校，我们再来看有没有这个必要。

刘兴宇：对，也要看这所学校对语言具体的要求，比如像

您前面讲的，有的学校说如果你的雅思考了 5 分，那你就可以不读语言课程了，但我相信也一定有学校说你即便考了 6 分，同样还是需要读相关的课程，所以还是要看学校的具体要求。

那么从您的角度来说，因为我们毕竟是要去读书的，即便前面有这个 20 周的课程，可能有很多学生和家长也会说，我还是要在国内把语言基础打好，这样到了那边以后，我才可以很迅速地进入课程的学习，所以您会推荐我如果到澳大利亚去读高中，我在国内最好还是先学一点雅思或者我先考一个雅思成绩。

郑怡君：这取决于小孩是否愿意，而且我个人觉得雅思是一个技能性的考试，它只包括听、说、读、写四个部分，而且其实雅思的考试内容无非教育、科技、政治，或者一些生活用语，但是对于小孩来说，他要做的是全面的准备，那么我觉得如果孩子没有读过新概念，其实可以读一读新概念的三和四，因为它有很多文化上的、当地的习俗，我觉得这是孩子要迫切了解的一些内容，因为像生活用语，这个教室在几楼、这个科技的东西怎么做，其实跟他之后的学习贴近度不大。但是如果小孩有自信，当然雅思也是一种方法，但是我更多的是推荐去读专题性的书，像新概念的三和四。

刘兴宇：所以如果说你目标非常明确，你想申请的学校有雅思成绩就可以豁免 20 周的预备课程，我就是为了这个目标去的，你其实可以去考一下。但如果不是这个原因，我只是为了提高我的英语水平，其实有很多渠道，不一定非得要走雅思这一条路。

郑怡君：是的。

刘兴宇：我们今天听小 P 老师给我们讲了如果想要到澳大利亚读初高中，是不是需要准备雅思这样的英语测试。非常感谢小 P 老师老师的讲解。

郑怡君：好，下次再见。

15 解开对面试的误解而充分准备面试

刘兴宇：在今天的节目当中，我们再次为大家邀请到了澳大利亚中学专家小 P 老师来到节目当中做客。小 P 老师，您好！

郑怡君：刘老师，您好！

刘兴宇：小 P 老师，今天我们跟大家来说一说澳大利亚初高中的面试。先来说一说现在大概有多少个学校会要求面试呢？

郑怡君：现在基本上私立学校都会有面试这一关，因为私立学校的面试主要是为了让学校老师了解小孩的品行，材料并不能反映一个小孩的品行。至于公立学校，现在相对来说只有墨尔本地区的公立会要求学生面试，主要也是要挑品行好的学生，因此澳大利亚的面试不是说是录取的关键，但它是一个辅助功能，让学校和学生都互相了解对方。

刘兴宇：对，您说的这一点我觉得很重要，之前我们在节目当中说到学校面试的时候，我们经常会强调说这其实是双向的，就是学校在挑选你，你也在感受这个学校的风格，所以这其实对于学生和家长来说是一定要很认真地去面对的一件事。

郑怡君：对，我觉得面试是一个很好的平台和机会，因为

我自己有一个学生，他收到了三所学校的录取通知，他在面试过程中会有自己的倾向性，国外老师的面试都是和小孩一对一的，不允许家长陪同，一般建议家长走开，或去其他的房间。小孩在跟几所学校的老师面试以后他很明确，他觉得我喜欢这个校长，最后选择了这个学校，这是一个很好的双向沟通的平台。但是我们通常会有一个通病，就是不知道要问什么问题，我们总是习惯性地问问题，但是其实家长或者小孩也可以主动提问，因为通常面试的最后校长都会问你有什么问题吗，这也不是客套话，你完全可以提出自己的问题，比如你对吃的、住宿或者学校氛围都可以提问，其实在提问的过程中你可以更多地了解学校。

刘兴宇：没错，既然您说到了学生要向老师提问题，您也给我们介绍一下一般情况下面试的时候，老师会对学生提出一些什么样的要求和问题呢？

郑怡君：大致的流程会让学生先做自我介绍，在自我介绍的过程当中老师会了解学生的发音和英文水平，然后会提问，主要内容就是是不是了解过学校，是不是了解过即将读的课程，本科阶段想要读什么。这个是我想要强调的澳大利亚教育或者国外教育比较好的一个优点，就是在你很小的时候就不停地问你以后想做什么。这是很重要的，因为小孩就会通过这个问题去反复问自己我以后的意愿是什么，这对于他以后的职业规划是很有用的。

之后还会问学生，家庭成员分别有哪些，有一些小孩甚至会说到他的狗狗，老外很乐意听到学生这么说，因为他知道你是一个很有爱心的小孩。有什么兴趣爱好？还会让你提一下你的特长，他会旁敲侧击地引导学生说更多的内容。

刘兴宇：一般情况下这个面试大概会持续多长时间呢?

郑怡君：一般是30分钟左右，不会太久，但是如果他跟你聊得很开心，可能会更久，可能聊到某一个话题你们特别有共同点或者共同语言，他就跟你聊得很多。

刘兴宇：这个面试的结果是录取当中很关键的因素吗?比方说前面的材料已经很好了，但是我面试表现不好，学校就不要我了。

郑怡君：不会，面试不太会影响到你的录取结果，只有一种情况，就是前面材料已经很好了，但是面试特别差。紧张和差其实是可以分别得出来的，所以如果是学生本身很差，那么可能面试会有影响，但是我们那么多学生面试下来，直接被拒的情况很少。除非位置很紧张，只有一两个位置，它拒了你，多半是因为位置的问题。

刘兴宇：明白了，一般情况下是什么人来面试学生呢?是校长还是招生官?

郑怡君：要看学校的构造和设置，像布里斯班地区和阿德莱德地区，真的是校长面试，像墨尔本地区很多就是招生官面试。面试官的层级还是比较高的，因为它们希望高层级的人了解到他们之后招的这个学生的品行怎样。

刘兴宇：现在一般情况下面试是通过什么样的方式进行的?网络面试吗?

郑怡君：对，澳大利亚主要还是网络面试，不像英国的剑桥要飞过去面试，基本上它们都是通过Skype视频面试的，现在有一些学校也开始启用微信，相对来说对家长便利程度更高一点。

刘兴宇：因为我们知道现在国外有很多学校很重视中国市场，所以很多校方的负责人也会经常飞到国内来在一些中介机构进行集中面试。这种情况现在多吗？

郑怡君：集中面试的情况还是有，但是因为家长很难约，现在家长也有自己的事情，他们也很难在固定的时间过来到某一个固定的地方。同时有一些问题可能是比较私密的，他不想在这么公众的地方讨论，因此现在更多还是会采用 Skype 面试。

刘兴宇：这个面试一般会放在一个什么样的时间节点上呢？是说我递交完了申请材料，实际上基本上已经到了录取的最后阶段才会进行吗？

郑怡君：一般是在录取的最后阶段会进行，他先看完基本材料，觉得你没有什么问题以后，无非想通过面试来进行一个品行上的评估，那么这个基本上是在录取结果出来之前进行。

刘兴宇：明白了，所以基本上面试过后很快你就可以知道录取结果了。

郑怡君：对，老师也会跟他说你大概多久可以收到录取结果。

刘兴宇：明白了，所以面试其实是一个特别直观的过程，学生可以感觉到这个学校的领导者、招生官的风格。老师也可以感觉到这个孩子是不是他们所需要的。有的时候其实在面试的过程中，学生往往能够直接感受到这个校长特别喜欢我，那么基本上你拿到这个学校的录取通知就不成问题了。今天小 P 老师给我们讲了澳大利亚关于初高中的面试，非常感谢您的做客。

郑怡君：好，下期再见。

16 获得录取之后

刘兴宇：在今天的节目当中，我们再次为大家邀请到了澳大利亚中学专家小 P 老师来到节目当中做客。小 P 老师，您好！

郑怡君：刘老师，您好！

刘兴宇：今天我们要来和大家说的是关于录取。一般情况下在递交材料之后两到三个月的时间，就可以拿到录取通知书了。

郑怡君：对，是的，一般情况下是两到三个月就可以拿到，有一些学校可能一个月左右就拿到了。

刘兴宇：我们先来说一说一般情况下，比如像您办理的学生，大概会帮助学生一次性申请多少所学校呢？

郑怡君：我们其实一般不会选很多学校，一般最多三到五所，因为公立学校一张申请表上面是可以选三到五所的，其实学生也已经选了十所学校了。我们也不建议多选，澳大利亚学校的录取都是大同小异，你多选了学校无非就是多做一些劳动，但是这个只是收到一张张纸。

刘兴宇：所以基本上拿到了录取，学生就要在拿到录取的学校里面最终确认，哪个学校是我最终要去的。

郑怡君：对。

刘兴宇：申请的时候是可以公立和私立同时来申请吗？

郑怡君：是，你在申请的时候其实是可以选择几所公立学校和几所私立学校，这样我也比较推荐的。因为在最初期择校的时候应该是多条路走，这样定校的时候我们选择会多一点，

一开始也不要都局限在公立学校，万一公立学校不行且满位了，那个时候再申请私立学校也满位了。所以我们就私立、公立学校同时走，这取决于学生家长对公私立学校无所谓的情况下。如果你只想去公立学校，相对来说也只允许你选五所学校，最多五所，我们按照你的顺序前后来递。

刘兴宇：一般情况下，如果没有拿到录取被拒了，多半是因为位置的问题吗？

郑怡君：悉尼地区多数都是位置的问题，我们碰到墨尔本地区少数是因为分数的问题，其实分数的问题也就是位置的问题，因为位置太紧张了，所以只能择优录取。这个市场规律肯定是会有变化的，因为中国学生每年去悉尼、墨尔本的都很多，市场持续在增长，它肯定要挑好学生，所以我估计后面两年会变成择优录取。这个还是需要家长时时关心，也不能光看贴吧或者光听朋友的介绍，因为很容易以偏概全。

刘兴宇：如果被拒了，还可以马上再申请吗？那个时候估计是不是还能再申请的就很少了？

郑怡君：被拒了之后教育局就会推荐我们尽快择校，就是选择备选学校，所以我们在初期咨询的时候会选多所学校，一般六所左右，因为像维多利亚，就是墨尔本地区它是五所学校。五所学校我们不可能都挑热门的，肯定有两所是保底学校，所以基本上出现第二轮选校方案的情况很少。

刘兴宇：明白了，所以就是实际上即便你确实被拒了，需要第二轮来提交选校方案也来得及，还是有一些学校肯定是有空位的，只是看学生和家长是不是能够接受这样的学校。

郑怡君：对。

刘兴宇：有一个小问题，就是我们之前在媒体当中也看到，有的时候可能会有一些财大气粗的家长说，我选的这个私立学校，你没要我，我可不可以给你捐助一个图书馆？或者给你捐助一个体育馆？或者你们中介是不是跟这个学校关系很好，能不能弄出一个位置来？有这种情况吗？

郑怡君：我们之前有碰到家长，当申请被拒了之后，他说我可以出钱干很多事，但学校基本上是会拒绝你的。公立学校就更别谈了，因为它是教育局统一管理，它没位置就是没位置；私立学校虽然是私立，但它还是以教育为本，如果他收了你这个钱还破格录了一个不合格的，其实是违法的。因为当地人会投诉，一旦投诉，你会很麻烦。

刘兴宇：所以这个基本上没戏，大家不用动这个脑筋了。

郑怡君：对。

刘兴宇：还是认认真真好好来申请。我们再来说如果拿到这个录取了，拿到了几所学校的录取，我们是要在第一时间马上给学校回复说我确定了，我要去哪所学校吗？

郑怡君：一般的话，学校会设定两周到四周的接受日期，建议在这个日期前接受，如果没有办法在这个日期前接受，我们建议优先写邮件到学校去延长这个接受日期。

刘兴宇：就说你还想再多纠结一段时间？

郑怡君：对，当然也不能说纠结，我们会以各种理由，比如家长在旅游，以其他借口想办法留出更多的时间给家长做选择。因为以前其实你不用太关注它的截止日期，但是现在因为人多，所以你不得不把这个问题重视起来。

刘兴宇：但这种情况应该比较少见，大多数学生和家长实

际上在选校的时候心里面已经基本上有一个排序了。

郑怡君：对，这种情况比较少，但是会出现在公立学校和私立学校同时申请的学生身上，特别是墨尔本地区，因为墨尔本几所公立学校性价比也很高，排在全州前50，但是位置很紧张，而且它们放榜的时间也很晚。通常这个时候他已经被一所私立学校录取了，但还想等，就是这种等的情况会多一点，基本上不太会有这种拿了录取不付费的情况。

刘兴宇：明白了，如果我确实拿了五所，我最后只能去一所，另外四所我们需要跟学校写邮件明确表达我不去了吗？

郑怡君：原则上是需要的，也建议学生这么做，因为这是一个礼貌的问题。我们通常也会主动告知学校这个学生不去了，因为高中的系统不像大学是很清楚的，高中它们还是会把你的位置留下来，所以你如果很晚再告知它们，它们也很难安排。

刘兴宇：对，相当于你占着这个学位。那么关于拿到了录取结果以后，我们应该怎么做，如果出现了一些意外的状况，我们怎么来进行补救，今天小P老师给我们做了非常专业的讲解，谢谢！

郑怡君：下期再见。

17 全方位的签证准备

刘兴宇：在今天的节目当中，我们再次为大家邀请到了澳大利亚中学专家小P老师来到节目当中做客。小P老师，您好！

郑怡君：刘老师，您好！

刘兴宇：今天我们要来和大家讲的是学生在已经确定了要到哪一所学校去就读之后要面临的关于签证的话题了。今天我们请小 P 老师给大家详细说一说学生签证。澳大利亚的学生签证是面签吗？

郑怡君：大家好，澳大利亚的学生签证并不是面签。所有的学生签证都是要交到阿德莱德签证审理中心的，都是在线申请，以前最早的时候可能还有寄到澳大利亚的，但现在全部采用无纸化办公，都是在线的了。

刘兴宇：所以不是说像我们平时申请澳大利亚的签证，我们只要交到澳大利亚驻当地的使领馆就可以了，而是要到阿德莱德签证中心去线上申请。

郑怡君：对，这跟我们平时的旅游签证、商务签证不太一样，澳大利亚的旅游签证、商务签证分别是交到北上广的签证中心，然后由当地的领馆来审核。学生签证都统一要通过在线的签证申请系统，然后由阿德莱德地区审核。

刘兴宇：中学生签证需要提交哪些材料？

郑怡君：中学生签证是常规的学生材料，但是额外有一个资金的问题，澳大利亚现在的学生签证已经没有存期的要求了。但是如果你是父母一方陪读，还是要存满三个月。如果你是单纯地让学校安排监护，且你的资金没有太大问题，签证材料相对简单，澳大利亚已经简化了很多，户口本都不要了，现在就是一些基本的材料，如出生公证、学习材料、学习计划，学习计划是新增的，但是存期只有在陪读的时候会涉及，如果你不是陪读的，正常学生签证已经没有存期的要求了。

刘兴宇：明白了，这个担保金的费用大概需要多少？

郑怡君：一般的话现在是这样，如果是学生签证，移民局规定，金额你可以写20万~30万澳元，原则上不需要提供存款证明。因为签证官一直的政策就是你可以不提供，但是我可以问你要，所以我们在前期准备的时候还是会让家长提供，这样就规避了签证官要的时候你还要去开，这个时候签证官要我们就可以直接给他，这是节约时间的一种方式。

刘兴宇：一般情况下澳大利亚的学生签证一次给几年呢？

郑怡君：澳大利亚签证其实跟其他国家有点不太一样，英国是一段一段给的，美国是一年一年给的，澳大利亚是从头给到尾的。比如说我现在是五六年级的学生，相对短一点是给两年，就是从五年级给到七年级，但是如果你是七年级的学生，一直会给到你高三毕业。

刘兴宇：一下给到十二年级？

郑怡君：对，基本上是五年左右的签证，这个还是比较好的。

刘兴宇：明白了，所以基本上我们可以这样来理解，就是如果你是中学去的，往往都会给到十二年级毕业，你十年级去我就给三年；如果你是十一年级就给两年。您前面说了这个签证是要到阿德莱德签证中心去在线申请的，也不存在要把护照寄过去，所以也没有签证页？

郑怡君：对，澳大利亚从很早开始就已经没有签证页了，都是电子签证。电子签证其实就是一个word，通常大家会很忽视这个问题，这个文件一定要保存好，因为我们经常碰到家长说找不到，这个是很重要的。通常还有一个问题就是因为没有贴签页，所以澳门转机有问题，在买机票的时候也要特别注意这一点。

刘兴宇：这是关于签证的具体问题，我们再稍微延展一下。我们都知道，在澳大利亚大学生是允许合法打工一定时长的，中学生签证允许吗？

郑怡君：澳大利亚的学生签证都是允许每两周合法打工不超过40小时，中学生原则上是允许的、条例上是允许的，但是因为学生未满18周岁，所以你打工需要得到学校的同意，因为要保证安全问题，打工是允许的，但是要申请。

刘兴宇：明白了，因为你的年龄还不到成年人的这个年龄的限制。

郑怡君：对。

刘兴宇：前面我们在节目当中也说到了，你拿到的这个澳大利亚的学生签证对入境日期是有详细规定的。一般情况下是在课程开始前的两周，有的学校是非常明确地规定你只能在一周之内入境，这个要特别注意。而且我们知道你拿的是学生签证，你主要的目的是去学习的，所以签证方对这一方面有什么要求吗？

郑怡君：有，澳大利亚的签证要特别当心，它有一个出勤率的规定，签证规定是必须不低于80%。如果低于80%，学校会把学生的情况上报给移民局，那时你就会面临一个问题，就是你的签证会被取消，会很麻烦。特别是高中生到高年龄阶段会出现这个问题，低年龄阶段相对还好。

刘兴宇：如果取消了意味着我离境了，当我再次入境的时候会出什么问题吗？还是说有可能会被遣返回国呢？

郑怡君：签证取消也就意味着你没有合法的身份留在澳大利亚，原则上要马上离境。你再次入境就要申请签证，那么当

你再次入境申请签证的时候，他就会质疑你，因为你之前就是因为不出勤读书，你为什么又觉得这一次自己可以做到出勤读书？所以这是再次签证的风险。通常还有一个时间差的问题，学校上报给移民局取消签证，通常有 28 天的延缓期，在这个时候我们就会建议学生换学校，换到更差的学校，只能是想办法让他合理地留下来。

刘兴宇：明白了，所以这种情况最好是不发生。

郑怡君：对，因为现在签证官审核越来越严格，学生最好出勤率不要太低，有很多学校对出勤率都有一定的考量。

刘兴宇：对，所以大家一定要明白，你到澳大利亚就是去读书的，不要把时间用来做别的事情。关于签证我们今天的节目当中就先说到这儿，谢谢小 P 老师！

郑怡君：好的，下次再见。

18 行前准备："带"与"不带"

刘兴宇：在今天的节目当中，我们再次为大家邀请到了澳大利亚中学专家小 P 老师来到节目当中做客。小 P 老师，您好！

郑怡君：刘老师，您好！

刘兴宇：今天我们要来和大家说的是同学们获得了签证，准备出发了，行前我们应该做些什么样的准备呢？先来说家长最关心的恐怕是获得签证了，我们开始准备收拾东西的时候，要准备些什么呢？

郑怡君：大家好，一般在获签之后大家的确会关心要准备

什么。最基本的内容是资料：你申请学校的成绩单、你的付费底单、照片、出生公证。这些基本的资料要带好。

刘兴宇：这个都要原件吗？全部要原件？

郑怡君：我们建议带一套原件在身边，但是身份证就不用带了，有很多家长也会顾虑要不要带身份证，因为在国外你真正的身份证就是护照了，所以身份证还是留在国内。其他资料都是建议带原件，尤其照片，因为国外印照片挺贵，但基本上都是用两寸的照片，我们建议孩子带 20 张过去。

刘兴宇：明白了，照片、申请时候的材料原件、出生公证都要带齐。这是资料的部分。

郑怡君：然后是衣物，衣物建议家长看一下季节，因为通常初高中学生回来的频率比大学生多一点，所以备好当季的衣物就可以了。然后是电脑，因为很多学校现在是无纸化教学，所以电脑是必需品。其他的话根据需求来，在衣物当中要再增加一点，建议大家准备一套正式的西装或者礼服，因为澳大利亚的很多场合都需要穿。

还有一些家长会说带一些肉类，特别是家乡土，这是老人经常会让孩子准备的。这个就不用带了，因为到机场会被没收。

刘兴宇：这是资料和应该要准备的一些具体的东西。有一些家长很关心两个问题，一个是保险，一个是通信。我们先来说保险，在之前的节目中您曾经说过，在国内现在应该是要买海外学生保险。

郑怡君：是这样的，有家长会提到他有没有必要在国内买个保险，其实没有太大的必要，因为学生在首次赴澳的时候都会有一个海外学生保险，而且这个保险是涵盖你整个留学阶段

的。如果说你是为了投资，你可以买；如果你是为了安全度，其实意义不大。

刘兴宇：所以只需要有学校规定的海外学生的医疗保险就够了。我们再来说通信，因为大家知道现在在网上买一个澳大利亚的电话卡很方便，要不要提前买好呢?

郑怡君：现在因为有万能的淘宝，所以买电话卡这些都很方便，但是我建议其实可以到澳大利亚再购买，国内首先要做的是把手机号开通国际漫游，方便小孩到了澳大利亚以后出现了紧急情况随时可以电话联系。

因为澳大利亚机场都有 wifi，现在我们很多沟通都是通过微信进行的，所以有 wifi 就可以生存了。开通国际漫游的原因是碰到紧急情况，比如你要转机，转机的过程当中可能有延误，这个时候有国际漫游你就可以时时向中介和家长报平安。到了澳大利亚以后，通信上选择性很大，一般有三家供应商：Optus、Telstra 和 Vodafone，它们有很多活动，推出了针对当地学生的大量套餐，包括后续的很多服务，这是淘宝上没有办法给你的。

刘兴宇：所以手机卡到了当地再买，走的时候带一个国内的电话，到了那儿以后马上连接机场的 wifi，跟家长及时报平安。前面我们也说到了，很多学生会选择寄宿家庭，家长于是会想，我们是不是应该给寄宿家庭的家长带一些礼物呢?要不要给学校的老师或者当时面试我的招生官带一些礼物呢?这方面您有什么建议吗?

郑怡君：我们会建议学生准备一些小礼物，但不需要很贵，比如说中国的脸谱书签，有中国特色的就可以，或者是围巾、小方巾，不需要很贵，因为老外注重的是礼尚往来，同时住家

也会觉得你第一感官比较好一点。

刘兴宇：这是一个懂礼貌的孩子，因为你心里面惦记着我。关于行前准备，今天我们主要讲的是大家要准备一些什么具体的东西，实际上除了这些之外，还有一项很重要的就是心理的准备，大家要做好这种行前心理的建设，要对海外的情况有更多的了解。今天我们更多讲的是实际层面的，非常感谢小 P 老师的讲解。

郑怡君：下期再见。

19 留学成本和费用准备

刘兴宇：在今天的节目当中，我们再次为大家邀请到了澳大利亚中学专家小 P 老师来到节目当中做客。小 P 老师，您好！

郑怡君：刘老师，您好！

刘兴宇：今天我们来跟大家讲一讲在澳大利亚读中学的花费。先来说一说一般情况下中学生在澳大利亚读书，一年大概花费多少？

郑怡君：大家好。生活费在澳大利亚一般是 10 万元左右，这个是固定的。但是难以固定的是学费，学费的幅度差额会比较大，从 15 万元到 30 万元不等。总的来说公立学校基本是 25 万元，这个是满打满算了。

刘兴宇：您说 25 万元满打满算是说学费加上生活费？

郑怡君：对，因为首先，学生没有额外的开销，无非多一个交通，但是交通费不算很多，所以基本上 25 万元肯定够了。

刘兴宇：私立费用差别就很大。

郑怡君：对，私立费用差别很大，因为首先学费的基数是不一样的，所以这个就看您选择什么样的学校了。

刘兴宇：我记得在之前的节目当中您曾经说过有一些顶级的私立学校仅学费一项就要 7 万澳元，那么这样加下来一年就要五六十万元人民币了。

郑怡君：是的，我们之前碰到过一个学生，是送到悉尼地区比较好的一所学校，学费加住宿费 7 万澳元，我们算了一下基本上是 30 万元。但是额外有很多开销，因为学校每一年都会有捐献，是为了教会小孩要有公益心，1 000 澳元起步，你不换成人民币觉得还行，但是换成人民币后就变成捐一次几千元出去了。额外的社交费用其实是很昂贵的。

刘兴宇：没错，这个是一个总的学费。学费一般情况下要什么时候来支付呢？

郑怡君：澳大利亚比较有特色的一点就是，和其他国家有所不同，是要先交的。英国是先交，美国是 case by case，但澳大利亚是在签证前一定要交费，因为你交了学费以后它会出一个 COE 电子确认书，只有有了这个电子确认书我们才能递交签证，因为在这个电子确认书的文件上有一个号码，这个号码是和移民局互通的，我们要输入这个号码才能交签证，所以交费是必须要做的一件事情。

刘兴宇：您之前说到签证的时候说学生一次性会给到高中毕业的签证，这意味着我要把几年的学费都支付吗？

郑怡君：这倒不用。如果要学语言，就先付语言阶段，如果是直接读高中，就是交一年高中的费用。你后面的学费基本

上是每年支付，如果说家庭碰到突发情况需要按学期支付，也是可以向学校申请的，但是需要提供相关的证明。

刘兴宇：学费怎么来支付呢？国内通过电汇就可以直接汇给指定账户吗？

郑怡君：是的，基本上现在通知书上都会有电汇账户，我们都是通过电汇。现在还有一些比较公众的平台叫西联，很多学校会采用该平台，现在西联也是一种主要的途径。西联的优势在于它可以在线支付，用银联卡，只要你开通在线功能，且你的额度也允许你一下子付那么多的情况下，在线支付也是一种途径。

刘兴宇：我们都知道，学生到澳大利亚去读书，往往第一年支付的费用会相对多一些，会有一些其他的杂费，这个杂费一般情况下会包括一些什么名目的费用呢？

郑怡君：一般第一笔费用会比较高一点，它包括注册费；海外学生保险，因为基本上学生读三年或者四年，保险费要2 000～3 000澳元；学费的定金；住宿安排费；住宿费；接机安排费；校费或者是生活费。这是第一笔名目。到后面就是全学费，当然也会有活动，这不用担心，因为每一年你付多少钱、怎么用的，学校会有一张很明确的清单给到每个学生专属的账户。

刘兴宇：第一笔额外多出来的这个费用大概总额是多少，如果我们以公立学校来计算（可能比较方便统计）？

郑怡君：一般第一笔学费不会超过12万元。

刘兴宇：这个费用是家长需要在第一笔支付前准备好的。

郑怡君：对，除了担保金的30万元，其实你要额外有15万元左右的余款可以让你支付学费、体检费等额外的费用。

刘兴宇：前面您讲到了海外保险，这个海外保险是现在想要到澳大利亚读高中的学生必须购买的吗?

郑怡君：对，海外保险其实以前我们最早开始做的时候学生只买一年，但是从 2009 年开始海外学生保险有了一个更新的政策是必须购买，而且必须购买整个阶段。那么从 2016 年开始又更新了政策是必须从入境起就要有海外保险，因为有很多学生就像我们提前四个月做的签证，他提前两个月就去，或者提前三个月就去了，但是也碰到学生就在那边出了事故，比如从电梯上摔下来骨折了，这个时候你是没有保险的，就诊费用很高昂。

刘兴宇：如果我打算 1 月 1 日入境，你的保险就要从 1 月 1 日起买，或者起码能覆盖这个 1 月的时间，你买一个 12 月 20 日已经生效的保险，这是可以的。

郑怡君：对，可以这样理解，因为我们今年 7 月就碰到很多学生，以前的规定是只要提前一周，甚至有些学校就是开学当天开始，所以我们碰到一批学生是额外加购了几天的保险。因为保险如果没有开始，你会有一个风险，到海关，海关是可以扣留你的，这种情况是每一个家长都不想遇到的。

刘兴宇：所以海外的学生保险家长一定要做好相关时间安排。

郑怡君：是的，一定要联系自己的中介，在出行之前确认一下你的海外学生保险是不是购买得符合要求。额外加几天其实没有多少钱。有一些家长会比较计较，我觉得你大钱都出了，这个小钱就不要太心疼了，因为这是政策上的问题。

刘兴宇：没错，今天我们听小 P 老师为我们讲解了澳大利

亚读初高中的费用方面的一些安排，特别是在第一次付费的时候会有一些额外的杂费，需要家长把相应的额度准备好。非常感谢小 P 老师的讲解，谢谢！

郑怡君：好，下期见！

20 新生过渡期

刘兴宇：在今天的节目当中，我们再次为大家邀请到了澳大利亚中学专家小 P 老师来到节目当中做客。小 P 老师，您好！

郑怡君：刘老师，您好！

刘兴宇：小 P 老师，今天我们要来跟大家讲述学生到达澳大利亚、进入学校以后的一系列话题。我们先来跟大家说一说学生到了澳大利亚以后，需要一个过渡期或者适应期吗？

郑怡君：学生一般到了澳大利亚都需要一个过渡期或者适应期，到任何一个西方国家其实都存在这个适应期的时间。到澳大利亚的话，一般需要三个月左右，基本上能够跟上澳大利亚的学习和生活节奏。有些学生可能会慢一点，需要半年左右的时间，甚至反射弧更长的学生，可能要一年。但是基本上大多数情况是三个月，前三个月通常是抱怨最多，或者是产生不想读下去的念头最多的一个阶段，但是到后面就会好。

刘兴宇：这个适应期往往会出现的障碍或者问题集中在哪些方面呢？英语水平上吗？

郑怡君：其实这些适应期最主要的问题是英文水平，但是它的表象会有很多，他会有想家的情绪，会有厌学的情绪，会

觉得食物不适应，或者和住家的关系不适应，最多表现的问题就是和住家的关系。看了这么多学生，其实最主要的就是英文不好，或者说他的英文还没有足够自信到和对方去交流，所以他就会产生自卑情绪，但是他回家跟家长通话的时候不可能告诉家长我英文不好，因为如果说是英文不好，家长会说那你多学一点，对他们来说没有得到任何安慰。所以他们只会挑刺，找住家的问题、找学校的问题，这样家长在国内因为也帮不到孩子，也不了解实际情况，只能是给学生更多的安慰，学生从这个过程中寻求到一定的慰藉，知道至少有人关心我。那么其实最根本的适应是英文的问题。

刘兴宇：从您的角度来说，您觉得学生怎样才能加快这个适应的速度呢？有一些什么样的办法吗？

郑怡君：通常的话，如果学生参加体育活动或者音乐表演更容易交到当地的朋友，这样适应起来会更快。这个体育不一定要是专业级别的，比如他喜欢打篮球，就多参加篮球运动。孩子不能太内向，如果他只是喜欢在家看书，适应期相对就会长一点。

刘兴宇：如果学生在适应的过程当中确实遇到了一些困难，学习上或是交朋友上，或者不适应上课的方式，有时候也许听不懂老师讲什么，这时我可以向学校提出一些帮助的需求吗？

郑怡君：这要看学生去什么类型的学校了。如果学生去的是公立学校，在这一块服务是相对薄弱的，因为公立学校由教育局统一管理，虽然学校老师也会关注学生，但是关注度没有那么高。但是如果你去的是私立学校，因为每天学校的老师都会写这个学生的反馈给国际部的老师，如果他们觉得他有情绪

上的问题，国际部老师会主动关心学生，现在微信也比较方便，很多国际部的老师是有家长的微信的，他也会主动跟家长说学生存在情绪上的问题。这样，其实学校主动去接触学生比学生的问题爆发以后再去处理会有效很多。

刘兴宇：是的。而且也能够在早期就把孩子的一些不良的情绪做非常好的疏导。

郑怡君：对，其实很多就是错过了那个时间点，但是私立学校可能做得更好，公立学校则需要家长经常跟孩子沟通，但是这个沟通不能有批评，因为一旦批评，孩子以后就不跟你说了，只跟你说好的，所以还是要鼓励孩子说出各种情绪。

刘兴宇：如果和住家有一些沟通上的障碍，学生可以向谁来求助呢？也可以和学校的老师说吗？

郑怡君：如果是住家的问题，也可以和学校的老师说，但是小孩子在反馈问题的时候通常不能太全面地列举出事情，只会说不给我吃，或者不让我用。在和学校老师反馈的时候，要把尽可能多的问题反馈，不能只是反馈一个点。

刘兴宇：明白了，就是说学生要知道你在学校过渡期的期间，如果遇到一些问题的时候，你应该向谁去求助。实际上如果你向老师求助，老师还是会很愿意帮助你的，帮你去沟通，帮你了解一些相关的情况。学生到校的适应期是一个客观存在，其实学生和家长在出国前要做好这方面的心理建设。

郑怡君：是的。

刘兴宇：不要到了国外遇到这些问题的时候学生和家长都懵了，这对孩子有效地、良好地度过这个过渡期是没有什么帮助的。

郑怡君：对。

刘兴宇：我们也非常感谢小P老师今天的做客，谢谢！

郑怡君：好，下次再见。

21 选课的定义和操作

刘兴宇：在今天的节目当中，我们再次为大家邀请到了澳大利亚中学专家小P老师来到节目当中做客。小P老师，您好！

郑怡君：刘老师，您好！

刘兴宇：今天我们要请小P老师在节目当中来和大家说一说关于学生选课这个话题。在之前的节目当中你也说到了，在澳大利亚的初中和高中，大量的课程是需要学生自主来进行选择的。

郑怡君：大家好，在澳大利亚的初高中阶段，很多课程完全是学生自己选，老师只会给出参考性的意见。在十一年级也就是高二以下，其实没有规定死的科目，学生到校的时候老师会不停地问学生，每一年都会问他，你以后本科想读什么？你以后想从事什么职业？当然学生的想法每一年都会有变化，老师也会给出指导性的意见，让学生选对应的课程。最多可以选10门不同的课程，有些学生甚至会选木工，因为在国内的初高中基本上已经没有木工这门课了，只有在我还是初高中的时候有学工，但是现在这块相对就少很多了。澳大利亚老师的认知是，学生只有在学过不同领域后才知道你适合什么，所以相对来说只有高二以上的科目会定死一点，但是高二以下相对还好。

刘兴宇：因为在之前的节目当中您曾经给我们讲过，到了十一年级以后英语是必修科目，另外要选几门作为高考的计算分数来使用的科目。那么这个高考计算科目的这几门课也是规定死的吗？还是说我可以自己选择几门相当于向高考送分的这种感觉呢？

郑怡君：在高考阶段，英语是必须要选的，但是其他都是自己选择。通常中国学生容易拿分的科目还是数学、物理、化学，现在一般的高中生在高考阶段会选一门英语、两门数学，数学里面有一个高阶数学，也就是高等数学，这个通常是加分项，或者是物理、化学、生物，但是很少有选商科和会计的，因为这对他们来说有点难，课程中有很多论文要写，他们很难拿高分。现在越来越多的学生会选日语和韩语，特别是韩语今年选的学生特别多，可能是受韩国综艺和韩剧的影响。

刘兴宇：是。以前我们也听说中国学生选像历史、地理这样的人文学科的数量也是比较少的。

郑怡君：对，千万不要选历史和地理。因为澳大利亚学的都是西方史，有很多中国学生感兴趣的是中国历史，而且历史和地理涉及大量的词汇。如果英文不够好的学生，其实我不太建议你选。

刘兴宇：前面您说到了中国学生选数学很多，因为大家都觉得自己的数学底子很好，学起来可能会简单一些。澳大利亚高中阶段的数学课程确实真有那么简单吗？

郑怡君：这个取决于级别，因为澳大利亚的数学是分三到四个级别，最基础的是很简单，主要是代数题，于是很多学生在基础数学的时候觉得很简单，就会掉以轻心。再往上就会难

一点，有一些叫 Further Mathematics 或 Advanced Mathematics，其实就是高等数学，微积分、线代这些，相对比较难了。还有一个问题就是我们因为参加学生的家长会比较多，有的学生十年级的时候数学很好，十一年级就会走下坡，为什么？因为十年级的数学都是代数，如果不理解单词你可以猜，但是十一年级都是解答题，你猜不了，因为理解不了。所以数学要读得好，其实和英文休戚相关。

刘兴宇：对，明白了，所以千万不要认为澳大利亚高中数学特别简单，你可以一路很轻松读上去拿高分，还是需要大家认认真真来读的。那么也会有一些同学很关心，选修课我是不是可以选音乐、体育这样的课，也可以算我的学分？

郑怡君：既可以选音乐，也可以选体育，但是通常我会对我的学生说，千万不要掉以轻心，因为音乐要学乐理，体育要学人体机能学，这两块其实是中国学生的薄弱项，在国内的时候音乐和体育就等于是完全休息放松，唱唱歌、打打球，但是澳大利亚有一半的理论知识，这个理论知识像乐理可能就涉及英文、古英文，比如莫扎特的这些单词相对比较长。体育也是一样，凡是跟人体机能、生物、化学挂钩的单词都特别难，所以这又是考验英文能力的科目了。

刘兴宇：所以大家的英文底子一定要打得扎扎实实。也会有同学来问，如果我选了课，已经开始上了，但我发现这个课不太适合我，或者我不喜欢，或者这个课程度太深了，我跟不上，怎么办？我可以调课或换课吗？

郑怡君：如果你在高二以下，一门课可能就是一个学期，你到下一个学期可以把这门课换成另一门课，但是如果你是高

二上，高二开始其实你选的科目就不能换了，一般你会选五到六门课，但是高考计算可能是四到五门，你只能放弃一门，这一门就完全放弃了，不要花太多时间和精力在这门课上，但是你并不能换课。

刘兴宇：所以这就是为什么以往一些专业人士，包括小 P 老师和我们聊的时候会说，建议学生最好十年级就到澳大利亚去读，其实是给孩子在选课上面一个缓冲的时间，否则你直接去读十一年级，你选的课万一不合适，又不能换，就会影响到你的成绩了。

郑怡君：对于十一年级这批学生，如果想直接去，我们的建议是你还是选物理、化学、生物比较好，不要去挑那些冷门的比如创意产业、画画这些文科类的科目，因为这会影响到你的高考成绩。低年龄更好适应一点。

刘兴宇：关于选课今天我们就先说到这儿。选课是一个大工程，实际上是每学期开始的时候学生都需要很认真去面对的一件事情。非常感谢小 P 老师今天的做客，谢谢！

郑怡君：好，下期再见。

22 学校假期和在校作息

刘兴宇：在今天的节目当中，我们再次为大家邀请到了澳大利亚中学专家小 P 老师来到节目当中做客。小 P 老师，您好！

郑怡君：刘老师，您好！

刘兴宇：今天的节目当中我们请小 P 老师来给大家讲一讲澳大利亚中学的作息和假期。我们先来讲一讲中学生一天的作息是怎么安排的呢？

郑怡君：大家好，一般中学生是 8:30 到 9:00 开始上课，下午放学时间应该是 3:00 或 3:30，结束之后学校其实有很多体育活动、图书馆辅导和校外活动。其实鼓励学生多参加下午 3:30 以后的活动，但很多中国学生还是会打道回府，回住家待着，一般会先做作业，到四五点钟的时候住家会让孩子一起帮忙准备晚餐，因为住家希望把孩子当做家庭的一分子，会鼓励学生帮住家做一些日常生活上力所能及的事情，这样有助于你了解澳大利亚的文化。

刘兴宇：所以早上 8:30 或者 9:00 开始上课，到下午 3:00 或者 3:30 基本上就可以离校了，当然你可以参加一些课外活动。这是一天的作息，我们再来把这个时间段放得更长一些，澳大利亚的中学一般是每年几个学期？有几次大的假期呢？

郑怡君：澳大利亚的初高中一般都是四个学期，我们前面曾提及，1 月是主开学，1—3 月是一个学期，4—6 月、7—9 月、10—11 月是另外三个学期，从中可以看出，其实第四学期只上两个月都不到，相对来说 11 月就是他们的暑假，因为澳大利亚和我们的节气正好相反，暑假大概是两三个月，中间的学期假期分别是两周左右的时间。

刘兴宇：所以长假期一般是 11 月一直到第二年的 1 月，4 月、6 月、9 月都会有一个两周左右的短假期。

郑怡君：是的，这个假期其实家长可以上学校的官网看，

每一年的假期都是固定的，有些学生会善意欺骗家长，想早一点回家，这个时候其实家长看看网站，就可以把每一年的时间都卡得很死。

刘兴宇：对，除了这样一些大的假期以外，有没有比方说类似咱们国内的和法定节假日拼在一块的这种所谓的小长假，有这样的假期吗？

郑怡君：有，澳大利亚小长假非常多，每个州有自己的节日，国家也有自己的大小节日，通常都会结合双休日的某一天成为一个小长假。

刘兴宇：放假的时候，孩子们一般都会做什么呢？我们都知道最长的假期比较好安排，可能很多孩子就回国了，如果是两周的短假期，一般孩子们怎么安排呢？特别是对于我们这样的国际学生。

郑怡君：一般两周的假期多数学生是不会回国的，他们会选择和住家待在一起，或者是和同学一起去别的城市旅游。但是这个时候要特别当心，学校会和家长确认是否知道这个情况，因为你去旅游，学校要担心小孩子的安全，所以基本上会让家长签同意书以后才会答应学生的诉求。

刘兴宇：在澳大利亚的中学，学生有寒暑假的假期作业吗？

郑怡君：没有，因为在澳大利亚人的观念里，你要玩得开心，才能学得开心，放假他们最主要的就是好好休息，即便是高二、高三的学生，他们有很多是自主地在外辅导。所以这就是西方教育不同的一点，越高年龄的孩子其实自主学习越多。

刘兴宇：所以刚才我们听小 P 老师给我们介绍了澳大利亚中学的作息和假期，每天的时间以及每年学生的假期，包括每

个学期具体的时间是怎么来安排的。非常感谢小 P 老师的讲解。谢谢！

郑怡君：好，下期再见。

23 通过参加课后活动有效融入当地群体

刘兴宇：在今天的节目当中，我们再次为大家邀请到了澳大利亚中学专家小 P 老师来到节目当中做客。小 P 老师，您好！

郑怡君：刘老师，您好！

刘兴宇：在今天的节目当中我们要请小 P 老师来给大家讲讲澳大利亚中学的学生社团和课外活动。澳大利亚的中学和英美的中学一样，学生社团特别丰富，是吗？

郑怡君：大家好，其实在澳大利亚，初高中阶段学生社团并没有大学或者英美国家那么多，但是每个年级是有 10 ~ 12 个学生组成一个学生会，有很多活动是学生会发起的，比如说如果是中国的中秋节，他们可能就会专门为中国学生准备一个活动，了解中秋文化和中国的美食，这些都是由学生会发起的，到大学学生社团会多一点。

刘兴宇：所以跟英美还真的不一样，因为我们都知道，美国的高中，我们甚至会鼓励学生自创感兴趣的社团，在澳大利亚则略有不同，多半是要依靠年级的学生会。那么课外活动呢？在上一期节目当中您讲到，3:30 放学以后，学校有时候也会有课外活动，这个一般指什么样的内容呢？

刘兴宇：学校的课外活动其实大多是公益性的，因为不管

你是私立学校还是公立学校，其实都是在这个社区管辖的，所以会和当地的社区一起做一些利于社区的活动，比如澳大利亚到秋季的时候会有落叶，这时学校会鼓励学生协助社区清扫之类的。

刘兴宇：像这样的公益性的课外活动，是强制要求学生必须要参加，还是说完全是自愿的?

郑怡君：这种是自愿的，但学生大多数还是愿意参加，因为同学间会互相影响。

刘兴宇：您说到互相影响，其实我们还想延伸一个话题，因为在之前的节目当中您在讲到学生适应的时候说学生要多参加一些群体性的活动，比方说体育活动、音乐课，包括您刚才讲到的这些课外活动，才能很快融入当地的生活，融入学校的氛围当中。请您也来跟我们说一说，在澳大利亚一般有一些什么样的体育项目是学生可以去积极参加的，以便更好地融入其中的呢?

郑怡君：澳大利亚比较热门的项目有篮球，或者你会乒乓球、羽毛球这种中国特色较强的，或者是游泳，如果学橄榄球也很好，我有一个学生在昆州，他就是橄榄球队的，基本上很快就适应了环境，现在他毕业了，他的很多朋友都是当地的，相对中国面孔会少很多，其实这对他了解澳大利亚的文化是很好的。

刘兴宇：多半是一些群体性的运动。

郑怡君：对。

刘兴宇：多参加这种群体性的活动，能够帮助我们的孩子尽快地融入。既然说到了体育，我们也来稍微说一说音乐，因为你也知道，很多中国的孩子在国内的时候，可能会学习一些

民族乐器，家长就会担心我到了澳大利亚，比如我是学古筝的、学二胡的，是不是到了学校，就没有这样的老师了？我的孩子就不能继续这样的学习了？澳大利亚的中学有这方面的资源吗？

郑怡君：其实民乐这块相对少一点，但是在申请的时候或者是咨询定校的时候，我们会向学校提出这个诉求，如果学校能够找到对应的老师，它会告诉你需要自费，但是如果没有，它会告诉你没有，你还会不会考虑我们的学校。所以基本上我们会把这个诉求点提前告知学校。擅长民乐的这批学生其实能很有效地融入当地团体，因为当地人西洋乐器都很强，每个学校都有校乐队，而且它们每一年都会有联合演出，因此通常你要想在西洋乐器上赢得这一席位是比较难的，但是如果你擅长民族乐器，如二胡、古筝，这通常是它们缺的元素，是很容易进入校乐队的。进入校乐队的优势在于成员基本上都是当地的，你也更容易交到朋友。

刘兴宇：明白了，所以刚才我们从学生的学生社团、课外活动延展到了体育和音乐，出发点是希望孩子们能够多参加类似这样的一些活动，才能够和当地的同学尽快创造更多交流的机会，大家在一起学习、玩耍的机会，这样你才能加快自己融入当地的速度，这对于孩子来说应该是非常有帮助的。我们非常感谢小P老师今天的做客，谢谢！

郑怡君：我们下期再见。

24 升学考试的误解

刘兴宇：在今天的节目当中，我们再次为大家邀请到了澳大利亚中学专家小 P 老师来到节目当中做客。小 P 老师，您好！

郑怡君：刘老师，您好！

刘兴宇：今天的节目当中，我们要请小 P 老师来和大家说一说澳大利亚的高考体制。我们说高考之前，先来说一说咱们中国所谓的中考，比方说初中升高中，就是十年级升十一、十二年级这个阶段。在澳大利亚这个需要考试吗？

郑怡君：大家好！一般在澳大利亚初中升高中是不需要额外考试的，它们并没有所谓的中考，而是根据你初中的年龄，因为一般学校是七到十二年级都有，所以是一级一级升上去，只要修满学分就可以了。

刘兴宇：比如说有的孩子七到十年级在一个学校就读，因为我七到十年级的成绩特别好，十一或十二年级我想进入更好的学校，有没有这种可能性呢？

郑怡君：这就取决于你读的是公立学校还是私立学校。如果是公立学校，就涉及转学的问题了。转学你需要得到现在这个学校的同意，然后再申请新的学校。还有一种情况是，学校本身只有十年级，这时就是凭成绩入学，如果还是公立体系，就是就近。私立就是根据你现阶段的成绩，再加上 AEAS 考试才有可能。

刘兴宇：相当于重新申请？

郑怡君：还要考虑有没有位置，这是很重要的。

刘兴宇：我们说回高考。我们知道，澳大利亚的高考不像中国，是一考定终身。澳大利亚有不同的省、不同的州，各州的高考是统一的吗？是全国统一的这样一种考试或者记分吗？

郑怡君：每个州都有自己的高考记分体系，但是它们最后都会转化成一个统一的指标，叫ATAR。这就是一个排名，不管你是在悉尼地区还是墨尔本地区，最后都可以拿到这个排名的成绩。

刘兴宇：所以它相当于是一个排名，而不是一个成绩？

郑怡君：对的，ATAR的全称是Australian Tertiary Admission Ranking，这就是高考成绩的一个排名，你经常可以在报纸上看到它是99.5，或者99.9，那不是他考了满分，而是他整个成绩在这个州排在前0.5%或者前0.1%。

刘兴宇：所以排名的这个百分比的分数越大，说明他的排名越考前。

郑怡君：对，可以这么说。

刘兴宇：所以这是根据你在十一和十二年级的成绩换算出来的排名，而不是一考定终身，需要参加某一次考试得出的。

郑怡君：这也取决于你在哪个州，像悉尼、墨尔本还有南澳，它们都是有平时成绩和最终考试成绩的。如果是在堪培拉和昆士兰，它们都是从十一年级开始有大小测试，到十二年级大小的内测和外测的成绩累积计算，所以在昆州和堪培拉是没有所谓的高考的。

刘兴宇：但是新州、维州和南澳是有的。还是有最后一次考试，只是平时的成绩要占一定的比例，最后这个考试要占一定的比例。

郑怡君：对，基本上悉尼地区应该是平时30%、最后这个考试70%。维多利亚是五五，南澳也是五五，所以最后一考占的比重不是最主要的，相对来说给了学生一定的机会。

刘兴宇：如果是有这样的最后高考，一般情况下会在每年的什么时候来进行呢？

郑怡君：通常会在每年的10月中到11月中，因为我们前面提到过，每个州其实有200~300个科目，每个科目的时间基本上就是涵盖在这个时间段里面，可能早考完的学生就早回家。通常考完之后12月20日左右，就是圣诞前它们会公布高考成绩，通常到来年的1月再录取，也就是我们现在这个时间，通常是学生的录取发放最多的时候。

刘兴宇：对，刚才我们听小P老师为我们介绍了澳大利亚的高考体制，它的成绩是怎样计算得来的。如果有一些州有这个最终的高考，一般会安排在什么时间。由于时间的关系，我们今天先聊到这儿。下一期节目当中我们请小P老师来给大家说一说关于升学的话题，就是我们拿到了这个排名，每个州的排名，我们怎么来申请大学呢？这个州的排名对我们申请大学具体会有什么样的作用呢？有些什么专业跟这个分数又会有什么样的连接呢？下一期节目当中我们请小P老师再来跟我们详细讲解。谢谢您的做客！

郑怡君：我们下期再见。

25 高考体系的“知”与“不知”

刘兴宇：在今天的节目当中，我们再次为大家邀请到了澳大利亚中学专家小 P 老师来到节目当中做客。小 P 老师，您好！

郑怡君：刘老师，您好！

刘兴宇：今天我们的话题是关于澳大利亚的升学，高中升入大学。上一期节目当中您给我们讲了学生在高中结束以后，不管是在哪一个州，是不是有最终的高考，最后都会拿到一个 ATAR 各州成绩的排名。请您先来给我们说一说，学生拿到了这个成绩的排名，他是一定要在读高中的那个州选大学，还是说我可以在全澳大利亚的范围内选呢?

郑怡君：如果是拿到 ATAR，全澳的 39 所大学都可以选，不管你是在悉尼还是墨尔本读的高中，你可以任意选择大学。

刘兴宇：这个是有点像我们国内的情况，比方说通过一个统一的申请体系填报志愿，还是说像美国一样，我要单独去向每一所大学进行申请呢?

郑怡君：是像国内这样，在一个系统上填写学校，澳大利亚每个州都有一个高考填报志愿系统，如果要跨州你可能要到该州的高考填报系统上填一下，其实你所在的高中会教你怎么填写，对学生来说不是一个最大的问题，而且每个系统上可以填五到六所学校，志愿可以填两到三个，其实学生可以有十几个志愿。

刘兴宇：每个系统可以填五到六所学校，我们可以这样来理解吗？比如我在南澳读高中，我想到悉尼、想到墨尔本，我

在悉尼的这个系统、新州的这个系统可以填报五到六所学校，然后我到维州还可以填报五到六所学校。这样算下来这个志愿学校的数量就很庞大了。

郑怡君：是的，而且澳大利亚的志愿录取不像国内是按顺序录取的，比如按照最新的高考系统，你到了这个投档线就只能上这个学校。它们是每个学校各自审理的，所以如果学生成绩好，你也申请得多，你可能可以做一个录取墙、做一个展示，基本上都能拿到。

刘兴宇：什么时候要来填报这个志愿呢？是我拿到了最终的 ATAR 的排名之后吗？

郑怡君：澳大利亚的志愿分为三个阶段，第一批志愿的阶段应该是在八九月份就要填报（考试之前）。第二个阶段的志愿是在你的高考之后、考试成绩公布之前。第三个阶段是在 1 月，如果你没有被录取，这个时候你就可以补填志愿，赶紧申请别的学校。

刘兴宇：明白了，所以三个阶段我都可以填。

郑怡君：对，三个阶段都可以填。

刘兴宇：是有严格的规定，比如我八九月份的时候必须要填报吗？还是说没关系，我八九月份不填也可以，一直等到高考完了以后再填？

郑怡君：必须八九月份先填，但后面你是有修改和增加的机会的。

刘兴宇：明白了，哪些专业一般对 ATAR 的要求会比较高一些呢？

郑怡君：通常的话如果你读律师、医科、精算这些专业，

基本上是要 99.5% 以上，医科的学生特别要当心，因为有很多家长会说我希望孩子以后当医生，其实在英美，当医生是一个漫长而又花费巨大的过程。即便你在澳大利亚读医科，你申请医科要提前一年准备，因为还要准备一个情商测试和学校的面试，这个学校的面试跟我们理解的学校老师面试一下是不一样的概念，它们是有 8 个不同的学院，包括护理、物理治疗、工程，每个学院都会来面试你，因为它觉得一个医科的学生应该具备多方面的全面的素质，所以其实医科的分数是最高的。但是像工程和商科这些一般在 95% 就可以了，有一些学校甚至 91% 就可以。

刘兴宇：如果像您前面说的，这个成绩比较差，没有办法进入大学，怎么办？就只能回国吗，还是可以申请别的国家？

郑怡君：一般来说，澳大利亚的 ATRA 的排名在 85% 以上都可以进入大学。如果低于 85%，其实澳大利亚还有一个叫国际大一的途径，读的课程是和大一一样的，但它是小班制授课，对于高中的要求会低一点。如果你连这个成绩都没有达到，可能建议你转申请其他国家，类似新西兰、新加坡或者英国都可以尝试一下。升学途径有很多，但是这类学生我们建议提早操作，不要等到最后都落空了，时间上就会很赶。

刘兴宇：明白了，所以从您刚才的这个讲解当中我们是不是可以认为，澳大利亚的中学对本国的学生或者是在澳大利亚读高中的学生就只看 ATAR 成绩这一项，不需要提交任何别的证明或者相关的材料？

郑怡君：可以这么理解，基本上高考的录取就是 ATAR 的成绩，即便你申请其他国家也是利用 ATAR 的成绩。我们看过

剑桥和牛津，它也是ATAR要求99.7%，因此这个学历其实是世界通用的。

刘兴宇：明白了，所以这个跟英美大学的申请还是有相当大的不同的，实际上大家也比较容易理解。澳大利亚的大学现在认可中国的高考成绩，它要求你达到各省的一本线或者二本线，其实就是要看成绩，希望能够招收到那些学习能力比较强的学生。

郑怡君：是的。

刘兴宇：关于升学我们今天就先聊到这儿，谢谢小P老师！

郑怡君：下期再见。

26 转学操作注意事项

刘兴宇：在今天的节目当中我们再次为大家邀请到了澳大利亚中学专家小P老师来到节目当中做客。小P老师，您好！

郑怡君：刘老师，您好！

刘兴宇：今天的节目当中我们要来和大家聊的话题是关于澳大利亚中学的转学。从您以往办理的情况来看，在澳大利亚出现转学的情况多吗？

郑怡君：大家好！澳大利亚不管哪个阶段，转学的情况其实没有那么严重。因为签证上有明确规定，学生必须读主课程满6个月以后才能转学，这里要特别强调，主课程不是指英文阶段，而是指你的高中或者你的本科，有一些读国际大一也是要等到本科阶段，所以转学的情况在澳大利亚不是那么多。转学的话，

大多数有两个极端，一个是特别优秀，或者是特别不好的。

刘兴宇：特别优秀的是不是不满足于这个学校了？

郑怡君：对，因为他的诉求点更高，他需要更好的学校，这类学生在初高中阶段其实相对来说比较容易一点，我们先不讲大学阶段，这两个阶段是不一样的。如果学生成绩不好，相对也不会那么难，因为学校也不希望有人拖后腿。但是难点在于没有办法找到一个更差的学校接收他，所以这是在转学学生身上存在的，两极化比较明确。

刘兴宇：这个转学我们把它分为两部分，先说公立学校，再说私立学校。私立学校我想恐怕比较容易操作，因为你只需要向新的学校提出申请，如果它愿意接收你就可以了。公立学校可以随意转学吗？

郑怡君：公立学校不能随意转学。公立学校就读的学生必须得到现在在读学校校长的同意，然后你要转的这个学校有位置也愿意接收你，再支付转学费，才可能转成功。这其实是多方的问题，也需要同时进行，很多学生最后转学失败的原因是对方学校可能没有位置，或者是说现在的学校根本就不愿意放你。

刘兴宇：就是说有这么多细节，每个细节都必须做到位，你才能转成功，只要有一个细节不行，你就转不了。

郑怡君：对。

刘兴宇：类似这样的情况，我确实不想在这所学校读了，但我想去的公立学校又没有位置，怎么办？

郑怡君：如果是这种情况，我们建议转私立学校。因为你在公立体系下已经没有选择了，除非你能够接受在现在的学校继续就读。如果不能够适应现在这个学校，你只能转到私立学

校，转到私立学校又回到 AEAS 的问题，或者你愿意转到其他州不需要 AEAS，这就取决于你在哪个州、读什么学校、想要去哪个学校。

刘兴宇：还是要个案来处理。在转学的过程当中，新的接收学校一般情况下怎么评价这个孩子？是看你在原来那所学校就读的成绩，还是要看你原来在中国就读的成绩呢？

郑怡君：这个取决于你来到澳大利亚多久，处在哪个阶段，如果你是刚刚到的澳大利亚，读了 20 周英文，这个时候你萌生出转学的思绪，学校审核的时候会参考一部分在读的英文成绩，因为它看你要不要再增加英文课程，但是学术的录取主要基于你在国内的成绩，如果你在澳大利亚已经读了一年或者两年，基本上你在澳大利亚的成绩将会作为主要参考依据。

刘兴宇：明白了。像您前面讲到的这两种极端情况，比如我特别优秀，但是确实我现在觉得这个学校有一点不能满足我的要求，可不可以先向学校提出要求，比方说选修更难的课程，或者我进入更高一个年级，有这样的可能吗？

郑怡君：在澳大利亚跳级是很少的，但是你可以选到高难度的课程，比如澳大利亚学校所有的科目都分为基础、中级和高级，基本上你只要向学校申请，学校就会根据你的实际情况来评估。还有一些学生高二成绩特别好，当地的朋友就会建议他转读预科，我觉得如果你是成绩很好的学生，我建议你参加高考，因为高考是一条一对多的道路，你可以选到你想读的专业，只要你想读，基本上高考成绩都是可以达到的。

预科的问题是，除非你只想去这个学校，比如我就想去墨尔本，你可以按一对一的途径选择。但是主观上我还是建议学

生拿到高中毕业证书这个文凭，这还是很重要的。

刘兴宇：对，明白了，所以这算是我们转学的话题的一个小小的延伸。刚才小 P 老师给我们进行了梳理，公立学校之间的转学是非常困难的，你可以公立转私立，或者私立转私立，这个相对来说容易操作一些。基本上转学的情况发生在两极：特别优秀的学生和学习特别差的学生。转学的时候大家还是要参考你之前的学校的一些成绩的，只是参考得多少而已。即便不能转学，同学们其实也可以在现有的学校通过跟老师和学校的沟通来满足自己的一部分诉求。非常感谢小 P 老师今天的做客，谢谢！

郑怡君：下期再见。

27 就诊和保险

刘兴宇：在今天的节目当中，我们再次为大家邀请到了澳大利亚中学专家小 P 老师来到节目当中做客。小 P 老师，您好！

郑怡君：刘老师，您好！

刘兴宇：今天我们请小 P 老师来跟大家讲一讲学生和家长都很关心的一个话题，特别是家长关心的。就是孩子在海外，一旦生病了怎么办？这其实是关于医疗方面的话题。大家知道到海外读书一定要购买医疗保险，所以这个应该是澳大利亚政府强制的，每个学生都应该要有的，对吧？

郑怡君：大家好！海外学生保险是一个强制的因素，我们在之前的节目当中也讨论过，先是规定了你要涵盖整个学习阶

段，2016 年 7 月规定了你必须入境时就有海外医疗保险，所以海外学生保险在澳大利亚已经是一个很成熟的体系了。

刘兴宇：买了保险，到了澳大利亚以后还需要做什么吗？需要比方说跟保险公司报备我已经到了澳大利亚了，还是需要做一些什么具体的事情呢？

郑怡君：学生到了澳大利亚以后，学校一般会告知学生如何激活自己的保险卡。如果有一些学生是自己购买的，你只需要在到了澳大利亚以后提前下载一个 APP，然后输入自己在澳大利亚的地址就可以激活了。

刘兴宇：一般情况下学生购买的保险要包含哪些项目呢？

郑怡君：每个保险公司其实包括的内容不太一致，有一些是包括了一部分药费，有一些包括急诊费，所以这个取决于你买的是哪家保险公司的保险。

刘兴宇：也就是说你买了什么样的套餐，你选择了什么样的公司。学生一旦生病，怎么办？是说我可以自己随便找一个诊所、医院就去看病，然后拿着单据报销就可以了，还是说保险公司一般情况下在学生就读的当地有指定的诊所和医院呢？

郑怡君：我们先来解释一个误区，因为在国内，你有病就去看医生，这是一个很常规的概念，但是在澳大利亚其实你的小毛病，感冒、发烧或者是肩疼这些，他们都是到药房，因为每个药房都有一到两个药剂师坐镇，他们会根据你的实际情况配药给你，只有大病才去医院。有很多像我们在澳大利亚的朋友他们第二轮应该是去找家庭医生（亦称 GP），然后才是到医院去。如果你是急诊，一般都是先用再报销，就是你自己先付，等到所有的账单结束以后，再到这些 APP 或网站去报销你所有

的费用。

刘兴宇：明白了，我自己先付费，然后再报销。

郑怡君：对。

刘兴宇：但如果是一些相对比较严重的大病，比方说需要动手术了，我已经住到医院了，这个时候保险公司会及时跟进吗？还是说我仍然需要自己先付费呢？

郑怡君：如果出现这样重急诊的情况，你能够联系到保险公司最好，但是如果联系不到，一般都是先垫付然后报销。

刘兴宇：会不会有这样的风险，就是我自己其实并不太了解报销的范围，可能我自己花了 10 万澳元，但最后只能报销一两万澳元？

郑怡君：会有这样的情况，有很多学生完全不知道报销的条款。建议学生在拿到保险卡的时候，简单阅读一下整个情况，然后了解程序，千万不要因为不了解程序导致报销的金额受到损失。现在因为保险公司对中国市场也比较看重，所以它们有很多是有中文条款的，但是学生要主动去问它们要，但很多学生没有要。

刘兴宇：一般情况下一个学生在海外一年的医疗保险大概需要多少费用？

郑怡君：每个公司的报价不一样，500 ~ 600 澳元，基本上你读两年到三年要 2 000 澳元左右，换算成人民币是 1 万多元。

刘兴宇：如果学生的保险卡不小心弄丢了，因为很多都是低龄的孩子，这时怎么办呢？是需要补办，还是我只要知道保险卡的号码就可以了？

郑怡君：如果弄丢了，我们先不考虑丢的问题，你拿到保

险卡以后，先把这些内容扫描，留一个备份。因为澳大利亚现在很多都是无纸化办公，都是有 APP 和网站，你只需要把卡号输进去，就可以自己申领一张原卡。所以丢了的学生，你如果有这个卡号，仍然可以申领回来。如果碰到什么都不知道的学生，你只能到保险公司柜台，把你的护照信息给它们，它们就可以把原卡给你。

刘兴宇：医疗保险对于同学们来说是非常重要的，千万不要觉得我是买一个用来应付签证需求的。在澳大利亚，当然我们不希望大家用到这样的保险，但是一旦有需要，这个保险就能够起到大的作用了。非常感谢小 P 老师今天的做客，谢谢！

郑怡君：下期再见。

28 师资力量和教育方式

刘兴宇：在今天的节目当中，我们再次为大家邀请到了澳大利亚中学专家小 P 老师来到节目当中做客。小 P 老师，您好！

郑怡君：刘老师，您好！

刘兴宇：今天我们想跟您来聊的话题是澳大利亚中学的老师，请您给我们介绍一下澳大利亚中学老师的概况，方便我们的学生和家长有更全面的了解。我们先来说一说，因为中国的学生很适应班级有班主任，澳大利亚的中学有班主任吗？

郑怡君：在澳大利亚因为是走班制，其实没有班主任一说。在私立学校，你的联系老师就是国际部的老师，而且要明确几个概念，一般在澳大利亚小学阶段是一个老师教所有课程，中

学阶段特别是高中阶段，一个老师是教两门课程，在走班制的情况下，基本上就是每门课的老师会对学生负责，然后他会写反馈给到国际部或者是对应负责国际学生的老师。

刘兴宇：明白了，就是说谁来上我的课，我就对谁负责，我把来上我课的同学评语写好就可以了。

郑怡君：对。

刘兴宇：学生如果说在上课的时候，有一些不太明白的问题，课后可以很方便找到老师吗?

郑怡君：其实澳大利亚的初高中的老师你在课后是很容易找到的，有一些老师甚至说 3:30 以后在图书馆会有一个课外辅导，有些老师就会待在那边，所以通常学生不需要发邮件给老师。但是碰到紧急情况，你实在找不到老师，你可以发邮件或者短消息给相关的老师，基本上他们都是会回复学生的。

刘兴宇：一般情况下，像这个走班制的课程当中，一个老师要面对多少学生呢?

郑怡君：一般澳大利亚的高中是 10 ~ 20 个，绝对不会超过 25 个，因为一旦超过 25 个学生，当地的学生会投诉。这是学校很怕的一件事情。

刘兴宇：明白了，好，我们刚才讲了班主任和课后能不能找到老师，我想也会有很多家长很关心这个学校有没有会说中文的老师，如果我的孩子万一遇到一些心理问题，英文又没有那么好，有没有能讲中文的老师给他们一些帮助和支持呢?

郑怡君：这取决于你去什么学校，只能说现在越来越多的学校倾向于配一个会说中文的老师，因为一方面，和家长的沟通，它们觉得中文可以更直接一点、更准确一点；另一方面，

和学生的沟通，其实会中文的老师会给学生很大的安慰，所以越来越多的学校会考虑这么做，但是能不能有，取决于学校的师资配比，以及附近有没有类似的资源。

刘兴宇：因为在之前的节目当中您曾经给我们介绍过，在私立学校，国际学生办公室或者是一些辅导的老师配备很齐全。一般的公立学校也有国际学生办公室吗？

郑怡君：一般公立学校并没有国际学生办公室，它们只有每门课的老师和校长，所以它们的国际学生的所有事宜都是由校长反馈给教育局的。

刘兴宇：如果说学生在上课的过程当中或者在学校里面遇到一些问题，可以像私立学校一样，把这些问题反馈到校长那儿去吗？

郑怡君：公立学校相对比较难，这就是如果在公立学校需要学生自律性强的原因，因为服务上面你不能像私立学校祈求那么多。

刘兴宇：这是一个问题。还有一个问题，我们都知道，英美的中学往往会设置一个升学指导老师，这个老师可能既帮助你选课，也帮助你未来升学的时候填报志愿等等。在澳大利亚的中学有这样角色的老师吗？

郑怡君：在澳大利亚每个学校都会配备一个升学指导老师。

刘兴宇：不管公立私立都有。

郑怡君：对，他可能不叫升学指导老师，他叫 Course Convenor，这个老师会根据你未来的志向，引导性、指导性地给你意见怎么选课，这个老师就是承接该工作的。

刘兴宇：但是我们知道一般一个学校有几百名学生，如

果只有一个老师，恐怕学生们就只能自己主动去寻求他的帮助了。

郑怡君：对，这个 Course Convenor 一般是国际学生联系得会比较多一点，当地学生也会有联系，但相对会少一些。

刘兴宇：对，明白了，所以其实在公立学校可能老师能够提供的支持更多是在学业上面，你如果课程没有听明白，可以随时找到这门课的任课老师，但是其他方面的辅助性的这种支持恐怕同学们就要更多依靠自己了。私立学校这方面的支持会更多，这个大家在选择学校的时候其实就要有所考量了。非常感谢小 P 老师今天的讲解，谢谢！

郑怡君：下期再见。

29 对未满 18 周岁的孩子高度重视 

刘兴宇：在今天的节目当中，我们再次为大家邀请到了澳大利亚中学专家小 P 老师来到节目当中做客。小 P 老师，您好！

郑怡君：刘老师，您好！

刘兴宇：今天我们要请您来跟大家讲一讲在澳大利亚中学的学生监护以及陪读方面的一些情况。我们先来说一说监护。学生到澳大利亚去读书，在法律层面上，家长要将监护权转移给谁呢？是学校、住家还是有一些相应的第三方机构呢？

郑怡君：大家好！其实在法律上是学校，但是监护行使可能是学校，可能是住家，也有可能是第三方监护公司，而且每个州其实对你要监护的年龄要求也是不一样的，所以从你的法

律文件上看监护权是学校的校长或者国际部负责人，但事实上行使方可能有三方。

刘兴宇：这在法律文件上面会有特别齐全的文书吗？比方说家长要签署监护权转移给学校的文件，学校也会有相应的谁来行使监护权的文件。

郑怡君：应该这样来讲，如果是学校直接监护，它会有一个合同，就是监护合同，需要学生和家长签字，同时你要付监护费。如果是第三方监护公司，它同样也有一个合同，这个监护公司和学校有个合同，和学生、家长有个合同，三方是共通的。

刘兴宇：明白了，这个是监护权的问题。如果是学校来监护，恐怕同学们还比较容易理解，因为一些寄宿制的学校，学生可能吃、喝、拉、撒、学习都在校内。如果是第三方监护公司，除了日常对这个学生学习的关注、日常生活的关注，往往还会提供一些什么别的服务吗？比方说会保持和国内家长的沟通、联络？

郑怡君：如果是第三方监护公司，它们会每个月给出学生的成绩报告单或者每个学期给出学生的成绩报告单，但它们会每两周或三周和家长电话或者短信沟通学生的情况，因为第三方监护公司其实就是孩子在澳大利亚的爸爸妈妈，所以如果孩子在学校和同学吵架了、不开心了，其实是可以联系到监护人寻求帮助的，但是很多学生寻求帮助的方式不对，他们可能在半夜才联系他的监护人。澳大利亚人对于时间观念是很明确的，如果你想要监护人协助你处理什么事情，建议在工作时间找他会比较好。

刘兴宇：刚才我们说的是监护权的情况，下面我们再来说一说陪读。因为可能对于特别是低龄的孩子来说，国内的家长会很希望能够去陪读，什么情况下是必须要家长陪读的呢？

郑怡君：每个州情况不一样，像我们提到的昆州，也就是布里斯班地区，它规定 11 岁以下的孩子一定要家长陪读，这个是按照年龄来的。悉尼和墨尔本地区是按照年级来的，九年级以下的基本上是要陪读的。阿德莱德地区也是取决于年级，它有一些可能是七年级的就需要家长陪读，但是这个又取决于学校。我们在择校的时候一定要先考虑清楚你要去哪个州，因为后续很多规定都是不一样的。

刘兴宇：陪读只能是直系亲属，就是必须爸爸或妈妈去吗？

郑怡君：低年龄的是必须爸爸妈妈，但是到九年级或者十年级有一些是可以接受爷爷奶奶的，但是我们不会这么推荐，因为爷爷奶奶陪读的程序会很复杂，所以还是父母一方会比较好。

刘兴宇：陪读签证的申请容易吗？

郑怡君：陪读签证和学生签证一样是在线申请，总的时间长度是差不多的，可能东三省地区时间会长一点，因此这个申请的时间就要提前放宽一点。陪读签证和学生签证唯一不同的点在于，它对资金有一个存期的要求，基本上要存满三个月，所以也需要提前操作。

刘兴宇：陪读签证和学生签证一样是一发就会一直发到高中毕业吗？

郑怡君：陪读签证顾名思义就是陪到小孩 18 周岁，所以签证是发到孩子 18 周岁的那一天。

刘兴宇：所以是卡死了到孩子 18 岁生日那一天，这个陪读签证就失效了。

郑怡君：对，绝对不会多一天或者少一天。

刘兴宇：如果我是持陪读签证和孩子在澳大利亚，我可以随意进出澳大利亚吗？还是说我必须要跟孩子同进同出呢？

郑怡君：这个问题是经常会被问到的，有很多家长对陪读有一个误区，觉得我陪着他，但是家里有事我就先回来。澳大利亚陪读签证就是同进同出的，你回来孩子必须回来，如果你回来、孩子留在澳大利亚，你的监护权必须转让给学校，如果被学校查到你出境了，会影响到小孩以后签证，或者是影响到您之后申请签证的成功率。

刘兴宇：如果我是临时需要回国，我可以临时转让监护权吗？

郑怡君：可以临时转让，要跟学校申请。讲到陪读，可能要延伸一点就是，陪读的家长能不能打工，这也是经常会被问到的一个问题。澳大利亚的陪读签证是不可以打工的，陪读就是陪孩子，所以你不能打任何合法的工。

刘兴宇：可能也会有少数的家庭说父母一起去陪读可以吗？还是说有规定只能由一方去陪读呢？

郑怡君：陪读签证只能是一方的。另外，如果双方都去陪读，谁来赚钱养家呢？所以这是签证官很直接、很简单的一个思维，这也就是为什么是一方，因为一方陪着、另一方负责赚钱。

刘兴宇：明白了，今天我们听小 P 老师为我们介绍了在澳大利亚读中学孩子的监护权以及陪读方面的相关规定，谢谢您的做客！

郑怡君：下期再见。

30 先移民还是先留学？

刘兴宇：在今天的节目当中，我们再次为大家邀请到了澳大利亚中学专家小 P 老师来到节目当中做客。小 P 老师，您好！

郑怡君：刘老师，您好！

刘兴宇：今天是我们这个系列的最后一期节目，我们要延展一个话题，就是大家都知道澳大利亚是一个移民国家，很多家庭其实把孩子送到澳大利亚去读书，是考虑要不要移民，所以对于一些有这方面考虑的家庭，他们恐怕很纠结的一个事是我们到底是先办理移民还是先为孩子做教育方面的这些安排？我想小 P 老师也经常会遇到这样的问题。

郑怡君：大家好！其实这个问题就像鸡生蛋、蛋生鸡的问题一样，但是还是要分开来看，如果你小孩现在很小，可能在读小学，其实你可以考虑让他在国内读初中，这种情况我们建议你先办移民，因为移民获得临居的身份以后，公立学校其实对于临居持有人的小孩是视作当地学生的，学费上会节约很多。这个录取和我们现在讨论的完全不一样，它不是国际部来处理了，私立学校本土学生的学费比国际学生低了一万澳元左右，但整个录取的难度和国际学生是差不多的，那么我们就建议你看哪个更快，或者哪个更适合小孩的情况。

如果学生现在已经在初高中阶段了，你还要等移民，其实是会影响小孩的学习的，那么我们会建议孩子先去读书，移民

签证可以同步办理。这又要看所选的学校，如果你要去私立，你先办理移民以后，会有个问题，澳大利亚的孩子是按区入学的，所以如果要去很好、很热门的学校，我们会建议你先以国际学生的身份入读，等到读了半年以后再变成当地生，学校也不会因为这个把你赶走，但是这样操作相对来说你更有机会读到你想读的学校。这要按一个个案来讨论，没有办法笼统地回答。

刘兴宇：还是要看孩子在什么样的年龄阶段。至于你是先办理移民还是先把孩子送去读书，实际上要以不影响孩子整体教育的延续性作为主要考虑因素，还是要从孩子的角度出发。

如果到了大学阶段，这个移民和留学怎么来规划呢？

郑怡君：到了大学阶段，因为不管你是临居还是永居都算作当地人，学费在 8 000~10 000 澳元，这就和你申请的时间有关了，原则上还是以不影响小孩入学为前提，如果你的移民遥遥无期，肯定是先考虑留学。我前年碰到过一个学生，他的移民申请已经递交了，小孩是高二毕业要申请预科，所以还是优先让他去申请预科的入学，在他的学生签证递交的第二天，他的移民签证就下来了。这个时候你就要转换为当地生。这个要特别当心，因为有些预科学院是不收当地学生的，这个在规划上还是跟你的课程有关。但如果你是申请本科，完全不受影响，但是预科可能就有影响了，所以这样的情况对于学生入学是比较紧张的，我们会建议你先以学生签证为主。

刘兴宇：我们也稍微延展一个话题，就是很多移民家庭可能对未来我要生活在哪个城市其实有一些犹豫不定，很多家长会说我的孩子将来在哪儿读书，我们就在哪个城市生活，所以

是不是建议孩子在申请之前还是要到澳大利亚去做一次实地考察，甚至两次、三次呢？

郑怡君：从我个人的观点来说，我建议家长带小孩经常去澳大利亚各个城市转转，因为是小孩读书，特别是家长说小孩愿意在哪儿我们就在哪儿，这样小孩的意愿所占的比重就会很大，所以建议你前期花个两三次或者是做一次深度游，了解各地的文化以后，让小孩做出一个明确的决定，不然你跟着小孩搬家都来不及。

刘兴宇：对，千万不要舍不得前面的这些时间和经费的支出，还是要让孩子实地去看一看，看过之后全家再来选择一个你们都满意的地方。

郑怡君：是的。

刘兴宇：我们用了30期节目的时间，从澳大利亚中学到底是什么样讲起，然后是澳大利亚中学的选择，对澳大利亚中学的了解，在澳大利亚中学就读的情况，一直到延展出来的一些话题，比如说住家的情况、医疗的情况、学校老师的情况、课外活动的情况、学生的作息和休假，甚至我们还讲到了移民家庭的教育规划。通过这样一个系列节目，小P老师针对澳大利亚的中学给我们做了全景式的呈现，希望收音机前的听众朋友听了我们这个系列节目，可以对澳大利亚的中学有更加全面的了解，当然这个过程当中如果有任何问题，我们节目组包括小P老师都很愿意为大家再来做进一步的解答。再次感谢小P老师付出了这么多的时间和精力，谢谢！

郑怡君：谢谢大家收听！